*Memórias
de outra idade*

*Copyright* © Carlos Nejar, 2023

EDITOR
José Mario Pereira

EDITORA ASSISTENTE
Christine Ajuz

REVISÃO
Luciana Messeder

PRODUÇÃO EDITORIAL
Davi Holanda

CAPA E PROJETO GRÁFICO
Miriam Lerner | Equatorium Design

DADOS INTERNACIONAIS DE CATALOGAÇÃO NA PUBLICAÇÃO (CIP)
(CÂMARA BRASILEIRA DO LIVRO, SP, BRASILRJ

Nejar, Carlos
    Memórias de outra idade / Carlos Nejar. --Rio de Janeiro : Topbooks Editora, 2023.

    ISBN 978-65-5897-028-6

    1. Histórias de vida 2. Homens - Autobiografia 3. Memórias autobiográficas I. Título.

23-182736                                                         CDD-920.71

Índices para catálogo sistemático:
1. Homens : História de vida : Autobiografia  920.71 Tábata Alves da Silva - Bibliotecária - CRB-8/9253

TODOS OS DIREITOS RESERVADOS POR
Topbooks Editora e Distribuidora de Livros Ltda.
Rua Visconde de Inhaúma, 58 / gr. 203 — Centro
Rio de Janeiro — CEP: 20091-007
Tels: (21) 2233-8718 e 2283-1039
topbooks@topbooks.com.br

# CARLOS NEJAR

## *Memórias de outra idade*

*A cinza é pólen.*
         Novalis


*Eu me contradigo. Sim, eu me contradigo!*
                    Walt Whitman


*Escrevo. Vocês leem. Não posso fazer mais.*
*É tudo o que sei. E, eu, me sinto fulminado.*
*Não há rancor no que escrevo.*
*Mas traço de vida.*
                    Blaise Cendrars


*Se cuidas de diminuir tuas perdas*
*não vais ter perdas a diminuir.*
                    Robert Lowell


*Nosso olhar enfim acorda o que vê.*
                    Joë Bousquet


*Cada homem encerra em si um mundo à parte,*
*alheio às leis e aos destinos gerais dos séculos.*
                    René de Chateaubriand

*A memória é nossa identidade, nossa alma; se você perde a memória hoje, já não existe alma; você é um animal.*
              Umberto Eco

*Quando uma coisa está onde não existe mais vida ou você morre ou continua vivendo.*
         Pablo Picasso, citado por Gertrude Stein

*Quem com o tempo fere,*
*com o tempo será ferido.*
               Longinus

Esta barca obedece bem aos remos do coração.
E, nesta outra idade, dedico as memórias
a Elza Mansidão,
a Sergio Bermudes, amigo desde o Espírito Santo,
ao homem de cultura e meu amigo Luiz Carlos Trabuco Cappi,
e ao editor José Mario Pereira, que me incentivou.

Para os saudosos Austregésilo de Athayde, Rachel de Queiroz, José Guilherme Merquior e Nélida Piñon, companheiros na Academia Brasileira de Letras,

e à memória de Nelly Novaes Coelho, João Ricardo Moderno, e Ernani Reichmann.

Sem esquecer os queridos companheiros Luciano Saldanha Coelho, Moshe Dayan Rosa, Paulo Roberto do Carmo, Deonísio da Silva e Gabriel Chalita.

Porque o que sucede nas palavras já sucedeu ou sucederá na vida.

# Memórias de outra idade

## *Memórias de além-túmulo*

### 1.

AJUNTEI-ME ÀS ÁRVORES DO PAIOL DA AURORA, conheço-as pelo nome. À sua sombra, escrevi muitos livros e por eles fui escrito. E, ao contrário de Mallarmé, creio que tudo começa num livro. Dei nome aos cães, como o próprio mar sabe o meu nome. E este mar me tem honrado desde a infância, ainda que esteja continuamente mudando de lugar ou de nome. As coisas são mágicas quando lhe apontamos o dedo da imaginação. Mas a imaginação do mundo não carece mais de nome, carece do fulgor do que se vai inventando. René de Chateaubriand escreveu *Memórias de além-túmulo*, e eu, não tendo as Memórias findas, tenho as que se vão compondo com diferentes experiências, circunstâncias, vontades, terras, vertigens. Mas é o mesmo homem que relata esta biografia que — no fundo — é da condição humana. E o homem será perene enquanto se aprofundar no que é perene. Em verdade, não há biografias, há sonhos que voltaram, ou não, à realidade. E há sonhos que parecem ter mil anos antes. Quanto mais os lembramos, mais são antigos. Porém, que realidade é capaz de recuperar os seus próprios sonhos?

Não há memórias — para Longinus, o pensador de que tantas vezes me valho —, há histórias que carecem ser resgatadas do tempo. E o tempo não se conta com os palmos da mão, mas com os palmos dos andados pés. Os pés têm olhos de alma. E a alma é o relógio dos pés. Desde que não calculem horas. Calculem todos os silêncios. Não nasci nobre. Filho de comerciante, contador de uma firma negociadora de fazendas a varejo, soube, mais tarde, que no dia em que nasci, meu pai foi promovido à gerente. Nasci promovendo meu pai, porque outro Pai Maior me pusera no mundo. E já vejo nisso o amor.

Nasci em 11 de janeiro de 1939, em Porto Alegre, capital do pampa. E passei a estar sendo nascido para sempre. Ou talvez nunca tenha nascido o suficiente e ainda vou nascer no porvir. Ou é a eternidade que se pôs a brotar em mim como o broto de um sequoia. Não tendo nascido na nobreza, não tive a idade da superioridade, tive a do esforço. E meu pai era um respeitável homem de comércio, até a falência, quando tudo desceu água abaixo. Hoje vi que a tal de respeitabilidade não serve para nada. O que fica é a dignidade com que vivemos. E a correção em tudo. Conta Chesterton, em sua *Autobiografia*, que seu avô recebeu a visita de um estranho em seu escritório, que se aproximou, reverente, e disse:

— O senhor é um monumento!

O avô agradeceu, cortês. Mas que monumento somos, senão do que sofremos, amamos? O pó conhece nosso rosto e a luz nos leva junto.

E a propósito, registro não haver recebido nenhuma herança material dos meus pais ou avós. Nem um cão, uma rede ou um gato. Engano-me: uma pequena xícara de porcelana azul que pertenceu à minha mãe. E as xícaras lembram as mãos de minha mãe, que pareciam de porcelana, talhadas para o piano ou para a suave harpa. E se castigavam de veias azuis na rudeza do balde, da vassoura e da água no assoalho. E se ajoelhava e as mãos de porcelana seguravam o pano secando, como se a água chorasse na água. E as mãos de minha mãe me levam à boca de um rio, à foz de uma pátria que não conheço e me conhece. Leva-me à embocadura de cheiros e sons, a pátios de lajedos azuis de uma porcelana antiquíssima, torneada nos rodapés das úmidas paredes, tal se imitasse os bules da China. E o que me lembro da infância não tem infância alguma, tem as mãos delicadas de minha mãe sobre o meu rosto, tateando o mapa de muitas civilizações. Sim, os homens que sobrevivem e as pegadas dos que sobreviveram estão em nós. O homem do princípio está no fim sob as suas mãos finas e frias de porcelana. E abri, menino, sob aquelas mãos, em onda, o portão do colégio e fugi pelos fundos. Fugi com a infância toda atrás. E peguei o bonde que corria e a infância atrás seguia pelos trilhos. Com um peso de respiração em cima: as mãos de minha mãe. E vi que a fábula era o começo e o termo daquelas mãos que desciam mansas, como eu, a ladeira perto de nossa casa. E o mais não tem importância, salvo o coração medroso do menino e o fôlego de fugir do tempo com a infância atrás. E havia uma larva no pátio que resvalou para o buraco, junto à pedra. E vi uma árvore ser derrubada perto das formigas e eu não possuía mais as mãos de porcelana sobre mim. E era eu que tinha os olhos das formigas. Carregava a razão do menino e quem sabe também a razão das formigas.

E a pequena xícara de porcelana era o pobre vestígio da casa senhorial da Corte Real, 208, em Porto Alegre (RS), hoje irreconhecível. Meu pai a negociou depois que faleceu minha mãe, de que não vimos sombra. O pecúlio da saudade é que não se desvanece. O pecúlio dos vivos — o dos mortos — é o assombroso pecúlio de memória. Lembro os olhos claríssimos de minha mãe molhados. Não quis dizer-me e insisti. Meu pai vendera a nossa casa na praia de Tramandaí e dera-lhe as promissórias assinadas pelo comprador. Ela as guardava numa caixa de música adornada. Era tudo o que restava. E quando percebeu — coitada! — elas voaram. Tudo voava com meu pai. Obstinado em vender, tirar até dinheiro do ar. Envelheceu pródigo?

Minha mãe chorava muito pelos cantos. E talvez dela me viesse a dor de viver sem lágrima. E é preciso ligar coisas distantes e próximas. E amor pensa ao avesso. E digo: O pai e a mãe — Sady e Mafalda — se amavam. Amaram-se de primeira vista. E era eu, ainda não vindo mas sonhado, que os espreitava de amor. E eu sonhava em Deus, até que vi a luz, talvez mais surpreso que contrariado. Mais velho de oito irmãos, que depois se tornaram sete. Com a morte de Elisabeth em dia chuvoso que ainda se acende nos visitantes de preto e nos guarda-chuvas gotejantes. Tudo parecia gotejar, só eu sabia sem saber, sempre soube sem ver o último rosto de Elisabeth. E muitas palavras, hoje, são rostos de Elisabeth. Creio que o esquecimento da memória é mais forte que a lembrança. Porque a invenção se compõe dos esquecimentos. Ao escrever, memoro o rosto belo e chuvoso de Elisabeth. Por que estamos inevitavelmente correndo em rodas de lágrimas? Meus outros irmãos, formando uma escada na idade: Luiz Paulo, Sadi José, Maria do Carmo, Maria da Graça, Rosa Maria e Cristina. Agora são apenas seis, um se foi: Sadi. Advogado e avaliador do foro, gordo e sensível, corado, marulhoso na voz — partiu de repente numa manhã terrível, de trombose cerebral. Arrastou a dor, arrastou a morte. Da mesma causa que meu pai: era como se perecesse outra vez. Trabalhava no escritório e a dor explodiu. Gritava de morte meu querido mano. Gritará ainda. Porque a dor de morrer nunca teve infância. É dor sozinha e sem idade. Até seus suspensórios doeram quando se foi. Diz o poeta:

"A dor encheu
cada período
com seu trigo.
Encheu versículo
a versículo.
E faminto comi."

Comi, sim, o pão duro e seco. Quando minha mãe Mafalda morreu, morava em Lisboa: ficou-me sua lembrança de viva. Anos depois, morreu Sady, meu pai, e eu estava longe. Não vi. Ambos viajaram para o futuro. Viajaram e continuam vivos. Não é assim que todos viajam sem volta? Porque vivo é o que apenas adormeceu a memória. Deu uma pane no motor do esquecimento. E ficamos esquecendo, esquecendo de tanto lembrar. Viver não passa de uma arte trabalhosa de ir (sobre)vivendo. Ou de carregar na terra do coração os nossos mortos. Até eles nos carregarem? Não, até não morrermos mais. E sentirmos que a pátria é a gasta sola dos sapatos.

## 2.

MEU PAI ERA BAIXO, GORDO, MORENO, de olhos-falcões-negros, simpático a ponto de ninguém lhe restar indiferente. Tinha carisma. E era um sedutor. Possuía um ar de felino e as mulheres logo sentiam certa atração por ele. Muito hábil, maneiroso, inteligente. Não era culto, embora amasse os livros e gostasse de estar cercado por eles. Como se desse fato pudesse advir prosaica sabedoria. Possibilitando a nós, seus filhos — o que aproveitei desde cedo —, uma rica biblioteca. E queria que estudássemos no colégio e depois nas universidades, onde nos levava e buscava. Todos nos formamos nalguma coisa: seja em direito, seja em engenharia ou odontologia. Saímos com canudo na mão, às vezes sem saber o que fazer com ele. E o pormenor indispensável: meu pai cuidava, de manhã e à noite, de seus pássaros em viveiro e, depois, em gaiolas. Estará agora na eternidade com os pássaros? Em algum sonho de infância (e era o sonho — para Kant — uma arte poética involuntária) não servirão os bichos de estimação, como os cães e os gatos e os passarinhos na eternidade aos seus donos? Ou talvez sejam por eles servidos. Mas o mesmo amor os entreterá de céu em céu?

Percebi, curiosamente: eram os pássaros que cuidavam de meu pai. E se comunicavam magicamente com ele numa fala de ovos cozidos e água. Cantavam só para ele. Foi onde conheceu beatitude. Meu pai era mais poeta da vida, com o gênio da amizade, do que esperteza nos negócios. Generoso, foi passado para trás com falsos amigos, falsos sócios, falsos compadres. Hoje revejo a carência afetiva de meu pai. Em raros eitos e glebas foi feliz. Mais nos começos. Com minha mãe, os filhos e seus passarinhos. Vindo-me a constatação de Camus: "Os homens morrem e não são felizes".

E foi maior na falência do que na prosperidade. Pagou os credores, suportou a ruína e a execução dos bens, sobranceiro. E dizia: — Filho, a dor não vence um homem, nem a pobreza lhe arranca a dignidade. E com ele aprendi quanto o infortúnio nos depura e nos dá esse humilde orgulho de resistir.

## 3.

MINHA MÃE TINHA IMAGINAÇÃO PODEROSA, era sensível, doce, brutalizada pela severidade do seu pai, mal frequentou a escola, posta desde logo nos afazeres domésticos. Fugia da realidade, por ser habitual dos sonhos, romântica, melancólica, com hiatos de nervosa ausência. Mais tarde se fixou nos discos voadores, especializando-se nos assuntos interplanetários, quando o mundo terrestre era um rio escapando. Tudo lhe escapava, desde a autoridade, subjugada à minha avó paterna, Georgina, de personalidade mais impositiva, com liderança de matriarca, à solidão cotidiana no lar, a mais soturna. Minha mãe Mafalda se apagava e se deixava apagar, fervorosa no serviço de lavar os assoalhos, como se empregada fosse, não a dona da casa. E isso me irritava, dava ganas de defendê-la: não admitia. Tudo lhe escapava velozmente, até a razão. Talvez também venha dela esta loucura de criar que não me abandona, que desfaz as margens do rio e que ultrapassa as labaredas do vento. A loucura de ser vento, quando devia ser água. E a água de ser loucura, quando as cinzas persistem abrasadas. Talvez eu seja a linguagem que não achou minha mãe, ou que meu pai escondeu na boca dos pássaros. E a linguagem ficou sendo meus pais, e tudo o que contra o menino conspira é linguagem ainda. Não emudeci por amor. E tenho muito a dizer a meus pais, sempre terei muito a dizer, até não dizer mais nada, porque o tempo separou o espaço.

***

Neste Rio de Janeiro, no pedido de visto para os Estados Unidos, foram-me solicitadas as datas de nascimento de meus pais. Jamais cogitei de que me pudessem pedir tal coisa. Tentei lembrar-me e nada se lembrava em mim, senão um sulco de saudade apertando. Os dois nasceram em Porto Alegre. Meu pai alcançou os oitenta e um anos sem nunca antes ficar enfermo, só enfermou de morte; e Mafalda, minha mãe, que, doente, se arrastou pelos anos, chegou aos sessenta e três. O primeiro nasceu em 18 de setembro de 1914 e a segunda, em 25 de março de 1917. E me dou conta de que a morte só busca memória quando se esqueceu.

 E se a memória não tem pais nem netos, nós continuamos vinculados às raízes. Como a uma árvore que desce aos arcanos, voltamos de alguma forma à semente. Ou à geração da semente. Fui, sim, o único neto capaz de arrostar o temperamento forte de minha avó, que, se não usava o convencimento, utilizava com habilidade extrema a bondade, espécie sutilíssima de mando. Combatia essa cúmplice bondade e daí fui de erudita rebeldia. Com meu avô Antônio, mascate, filho de mascate, era diferente. Reservava-me confidências, fianças de amizade. Não se sujeitando a Georgina, sua mulher, ia ao mercado, jogava cartas com os companheiros, enterrava os mortos sem ninguém e comerciava com prazer quase faustoso. Mais, opulento. Talvez dele é que me tenha emanado essa insidiosa alegria do verso. E por isso são cheios de alma. E estas palavras que se repetem incansáveis ao ouvido: "A dor não, não vence o homem!" Nem creio, como Joë Bousquet, que "a luz é intransponível podridão". A luz é apenas luz e é em nós irrecorrível.

***

De menino a adolescente, todos os anos íamos a Tramandaí. Meu pai possuía uma casa com certo conforto naquele balneário gaúcho. Casa que resistia aos paternos negócios e resistiu à infância. E foi ali que, de maneira mágica e imperiosa, li a saga arturiana e, depois, *Cem anos de solidão*, o que me tomou, aos poucos, o verão, com Macondo e a escrita deste alfabetizador de alma que é Gabriel García Márquez. Ficava na grande sombra da árvore daquela prodigiosa imaginação. E Tramandaí era um lugar-refúgio, até quando uma mordida feroz da matemática me atiçou, a única vez no Colégio Rosário, uma segunda época. E foi assim que os números me entenderam e eu entendi os números. Talvez os tenha entendido para sempre, até a constelação da Ursa Maior, ou Andrômeda. Porque descobri que os números só são felizes conosco. Enferrujam-se na solidão.

Mas o acontecimento se deu na praia, durante o verão, com banhistas que se multiplicavam pela areia. E as coisas simples são as mais dramáticas e muitas vezes invencíveis. Explico. Entrei no oceano, que não estava manso, uma onda me cobriu e eu caí num buraco que parecia emendar-se noutro, como um túnel. Os pés já não atingiam o fundo e tive vontade de gritar, mas nem o grito tinha força na garganta. E pensei: o mar vai me engolir; e tentei dar braçadas cegas, porque nadar mal sabia. E vi naquilo, bem perto, a cara de minha morte, tão nítida que me assustou. O mar se tornou para mim enorme, tortuosa vaga, impetuosa, feroz. Não havia tempo para humor, salvo o mais áspero e negro, embora resvalasse na espuma como numa casca, igual a um bêbado no vento. E não conseguisse dominar meu corpo. Mas era como se uma forte mão me erguesse, fazendo-me flutuar, saindo para fora do abismo. Não era ali o momento definitivo e sem retorno. Não saí por mim e foi como engoli o mar. E acho que engoli então o mar para sempre. Porque precisava viver para continuar respirando, escrevendo, amando ou sonhando. Nunca esqueci aquele verão. Depois meu pai vendeu a casa, mas não vendeu o que ficou comigo, desde Macondo até o quase afogamento. Nem quis voltar mais àquela casa de pedra, madeira e soluço. E a morte quer nos dar a impressão de que não tem rosto. Mas vi, sim, sua cara metida e desaprumada. Talvez o único senso de humor fosse dela, ao assustar-me na aparente leveza. Ou talvez tenha ocorrido apenas que, com o levantar das vagas, não tenha me apercebido, ou me olvidou por um de seus achaques de grande acomodada. Ou adiou seu avanço para que eu pudesse escrever esta crônica. Ou nada me restou, senão rir do meu ridículo, da minha pequenez diante do absurdo e branco oceano.

***

Estive no Pampa e um grande poeta e meu amigo falou-me de sua aldeia, que é o bairro da Tristeza, no Rio Grande. É um grande coração, o Paulo Roberto do Carmo, e estava pronto a levar-me a livrarias, restaurante. E eu refletia que só entendemos as grandes coisas a partir das pequenas. Nessas é que se ocultam as grandes.

E me lembrei de que também tinha minha aldeia, que eram as palavras e a infância. Entravam lugares mais imprevisíveis, mas todos possuíam árvores. Por isso pertenço à aldeia de minhas palavras, onde até as pedras cabem. E dali vou retirando o musgo, vou retirando as ervas daninhas, vou retirando o que sobra de morte. Porque pode tal ave se alojar, mas não deixarei que perdure.

Ali gravava minhas impressões digitais e gostava de achegar-me, tirar os sapatos e andar de pés descalços no assoalho da memória. Que às vezes ressoava como o mar e eu andava sobre as ondas. Quando, súbito, me veio o sabor do sobrenatural, que não passa da percepção de estrelas avançando sobre o claro dia.

E tal aldeia tem o valor, que não é da velhice ou da juventude, mas da carga de humanidade. E nossa liberdade é a de repousar em Deus.

Sim, só entendemos as coisas a partir das pequenas. Tomamos contato da manhã com as moedas do orvalho, o poente com seu chapéu nos devolve a tarde. As formigas parecem carregar a imensidão do monte e apenas buscam o ninho e o bulício do formigueiro.

Disse-me alguém, certa vez, que há pessoas ou entidades que morrem vinte anos antes, morrem de ir morrendo tão devagar que dão a impressão de permanecerem vivas. E o que é vivo, cresce. A morte não cresce mais. E eu, com minha aldeia de palavras, quero viver sempre vinte anos depois. Existir de tanto perseverar existindo.

Minha aldeia de palavras não vem do computador que não abriga a lágrima. Nasce de escrever à mão, desenhar o que me inventa. Vem de não adiar as coisas para o próximo mês e o próximo ano. Seguindo a regra de ouro de José Saramago: "O que tiver que alcançar-me, virá." É o intervalo de aguardar esse arquejante trem na estação de nossa aldeia. Onde não vige o impossível.

Falei antes em árvores. Repito. Ler é como penetrar pela casca das árvores, abraçando-as com os olhos e contemplando o pouso de pássaros e flores, ou as flores que vão brotando da raiz dos pássaros. Ao soletrar luz pelos ramos dos vocábulos e mitos.

Na minha aldeia, tudo o que me reconhece, já me pertence. Ou me pertencerá no instante de reconhecer.

## 4.

Recordo Valério Rohden, Itálico Marcon, Balduíno Manica, os três se destacavam entre os companheiros de clássico, do Colégio Rosário, da capital gaúcha. Minha avó generosamente permitia que os levasse para almoçar na nossa casa, melhorando as parcimônias da pensão. O primeiro deles se tornou conhecido filósofo, enamorado de Kant, seu principal tradutor e estudioso. Era circunspecto, mais calado. Com óculos, testa larga, recordo sua figura de calças e camisas longas, sorridente e de proverbiais chinelos. O tempo nos afastou. Morreu em setembro de 2010, no Alto Petrópolis, onde morava. Itálico Marcon, poeta e crítico, acompanhou-me na carreira do Ministério Público, onde se aposentou como procurador de Justiça e cercado de poderosa biblioteca, ocupando várias peças de um apartamento alugado. Balduíno Manica foi mais próximo na amizade e no convívio, acabou desembargador. Era o mais prático de todos, achava de dirigir a vida e ela no fim o dirigiu. Ficou na memória de minha poesia — como "menino de bronze", suando manhãs. Vão-se as reminiscências. E a propósito de Kant, afirmava ele que "há amigos que nem sempre se suportam e inimigos que não podem deixar-se". Não sei se os suportava, ou eles a mim. Vem-me súbito afeto com vivos e mortos, "contente de haver deixado tanto para trás" (a opinião também é de Kant), tendo uma "longevidade que parece benemerência pelo que de humano foi-me confiado". E até agora não sei quantos céus se entretecem para formar uma só estrela. Deito-me com a noite, para que a manhã me desperte. Ser feliz é libertar os sonhos ou deixar que eles nos libertem. E não morre mais em nós tudo o que se liberta. E a memória, embora tenha a sua carga de estupidez, tem sua carga de leveza. E é mais singular, quanto mais está roída de esquecimento. E foi o verso que veio antes da prosa. Brotou como de uma pedra, a fonte, ao tentar um acróstico com o nome de uma vizinha da rua Corte Real, Jussara. E desde então me cativaram o sabor e o ruído das palavras, esse idioma de símbolos, a cor das coisas que começam a ser linguagem. Jussara nunca soube. Nem que mais tarde a substituí por um mito: *Mavar*. E me deu obsessão de ler Machado de Assis, Alencar, Castro Alves, Gonçalves Dias, Augusto dos Anjos, Bandeira, Drummond, Shakespeare, Camões, Pessoa... O que não entendia, ia-me entendendo. E *tudo o que dizia era verso*: cabia no dedo a confissão de Ovídio. Depois me dei conta de que nem todo verso é poesia. E que a poesia habitava a linguagem e a linguagem nem sempre se estabelecia no verso, bem menos durável. E a poesia podia morar no poema ou não — mas a linguagem destilava a poesia. E "a poesia já não se impõe, expõe-se" (Paul Celan). Ao deparar-me com uma *Antologia de poemas*, do espanhol Vicente Aleixandre, espantei-me. O poético não é necessariamente lógico. Mas o mágico tende misteriosamente ao poético. Antes que tudo tenha sentido, é preciso que o sentido se encante por dentro de tudo. E não é morrer, como queria Rosa, que nos torna encantados. É nascer de palavra. E então ficamos eternos. Chovidos aos céus para dentro. E debaixo do fumo, há fogo; debaixo do fogo, claridade. Debaixo do coração, muitas vezes pedra. Mas a alma não tem embaixo. A alma é linguagem. "Poesia, única ascensão dos homens que o sol dos mortos não pode assombrar" (René Char). Contudo, leva-se muito, muito tempo para ser humano e pouco, quase nenhum para morrer.

## 5.

Estas Memórias não seguem, como tantas, o rumo cronológico. Motivo pelo qual Ortega y Gasset escapava da autobiografia, "por edificar uma estátua ou retocar a própria imagem". Por aqui as palavras não se fixam como estátua, nem o sofrido, por sua verdade, sujeita-se a retoques. A vida não é bem-comportada. Antes nos pega pela perna, nos derruba, nos devasta, nos amarra, ou faz conosco um jogo de cabra-cega. Deixo, portanto, à memória, os sinais e os acontecidos. O que está na infância pode estar na maturidade. A vida separa os touros na arena e eles, pobres, não sabem nada da vida e correm sem precisão, avançam inocentes contra a espada.

Estas são *Memórias de outra idade*, ou melhor, as que narram acontecimentos que se deram — íntima ou externamente — ou se estão dando — ou se darão. São Memórias de um tempo andando. Para onde? A outro tempo, sempre para outro, como o mar perenemente recomeçado de Valéry. Não quero que estas Memórias sejam máscaras, quero que sejam rostos. Não caindo na objeção de Nelson Rodrigues, que levantou terem as brilhantes memórias de Gilberto Amado a falta de pulhas. Engano-me: a imortalidade tem o condão da virtude eterna. E mais, o que não disse: estas memórias são escritas com o sangue que vai silencioso sob a pele. E a pele, repetida onda. E atrás do que vemos é abismo. E viver não passa de uma troca de abismo. O que pode resultar apenas em troca de esperança. A pureza é feroz? A bondade deve ser. E no mais, como certa vez respondeu Borges: "Não sei nada de mim! Não sei nem mesmo a data de minha morte!"

## 6.

Afirma o padre Antônio Vieira, com alentosa sabedoria, que "os peixes não batem moeda no fundo do mar, nem têm contratos com os homens, donde lhes possa vir dinheiro; logo, a moeda que este peixe tinha engolido era de algum navio que fizera naufrágio naqueles mares". E a alusão ao peixe que tinha uma moeda no ventre é de um episódio bíblico: o de Jesus, que, sendo provocado pelos fariseus a respeito do pagamento de impostos a César, mandou um discípulo abrir a barriga de um peixe, tirando dali a moeda, depois das célebres palavras: "Dai a César o que é de César e dai a Deus o que é de Deus". Esse ato mágico de arrancar a moeda do interior do peixe é o mesmo que o da invenção da linguagem. Sai da barriga do caos a moeda de realidade; sai das entranhas da imaginação a efígie claríssima de um novo dia. O que é sortilégio funâmbulo da memória.

E nessas considerações, entra um outro peixe de assombro, o que saltou de minha juventude, que não foi fácil. Foi desesperada. Meu pai que conhecera prosperidade, com quase cem imóveis de aluguel, meteu-se a comprar uma imobiliária sem verificar a sua contabilidade e o seu desastroso estado. E o fato importante: os terrenos todos estavam ilegais na prefeitura, inclusive uma praia inteira. E quem vê muita terra, não vê coração. E entrou num atoleiro, com trator e tudo. Ou melhor, entrou de ponta-cabeça numa areia movediça. E ali nunca chegávamos. Meu pai vendeu as casas de aluguel para comprar a nova firma e se endividou, afogando-se. O passo adiante foi o pedido falimentar. E quando vi que os manipuladores da armadilha queriam terminar de destruir meu pai, tirando proveito da própria vilania, procurei para defendê-lo o dr. Adão Mysak, baixo, atarracado, gordo, óculos de aros grandes, sem pescoço, olhos miúdos, instigantes. Era temido como o maior especialista em falências e concordatas, misto de rábula e aforista. Aceitou a causa sem cobrar, e era caro, teve pena do jovem e desamparado poeta que lhe fora solicitar ajuda. E quanto aprendi com ele na cautela de redigir petições, em letras enormes, como as lentes de seus óculos. Argumentador implacável, mestre da lei e da bondade, logrou mudar a sorte de meu pai. Os que o acusavam também caíram em crime falimentar e, para se salvarem, tinham que salvar o que haviam detratado, deixando transitar a prescrição. Ou todos se livravam, ou nenhum. Tive a aprendizagem de guerreiro ainda jovem, fui guerreiro ao exercer a Promotoria de Justiça pelo interior do pampa, fui guerreiro-poeta numa épica que inventei e me foi engendrando. Até inventar completamente. E jamais me dobrei aos poderosos na função pública, nem aos corruptos, e quantos condenei não me apraz lembrar. Pois na justiça, como na misericórdia, a mão esquerda esquece o que faz a direita. E se valer minha palavra e se o tempo a consultar, registro com letras fulgentes o nome do dr. Adão Mysak, clínico de um direito que era capaz de sonhar. Não conheci advogado, juiz, desembargador, com tal senso de dignidade e amor aos menos favorecidos. Desde quando me formei em ciências jurídicas e sociais, na Pontifícia Universidade Católica do Rio Grande do Sul, em 1963, dediquei-me a estas duras e insaciáveis damas: a lei e a literatura. Como se uma fosse a continuação da outra. Mas a literatura não salva, nem consola, embora dê forças de sobreviver. Fiz, no ano seguinte, o concurso para promotor público e me classifiquei entre os dez primeiros. Sendo perneta o ensino da universidade, comi os livros de Direito Penal, Civil, os Códigos de Processo, o Constitucional, o Administrativo e outros. E seus cabulosos textos me devoravam, sob os dentes dos velhos tratados. E não havia noite que bastasse, nem dia. E Goethe é que porfiava na razão: "Nada há dentro, nada há fora; o que há dentro, isso há fora". Sim, o que eu mastigava para dentro, mastigava-me para fora. A magnificência do direito jamais me retirou o delírio da inteligência, nem a inteligência do delírio. Não seria o direito um tempo às avessas, tempo que não anda e tem raiva de andar? Como uma ave que é velha e cega e não consegue atravessar a fronteira. E, súbito, é a fronteira que a atravessa. E a geografia da imaginação que a empurra ao céu. Quantas vezes, ao examinar os autos de um processo, me perdia num poema e, ao escrever um poema, era como se estivesse num processo. E deduzi que o poema não podia ter vírgula, ponto ou vocábulo a mais, tal o Código Civil ou Penal, sob pena de criar ou extinguir direitos. Deparei-me com a alienação da lei, pontificando a doutrina de Hans Kelsen: "A lei é o direito do grupo social dominante". Fui admitindo, aos poucos, que a justiça não existe sem a misericórdia. E que o Apóstolo dos Gentios era exato ao considerar *o amor, complemento da lei*. Mas a misericórdia não era às vezes o delírio da justiça? Nunca tive medo do delírio e tratei com um pé atrás a prepotência. Quando a prova dos feitos era insuficiente, inclinava-me pela absolvição dos réus. Em alguns júris, quando o defensor parecia uma locomotiva com os vagões carregados de volumes, tentando mostrar serviço e a prova frágil, adiantava-me ante a surpresa geral declarando a inocência do acusado. Era como se esvaziasse o reboar do trovão. Ou fosse um só golpe desplumado. Detestava sempre a hesitação. O que vacila em cima de uma escada, acaba vendo tombar a escada. Quando era caso de condenar, me desassombrava. Nunca contra a pessoa: contra o ato criminoso. Diziam que era preferível sofrerem o disparo da boca acesa de um fuzil, do que o de minha boca. Tirante o exagero, as palavras têm proezas que os fuzis não sabem. "O espaço breve da vida nos proíbe de empreender uma longa esperança", afirma Horácio. E de todos os júris que fiz, de longa esperança, ou de "calibre longo", como dizia meu avô, o mais ousado foi o que se realizou na comarca do Itaqui, na época da ditadura, em 1965, quando essa cidade foi transformada em campo de concentração. E os pivôs, os irmãos Gentil e Atílio Callegaro, ferreiros, vinculados ao comandante do Exército na região, alvejaram na boate da Gringa dois homens desarmados. Um que era forasteiro e outro, desafeto, chamado *Fonga Belmonte*. Coube-me a acusação pelo Ministério Público, com a assistência do dr. Raul Gudolle. Contra um advogado do Itaqui, dr. Atílio Mondadori e dois de Santa Maria, os irmãos Jobim (recordo o nome de um deles, Élvio). Lembro também a voz estridente do dr. Gudolle, seguindo certa retórica antiga. E a forma com que me transfigurei, sem monte Tabor. Falava por toda uma sociedade, falava pelos que não tinham mais voz, falava pelos que foram emudecidos no campo de concentração, onde vigorou a arrogância política dos réus. Falava como um poeta a favor de seu povo. Não sei se levitei, ou se "fui miraculado". Porém, a minha voz, a mais indignada, levitou. Levitou, sim, sobre os jurados, o juiz, os bacharéis, a cidade, a injustiça. Foram os irmãos Callegaro condenados a, respectivamente, dezenove e dezessete anos de reclusão. E pasmem: por sete a zero. Tendo ameaça de vida por telefonema anônimo, fui removido, a pedido, para a paz bucólica de Taquari. *O que há dentro, isso há fora,* não é, Goethe? E tive a vaga suspeita de que o terror tem a ver com crescente humilhação da estirpe humana.

## 7.

Deixo o lapso de um momento para contar-vos, leitores, de como me furtei de morte anunciada. Ou talvez por tê-la enfrentado, não tendo querido nada comigo. Explico. Logo que tomei posse no concurso do Ministério Público, em 1964, designado para a comarca de Pinheiro Machado, convocaram-me na Procuradoria-Geral, através do finado Dante Guimarãens, filho do famoso poeta simbolista, Eduardo Guimarãens. Lembro sua voz pausada, mansa, bem articulada. E a testa larga, o sorriso bondoso. Não posso dizer que sua voz era azul, mas os olhos eram. Um ser fidalgo, saído do ciclo arturiano. E me disse:

— Nejar, o resultado de teu exame de saúde só agora é que veio! Padeces de grave enfermidade no coração!

Assustei-me por não sentir nada. Consultei o maior especialista de então, lá no Hospital da Santa Casa, que confirmou:

— Você tem um defeito congênito e poucos meses de vida! — Isso me abalou por estar com sentença decretada. Poucos meses! Quantos?

Procurei o notável jurista com alma de menino, o dr. Ruy Cirne Lima. E ele telefonou para Dante Guimarãens:

— Como Nejar tomou posse na Promotoria de Justiça, cabem-lhe dois caminhos legais: ser aposentado com todos os vencimentos ou ser mantido na função. Por haver chegado o seu exame, apenas depois da posse. — E quando me recordo, vejo a mão de meu Amigo Eterno. Ora, preferiu a Procuradoria que eu me findasse trabalhando, do que nos ócios de precoce aposentadoria. Tratei-me com o dr. Túri Darwin, tomando um remédio fortíssimo de sabor amargo e dieta severa. No fim, o dr. Túri é que morreu do coração, e, por milagre ou erro médico, eis-me ainda vivo. Talvez pela operação da infância, com tantas infâncias numa só, que não acaba. E é daí que vieram as mortes que frequentam a minha criação, acostumadas a morrerem, como esta morte já morreu em mim e todas as minhas palavras ressuscitaram. E estando a esperar a morte, ela, me vendo, de repente nunca mais me viu.

## 8.

— Sou um cachorro para você me atacar com um pedaço de pau? — pergunto eu para a morte. E ela não responde, não deseja responder nunca. Antes disso e depois, — e ainda bem — a morte quis bater-me e não fez nada comigo. Talvez apenas a pusesse na minha imaginação. Ou não conseguiu. Em 1957, viajei de automóvel com meus pais para o Rio de Janeiro. O veículo capotou dando várias voltas no ar e todos nos safamos, bem perto de Santa Catarina, emergindo pela janela direita. O horror do impacto causado pelo descontrole do carro foi suprido por outro horror maior: serviram-nos no hotel de Rio do Sul, salada de palmito, arroz com palmito e guisado com palmito. E esse me persegue até hoje. O nojo. Em 1972, promotor público de Caxias, na viagem de carro para Porto Alegre, depois de Nova Petrópolis, o automóvel perdeu a direção e tombou num buraco profundo. O veículo todo se amassou e ficamos incólumes, eu, mais o banco em que sentava e o guidão como leme quebrado. Em 1981, quando me dirigia rumo a Porto Alegre, meu carro, nas vizinhanças de Caxias, deslizou na faixa escorregadia e chuvosa, como alguém tropeçando na perna de outro, e ia despencando para o abismo. Clamei a Deus e o automóvel virou subitamente para a direita e parou no barranco. Parou diante da morte cega e muda. E Deus estava ali, como está aqui, quando escrevo. Vi tudo rodar e foi a morte que caiu no abismo, amém. Quantos abismos caíram, para que eu subisse vivo? Ou serei eu mesmo o abismo? Mas isso me dá a certeza de que existe um destino maior que apenas eu devo cumprir. Se a memória é inútil, o seu reflexo, não. E esse papel para mim escolhido na cena do mundo é o que outro ator em mim já está representando, ou virei a representar. Não sei qual. Ele sabe. E contou todos os meus ossos.

## 9.

As Memórias nunca são sozinhas. Integram-se a muitos "eus", que transitam entre os aconteceres, cada um com sua própria veleidade ou enigma, pois de tantos que levamos, que nem sabemos o número, como não se conhece o número das estrelas.

E os fatos que relato são corretos, os anos e as datas podem variar. São da idade da infância para a nova infância e não consigo num cesto de vime conter as águas do rio. Ontem é amanhã; depois de amanhã, hoje. E nada é hoje, mas futuro. Pois se move o que não se parece mover. E como o tempo é invenção humana, invento esse relógio de areia que vem fluindo desde a morte para o nascimento, até outra idade sem morte mais alguma. Cito nomes que não se estancam: giram, na fortuna, por já estar arruinada a roda. E não sento como René de Chateaubriand, na borda da tumba, sento-me à borda das águas serenas da eternidade. E a idade da eternidade é onde permanecemos vivos. E não saúdo os vermes, que estarão muito envolvidos na sua verdade. E Mark Twain diz que "ninguém pode comunicar a verdade sobre si, nem tampouco ocultá-la". Mas a verdade sob o sol tem sombra e não calo o que é do sol ou da sombra. Saúdo o dia que não verei e que me verá. Olho bem do fundo de Deus.

## 10.

CREIO QUE O HOMEM TEM COISAS que o enaltecem, e que sabem triunfar da derrota, ou se elevam em magnanimidade. Coisas que não são tocáveis pelo pó, nem são impelidas pelo vento. Risco a memória com a pedra de um nome: *Gueiral*. De rara espécie fraterna, não sei se Gueiral ainda vive com sua padaria na rua dos Andradas, em Porto Alegre. É mais provável que não e nem lerá estas páginas. Não importa. Viverá sempre enquanto eu viver ou minha palavra caminhar. Vem-me o sentimento de gratidão e de humanidade, ao lembrá-lo. Que vale mais do que mil soldados de espadas desembainhadas em honra, na passagem. O que fez num tempo em que meu pai era perseguido pelos credores, tempo de penúria, é mais do que um ato de grandeza, é o instante em que alguém não aceita se congregar com os que esmagam ou esbulham. O instante em que alguém levanta o humilhado e não o derruba; respeita-o, sem agravá-lo. É o instante, borgeanamente, ou não, de que um homem é todos os homens. Gueiral tinha estatura pequena, "cândido e rubicundo", como fala *Cantares*, mais fornido do que magro, simples, vestia habitualmente o avental de padeiro, de olhos breves e a cara de contagiante simpatia. Português de origem, universal de feitio, comerciante honesto, uma das pessoas de pouca fala e maior integridade. Meu pai devia-lhe dinheiro e hipotecou por garantia o prédio onde morávamos. E quis a vida que eu ficasse de fiador desse gesto, para depois tirá-lo, radioso, de sua escuridão e sigilo. Gueiral deu a palavra a meu pai que, assim que recebesse o pagamento da dívida, bem menor que o valor da casa, a devolveria. Aguardou misericordiosamente até que o devedor obtivesse o suficiente para quitá-lo. E foi: límpido. Não desejava o que não lhe pertencia, muito menos o peso de arrancar uma família inteira de seu teto, por ganância ou cobiça. Dera a palavra e era maior do que todos os documentos, maior do que as estrelas. Era um homem.

## 11.

A ACADEMIA BRASILEIRA DE LETRAS, para a qual fui eleito em novembro de 1988, é mais do que um capítulo. Num dos últimos filmes do cineasta japonês Akira Kurosawa há imagens marcantes de um comandante andando num túnel e encontrando adiante os seus soldados mortos, como se vivos fossem. Quando então lhe fazem continência e se perfilam diante dele. A impressão que me dá a Casa de Machado é a de um túnel, onde mortos e vivos se reencontram. E ali extraordinários escritores de várias épocas vão catando entre palavras a imóvel ou soturna imortalidade. E todos se perguntam no que ela consiste, se todos continuam morrendo. Adivinha-se. Já estou ali há vinte anos (tomei posse em 9 de maio de 1989) e sou o oitavo da lista de antiguidade. E devia valer a posição de honra de cada um, nesse critério. Mas não vale. É a mesma luta subterrânea de poder do mundo, onde uns são mais iguais que outros. Potência cultural e também econômica, gira ao redor de uns poucos e alguns até mais jovens que, sem ter um ano, já ficam secretário-geral e presidente. Falo de vantagens literárias e sociais, não outras. É um túnel a nossa alma humana. Quanto mais alma, menos casa. E a imortalidade é a da palavra e a do povo. "A imortalidade é para a vida" — segundo Sartre. Ou uma prisão — para Adolfo Bioy Casares. E ainda que, sistematicamente, omitam meu nome para as conferências sobre algum autor, ou a meu respeito — o que é estranho —, sobra-me a vantagem de trabalhar menos. A imortalidade é para a vida, quando a morte não tem nada dentro, só morte. E as sessões secretas, assistidas por todos os fantasmas da Casa, depois do corpulento chá, são para os assuntos internos e efemérides.

Talvez a imortalidade seja a efeméride que clareia as sepulturas e faz o pó volver do vale seco. E o que volve não são os mortos; porém, os nomes dos que se apartam dos titulares no Panteão glorioso dos vivos. E são os nomes frios e insones que recolhem a suarenta imortalidade.

Os nomes à procura de suas almas e lugares. Ó concupiscência humana de sobreviver! A glória não, não é o sol dos mortos, é a soberba dos vivos. E diz o provérbio que no momento em que o sábio aponta para a lua, o néscio olha para o dedo. E talvez seja lua a imortalidade e o dedo, este apontar para o nada das mais altas empresas do homem. Ou a imortalidade são os sonhos que as almas hão de achar dormitantes sob as árvores. Quanto mais alma, menos casa. E se amontoam pedras e pedras na fábula de dormir mortal e despertar eterno.

## 12.

Somos tempestades. E nos nutrimos de suas elétricas erosões. Não podemos existir sem elas. E isso distingue o homem comum do incomum. Palmos, tênue substância. Talvez fios revestidos de mais cobre e sonho. Observava Chesterton: "Todos os homens são comuns, extraordinários são aqueles que sabem disso". Contudo, os homens resistem menos a si mesmos, do que as instituições que constroem. Daí ser imortal a Academia e seus figurantes como sombras ou formas incorpóreas ao redor dessa secular candeia. O vulgo tem um ditado: há coisas como a cabeça do bacalhau, todos sabem que existe mas ninguém viu. Não seria isso a imortalidade? Ou quem sabe é a cabeça da Medusa? Muitos a atacam e depois se achegam a ela, siderados. Qual a rutilância ou ímã que atrai tanto os homens das letras, o imaginário popular e os personagens eminentes da República, entre ministros, presidentes, senadores ou embaixadores? São as pupilas ígneas da Medusa ou os olhos infungíveis da imortalidade?

Quando foi aberta a vaga do saudoso Vianna Moog, sepultado em 16 de janeiro de 1988, li um artigo de Josué Montello, publicado no *Jornal do Brasil* (2.2.1988), sob o título "O gigante sorridente", e senti que era a minha vaga, advinda de um gaúcho como eu. Mas não me candidatei. Esperei os sinais. Aprendi a decifrá-los nos horizontes, como pampiano. E soube de fonte segura de que o poeta Álvaro Pacheco, meu amigo, já estava candidato com maioria de votos. Sem vacilar, abri mão de minha pretensão a favor dele. Generosamente, convidou-me para a festa de sua já garantida eleição. Jamais sonhei que ali começaria a minha vitória. Deus corta tecido novo com tesouras velhas. E fui num Volks emprestado e velhíssimo à mansão de Álvaro. Para não dar na vista, aninhei-o longe, sob uma árvore isolada, como um pintassilgo. Levava comigo certa pasta negra e esdrúxula. Além da dificuldade: minha rebelde calça não queria firmar-se na cintura. E só faltava que escapasse de mim como nuvens. Ou que andasse na frente de meu corpo. Talvez já fosse ela a minha andarilha imortalidade. E talvez a pobre e desajeitada pasta conduzisse o segredo do futuro. As coisas na sua severidade, às vezes, são mais miraculosas do que os sonhos. Ao penetrar no casarão de muitos andares, era como se eu penetrasse pelos fundos em algum filme de Buñuel. E o casarão, em cada um dos pisos, com requinte, estava adornado de quadros vívidos, de rara beleza. Puxavam meus olhos como espelhos. Cheguei a uma peça vasta, que era a sala, tendo sobre a mesa bebidas e comidas em fartura. Ali achei um sofá em caracol e abandonei, sem ser flagrado, a pasta que parecia um escaravelho imenso, objeto obsceno e sem desejo. Todos a olhavam curiosos e pouco à vontade. Talvez agastados. Com a pergunta: quem trouxe esta coisa? Chegaram ministros, autoridades, embaixadores, generais, escritores e se abeiravam do vinho, do uísque... e da pasta. Minha calça, que carecia de suspensórios, subia e descia como curta maré. Álvaro Pacheco aguardava, aflito, o telefonema que viria com a voz de Rachel de Queiroz, anunciando a eleição. E a voz no telefone veio vazia, sem nada. Num choque, Álvaro ficou sabendo que não fora eleito por um voto. Morria na praia. O editor Alfredo Machado, eu e uns poucos o consolamos. Álvaro estava irritado e inconsolável. Um desastre. Fitei em torno. As pessoas sentadas no sofá conversavam, esquecendo deliberadamente a pasta negra, turbulenta e sentencial. O escritor Antonio Carlos Villaça, amplo, com barriga judiciosa, degustava uma suculenta perna de carneiro. E Álvaro sumira na biblioteca, seguido de bisbilhoteiros jornalistas. Foi quando chegou naquela noite o ancião leonino, de ar ancestral, ele a própria imortalidade e Davi da Academia, Austregésilo de Athayde. Ao me ver, disse com autoridade:

— Carlos Nejar, se não te candidatares, candidato-te à força!

D. Carmen, ao seu lado, murmurou-me:

— É a sua vez e a do Rio Grande!

José Guilherme Merquior, elegante no terno azul-escuro e olhar cintilante:

— És de minha geração e meu amigo, votarei em ti!

O pernambucano e fidalgo Marcos Vinicios Vilaça, com entusiasmo:

— A Maria do Carmo e eu te apoiamos! Não sejas tímido. O lugar é teu! E ouvi uma voz interior que me falava: — O que é teu, ninguém te tomará! Reservei para ti! Todos os elementos do universo — vi — conciliavam-se a meu favor. Saí com a funesta pasta sob o braço e o Volks tinha asas.

## 13.

"TODAS AS LÍNGUAS VÃO DAR AO CÉU" — afirmou o Mestre do Cosme Velho. E essas, que começava a falar, iam dar na imortalidade. Inscrevi-me no dia seguinte, prosseguindo, obstinado, na campanha da eleição. Tive logo o apoio mais do que necessário. Dois outros candidatos se opuseram a mim. Venci no primeiro escrutínio. A batalha até o final é exaustiva. Pessoas de quem tínhamos a certeza do voto, algumas falharam. Outras que nem conhecíamos, nem pensávamos, nos acompanharam. Visitei o historiador Américo Jacobina Lacombe no Instituto Histórico e Geográfico, do Rio, de onde era presidente. Achei que ia votar em mim, tendo marcado, cortesmente, a nossa entrevista. Enganei-me. Viajei do Espírito Santo para nada. Sugeriu que eu desistisse. "Preocupado" comigo, pois sofreria uma derrota certa. Respondi-lhe, agradecido. Mas lhe afirmei que não, tinha certeza da vitória, lastimando, isso sim, não contar com o seu voto. No meio do percurso, estando em Vitória, recebi o telefonema inesperado de Antônio Houaiss, que prefaciou três livros meus — dois antes e um depois de minha candidatura. E com voz mansa me aconselhava:

— Nejar, és muito jovem e podes ceder a tua posição ao Mario Quintana!

— Antônio — respondi —, ninguém é capaz de dizer o seu tempo de vida. Nem sei quanto há de durar esta juventude — frisei com certa ironia.

— Mas és jovem! — repetiu.

— Não desisto agora por ninguém! — fechei a questão. — Podes ser uma águia e planar nas alturas e eu, um passarinho, mas te digo que, depois de avançar, como avancei, não há mais recuo. Como está escrito na espada de Toledo: "Não me desembainhes sem razão e nem me embainhes sem honra!"

Consultei o Quintana antes de me candidatar e ele me disse que não seria envergonhado pela terceira vez. E foi, aliás, o próprio *poeta da rua dos Cataventos,* que falou na *Tribuna* (12.2.1988): "Não me candidato mais. Tenho vergonha na cara!"

E descobri, mais tarde, que tal ideia surdiu de um pequeno grupo que desejava desestabilizar-me, não de Mario Quintana, que sempre foi gentilíssimo comigo. E assim que fui eleito, não só falou à imprensa alegando que o Rio Grande estava bem representado, como me recebeu numa visita a Porto Alegre, no apartamento de um hotel, onde residia.

*A minha vitória foi a vitória do Rio Grande do Sul!* — proclamou em letras garrafais, de primeira página, a *Zero Hora*. E disse ontem e reitero hoje: Deus lutou por mim! Alcançando o regozijo de muitos e o despeito de poucos. Esses, bem delineados. Um deles, chegou a remeter-me longuíssima e amargosa carta — era um santa-mariense que ajudei em momento penoso e a quem podei fraternalmente versos. Destilava inveja. "A inveja baba" e é um sentimento mau, dizia Machado. Sim, a glória é sozinha. E se continuasse no pampa, jamais me candidataria, em face de tantos percalços que nem cabe assinalar. Ou pela psicologia do caranguejo que não permite que nenhum salte para fora da bacia. E houve incessante maquinação de silêncio sobre meu nome. Talvez por carregar muito do pampa comigo, o que reduziu de tamanho o seu chão. Talvez por ser hábito da terra ou tendência a favorecer as vítimas e esquecer os que, por dignidade, não usam tais artifícios. Ou talvez diante do fato de, sendo forte, menosprezar o juízo dos medíocres, certo de que o pampa viverá na minha palavra. Podendo ser o seu intérprete — queiram ou não. E embora alguns conterrâneos não o sejam, a terra é fiel. E vou à cata apenas dos meus contemporâneos, aqueles que me amam e amo no tempo. Os que sabem ser inviolável o coração do homem. Mantendo-se intacto o sentimento da terra. E não é o poeta que reconhece as suas palavras, é ela que reconhece no porvir as palavras do poeta.

## 14.

JONATHAN SWIFT AFIRMAVA QUE "o homem mais corajoso foi aquele que primeiro engoliu uma ostra". Quantas tive que engolir depois de minha vitória acadêmica nem digo. O que me salvou é que não me levo tão a sério, por saber desse ridículo. E é idiota o que não consegue nunca ser menino. E eu sou, desde antes de me entender como gente. O menino é a gente do homem. Porque atrás da glória, há sempre alguns sacos de serpente. Nunca, jamais, alguns do Rio Grande aceitaram que eu estivesse na Academia e não o Mario Quintana, quando foi por mim procurado antes. E não me interessa tanto mais o que alguns do Rio Grande pensam, vai pesar o que penso de pequenos grupos do Rio Grande, deformados pela inveja e despeito provinciano. Quando valores de Minas, Goiás ou Recife, como Drummond, José J. Veiga ou Cabral, continuam amados longe de sua terra? Não me refiro aos que apenas têm pose, que fazia acertadamente André Gide murmurar: "Há mais artistas que obras de arte". E os bairristas, acometidos de uma "burrice que é eterna" (a expressão feliz é de Nelson Rodrigues), só veem os que estão dentro ou perto. E a mesma palavra que celebrou a natureza e o povo dos pagos é quem no tempo julga e condena a tal conspiração de silêncio. E é o que faço nestas Memórias. Não me calarei. Cito uma carta, escrita em 26 de novembro de 1988, pelo poeta Armindo Trevisan. Julguem os leitores, pois não lhe pedi a opinião sobre minha obra e veio longa, peremptória: "Acabo de saber pelos jornais, de tua eleição para a Academia Brasileira de Letras, por unanimidade de votos. Antes de te dar meus efusivos parabéns, permite-me que te explique minha posição. Como sabes (Nunca soube antes!), Moacyr Scliar (que depois foi por mim saudado em sua posse no maior cenáculo cultural do país) e eu nos comprometemos a jamais disputar uma vaga da Academia. (...) Em consequência, respeito, igualmente, tua opção de, uma vez consultado o Mario, pleitear tua candidatura (...) Faço questão de dizer, sem hipocrisia, que te considero um dos três maiores poetas vivos do Brasil, com João Cabral de Melo Neto e Ferreira Gullar. (...)" O homem corajoso é também o que engoliu a derradeira ostra, ó Jonathan Swift!

## 15.

O QUE ME ALEGROU FORAM SEMPRE as palavras, de nobres estirpes, de caráter ilibado. E me dão o sortilégio de me encantar. Havendo um diálogo sobre elas, entre dois contemporâneos, Goethe e Hölderlin, aquele assegura, convicto: "Destinado a ver o iluminado, não a luz". E esse, acriançadamente, rejubila: "Olha! As palavras inocentes rejuvenesceram-me afinal". E habituando-me a tal juventude, fico sem idade. Começo a ter os olhos das ervas e do vento. Longe deste mundo virtual e robotizante, em que o relacionamento abstrato jamais chegará ao concreto, por serem linhas paralelas que não se encontram. E há que ter os olhos das ervas e do vento, para, a partir da natureza, lograr o diálogo entre os seres. Substituímos as conversas e rusgas, pelo automatismo da mídia ou da técnica. A tela hipnótica que é o início do terror. As palavras são inocentes, mas nós, se nos descuidarmos, já não teremos mais inocência alguma. Por haverem sumido todas. E enquanto refletia sobre isso — ó insignificância humana! — andando por uma das ruelas de Sintra, a da judiaria, um pombo passou voando e era como se eu estivesse montado sobre o pombo. Levíssimo — é verdade —, liberto do despojo da carne. Eu, montado sobre o pombo, ou era um pombo viajante, entre outros, invadindo a cabisbaixa ruela de Sintra. E não nego. Ainda estou carregado de todas as palavras inocentes.

## 16.

O DIA DA MINHA POSSE NA CASA de Machado foi designado para 9 de maio de 1989, às 20 horas. E iniciou-se outra batalha, a do fardão. É praxe o estado de origem do acadêmico oferecê-lo. Quando fui eleito, estive em Porto Alegre e então o governador, meu conhecido na Faculdade de Direito, Pedro Simon, convidou-me ao palácio para o café da manhã. E ali vieram as tevês e os órgãos da imprensa. E diante deles, prometeu dar-me o fardão. Estendeu-me o cartão do secretário e confesso que não consegui tomar café naquela manhã. Impacientou-se minha singular fome, pois vi longe, noutro lado, a mesa de iguarias. Mesmo que me aproximasse dela, não se aproximava de mim. — Por instância política! — diria o Marquês de Herval. Por isso que Napoleão Bonaparte afirmava: "a política não tem entranhas". E em consequência: a política não tem apetite. E leitores, após aquele dia nada me fazia achar o tal secretário ou chegar ao senhor governador. Como se fossem adjacências do *Castelo*, de Kafka. Um não estava e o outro também não, e os dias corriam. E eu morava em Vitória, num apartamento, na rua Carlos Alves, bairro Bento Ferreira, com Elza dos Pássaros, ou Elza Mansidão, alcunhas que criei para a minha amada Elza Griffo Almeida Nejar, esposa tão perto do coração, como perto das estrelas. O tempo não para quando se quer que pare. Então voa. Era talvez Elza que voava para mim, desde quando traduzi o poema do mesmo nome, de Borges, publicado em 1971, jamais sonhei que, na versão que lhe dei na língua de Camões, estaria sendo visionário sobre a companheira maravilhosa que encontraria, muitos anos mais tarde, na Elza de Vitória, em julho de 1987, esta que vem comigo partilhando o tempo. E como nos versos borgeanos, posso dizer, hoje: "Como pressentiria nesses anos/De solidão de amor, que as atrozes/Fábulas de febre e as ferozes/Auroras não eram mais que degraus/Intrincados e errantes galerias/Que me conduziriam à pura/Culminância de azul que no azul perdura/Desta tarde de um dia e de meus dias?/Elza, em minha mão eu prendo a tua. Vemos/No ar a neve e a queremos." E tal soneto foi escrito pelo poeta em Cambridge, no ano de 1967. Sim, o amor faz com que as coisas sejam plenas só de amor. E mais do que "o quimérico museu de formas inconstantes", somos o que sonhamos. Somos também o que começamos a ver. E falava de meu fardão de imortalidade que não vinha. Porque o governador do Rio Grande o prometera e o traje nem ainda havia nascido dos velames do alfaiate. Estávamos em março de 1989 e nada. Dona Carmen Oliveira, atenciosa secretária da Casa de Machado, sob a presidência de Austregésilo de Athayde, que possuía tal autoridade, que os acadêmicos novos e mais velhos eram como um bando de meninos sob a sineta. Dona Carmen, preocupada, perguntou-me se a data de 9 de maio para a minha posse deveria ser mudada, porque nem sequer ainda ganhara o fardão. E lhe repliquei:

— Não creio no homem, mas no Deus vivo e não me faltará!
— Então não vai mudar a data?
— Não.
— Gostaria de conhecer este seu Deus!

E Ele operou a meu favor. Com o simples fato de telefonar para amigos da imprensa, contando que o senhor governador do Rio Grande não cumprira a sua palavra de oferecer o fardão. A ponto de o então governador do Espírito Santo mandar-me um recado que estava disposto a dá-lo. Ora, começaram a chover notícias nos jornais, rádios e televisões de Rio, São Paulo e Porto Alegre. Dois dias depois, o governador Simon, que não respondia aos meus chamados, enviou seu emissário que descobriu, enfim, onde eu residia e o telefone. Pôs o dinheiro do fardão à disposição, pedindo que cessasse com o movimento da imprensa. A hesitação em pagar o fardão foi a hesitação que marcou todo o seu governo. Faltava o colar: o Ministério Público gaúcho me ofertou. Assim, no dia 5 de maio, quatro dias antes, estava pronto o traje de posse. Todos respiraram aliviados. E eu mais: o seu custo era, na época, o de um automóvel. Guardo o recibo: Cr$ 5.028,00 (cinco mil e vinte oito cruzeiros novos). Com casimira inglesa verde, costuras e botões de ouro. Tal se vestisse no corpo o tal carro. A glória eleva, consola. E pesa. Pesaria. Estava à beira da imortalidade. Faltava o salto mortal, ó Machado!

## 17.

AO COMEÇAR A CERIMÔNIA DE POSSE, o salão do Petit Trianon ficara repleto, entre acadêmicos nas cadeiras, familiares, amigos, escritores, povo. O governador mandou seu secretário de cultura, professor Jorge Carlos Appel, e havia a presença do ministro do Supremo, historiador Paulo Brossard. Penso, até hoje, que ao governador Pedro Simon, não estando lá pessoalmente, faltou sensibilidade para auferir a honra que significou para o pampa aquele ato. Subi à tribuna e meu pai me olhava da plateia, continuava me olhando. Era um campo de milho que estava no seu rosto, ali. Ou como uma viola negra de morangos. A velhice cansa, pai! Migravam gaivotas de seus olhos. Meu pai olhava e eu ia dizendo que a palavra "hoje se move na boca do futuro, como a esperança de que tudo pode ser dito e que a palavra pressente a ressurreição". E disse, quando mais o pai me fixava, meu pai noturno: "Nômade é a linguagem. A poesia é o instante nômade da eternidade". E fui falando, falando. E as gaivotas do rosto de meu pai voaram e eu vinha do pampa, universo, vinha das nascentes do Rio Grande, vinha de uma gente infatigável. E firmei o livro da Casa de Machado, com a caneta que pertenceu ao Mestre. Escrevia e eram os versos de José Martí que se entremeavam à tinta: "Cultivo uma rosa branca,/Em julho como em janeiro,/Para o amigo sincero/que me dá sua mão franca.//...Cardo nem urtiga cultivo:/Cultivo uma rosa branca."

E eram rosas acendidas as pupilas de Austregésilo, atento. Recebi o diploma de Rachel de Queiroz e a espada de um verdadeiro general, Lyra Tavares. E foi o poema do Cid, que me enlevava: "Bem se assenta no outeiro/e firme as tendas planta:/Um em frente à serra,/e outros, perante a água./E o Cid, vencedor de lides,/que em boa hora cinge espada,/ao redor do outeiro cerca/onde veloz anda a água."

O ex-ministro da Educação e crítico literário Eduardo Portella saudou-me: "A poesia de Carlos Nejar é revelação, sobretudo de Deus, sob o olhar vigilante do tempo. Como se a poesia não fosse senão a projeção natural dessa revelação, acompanhada de uma vontade diária de ver e pressentir. Mas este poeta metafísico, mágico, obstinado no culto do mistério, jamais se deixa enredar nas malhas de um poema enigmático. O seu enredo poético de tal maneira alarga o princípio da realidade, que quase podemos falar na transparência do mistério — religioso, cosmogônico, telúrico. (...) Todo o grande escritor é portador, intérprete e encarnação de uma grande experiência do mundo, da vida, do homem e das coisas. (...) E é como criador de linguagem que Carlos Nejar chega hoje à Casa de Machado de Assis".

Meu pai escutava tudo e via as lágrimas brilhando. E como dizia o Gênio do Cosme Velho: "Chamou às estrelas os olhos do céu". E vi descendo em lume do céu a imortalidade.

## 18.

DORMI AQUELA NOITE, OU FOI ELA que dormiu e eu saí fora. Saí e "o universo requer eternidade" — admoesta Jorge Luis Borges. Mas a eternidade não há de requerer mais universo algum. Só eternidade. E ela deve conter muitos édens. Sustentada de palavra. Relato-vos, leitores, uma experiência que me pareceu eterna. Talvez pelo toque da imortalidade. E também pela imortalidade do toque. Digo e não escondo. O toque é feroz e nada inefável. Não queria. Sugeri outro nome. O preço era sair do Paiol da Aurora para o Rio de Janeiro. Fui eleito pelos meus pares à secretário-geral da Academia Brasileira de Letras, para o exercício do ano de 2000, sob a presidência do filósofo, professor Tarcísio Padilha. E lembro agora a lição do *Príncipe*, de Maquiavel. Ensina que a conquista e a manutenção do poder exigem *virtù*, audácia e um certo talento para a dissimulação. E o que tentar ser honrado nele, acaba se lamentando.

Assim foi. Como se um urso me mordesse. E passados dez anos, conservo ainda — não o agravo — a cicatriz da tão dignificante mordida. Seria um urso a imortalidade? Pobres e desamparados são os que maquinaram minha saída por ideias nobres? Não! Sob o atraso medieval da Inquisição, que não estava fora, mas dentro deles. Ou nas "bestas ferozes que se escondem sob a máscara humana" (Pedro Nava). Escreveu Cioran: "Torquemada era sincero, ainda que inflexível, desumano". Todos os Torquemada são sinceros, até não o serem mais. Sinceros? "Quando as teias de aranha se juntam podem amarrar um leão" — diz o provérbio. Foi a noite de São Bartolomeu da Academia contra um só? O pior é que alguns nem católicos são, nunca o foram. Se o fossem teriam amor, que é a aceitação da diferença. Mas "de todos os homens maus, os homens maus religiosos são os piores" — admite C. S. Lewis. E isso não se me tornou desconhecido. E interessante: o aviso do "golpe branco" e da nova diretoria foi me dado um dia antes da eleição de nova chapa da Academia, por telefonema, com voz fingida e muito "inocente". O que me soou repugnante, mecânico e nojento. Para não dizer, engessado. Onde o que estava por trás nada tinha a ver com o discurso. Julgava que por ser humano, perderia o equilíbrio, mas eu estava frio, com raciocínio claro, como se risse de tamanha infâmia. Sim, temos que rir muitas vezes do ridículo com que o mal se acoberta. Tirante isso, era 2000 o ano de transição entre a entidade fechada e pobre e a instituição cultural mais poderosa da América Latina, graças ao tirocínio de Austregésilo de Athayde, que dá o nome ao prédio, desembocando todos os aluguéis do edifício para os cofres da Casa de Machado. Na época, foi gerado um dispositivo no estatuto de que só um terço do valor mensal desses aluguéis podia ser usado pela Academia, o mais era depositado em bancos, sobretudo o do Brasil. Esse dinheiro aguçou a usura de alguns acadêmicos que policiaram a gestão inicial, abrandando gradativamente nas gestões posteriores. Argamassaram os pés da diretoria, operando apenas com três membros: o presidente, o secretário-geral e o tesoureiro, acadêmico Antônio Olinto. Os demais integrantes pouco apareciam, ou por morarem longe, ou por terem outros e absorventes afazeres. Foram sugestões minhas, que o presidente Tarcísio acatou: a publicação dos discursos dos acadêmicos e os coquetéis de posse. Dediquei-me ao plano de construção da nova biblioteca, a mais moderna e aprazível, com cuidado na ventilação e eletricidade, prevendo a acomodação civilizada dos livros, fugindo do esquema arqueológico de mero depósito. Sendo o livro que nos habita, há que deixá-lo habitar-se majestosamente. Isso me ocupou em reuniões infindáveis com técnicos, examinando projetos. Também consegui um convênio com a Fundação Biblioteca Nacional, sendo então presidida por Eduardo Portella. No discurso disse que eu tinha a alma de Quixote num Sancho Pança. Descobrira em mim o que depois adivinhei: o administrador. Quando secretário ou presidente em exercício, trabalhava das 9 às 19 horas, diariamente. E os funcionários se moviam velozes numa só alma. E o auge — confesso — o mais elevado instante de toda a minha gestão — não veio de dentro, mas de fora. Escrevi uma cantata, denominada "A era do conhecimento", com cinquenta e cinco quartetos, num ritmo de pedra batendo na pedra e imagens que se iam encadeando uma noutra. Eis alguns versos: "Há uma razão que os sonhos/podem servir e amar./E o tempo faz o nome/na força de criar.//Tudo o que conhecemos/faz-nos mais conhecer./A união está nos remos/ da barca, o amanhecer.//Somos o que buscamos/e o que fazemos crer./Há uma razão nos sonhos:/ali podemos ver.//Há uma razão que os homens/juntos podem colher./Árvore, o que sonhamos/e aves, alvorecer.//A universidade é o sonho/que nós podemos fazer/e o fazemos, voamos./Voar no amor é saber.//... Solidão de estar fazendo/da universidade, a idade/do rocio, do trigo ardente./E da cidade, poemas//caindo a luz, viventes./Cava cava a enxada e as rentes/ pás na terra, conhecendo/a larva de estar mais vivo.//... Bate bate o sonho./Bate a terra na semente./Bate a luz na luz, se estende./A universidade é o sonho/que no trabalho cavamos./Cavamos com o sol no ventre./A universidade é o sonho/e a luz que nela se expande.//... Bate a luz na luz, voamos..." Nasceu essa cantata, por solicitação da Universidade do Brasil, no Rio de Janeiro, que aniversariava (80 anos), tendo música — e magnífica — de Edino Krieger, um dos nossos maiores compositores. Foi apresentada em ato solene, na noite de 7 de setembro de 2000, com o Teatro Municipal repleto. A Orquestra Sinfônica da Escola de Música da Universidade do Brasil estava, regida pelo maestro André Cardoso, tendo como solistas, no violão, o famoso Turíbio Santos, e de barítono, Inácio de Nonno. E o belíssimo Coral da Escola de Música da aludida Universidade. Na cadeira do balcão, anônimo, senti a ovação da plateia, de pé. Ficou o enlevo da glória. E isso foi depois, ou antes, ou sempre. Não inventamos nada. Inventamos de não inventar. Pois veio o inesperado, o feito na moita, de astúcia. Tarcísio Padilha, tendo estado sozinho comigo meia hora antes, nada me revelou, queria a surpresa. Ou melhor, o efeito cênico. E todos estavam aparentemente atônitos (acho que nem todos!), quando o então presidente lançou seu pedido de renúncia, que preservo guardado em fita. E afirmava, dramático, achar-se diante de possível cegueira. Tenho gravado o instante melodramático. Só sabiam dele os aliados mais íntimos e os familiares que invadiram a Academia, chorosos. Transcorridos oito anos, uma luz maior que sua anunciada *ceguez* agora me ilumina. Foi montado, por uns poucos, o esquema. Tarcísio Padilha pediria a renúncia e os tais acadêmicos não a aceitariam, sem indagar-me se desejava ou não ser presidente em exercício. O mais correto seria exigir novas eleições. O responso do confrade, à beira de possível cegueira, ressoou como um presságio fúnebre e as carpideiras levantaram as lágrimas como lenços negros. Depois, estranhamente, não recebia a visita de ninguém em casa, nem de seu motorista, por estar muito deprimido. Evitou, aliás, a todo vapor, a minha visita. Hoje, com outros olhos, vislumbro a pantomina. Com o único desígnio: armar um golpe branco contra mim e o tesoureiro Antônio Olinto, sobrevivente na diretoria, ao meu lado. Os demais sumiram. Ambos suportamos o mundo da instituição nos ombros. Enquanto alguns dos acadêmicos conspiravam em reuniões com almoço. Foi um estimado companheiro que insistiu que eu assumisse a secretaria-geral, e a presidência, o estrategista. E não era amador. E assim agiu sem que eu reparasse. O que deploro, sendo ele nobre e bom. A alma humana é uma varanda de precipício. Lembrei-me de Davi, o Salmista (Salmo, 55: 12-13): "Pois não era um inimigo que me afrontava, então eu o teria suportado; nem era o que me aborrecia que se engrandecia contra mim, porque dele me teria escondido. Mas eras tu, homem, meu igual, meu guia e meu íntimo amigo". Não, não teriam os conspirantes, as condições de atuar, se o soubesse, estando talvez em viagem, Eduardo Portella. Embora desgostoso comigo, desde que enviei seu figadal inimigo, Lêdo Ivo, o poeta mais antigo da Casa, para substituir-me num congresso de literatura, em Recife. Pois era presidente de todos os acadêmicos — não só de um grupo. E não faltou que alguém, maledicente, lhe telefonasse, contando o sucesso do alagoense. E esqueceu-se o admirado autor de *Dimensões,* que fui o único que se ergueu a seu favor na reunião da Academia, quando Lêdo Ivo ofendeu sua honra. Todos os outros apenas falavam em paz: de cima do muro. Eu disse com denodo e *clarideza* que Eduardo tinha a minha solidariedade, então. É que sou grato, sempre o serei, por seu apoio quando de minha candidatura à Casa de Machado, que — diga-se de passagem — teve o voto favorável de mais vinte acadêmicos (um voto chegou mais tarde). Mas por fatos ocorridos na ocasião e outros supervenientes, talvez tenha exagerado na gratidão. Entanto, nem ele nem eu nos aceitaríamos títeres, nem seria digno de minha biografia. E ademais, valem os versos de Bernardim Ribeiro: "Pérsio, que não há ninguém,/que possa sofrer um mal/sem se alembrar de algum bem". E cometi delitos, alguns gravosos: o de substituir sem eleição um presidente que alegava renunciar à beira da *ceguez,* bem como — *mea culpa*! — a audácia de tirar o pó dos móveis, abrindo a Casa de Machado ao povo, estendendo-a à América Latina com a criação do Prêmio Simón Bolívar, que foi morto na fonte. É comprovável pelas publicações na coluna do Boechat do jornal *O Globo*, na época, e pelas cópias das sessões remetidas a inúmeras entidades.

Assim que reassumiu Tarcísio Padilha, mandou trocar as atas originais das reuniões, sob o pretexto de não terem sido assinadas. Meus outros erros (eu era excessivamente ativo): o de promover várias conferências sobre Borges, Juan Rulfo, Fuentes. Mais. Publicar livros com novo formato, mais moderno, que foi seguido pelas administrações que me sucederam, a partir do volume em convênio com a Topbooks, *Camões e Cervantes,* de Oswaldo Orico. Ou apoiar a 2ª edição ampliada da *Enciclopédia da literatura brasileira*, pela editora Global, de São Paulo. Entretanto, o que causou celeuma foi o lançamento de presidiários-poetas, conspurcando a altanaria da Casa de Machado, no Salão José de Alencar, tendo a participação do governo do estado, quando eloquentemente discursou o ministro Evandro Lins e Silva. Editei os CDs, com a voz dos poetas da Academia, recitando versos. E não esqueci os funcionários, regularizando os planos de carreira e ajustando salários, o que desagradou a um e outro dos acadêmicos. Ao conseguir aumentar o novo *jeton* de representação e de sessão, fui acusado de fisiologismo por um confrade que, aliás, garbosamente, utilizou-se da vantagem. Os *jetons* vindouros — por não terem sido aumentados por mim — foram, sim, considerados justíssimos. Era a forma com que esse grupo sedicioso me tratou. Um, no escondido, dava a ordem e outro, perturbado (raros sabiam que, antes de candidatar-se, internara-se várias vezes) atacava verbalmente. Não preciso dizer o nome, não tem mais nome na lembrança. Não é árvore, nem tem folhas. Eu me esqueci, menos a palavra. Foi ela que viu. Bendita seja a palavra que pode ver e julgar.

Mas tive que matar um tigre em cada sessão normal da Academia, com suscitações aleivosas, ou por filigranas, ou por nadas. E não sou caçador, nem quero. E matei muitos tigres, até os do sonho. E fui suportando, machadianamente, a cólica do próximo ou o tigre do próximo. O que me dissera que seria grato pela vida inteira e que contaria com ele sempre, quando o ajudei no instante mais penoso de sua brilhante trajetória na ABL, ao solicitar-lhe auxílio, na iminência do "golpe branco", na mais pesada artilharia (ainda não descobri a cor), calou, viajando aos Estados Unidos e nem houve o cantar do galo que devia estar "tecendo a manhã" no belo poema de João Cabral. Retrato de nossa tão impecável penúria. E estava destinado a sofrer sozinho, sem um rosto fraterno, os brancos dentes, ou imortais investidas. E não há possibilidade de afastar um centavo de dor. Mais importante dos acontecimentos, como na identidade, é a entonação. Nem indago se "o céu é para baixo ou para cima", como a grande Clarice Lispector. Porque, para mim, o céu há de ser para cima. Irrefutavelmente. Mesmo que em certas experiências humanas o céu pareça estar caindo. E agi na defesa do meu amigo Arnaldo Niskier, ao meu ver, admirável presidente, com visão pioneira na Casa de Machado, então injustiçado, longe da alegria com que as coisas devem ser feitas, segundo Montaigne, mas com indignação. É que o poeta persiste vivo em mim. Observa Fernando Pessoa e é regra de viver: "Venha o que vier nunca será/Maior do que a minha alma". Lembro. Sim, "meninos, eu vi!" Falaram naquela sinistra sessão, o que possuía o título de maior jurista do Brasil, na época, o respeitado acadêmico Miguel Reale (que ao findar sua peroração, viajou) e o de maior advogado, ministro Evandro Lins e Silva. O motivo: Niskier, seguindo o projeto de Josué Montello, num de seus livros, obteve do então governador de Brasília um terreno em zona nobre, para a construção de sede subsidiária da Casa de Machado, com a competente escritura paga pela entidade. Quando o ministro do *impeachment* de Collor começou seu libelo, eu o apartei, dizendo à queima-roupa: "V. Exa. É muito bom defensor, mas péssimo acusador!" E completei: "E está linchando um companheiro!" Ele ficou hipnotizado e mudo.

A partir dali principiaram as defesas, feitas por outros acadêmicos, a favor de Arnaldo Niskier. Porque o clima anterior era de massacre. Escreveu-me numa dedicatória que "devemos lembrar os que nos são fiéis na hora difícil". E disse-me que jamais esqueceria o que fiz por ele e seríamos irmãos *ad aeternitatem*. Cantou Atahualpa Yupanqui: "Quero um cortejo de coplas,/e por tumba, o pedregal./Depois... deixem-me com ela,/com minha noiva solidão". A solidão é ofício do viver, mas Niskier é meu irmão. E dos mais eminentes educadores.

Anos depois, quando o presidente Cícero Sandroni, na sessão de 17 de abril de 2008, elogiou a iniciativa que tive, durante minha breve gestão, de escolher advogados diligentes, exigindo medida drástica contra a Netumar (em assunto jurídico que nenhuma presidência que me precedeu conseguiu nada), alcançando vitória total, com grande soma em dinheiro e retorno da posse do prédio, estranhamente (ó natureza humana!) alguém, de minha estima, levantou-se para tentar diminuir o meu triunfo. Triunfo? Não, a minha justiça. Alegando que outro acadêmico se esforçara muito na solução desse problema. Ora, um filho belo tem muitos pais, porém sou o único pai legítimo desse filho. Muitos tentaram e apenas eu livrei a Academia do funesto agravo. "Moeda que está na mão/quiçá se deva guardar./Porém a que está na alma/se perde, ao não se dar" (Antonio Machado). Não mencionarei seu nome, por preferir recordar a maneira cordial com que acolheu minha candidatura à Academia Brasileira de Letras. Prefiro alinhar gestos de bondade que se somaram aos anos. E não cabe esquecer por causa de um erro estratégico suas virtudes ou gentilezas, mesmo que naquele tropeço não se tenha norteado pela sabedoria napoleônica: "Não se deve comprar um aliado duvidoso em detrimento de um aliado fiel". Decerto me decepcionei, achando consolo nas fundas pupilas de Lelé, minha cachorra, com a humanidade calorosa que poucas vezes reparei entre muitos ditos irmãos. E na misericórdia, vem-me este trecho da *Balada* de François Villon: "Balançando de um lado a outro, ao vento,/Sempre ao seu bel-prazer em movimento,/Mais furos que em dedal a revolver./Evitai da irmandade o envolvimento:/ Clamai a Deus a nos absolver" (trad. de Sebastião Uchoa Leite). Sim, ao passar esta semana pela livraria que inaugurei no primeiro andar do edifício Austregésilo de Athayde, não me deparei mais com a placa, com meu nome. Foi arbitrariamente retirada. Talvez durma, a coitada, no porão. "Com os ossos que viraram pó:/Dispensam risos distraídos". E acabamos. Mas a grandeza humana não se acaba. E reparo as oscilações da fama, esta candeia ora leve, ora crepitante. Sobretudo, nas inúmeras homenagens ora concedidas ao presidente Juscelino Kubitschek de Oliveira, em todos os quadrantes, abordando novela de tevê, livros, reportagens, fazendo-me, paradoxalmente, lembrar que, dirigindo a Casa de Machado, organizei uma exposição em homenagem ao político mineiro, com fotos de Brasília, desenhos de Oscar Niemeyer e Lúcio Costa, e valeu-me a refrega de uma batalha. Curiosamente, entre os acadêmicos estavam alguns que foram colaboradores do notável presidente: Josué Montello, Eduardo Portella, Geraldo França Lima e Murilo Mello Filho. Nenhum deles se ergueu para prestar ao fundador de Brasília o devido reconhecimento. Fui eu, que não privei de sua intimidade, que arrostei sozinho a ousadia de homenageá-lo. — Não foi acadêmico! Não foi acadêmico! — bradava o mais belicoso. E daí? O universo está apenas na Academia? E em consequência esse mesmo confrade, na sessão seguinte, apresentou mais de vinte violações ao sublime regimento que este pobre escriba praticou pela tal exposição, de quem não foi secretário ou assessor ou nada de Juscelino. E nenhuma regra foi infringida ao ser rememorado um dos raros estadistas deste país. "Como pode o peixe vivo/viver fora da água fria?" O argumento não importava. Por ser o do lobo contra a ovelha da fábula. O intuito não era o da verdade, era o da pura trituração. "A ferocidade é o grotesco a sério" — disse o Gênio do Cosme Velho. Todavia registro o meu respeito a esse confrade, que se conduziu na cara e na coragem. Diferentemente da atitude de alguns outros, que ali não apreciavam muito a luz do dia, pois a sombra não possui designação alguma. E no escuro até o coração é escuro. E quanto fui perigoso: completei o planejamento da nova biblioteca, apesar de posterior e pétreo silêncio sobre o que fiz com as arquejantes trevas. "Mas o que está dentro, isso está fora" — observa Goethe. Porém, não era de Goethe que careciam alguns dos meus confrades, era dos Ofícios Noturnos da Santa Inquisição, com a utilização de suplícios específicos aos hereges. Torquemada era pouco.

Quando trabalhava de secretário-geral do então presidente Padilha, era considerado por ele "brilhante e dinâmico". Depois que saiu uma reportagem da revista *Veja*, apontando-me como romancista evangélico, com o livro *Riopampa*, a Santa e Acadêmica Inquisição achou-me de réu. Não era o arcebispo em Roma, papável e meu amigo, era um bando de clericais — falsos católicos — inquisidores disfarçados, como todos, seja da Idade Média seja de agora, com a mesma forma, tendo a batina do ódio na alma, o obscuro puritanismo nas mentes, o preconceito militante contra os evangélicos que ainda infelizmente grassa em frações diminutas, ignorantes, hipócritas. O que é evidente intolerância religiosa. E assolou com seus sectários até a doce e augusta Casa de Machado. "E onde se achará sabedoria? E onde o lugar da inteligência?" (Jó, 28: 12). E a alma acadêmica deve ser exorcizada desses fantasmas que investem contra a cidadania e a civilização, o negror, sim, que Goya teve a coragem de liberar na última fase de sua pintura genial. E lastimavelmente não sou um Goya dos trópicos para essa cumplicidade sombria, que já pôs, em épocas distantes, um padre Antônio Vieira nas entranhas do calabouço. Quando li um artigo do então dirigente da ABL sobre as seitas, adivinhei nele a presença desse refratário espírito. Tinha direito a esse pensar. Foi candidato e não votei nele: estou de consciência tranquila. E o que fez tudo para que ele entrasse na Casa de Machado, hoje se diz arrependido. Eu não, não me arrependo: "meninos, eu vi!" Apenas não pensei que se desencadeasse a tal *ignorantia temporis*, ao levar com Antônio Olinto tal carga de calamidades, quando Tarcísio Padilha fez menção de renunciar. Com o espetáculo já montado — fora e dentro. Sim, a sombra não tem boca, nem nome. Só garras. O interessante de tudo é que antes da conclusão do período acadêmico, passado o temporal que ele mesmo suscitou desde a "assombrosa *ceguez*", fui avisado de que o quase renunciante presidente (de um quase que não teve "golpe de asa"), a quem aceitara substituir em face de tão gravosa enfermidade, queria falar-me em sua casa. Fui. Então me disse que estava disposto a voltar, com olhos que não pareciam haver ficado cegos alguma vez, mas cegos, sim, com alguém que viu e administrou por eles. Mas os olhos não sabem tanto quanto se cogita, do que o dono deles está a maquinar. E é a voz do padre Antônio Vieira que ressoa: "A mentira é crida e acreditada e a verdade não tem fé, nem crédito; a mentira escusa os culpados e a verdade não pode defender os inocentes". Sim, mas não há verdade tão poderosa quanto a verdade. E coloquei o cargo a dispor. Quando quisesse. E queria muito. E reassumiu espertamente, com o tempo bem quilometrado, para que eu tivesse a tempestade e ele, a bonança. Contaram, para proveito próprio, com a minha pertinácia de não deixar o barco afundar, como não deixei. E esse feito nenhum deles me retira. Não sendo respeitado, em relação ao que me substituiria, por sinal um novíssimo, o ancestral direito de antiguidade numa Casa que é a da memória. Parecendo não haver ali nem a distância de um grilo a outro. E houve em tudo a cumplicidade antecipada de interesses. Com o cavalo adredemente preparado para a montaria e simplesmente o viu passar e galopou. Foi cuidadosa a trama: puseram até o motorista a ir de casa em casa, catando votos, sob o pretexto aleivoso de que eu voltaria a Guarapari, Espírito Santo.

Um dia antes da eleição, quando as cartas já estavam marcadas e os votos arrecadados, fui avisado com o pretexto de que ocorreu consenso para a escolha de meu sucessor, consenso esse que não passava da ditadura de um grupo. E é, como diria Nelson Rodrigues, "uma escandalosa goteira". Mentira antes, durante e depois. E disse ao então presidente uma palavra — que só ele e eu sabemos, até que nem ele. Mais aguda que ponta de flecha, uma palavra que foi disparada e não tornará nunca atrás e se cumprirá no tempo exato. Palavra inexpugnável, certeiríssima. Interminada. Disse-lhe, direi para sempre. E a entreguei junto ao maléfico grupo inquisitório. E não foi em vão, pois não inventei Abel ou Caim. Nem inventei o que o padre Antônio Vieira, "imperador da língua portuguesa", assacou contra a mentira, completando, "ou vos tira o que tendes, ou vos dá o que não tendes; ou vos rouba, ou vos condena". E ela não tem tino algum, nem memória. Deixo que completem os seus malfeitos ou bem-feitos. E o objetivo não foi apenas a tomada do poder, com o já descrito golpe branco ou negro. Depois diretorias se repetiram numa mesma roda, aquela ali iniciada, com nomes, os mesmos, que saíam e voltavam, como as vagas do oceano. Depois da pandemia, comemorando os 125 anos da Academia, há que destacar a gestão admirável do jornalista Merval Pereira, atual presidente e do secretário-geral, Antonio Carlos Secchin, sucedendo a escritora Nélida Piñon, seguindo o pensar de Camões, "mudam-se os tempos, muda-se as vontades".

Pressinto certos desígnios e é bom que esteja a ver navios nesse enjoo de bordo. Não me cabendo nada diante de tão incautos deuses. Nem deixar de reconhecer que Brutus é nobre e virtuoso, bem como cada um desses que me substituíram. E não sei mais o que fazer com certos sonhos. Ou eles não sabem o que fazer comigo. E há, por ventura, malversação de sonhos que não podem ser revelados, cara a cara, a cada confrade da Casa de Machado? Ou eles são tão inocentes que não conseguem ser imortais, ou hão de permanecer tão ocultos, até ao ponto de serem os nomes desses sonhos (sim, possuem inevitavelmente nomes) extintos ou blindados? Cuidado, os sonhos são impiedosos com quem os aprisiona! E se estou certo quanto aos desígnios, também na "glória que eleva, honra e consola" o tempo desvendará. E todos se aterrarão com o espetáculo de um corpo feio ante a beleza da alma. E com, ou sem metafísica, não se apressem leitores, nada disse senão que Brutus é o mais esperto e mais digno dos homens. E que culpa tenho se o tempo é irrefutável? Poderão, sim, alguns indagar-me o que tem a ver Brutus com este texto e minha resposta será a de que perguntem a Shakespeare — o destino —, ou aos destinos que o bardo inglês ignorou, ou ao faiscar da história. E por força dos fados, ou de ninguém, sobrepaira o *ser ou não ser do Reino da Dinamarca*, só Hamlet *sabe, não eu*. E Brutus, não *Hamlet*, está acima do tempo e eu, pobre, debaixo dele. E povoo assim de paciências minha opulenta imortalidade. Ciente de que "o problema não é de Deus, mas dos homens", não é, *Monsieur* Chaplin?

E lembro uma sombra, vinda de gestões anteriores e cativa do poder, sombra funcionária, entre tantas generosas, gentilíssimas, capaz de a mando superior substituir atas, solicitando assinaturas já encravadas nos documentos, sob o pretexto de que houve esquecimento de assinar. Premiada com viagens, louvada por gregos e latinos como indispensável, não digo seu nome, não precisa. Ou talvez diga: chama-se Silêncio, delimitada pelo rio Zaire na Líbia da alma, de águas amarelentas e doentias que não correm para o mar, só para si mesmas. Sem vento, sua vegetação melíflua agita-se sem parar. Ali a lua não mingua, o raio não cintila e o ar é constantemente parado. Sob tais águas podres brotam miasmas. Não, mesmo que esteja entre lobos, não uivarei, nem quero aprender a uivar. Seu último ato tendencioso foi numa das sessões do fim do ano de 2009, do que o então nobre presidente não teve conhecimento. Movida por obscura ou inexplicável antipatia com este escriba, simplesmente de tudo que um eminente acadêmico admiravelmente falou, estando eu ausente, sobre minha *Poesia reunida*, ficou apenas assentado que eu possuía "uma obra extensa" — o que não diz nada, se faltar o adjetivo valorativo. E ávido de justiça, solicitei que fosse completada a ata. E me deixaram meses na espera retificadora. E perguntava o que impedia e não havia nada e nada me entregavam, porque não, não queriam que houvesse nada. E assim mesmo, estando entre lobos, não uivarei. Talvez ria no escondido, com o que sei, bem mais do que pensam e achavam que me ocultariam. Talvez ria da miséria humana. E rio para não misturar, chorando, águas do mesmo barro. Com a diferença: uns vivem de bondade e outros, de desespero. E só Deus levanta o homem do monturo. Sim, ter Deus é toda a diferença. Com o amor que nos devolve à estirpe humana. Não sei o que fiz para ser odiado. Talvez simplesmente existir. Mas tendo Elza ao meu lado, tenho o mundo. E a enfermidade da tristeza de amor se cura. Mas eu não queria curar nada. Apenas sobreviver. Não uivarei com os lobos. E escreveu Michaux que, para a ocorrência de cordeiros, há que haver lobos. Acato esse destino de imóvel imortalidade e continuo polido, educado com todos. Mesmo quando a justiça do alto se concretizar (pois nada permanece impune), não contrairei um músculo. Nem o da ponta do pé. E começou. Com alguns sinais já perceptíveis e outros que ainda virão. E nós estamos rodeados de sinais.

"Os poetas têm algo de sobrenatural" — disse-me certa vez Eduardo Portella. E foi ele que previu, ao saudar-me no discurso de posse (9.5.1989): "Carlos Nejar é o poeta da revelação do Deus vivo". Não foi a carne, nem o sangue, nem a erudição que lhe ditou. "O poeta tem que ser profético, ou não é poeta" (Nelson Rodrigues). Sim, somos sinais, ainda que ninguém se dê conta. E o meu sinal é mais assinalado. E vergasta. Tudo o que vivi não foi apenas linguagem, jogo de animais e pássaros. Foi um teatro e não tenho a ideia remota da intensidade com que as cenas foram representadas, ou de que materiais de pesadelo foram compostas. Sumindo os protagonistas, como se fossem sonhados. E durou um ano e senti um suor frio e viscoso na pele. Conquistei a mim mesmo. Por haverem verdades só relatáveis pela ficção. E saí da maldade. Recordando, agora, a frase de Lúcio Aneu Sêneca (morto em

65 d.C.): "As grandes injustiças só podem ser combatidas com três coisas: o silêncio, a paciência e o tempo". Incluo mais uma: a palavra, que está mais viva do que nunca.

### 19.

Escreveu Edgar Allan Poe, em *Marginalia*, que "os poetas veem a injustiça nunca onde ela não existe, mas com muita frequência onde olhos não poéticos absolutamente não a veem. Assim, a famosa irritabilidade poética não está relacionada ao temperamento, entendido no sentido vulgar, mas a uma clarividência além do comum com relação ao falso e à injustiça". E se imagino o sucedido, foi mais do que injustiça, mais do que verossímil, por tudo haver sido ficção, espantosa ficção, por não ter podido ser verdade. Ou simples invenção da memória. Até os nomes são invenções da cabeça de um criador de cosmogonias: nunca existiram. A não ser pela proverbial ou canônica imaginação deste escriba. Ou melhor: eles só existiram, enquanto deixei. Como nos filmes com o aviso: "Qualquer semelhança com pessoas ou coisas (ou animais de remota espécie) é mera e insondável coincidência!" No mais, a Casa de Machado é a ruidosa festa do saber e da inteligência, apenas porque assim sonhei. E ficou encantada. Não sabemos quantos pesadelos nos açoitam e esse foi um deles. E ainda que tudo o que narrei seja terrivelmente verdadeiro — por ser a ficção uma maldade não contestável —, continuarei defendendo o que inventei, para que me invente. Porque até esse Carlos Nejar não existiu, porque o que vos escreve é um Outro. Ele é a maior ficção de todas, a que foi talvez gerada quando eu dormia. E nunca houve Tribunal da Inquisição, é apenas descuidada irrisão da memória. Ou intrigante inquietação dos séculos, porque "é a razão que cria monstros", como observava Goya. E não toco mais nisso, já que os monstros da razão são invioláveis. Ou terei sido, se não fosse mero personagem, um bem-aventurado sem me dar conta. "Bem-aventurados sereis quando os homens vos aborrecerem e quando vos separarem, e vos injuriarem e rejeitarem o vosso nome como mau, por causa do Filho do Homem. Folgai nesse dia, exultai, porque, eis que é grande o vosso galardão no céu, pois assim faziam os seus pais aos profetas" (Lucas, 6: 22-23). E mais adiante: "Amai, pois, aos vossos inimigos (...) e sereis Filhos do Altíssimo, porque Ele é benigno até com os ingratos e maus" (Lucas, 6: 35). E não odeio meus inimigos, não consigo odiar por ser contra minha natureza. Mas se não existem, salvo ficcionalmente, como seriam meus inimigos? E retirei, quanto possível, os nomes, por liberar, nesse gesto, perdão. Livrando-me deles. Não seriam eles também meus personagens, gerados pelo horror. Sim, "o horror!" — última palavra do protagonista de *O coração das trevas*, de Conrad. E gravo, na lápide da palavra, a experiência, o testemunho com olhos grandes de quem percebeu tudo, criando de viver ou imaginando tão animosos protagonistas. Ou tudo devagar também me foi percebendo. Porém, o que fazer dessa carne mortal, se já não sabe o que fazer comigo? "Sara-me, Senhor, porque meus ossos estão perturbados". Sara-me da loucura e como, se sou louco de Ti, ó Deus? Quem me tentou despojar, despojou-se. Mas como se não existem e se existem, é porque eu os memoriei. E reescrevo Amor, de alma em alma, por todas as camadas, muitas vezes, como no caderno de caligrafia da infância, para melhorar as letras. E por que não? — Melhorar a alma. E o que não conseguir, minha palavra conseguirá por mim. "Nada faço sem alegria" — dizia Montaigne. E eu, nada, nada, nada, sem amor. Leitores, mudo de prosódia e tema, contemplando o fluir de água neste mar da Urca, como faces que se formam e desmancham, vão e vêm com o riscar dos barcos. Sim, as memórias não ouvem por falarem, não falam, de tanto ouvirem, embora os olhos escutem, os ouvidos percebam ou os sentidos enxerguem. E penso quanto variam de água em água as ambições humanas. E se Miguel de Cervantes conhecesse o maquinar da perfídia, hoje, mas sutil em volúpias corruptivas do que em sua época, ou os roubos, verbos, verbas dissimuladas em virtudes, a sinuosa capa de aparências, os engodos e precariedades invadindo os mais elevados redutos, faria com certeza seu personagem murmurar: "Como certa justiça para uns é pública e para outros, blindada". Mas não murmuro nada. Vejo. E talvez o nojo recorde o oposto disso, a integridade quase abrupta que me leva à figura de meu bisavô materno, José Fortunato. Dizia as coisas como eram, sem titubear nas realidades. Era um homem grande, de crescidos ombros, capaz de agarrar uma barrica de cal nos braços. Não usava gravata nem abotoava o botão de cima da camisa. E dele escutei: — O modesto só vai para a frente quando tropeça! Desmedido na força, não desdenhava a pequenez alheia. E se não tropecei, leitores, na modéstia, tropecei na inocência. Disse-me alguém, um tanto irônico: — Talvez sejas o único inocente da Academia! E lhe disse que sim e repito. Fui modestamente inocente. Por não haver perdido nunca o coração de menino. E não vou desapontar o leitor benévolo. Por isso inventei essa absoluta e inebriante ficção, quase suspensa no ar. E ninguém é suficientemente inteligente para entender a fundo a própria criação. E se não achava que era, fiquei inapelavelmente inocente. "E assim passamos torpe essa mistura/das sombras e da chuva, a passos lentos,/tocando um pouco em tal vida futura", assegura Dante Alighieri. Passei. O profeta, quando é verdadeiro, vem para perturbar. E não é amado. E se o for, é porque não cumpriu toda a profecia. E como diz o poema: "Quando a justiça sobre eles cair/como uma pedra,/tu te levantarás". E é curioso que Napoleão Bonaparte, ao vencer a Espanha, em 4 de dezembro de 1808, em sua aclamação pública aboliu a Inquisição, "contra o qual o século e a Europa se insurgiam", e ainda hoje, em recantos dúbios e de água parada, ela ousa procriar seus filhotes. Ou sem saber voltamos a viver na Idade Média. Ou nada, nada disso. Nem Napoleão conseguiria acabar com o que jamais brotara, nem se acha em algum tratado da fauna, que a tal animália inquisitorial tenha alguma vez vindo à lume.

Por isso em vão bradava Alfonso Reyes: "Estaremos condenados para sempre a comer as migalhas do banquete da civilização?" Se já esquecemos até a civilização? Ou não, vingam apenas os versos de *Martín Fierro*: "Saibam que esquecer o ruim/é também ter memória".

### 20.

Ó MEMÓRIA DAS COISAS EMBOSCADAS/que a noite na pedra abandonou!

Sim, leitores, há de ocasionar alguma estranheza (e somos feitos dela, obstinadamente), por haver ignorado do que sofri, de um e outro nome. Sucede que ignorei por vontade e até misericórdia. No mundo ficcional ou neste outro, o que se afigura real, é fantasmagórico. A estupidez e a maldade se albergam em mentes privilegiadas, ou imbecis. Entretanto, podem tirar-nos cargos, honrarias, beneficências. Mas ninguém nos arranca a gratidão que ficou, e ficará, ilesa. Ainda que seu merecedor depois nos prejudique, conspire, ou aja como inimigo. Não se esquece do que existiu antes. O que foi efetuado desinteressadamente. O rastro perdurável é do coração. E se a palavra não consegue se expressar, que desça o silêncio!

Memória, ó memória, não tive peso algum ao voltar para o Paiol da Aurora, que jamais desativara. Revi os cães, as árvores, o mar-companheiro. Soube de um sonho que marcava o tempo no Rio: um ano exato. Foi de janeiro de um ano a janeiro de outro. Como se tudo estivesse gravado nas estrelas. Queria esquivar-me desse tempo, escapar do círculo e Deus não permitiu. Tinha que suportar com um sorriso, até o último hausto da agonia: a leitura do relatório longo, burocrático, suplicial. Mal cuidavam que ao me porem numa roda, estavam eles também noutra. Os que maquinam a agonia alheia, fabricam a própria. E há um momento em que os montes se igualam aos vales e ficam sujeitos aos raios. Sim, ali morri para depois ressuscitar. E já não sei quantas vezes morri e ressuscitei, desde a infância. Como é comprida a eternidade! É comprida mas agora fiquei invisível. "Não quero fechar quatro cantos da minha casa nem pôr paredes nas minhas janelas" — escreveu Gandhi.

Graças ao retorno ao Paiol da Aurora, é que pude tecer a minha *História da literatura brasileira, O poço dos milagres,* os novos poemas de *Os viventes* e outros livros. A propósito, lembro a frase de Nelson Rodrigues: "Cada um de nós tem seu momento de pulha." Mas há pulhas todo o tempo. Perdoa-os, Senhor, porque não sabem o que fazem! E eu sei. Se aludo a um e outro neste hausto de ficção e devaneio, não lhes cabe tal termo: estão acima do bem e do mal, acham-se imaculados de tempo, honrados de pó, benfazejos de ferrugem. Não, nem pó ou ferrugem os tocam, pela vida perene de palavra que antegozam. Meus confrades, como eu, de pedra! "E dou fé. Estive ali, padeci e mantenho o testemunho ainda que ninguém o recorde, sou o que recorda, ainda que não fiquem olhos na terra, continuarei olhando" (não é isso, Neruda?). Depois me tornei invisível, não escrevendo escrevo na água, nem no vento, escrevo no fogo, escrevo com a fé, escrevo onde precisamente a razão se esgota. Minha fé tem um sol interminável: dentro. Conservo a memória na mão e a alma não se dobra. Até que toda a memória em alma se levante. Todavia, não apareceu ainda um Homero da memória, capaz de remontá-la a uma Troia incendiada. E quando surgir, não haverá nem Ulisses nem Heitor. Todas as palavras serão memória. E porque talvez um dia Homero, sem perceber, nos sonhou. "Piedosa e tranquila é a velhice" — observa Hölderlin. E é quando planamos lentamente para o princípio, em que a criação e o mito se entrelaçam. E cada poeta vai começando com o seu verbo o mundo. O rito se mistura ao ritmo que é criado como se não houvera mais nenhum antes. "É duro ver os pássaros da infância/caírem desplumados no jardim./Os pássaros da infância que não tive,/florescerão infâncias sobre mim". Escrevi e são versos ainda vivos, hoje. A poesia tem a estranha obsessão de durar. Ao transitar pelas ruas de Amsterdã e depois de Madri, vieram-me estes outros que tracei: "Holanda de sofrer sem holandeses,/moinhos a moer as nossas almas./Espanhas esmagadas tantas vezes,/Espanhas de esquecer, Espanhas de alma". Embora com certa feição simbolista e a confluência de Mário de Sá-Carneiro, verifico, aqui, a semente do romance *Riopampa*, ou *Moinho das tribulações* (2000 e agora na editora Bertrand, em 2006). E como a poesia é o futuro que se antecipa. E num relâmpago esses versos de juventude relatam a história dos dois povos. E a Espanha, mais do que nação, é estado de alma. Prevendo o germe de *O campeador e o vento* (1966), trazendo *El Cid*, de mote. E que transformei numa epopeia do pampa. Foi considerado por Wilson Martins "*Os Lusíadas* do gaúcho" e João Cabral disse que era "um livro muito importante, livro mural". Tudo tem sentido, embora não se perceba. Fiquei invisível. E se ninguém repara, não importa! Memoro — neste jogo de especiosa lanterna, o poema da fase inicial, que é um dos mais significativos da minha obra e que nasceu como se brotasse do ar: "Dentro de mim há pássaros que cantam./E me sinto cansado de partir./Sou homem, mas não sei para onde ir;/sou pássaro, não sei por que me espantam". É curioso que nele está a semente de *O burocrata de andorinhas* (inédito). Outro texto, que serviu para ser colado em *Sélesis* (1960), é *Lunalva*; ao ver meu livro impresso pela Livraria do Globo, em substituição a versos, com o mesmo título: "Por que ficaste tão muda,/por que ficaste tão fria?/Minha noite se desnuda/quando amanhece o teu dia". Dançava num baile da Sociedade Leopoldina Juvenil, de Porto Alegre, e numa jactância de estro poético, recitei para a moça de quem nem lembro o rosto, esse poema inteiro. E a sua reação foi imediata: — Isso não é de Bandeira? Nem dormi aquela noite; cotejando a sua *Obra completa*, da editora Aguilar, constatei que havia certa repetição do ia (fria/fria) e optei, com prejuízo econômico, por arrancar tais versos. Não desejava lembrar ninguém. Aliás, a edição foi paga com o dinheiro que juntara na caderneta de poupança, aberta por meu pai. O poema substituído assim principia: "Não sei quem sou,/não sei do meu destino, não sei do meu nome./Só sei que a sombra e a luz são vultos/que se buscam e se amam loucamente.//Não sei donde venho./Talvez venha do deserto, do mar./Ou do fundo das madrugadas." E é um poema deixado por Silbion na entrada dos Infernos. E ao prenunciar o livro seguinte (*Livro de Silbion*, 1963), prenunciei também uma das temáticas imperiosas, qual seja, a do Inferno do homem contemporâneo: "O Inferno era uma casa vazia,/de um outro lado do rio./Era uma casa vazia,/era uma casa vazia/ num horizonte vazio.// (...) Inferno é ser a terra,/em que os vermes e os anjos/se enroscam e desfiam./Inferno é ter nascido./Inferno é ser Homem". E a experiência desse livro não se repetiu com outros. Tentei refazê-lo várias vezes e o que retirava, durante o dia, voltava-me em sonho. E a versão final ficou muito próxima da inicial. Confirmando Cioran, quando afirma que "as intuições originais são quase sempre definitivas". E esse livro também foi uma sementeira. Há nele um poema sobre *as coisas*, que é a raiz vindoura de *A ferocidade das coisas* (1980): "As coisas nos prendem junto a elas,/nos amam e nos prendem/e pousamos/sua sombra nas janelas". O remate do anterior *Lunalva* ("E todos hão de beber/ do Fogo e do Sangue!") deu origem a *Danações* (1969). E com estes versos, é fonte de *O poço do calabouço* (1974): "As minhas mãos são breves. E é tão profundo o poço". Fico invisível e relato o meu processo criador que se reproduz internamente, como se um plasma a outro imantasse. Cada livro, uma premissa do universo, o complemento de outra. Numa cosmogonia que vai do caos para a *clarideza* das coisas. E dessas, para o espaço, o tempo cíclico e o tempo do Espírito. Os poemas fazem os livros com identidade própria. São cidadãos de uma aldeia fraterna. "Nejar é um inventor de mundos, inventor de cosmogonias" — adivinhou César Leal, com verdade. Mas são as cosmogonias e os mundos que me inventam. Gosto de me intrometer entre as árvores e elas me sentem. Ou deitar a cabeça na pedra como Jacó e que o céu e a terra pulsem com sua escada de anjos. Permiti que os arcanos da infância falassem em outras memórias, as do porão (1984), sem permitir que restasse isolada do cosmos, fazendo do chão do menino, o chão do homem. Outro dado poderoso: o ser do Vento. Reside em toda a minha obra. Ora é o minuano do pampa, ora o Vento Visionário, o do porvir, ora o Vento do Espírito. Todos se conjugam num só e inumerável personagem. Do Vento de *O campeador* (1966), ao do *Um país o coração* (1980). Nada se perde, tudo muda de sonho ou de casa. E quando trabalhei nas forjas de Vulcano, *O livro do tempo* (1965), armazenei a energia de que somos feitos. E a *Casa dos arreios* (1972) funda o lugar de passagem, onde deitam os utensílios do Cavaleiro. Cervantinamente, pus o fervor da luta junto ao repouso edificado. Não significando um cessamento de pelejar e sim, a licença de que a peleja me descanse. Dentre o que construí verbalmente, exsurge um livro de muitos livros: *Os viventes*. Um *work in progress* de criaturas-poemas. E continuo invisível? Assinala H.G. Wells: "Mas a que arte diabólica deve submeter-se um homem para que o tornem invisível? Não é uma arte diabólica. É um processo..." A primeira edição de *Os viventes* veio a lume pela editora Nova Fronteira, em 1979. A segunda, vinte anos depois (em 1979), com mais duzentos viventes e novos capítulos (livros), pela editora Record. Saiu (janeiro de 2011) belíssima terceira edição, pela Leya, de São Paulo, trazendo outros capítulos-livros e mais trezentos novos viventes. Empreito esta "pequena comédia humana", ou "galeria de tipos da humanidade", "obra maior da poesia contemporânea", segundo alguns críticos. A atual versão tende a ser a definitiva. Eis os seus capítulos-livros: 1. O anel do vento; 2. Casa de nomes; 3. Arca da Aliança; 4. Ofícios terrestres e divinos; 5. Entre o Bem e o Mal: baldeações; 6. Caverna de artistas e bufões; 7. A nau dos insensatos; 8. O coro dos viventes; 9. Livro das bestas e dos insetos; 10. Terminália, ou minudências. Parafraseando Hölderlin, quis com meus viventes o formoso consolo de encontrar o mundo nestas almas, de abraçar a minha espécie nas criaturas. E sei que os meus viventes dirão o que escondi. E no que persisto invisível. Ou às vezes mais visível do que penso. Pois a poesia nada tem a ver com a inteligência, mas a inteligência tem a ver com a poesia. Depois de três anos, sem achar o último verso de "Fernando Nogueira Pessoa", ao relê-lo nesta manhã de abril de 2010, surgiu-me num relâmpago o que falta, o fecho: "Respiro ali onde ninguém chega". E ainda que não procure, é como se o mesmo vulto fosse perseguido, ou me perseguisse em todos os livros — o que não é devidamente vislumbrado — talvez porque a memória literária entre nós é muito curta — desde *Silbion* (1963) até *O campeador e o vento* (1966), *Danações* (1969), *Um país o coração* (1980), entre outros, a construção de minha poesia é tecida como obra e não como mera coletânea de poemas, embora tenham esses também vida própria. E por sua vez, cada livro é premissa ou capítulo do único e grande Livro, um Canto épico, lírico, terrenal e divino da Condição Humana.

### 21.

TRANSCREVO O ENSAIO EXEMPLAR DE Fabrício Carpinejar, que não testemunhou como filho deste escriba, mas com gesto maiúsculo, o cidadão Nejar e outros, diante do preconceito e da injustiça da terra natal, Cronos que devora os próprios filhos. Talvez os melhores. O texto é obra-prima de nobreza, ironia e acuidade, relatando o infortúnio de vários criadores (não foi o mesmo que se deu com Dante Alighieri?) que tiveram a cara e a coragem de deixar para trás a soleira do Rio Grande, não importando a beleza de seu canto, ou o quilate em ouro na fidelidade.

FILHOS PRÓDIGOS DA LITERATURA GAÚCHA — Andava com meu pai Carlos Nejar pelo centro de Porto Alegre. Ele segura a janela do carro como um chapéu. Debruçado de Deus, confessa: "Vejo nas estátuas homens que conheci". Essa frase poderá um dia virar um poema. Carrega tanta autenticidade, explica o quanto o tempo descasca as frutas antes dos dentes. Meu pai, por exemplo, conviveu com Mario Quintana e ele está imóvel, em bronze, na Praça da Alfândega, impossibilitado de acenar e contar uma fofoca, sorrindo como se não tivesse sido carne e não se incomodasse com o arrulho das pombas ao derredor. Pelas salas de cinema (Paulo Gastal), pelas ruas (Erico Verissimo), há sempre algum conhecido por detrás das placas indicativas e dos espaços. Essa frase poderá — como tantas outras — não ser escrita, o que não a apequena. Sentar para escrever nunca será sentir para escrever. Meu pai está envelhecendo. Os mortos são mais numerosos do que os seus vivos. A página de obituários e o convite para missa de sétimo dia estão coincidindo com sua caderneta. Meu pai não envelhece por ele, não deixará de acreditar que continua o mesmo. Ele observa uma bola de futebol e conclui com timidez: "faz tempo que não jogo": e se percebe mentalmente capaz de driblar com a intensidade de seus vinte anos. Nem rolo a bola em sua direção para que não perca a vontade. Passeando com ele notei que a cidade vai ficando velha em seu lugar. Ele pede que eu vá por caminhos fechados, usa como referência prédios que não existem, aponta atalhos a partir de restaurantes demolidos, entra em ruas que são contramão. As palavras não têm margens. Suas indicações são lembranças, retomando o ponto de partida. "O meu colégio, a minha universidade, a minha praça". A cidade é uma dentre várias, e ele escava mais do que enxerga. Sua caneta, diferente da minha, é uma pá. Penso no personagem Marco Polo de *Cidades invisíveis*, de Italo Calvino. Será que meu pai não cita Porto Alegre com medo de perdê-la? Mastigo a passagem e devolvo para a garganta. Constato que meu pai não descreve Porto Alegre com medo de se perder. Não é um amor não correspondido, é um amor frustrado. Um amor desencantado do sentido de convivência. Ele fica nervoso quando volta para sua cidade natal, o suor frio, a ansiedade respiratória, quase não fala, o que é raro diante do seu retrospecto loquaz, de promotor público e poeta. Ele saiu daqui em 1980. Morou na Europa, no Rio de Janeiro e há vinte anos está radicado em Guarapari, no Espírito Santo. Qualquer contrariedade — casualidade ou azar —, um amigo desmarcando um compromisso, um cancelamento de evento, sua paranoia volta: "eu não sou amado aqui". E, como de costume, remarca seu voo de regresso para mais cedo. Ele é desesperadamente carente em Porto Alegre. Talvez sua paranoia seja uma fantasia, talvez seja realmente uma perseguição. Não foi o argentino Ricardo Piglia que recusou o extremismo: "até os paranoicos têm inimigos".

NEM SÓ DE CHÁ VIVE A ACADEMIA — Nejar deixou o Rio Grande do Sul no seu auge, publicado na época pela principal editora do país, Nova Fronteira, havia lançado sua *Obra Poética I*, pontuava frequentemente com poemas e artigos no *Correio do Povo* e nos suplementos culturais. Era conhecido e festejado como um dos grandes poetas do país, ao lado de Carlos Drummond de Andrade.

Em questão de cinco anos, o vinho voltou a ser água. Não sei se ele brigou muito por essas bandas, se desencadeou inimigos e adversários figadais mas Nejar nunca mais se sentiu em casa. Residiu em Porto Alegre na entressafra de 1985 a 1987, no Hotel Embaixador. Encolheu-se anonimamente na paisagem. Virou notícia somente quando foi atropelado na calçada (editoria policial não conta). Ele guarda um ressentimento. Qual é? Tento descobrir com vocês, já que nunca vou falar diretamente com ele sobre isso, não saberia começar o assunto. Tudo o que incomoda, ele silencia. Quando foi eleito para a Academia Brasileira de Letras, em 1988, é como se tivesse roubado a vaga de Mario Quintana, que já tinha desistido de concorrer depois de três tentativas. Chegou a pedir licença ao Quintana e seu apoio intelectual. Mesmo assim não foi perdoado. Não houve festa ou celebração pelas ruas como na entrada (merecida) de Moacyr Scliar em 2005 na ABL, transmitida ao vivo pela RBS. Nejar estava na Academia há quinze anos, ao lado de Raymundo Faoro, e parecia que Moacyr Scliar era o único representante. Scliar morava em Porto Alegre, Nejar não. Ser gaúcho não é suficiente, ocorre uma exigência subliminar de estar por perto. De fincar as raízes na cidade. De ser visto. A proximidade afetiva parece depender da proximidade física e do IPTU em dia. Para ilustrar, mostro fragmento de carta recebida por Nejar, de um conterrâneo, logo após sua eleição. Preservo o remetente de propósito. A correspondência está disponível nos arquivos da ABL. "Porto Alegre, 26 de novembro de 1988. Caro Nejar: Acabo de saber, pelos jornais, de tua eleição para a Academia Brasileira de Letras, por unanimidade de votos. Antes te dar meus efusivos parabéns, permite-me que te explique minha posição. Como sabes, M. e eu nos comprometemos a jamais disputar uma vaga da Academia. Razão disso: a tríplice recusa da Academia em admitir, no seu seio, nosso grande poeta-mór, o Mario Quintana. Creio que sou um dos poucos que, desde o início (e tu o sabes em foro íntimo) a sustentar a grandeza do Mario, não só em artigos publicados quando ninguém se interessava especialmente por sua obra, como também em particular. Tua memória, certamente, estará a meu favor. Pois bem, em solidariedade ao Mario comprometi-me a ignorar a Academia (que, de resto, ignorou Jorge de Lima, que se candidatou quatro vezes). Isso, por outro lado, significa que respeito quem se candidata, posto que minha antipatia em relação ao mencionado cenáculo literário procede, justamente, de uma opção de Mario a favor dela, caso contrário o Mario não teria interesse em disputar os votos acadêmicos." A correspondência é cheia de revezes, indecisa entre saudar e demonstrar contrariedade. É o equivalente a parabenizar um candidato ao vestibular pela sua aprovação, comentando que a universidade não presta. Sob o disfarce da solidariedade ao destinatário, ocorre o autoelogio do remetente. Nejar é questionado, mediante linguagem evasiva e carregada de duplo sentido, por ter furado o boicote moral à ABL em nome de Quintana. É o sermão da negativa implícita: eu renunciei (você não), eu me comprometi (você não), eu ignorei (você não).

HÁ CAMINHO DE VOLTA AO PARAÍSO? —Assim como aconteceu com Elis Regina na música, sair de Porto Alegre é abandonar literalmente o cenário. A visão autossuficiente e independente da literatura torna-se incompatível com a existência de filhos pródigos. Porto Alegre parece falar para cada um de seus:

— Se sair, não olhe para trás! O que é natural para muitas regiões, o que é natural em diversas áreas, da busca pelo crescimento profissional e de novas chances de emprego e interação, a literatura gaúcha tem um ingrediente de passionalidade. Ou fica ou não existe. Como se o Rio Grande do Sul fosse um exército e não aceitasse deserções. Caso seguisse essa regra sentimental, Minas Gerais não teria perdoado Carlos Drummond de Andrade, Paulo Mendes Campos, Otto Lara Resende, Fernando Sabino, Hélio Pellegrino, entre outros. Mas, em Minas Gerais, os autores começam a ser reconhecidos ao sair do estado, num mandamento justamente inverso ao gaúcho. Uma hipótese é que vigora uma lei de compensação: como o país não nos observa, não observaremos o país. Ou como afirmar que o Rio Grande do Sul é um paraíso se há casos que preferem morar em outro estado? Não é uma contradição? Pois as contradições são neutralizadas. O Rio Grande do Sul é uma espécie de Cuba, uma Cuba não com bloqueio econômico, e sim, psicológico, na predisposição em somente cuidar e alentar quem adere ou compactua fisicamente de sua beleza e tradição. Quem está fora, não é julgado, é esquecido. Tanto que os pontos turísticos de Porto Alegre são subjetivos, sentimentais, mostrando quanto nossas atrações são condicionamentos do senso comum. O pôr do sol do Guaíba é dito como o melhor entardecer do mundo. Não porque houve comparação prática com os entardeceres de Istambul e Paris; devido à crença de que se acontece simplesmente na cidade recebe um grau de superioridade mágica. "Eu sei que nestes céus de Porto Alegre/É para nós que ainda São Pedro pinta/Os mais belos crepúsculos do mundo!..." (Mario Quintana, *Rua dos Cataventos*).

Observando bem o Laçador, estátua na entrada da capital gaúcha e símbolo de cartão-postal, descobre-se que está de guarda, na entrada, como uma sentinela da alfândega. Ele não mira a cidade, está de costas para a cidade. Tal fronteira que precisa e urge ser cuidada e controlada. O próprio Laçador não conhece Porto Alegre ou nunca entrou pela suas órbitas. Ele é o guardião metafórico das cercanias. Pesquisas de jornais, revistas e emissoras costumam eleger, periodicamente, por voto popular, os dez ou cem gaúchos que marcaram o século. Não são os dez ou cem brasileiros que marcaram o século. Nota-se o pré-requisito, o ato falho, a ascendência regional sobrepujando à nacional. Será que não estamos criando um policiamento moral?

GAÚCHO PARA OS OUTROS SOTAQUES — Quantos filhos pródigos que não são lembrados pelo simples motivo de seguir carreira fora do estado? Menalton Braff (radicado em Serrana — SP), Flávio Moreira da Costa (Rio de Janeiro), Fausto Wolff (Rio de Janeiro), Sinval Medina (São Paulo), José Santiago Naud (Brasília). Antes deles, Augusto Meyer, Viana Moog e Raul Bopp. Por exemplo, quase não se inclui Bopp como poeta gaúcho. Há alguma escola com seu nome? Algum monumento a um dos mais inventivos criadores poéticos, *homo viator* da oralidade, autor do épico regionalista *Cobra Norato*, que viajou mundo afora como embaixador? É tema na sala de aula, assunto de vestibular? Bopp surge mais como um dos modernistas "paulistas" do que na forma pessoal e figurada de um conterrâneo. Ele nunca entrou na série Autores Gaúchos (43 volumes), do Instituto Estadual do Livro, que serve para consolidar vida e obra dos principais escritores a partir de fascículos, com distribuição nas escolas. Ficou na coleção *Letras rio--grandenses*, atualmente sem sequência, em estudo de Maria da Glória Bordini. José Santiago Naud é um anônimo na cultura gaúcha, apesar de ser personalidade fundadora do Instituto Estadual do Livro/RS (e primeiro diretor) e da Universidade de Brasília (na figura de docente). Com dezenove livros e com mais de cinquenta anos de poesia, natural de Santiago (RS) e residente em Brasília, passou reto pela escola de 45 e de 60, ou por qualquer homenagem em sua terra. Seus versos antecipam o pessimismo: "O peso todo da terra/veio morrer em suas juntas." Menalton Braff, vencedor do Jabuti Livro do Ano em 2000, define sua situação como anti-histórica, algo como um limbo de nascença: "Não sou excluído pelos gaúchos; tampouco sou incluído. O RS simplesmente me ignora. Suponho que a razão seja o fato de não morar mais aí. E pensar que não saí por vontade própria, mas por força das circunstâncias. O exército me queria descansando atrás de uma porta com umas varetas de ferro que, perpendicularmente, estabeleceriam os limites geográficos de meu direito de ir e vir." A origem de sua saída forçada — em função do Golpe Militar — não amortiza os juros do esquecimento. "Há três anos, exemplares de meus livros sempre são enviados para os jornais gaúchos, nunca mais me deram uma linha. Será discriminação ou simples indiferença?" No eixo RJ-SP, ele é ironicamente mencionado como autor gaúcho. Ele é reconhecido como tal, desconhecido pelos seus iguais. "No Rio e em São Paulo (agora também em Minas), sou sempre citado como autor gaúcho. Aqui, em Ribeirão Preto e região, consideram-me um autor local. No fim, acho que não sou mais nada. Sou apátrida, talvez. Já perdi muito do Rio Grande e não fui inteiramente assimilado por São Paulo. Acho que sou coluna do meio ou em cima do muro." Os escritores gaúchos residentes em outros estados não têm o igual acompanhamento da imprensa do Rio Grande do Sul. São circunstanciais, não desfrutam da observação privilegiada e da interlocução constante. São citações efêmeras, nunca fontes. Igual neutralidade mórbida experimenta Flávio Moreira da Costa, contista premiado, com mais de vinte livros. "Excluído e esquecido (enquanto gaúcho). E não só por leitores. Ainda no ano passado, um escritor gaúcho (prefiro não dizer o nome) ficou surpreso por saber que eu tinha nascido no Rio Grande do Sul. Quer dizer, ele me conhecia, mas não como escritor gaúcho. Por que isso, no geral? Acho que há quem não perdoe o fato de, sendo gaúcho, acabei indo morar fora do nosso Rio Grande, ainda que contra a minha vontade, no início. Sim, uma manifestação invisível de bairrismo."

Como Menalton Braff, ele é gaúcho para fora, não para dentro. Além de sofrer o isolamento, é lembrado constantemente da rejeição. O gaúcho vive eternamente um território imaginário e folclórico que o diferencia em qualquer paragem. Dupla extradição: cobrado por ser gaúcho, e, sincronicamente, abandonado pelos gaúchos.

"Por outro lado, a imprensa do Rio de Janeiro e de São Paulo sempre me faz referência a 'nascido no Rio Grande do Sul'. Acabo assolado por uma crise de identidade territorial. Não é à toa que falo e escrevo tanto sobre Santana do Livramento. Sou um cidadão do mundo nascido lá na fronteira. E ninguém me tira esta marca: eu vivo e sobrevivo nesta linha de fronteira."

CONFISSÕES DA POESIA — Acima de ser identificada como um dado de vivência, a reação ao desterro surge como estopim ficcional, de remorso ou resgate da origem nas obras dos autores. Transforma-se em um problema a ser resolvido dentro dos livros. Fausto Wolff criou em seus poemas o Gaiteiro Velho, personagem do galpão, do churrasco no fogão, dos doces no caixão, e da contação de causos embalados pela gaita em rodas de amigos (*Gaiteiro velho*, Bertrand Brasil, 2003). Flávio Moreira da Costa, também na poesia, publicou *Livramento* (Agir, 2006), que reproduz sua cidade natal a partir de um heterônimo João do Silêncio. Os dois são prosadores, contistas e romancistas cosmopolitas. Diante dos poemas, voltam a dialogar diretamente com sua origem. Arriscaria dizer que os poemas assumem uma conotação pessoal, e os escritores não conseguem esconder a confessionalidade e o conflito entre ser ou não gaúcho. Ambos elaboram personagens para serem porta-vozes de suas crenças, e, de um modo enviesado, revidar ameaças e questionamentos. A poesia ecoa como expiação e acerto de contas; em suma, defesa da autenticidade. Provam que são gaúchos ao tratar de temas regionais. No poema "Definitivo", Fausto Wolff demarca sua suspeita de ser um estorvo: "Um dia, num galpão de Santa Rosa,/No meio de um poema de Jaime Caetano Braun,/Que tirava da sanfona,/Fiz um resumo crítico de minha vida./E cheguei à conclusão/De que o pesadelo era eu." Dolorida e irônica sentença do poeta. O desconforto de não ser visto suficientemente como parte do cenário, de desfrutar de um não ser, que é pior do que um não lugar. Predomina a sensação de não atender às expectativas. Se Cyro Martins cunhou em seus romances "o gaúcho a pé", talvez encontremos a figuração do "gaúcho parado", imóvel na crise existencial que herda por não integrar mais o estado, tampouco em pertencer a um novo grupo. "A palavra Vento,/A palavra Liberdade,/Cabem nesta palavra:/ Livramento." (Flávio Moreira da Costa, *Livramento*).

CARNE ARGENTINA — É de se constatar como o pampa, especialmente na poesia, é mitificado como uma metáfora, não um ponto real, palpável e orgânico, tomado de mazelas sociais e do tempero do cotidiano e da eclosão de minudências. O pampa é um Deus da lonjura. Um Deus da distância. Deificação do espaço como um tempo. O pampa é um período histórico, uma deferência imaginária mais do que uma referência geográfica. Não que ele não exista, está lá nas fazendas e estâncias do interior. A questão é que os poetas não problematizam o pampa. O pampa é "minha terra tem palmeiras onde canta o sabiá", de Gonçalves Dias. A canção de exílio. É resultado de uma formação de leitura. Ele é mais literatura argentina, de duelos e hombridade, do que gaúcha. Mais Borges do que Luiz Sérgio Metz. Ainda não sabendo de tudo o que viria acontecer, Borges já antecipava: "Sobre a maior ou menor autenticidade dos gaúchos escritos, cabe observar, talvez, que para quase todos nós o gaúcho é um objeto ideal, prototípico. Daí, o dilema: se a figura que o autor nos propõe se ajusta com rigor a esse protótipo, nós a julgamos batida e convencional; se difere, sentimo-nos logrados e defraudados." ("A poesia gauchesca", in *Obras completas I*, Rio de Janeiro: Editora Globo, 1998). Pelo visto, não há saída na tese borgeana. A encruzilhada está posta: com a idealização do gaúcho, redunda-se o convencional; rompida a idealização, o ato é caracterizado como fraude. Ao afirmar o gaúcho idealizado, firma-se o pacto pelo mesmo. Ao negá-lo, desfaz a identificação e corre o risco de contrariar a expectativa do público. A idealização produziu uma superdose narrativa na poesia, de defesa do território, tributário do elogio da paisagem, especialmente nas décadas 60 e 70. Como se alongar ou distender o verso fosse um maneirismo suficiente para atingir a epicidade. Mas não, o verso épico é tensão entre pensamento dialógico, realidade e música, vide *Martín Fierro*, de José Hernandez. É questão de densidade, nunca de extensão. Indo mais fundo: épico é caráter, não temperamento. Na literatura do sul, os CTGs estão em grande parte montados nos livros de poesia. Com exceção de *Antonio Chimango* (1915), de Ramiro Barcellos, a lírica gaúcha ressente-se justamente da ausência do verdadeiro épico, capaz de reler a história e contextualizar e humanizar as crises e diversos conflitos políticos e sociais. Como ser história sem encarar a História? Coisa que o romance percebeu, questionou e cumpriu, com Erico Verissimo e Josué Guimarães, e, recentemente, Tabajara Ruas, Luiz Antonio de Assis Brasil e Letícia Wierzchowski, desobstruindo o caminho para outras temáticas e linguagens dali por diante. Não houve vanguarda na nossa poesia, muito menos modernismo. Nada que cessasse o andamento simbolista que ecoa na modernidade representada por Mario Quintana. O quadro poético é bifurcado em duas receitas conhecidas: versejar o pampa ou herdar o posto aforístico, metapoético e casimiriano de Mario Quintana. Na poesia, a necessidade de repetir Quintana termina por sufocar uma geração dos anos 80, não diagnosticando seu alto valor de coloquialidade e registro urbano, como Celso Gutfreind, Nei Duclós, Martha Medeiros, Ricardo Silvestrin, Paulo Seben (turma que não é menor do que Cacaso, Ana Cristina César, Chacal).

Com toda sua grandeza técnica, Quintana promoveu o narcisismo da pequeneza. O orgulho da imobilidade. A exaltação do alheamento. Ironizava que provinciano é quem necessitava ir morar no Rio de Janeiro para deixar de ser provinciano. Não opta pelo enfrentamento com os temas de seu tempo, recolhe-se em deslumbramento sábio e atemporal. Alivia-se da crítica pelos chistes e pela preferência ao diminutivo, que o coloca na posição infantil — e sedutora — de órfão. Compara Porto Alegre às cidades do interior, para confirmar uma na outra (acredito que "O Mapa", inspirado em Porto Alegre, poderia servir para qualquer município do interior). Poeta das certezas defensivas e desconcertantes, não há ruptura com um modo de vida, nenhuma errância para comunicar o incomunicável e antecipar contradições. Em nenhum momento, abandona a condição de poeta para ser qualquer outro ponto de vista. Diferentemente de Drummond, que relaciona Itabira com Rio de Janeiro, ou Murilo Mendes, que coteja as cidades históricas mineiras com as espanholas, para aumentar o contraste e joeirar o desconforto. Será que uma dissidência de Mario Quintana produziria um grande poeta? Talvez se esse possível poeta se confrontasse com Drummond teria mais fôlego e consistência (de procura e dúvida) para alçar voo e redimensionar o horizonte de reflexão. Como uma nação dentro da nação, a baliza é sempre Quintana, não Drummond, Cecília Meireles, Jorge de Lima, Manuel Bandeira. A limitação regional freia a ambição nacional. Quantos poetas chegaram até o patamar de Quintana e recuaram em ato reflexo porque ele é o grande referencial de aceitação no estado? Reitero: o problema não é Quintana, é naquilo que foi transformado, vítima gloriosa do ressentimento (esnobado pela ABL) e um parâmetro desproporcional do bairrismo.

PASSAPORTE CONFISCADO — Sair do estado é exílio, nem precisa sair do país. Não sei por que isso ocorre, mas o boicote é sutil, silencioso, quase inanimado. Uma repreenda ambígua. Complicada de ser diagnosticada, mais complexa ainda é sua manifestação. Não é ausência de cordialidade ou de menção. Pode ser uma indiferença em contraste com o fervor amoroso que os escritores residentes no estado recebem. Verifica-se um protecionismo aos que ficam e um desapego aos que partem. O Rio Grande do Sul entende-se um país à margem, por mais que sua consciência histórica tenha evoluído. Perpetua uma sequência de si mesmo, refratário às mudanças, com uma mentalidade tutorial, que se compraz com sua autonomia expressa, sobretudo, no nível cultural. Do ponto de vista salutar, provou que ninguém precisa sair da sua terra para fazer sucesso, representado nas trajetórias de Luis Fernando Verissimo e o próprio Moacyr Scliar. Mas, igualmente, de um modo perverso, não admite a hipótese de sucesso que não em seu lugar. Todo sucesso externo será sempre um sucesso menor. Todo sucesso interno será sempre um sucesso maior. É um bairrismo universalizante, que diminui as glórias além de suas fronteiras de pensamento. Quais são as fragilidades? A pretensão de se resolver sozinho. A ausência de interlocução com os países da América Latina e seus vizinhos, uma arrogância de ser primeiro gaúcho do que brasileiro. Como avalia o psicanalista Mário Corso: "Na relação com o Brasil, continente do qual somos conteúdo contrariado, primamos por atitudes ambíguas. Ora consideramo-nos vítimas, resmungamos pelos cantos, queixando-nos da falta de relevância política, da não destinação de verbas, alijados das políticas café com leite de ontem e hoje. Contraditórios, de vítimas passamos à posição de estrangeiros superiores. 'Eles' não nos favorecem porque não nos misturamos com essa gente inculta e preguiçosa, pareceria que pagamos caro por uma suposta superioridade real. Essa crença sugere que nossa cultura, de inspiração ora europeia ora guerreira, conforme a conveniência, guarnece os gaúchos de um acervo superior. Ambas as crenças nos separam do resto do Brasil e impedem que tentemos superar nossas limitações, tanto de soluções quanto de influência política" (*O orgulho gaúcho*). E o laço rompido nem sempre é reatado num futuro regresso. De reconciliação, Lya Luft e Caio Fernando Abreu. Mas João Gilberto Noll, um dos maiores romancistas brasileiros, voltou a se estabelecer em Porto Alegre e a sensação é que está em todo lugar, menos aqui. Não o encontro palestrando em escolas e universidades locais. A maioria de suas solicitações vem do exterior, ou de outros estados. Não é curioso?

Qualquer torcedor visitante deve se impressionar que no jogo de futebol, seja no estádio Beira-Rio, seja no Olímpico, a torcida canta de cor e salteado o hino regional, com a ênfase de uma Guerra dos Farrapos. Há uma beleza irretorquível em ouvir o hino, que mostra o apego à tradição, porém identifica que a regionalidade é perigosamente configurada como uma nacionalidade. Se o Rio Grande do Sul é um país, teria que ser mais crítico, a ponto de avaliar se sua produção tem independência estética para não depender do Brasil. Se não é, tem que procurar conversar o quanto antes com a nacionalidade e ser menos intolerante com sua diversidade e seus autores aparentemente desgarrados. Como pode ser imortal uma terra, sem os que a celebram? Glauber Rocha avisa que "apesar dos fracassos e das derrotas, temos muito tempo". Além disso, há um grande povo, independentemente de alguns maus políticos. Contudo, tudo cessa, tudo termina. *Etiam periere ruinae* (Até suas ruínas pereceram) — adverte Lucano. E é quando mais se eleva o canto. Ou então "chora o que foi conquistado e perdido/Chora o que nunca foi conquistado/E principalmente chora o que nunca foi perdido" (*Schlimazel Mensch*).

## 22.

EM MEADOS DE AGOSTO DE 2011, nasceu-me *A idade do homem*. O título veio-me de súbito, como um raio. Poema único, épico, lírico, dramático, órfico, e algo mais que não sei. Em dez cantos ou capítulos. Foi uma torrente ou avalanche, meneando pelo livro, em várias formas de verso. E tal foi a veemência de seu verbo, que escrevi o que pude, impelido por essa força cósmica. Não escrevi o que quis. Nem importava, quando a linguagem queria espaço e o espaço, linguagem. Não recuei. Os cantos foram mais fortes do que eu. Em Nova York, onde estive na leitura de poemas na Universidade de Nova York, em 2011, completei o texto, ou melhor, ele se completou diante dos escombros das Torres Gêmeas, o Marco Zero, onde toda aquela desolação me tocou.

Conto o que me cabe contar, o que não posso, vai contar por mim. Ninguém foge do que viveu ou amou, ou tantas vezes morreu, até não ter mais quase nada de morrer. Tudo sofre suspeita, não por estar mentindo, mas por estar arrancando os disfarces, os mais colados à face, porque a história se corrói de suas próprias profundezas. E carecemos de que as palavras não se percam na boca dos peixes, não se percam na língua dos homens e não sejam nunca jogadas fora.

E ponho nestas minhas Memórias um rosto fraterno, o de João Ricardo Moderno, meu vizinho, *docteur d'état* pela Sorbonne, de Paris, presidente da Academia Brasileira de Filosofia, pensador. Foi mestre de amizade desde 1998. Generoso, lúcido, de franqueza surpreendente, gustativo da vida e da cultura, enamorado como eu, da Urca, agora na eternidade. Foi ele que organizou um livro em homenagem aos setenta anos deste escriba, chamado *Carlos Nejar e a condição humana*. Muitos são os seus feitos — esse livro foi o menor deles. Conseguiu, em luta solitária, o prédio magnificente da casa do General Osório, atual sede da Academia de Filosofia, em bairro central do Rio, como já referi. Outra proeza foi a de haver entrado em contacto telepático com discos voadores, o que, para alguns, é risível e, para mim e Elza, nem tanto. Porque vimos, numa madrugada na Urca, objeto não identificado, indo e vindo no céu. Não tivemos o privilégio do contato extraterrestre, é verdade, bastou-nos a visão, que algum leitor poderá imaginar como a estrela da manhã buscando a planura branca do coração. Ou as espumas que vêm do alto, desde o mar, resvalando alvas nas negras pedras. E estas Memórias estão plenas de oceano ou repletas com árvores de palavras, ou vagam como as marés e as procelas. E só creio nas memórias que contam, para depois não poderem ser obliteradas. Talvez na incessante busca de permanência ou na sublimação de uma culpa de tudo e de todos, segundo Dostoiévski? Viver é se ir apurando nas medidas. E é como me tornei cronista, publicando, principalmente, na *Tribuna*, de Vitória, e no *Diário da manhã*, de Goiânia, aos domingos, com desígnios críticos, ou paixão, ou entusiasmo. Seja por fatores políticos, seja por acontecimentos emergentes. Confesso que fui tomado de paciência e maior comiseração. Com o tempo, muita da razão que pensava ter, desfez-se. As previsões, mesmo que corretas, perderam o alcance. E ainda que detestando todo tipo de censura — e ela por vezes vem de baixo, não de cima —, cheguei à conclusão de que há tantas coisas para relatar, tantas ideias para pensar e desenvolver, tantos sonhos para entender ou ser por eles entendido, até os da infância, que não me resta dizer, mais do que polemizar (havendo exceções a esta regra, como fonte de verdade), compreendendo mais do que afrontando (sem negar a necessidade de expulsar, vez e outra, violadores do templo), procurando absorver os fatos, sem permitir que nos absorvam. Isso já é muito. A realidade é exaustiva e, se a crônica não contiver o senso do poético, não atinge o senso do universo. E "precisamos do universo para respirar à nossa altura" — adverte o ensaísta lusitano, Eduardo Lourenço. E há que se ir despojando, tendo a palavra para servir ou ajudar a viver, ou erguer caídos e humilhados. E é assim que mais efetuo o meu destino. Se levanto a palavra, é a palavra que me levanta. E observou Luís Vaz de Camões, "porque mudando-se a vida/ se mudam os gostos dela". E vou mudando nestas Memórias, sendo o texto como um ovo. Com nudez, leveza, concisão, redondez e a cautela de não quebrar. Salvo no instante exato de explodir em parto. Mas a ambição dos homens e a inveja ou maledicência ante o talento alheio podem quebrar como uma casca muito frágil. Até a da imortalidade que padece de autismo. E a inflação também a alcança, sem aumento de *jetons*, há mais de três anos, apesar das condições econômicas privilegiadas que a sustentam. Foi um cabide de empregos, e os acadêmicos que são, idealmente, proprietários, em quarenta, e deveriam ser os primeiros beneficiados da Casa de Machado, passaram para o segundo plano. Inclusive em "miudeza", no que tange ao fornecimento de conduções aos membros, durante o ano de 2011, quando a então diretoria não se esqueceu de si mesma, com motoristas à disposição. E vejam os leitores como estas memórias velejam no batel das ondas, que, ao repetir certos acontecimentos, não é só por processo de interior harmonia, ou por obsessão, mas para que, no intuito de reiterá-los, se gravem para sempre. Ou, como dizia a grande Sophia de Mello Andresen, com "o gosto de ouvir a palavra com suas sílabas todas/Sem perder sequer um quinto de vogal". Eu estava na serenidade do Paiol da Aurora, de Guarapari, quando recebi um telefonema para vir a uma reunião extraordinária no Rio. Fiquei chocado com a maneira com que o primeiro orador, o maior jurista do Brasil, dr. Miguel Reale, dirigiu-se a Niskier e à diretoria da Casa de Machado. Como se lesse um libelo, com funérea gravidade. Deu o recado, levantou-se e foi embora. A seguir vi um grande advogado, ministro Evandro Lins e Silva, postular agressiva acusação contra o então presidente, e eram nuvens escuras, revoltas. Pedi eu a palavra e, com indignação, referi que o confrade Evandro era magnífico na defesa, não no ataque. E protestei com energia pela forma como estavam linchando um companheiro (foi o verbo que usei). Teve o efeito de um balde de água gelada nos ânimos. Evandro calou-se, como que aterrado pelo termo linchar. "Ó palavras, ó palavras, que grande a potência vossa!" O verbo linchar cresceu e se tornou maior do que a sala. E os demais se deram conta. E começou a defesa de Arnaldo Niskier, por Murilo Mello Filho, Roberto Campos e, por fim, Eduardo Portella, acabando por ser ovacionado. Niskier escreveu na dedicatória de sua *Pedagogia de Machado de Assis*: "Devemos lembrar mais os que nos apoiam do que os que nos atacam". Reproduzo com eventual lapso de uma e outra palavra, sendo esse o sentido. Repito o evento pela didática, leitores, de ainda haver memória. E ela insiste: abrandei uma discussão violenta entre Arnaldo Niskier e Tarcísio Padilha, antigos aliados. Deu-se na minha sala. O motivo era a videoconferência entre a Academia de Ciências de Lisboa e a Casa de Machado. Foi mantida, ainda que Padilha no início não a quisesse. E seu repentino afastamento de Niskier era político, por haver uma facção que subterraneamente o combatia, a mesma que o tentara linchar e que depois se voltou contra mim, quando o defendi. Mas nada se sabe até as profundezas virem à tona. Talvez tenha sido também Niskier uma vítima da "santa" e devota Inquisição Acadêmica, como os seus ancestrais judeus e os meus, sefarditas, fugidos de Navarra, na Espanha, durante a perseguição dos reis, D. Fernando e D. Isabel? E é como se a imaculada Inquisição não tivesse existido, existindo somente os sefarditas fugidos, fugiriam eles de qualquer maneira, ainda que não quisessem: andarilhos de sangue. Sim, pesa a imortalidade. Como um grito. Ou um sonho jamais interrompido. Parafraseando Mérimée, na sua invenção de felicidade, a imortalidade é como a vontade de dormir. E fui dormindo de ficar eterno. Diz Carlos Heitor Cony, que "a Academia é um jardim da infância às avessas. Porque aquele tem a espera do futuro e esse, a da morte". Diria mais: é um jardim da infância da longevidade, por termos muitas fases de infância, até a infância definitiva. E não sei quantas vezes morri nos filhos, nos amigos, nos amores, nos desejos, na ambição, na glória e na imortalidade, para poder ressurgir. Olho para outra idade, como alguém que emergiu do vendaval, das angústias humanas, mantendo-me criança, contente de estar um dia com o Pai. E livre de cadeias, a ponto de bradar a alegria de um nascimento, ao me sentir eterno. Ou ao ser atravessado de água insondável, água cheia de lua e de girassóis. Agora pressinto que não posso mais morrer, por haver esgotado a possibilidade de morte. Tendo a provar infâncias que não carecem mais de ter nome algum. Por fluírem no éden. Não me surpreendo, demasiado, com os homens e nem eles, comigo. E se me temem, não deviam. Por contê-los. Nenhuma espécie é feliz sozinha. Ao se juntarem, formam um nó irresistível. E basta ser um homem, para que até um pequeno sonho lhe complete. E estas Memórias, com seus olhos terríveis, não me deixam calar. E observo que a amizade que se perde, nunca existiu antes. Jamais se recobra, o que não havia.

## 23.

Volto ao Fabrício Carpinejar. Concedeu primorosa entrevista, assim respondendo à indagação do que achava da poesia de Carlos Nejar e como a poética do filho se relacionava com a do pai. Essa pergunta foi formulada por Margarida Patriota, apresentadora do programa *Autores e Livros*, da Rádio do Senado: "O pai escreve com violência, dedicou sua vida a carpintar seus olhos verdes. Foi tão severo consigo como um eremita no deserto. Ele deixou muito de sua vida no caminho para dar tudo de si aos leitores. Talvez essa seja a origem do meu ciúme: os leitores sempre vão receber, como eu e ao mesmo tempo, o melhor de meu pai. Seria bonito humanizar a literatura e notar o esforço de um homem para ser amado e lido. O escritor é tão carente que só responderá por escrito. Desmerecemos o sacrifício. Meu pai completa no ano que vem (o de 2009) setenta anos: 49 dedicados à literatura. Em outro país, não precisaria estar se defendendo ainda e procurando seu espaço." Apenas retifico um senão: escrever é ato de amor, sem esperar retorno. Atesto com o número de livros na gaveta. Um deles, há mais de 32 anos: *O abismo de Deus*. Apesar de saber que um dia acharão os seus leitores. E não me inquieta tanto o fato de a imortalidade ter sono, ou dormir pesadamente. Ou se remendará, alguma vez, por acaso a imortalidade. Ou talvez o melhor, para que ela exista, seja, shakespeareanamente, renovar todas as velhas palavras. O que é verdadeiro não termina. E ao encerrar esse assunto, pulo a outro por causa do silêncio e da memória de um homem de rara estirpe. Desperto pela frase de José Martí: "Presenciar um crime em silêncio é cometê-lo". E me recuso a cometer o silêncio.

Contou-me certa noite, numa festa, Austregésilo de Athayde sobre o sonho de fazer do Solar da Baronesa, que pacientemente edificou, um local de aperfeiçoamento cultural dos políticos brasileiros, com magnífica biblioteca, espaçosas acomodações. Seus olhos e a cabeça jubosa já eram o sonho. Ao falecer, e assumindo Josué Montello a presidência, um dos seus primeiros atos, contra o parecer de Miguel Reale, e com o apoio de dois outros juristas da Casa de Machado, foi dar de comodato à Universidade de Campos o radioso Solar da Baronesa. E assim se livravam do sonho de Austregésilo, porque o sonho também pesa e não cochila. O resultado foi terrível. Um descalabro. Com o desaparecimento de livros valiosos, o Solar ficou em escombros, invadido de teias, goteiras, escurezas, umidades nas roídas paredes e uma toca de morcegos, que esvoaçavam diante do pressentido lume na mão do intruso. Debatiam-se às cegas, com as cartilagens presas às membranas. E os bichos riam, a dentuça de fora, riam, riam. Riam talvez de nossa infausta e ruinosa imortalidade. Riam do velho e sábio Austregésilo. E era um rilhar de dentes de um passado que não sabia nada do futuro. Os sonhos não dormem. Enquanto, sim, dorme a imortalidade. Com "a glória que chega tarde para as cinzas" (Horácio).

## 24.

Estas Memórias têm labirintos na língua, muitas biografias que escapam da redundância, com o fio de Ariadne, sendo Minotauro, o tempo. Quantas sensações valerão algum raciocínio, quantos raciocínios valerão uma sensação? "De amigos e inimigos/fui servido" — escrevi em *Danações* (1969). Sim, os amigos contribuíram para o meu equilíbrio humano. E os inimigos me ajudaram a alcançar humildade. E temos os desafetos ocultos da inveja, os que se aborrecem com nossa fama e os despeitos provincianos ou subalternos. Os piores não são os que nos enfrentam, são os que vão para os bueiros e sótãos e são ratos a roer, lascivos, a honra alheia. Não temo os grandes, temo a união dos pequenos e fracos que nos atacam pelas costas, ou fincam a faca sob a aparência de amizade. Sofremos muito ao perdermos um amigo. Diz Carlos Fuentes que "há mais dor que o cinismo nas amizades perdidas". E há algumas que perdemos, sem nunca ter tido. E há outras que se desfazem por maldades ou intrigas, sem que nem percebamos. E de repente o choque num virar de rosto ou num silêncio entrecortado. "A alma humana é um abismo" — aventou Pessoa. E nem por isso teremos que cair nele. E confesso, leitores, que nunca segurei nuvem de ódio algum. Não sei, nem posso. Como se um cristal me atravessasse, até o menino. Contudo, é alto o inventário das perdas, ainda que depois, a algumas tenha posto entre ganhos. O mais belo conceito de amigo é de Virgílio: "a metade da alma". E seu laço mais forte, o da fidelidade. Que encontra ressonância nos animais: os cães. Amizade é caráter. E quando escrevo, dói-me cada letra. Como se tocasse em fímbrias íntimas. A palavra é uma corda de harpa. E o coração, corda de chuva.

Evoco a figura de Guilhermino César. Veio das Gerais ao Rio Grande e lecionou literatura na Universidade Federal. Era crítico, poeta e historiador. De olhos agudos, com sacada de inteligência cismando atrás dos olhos, rosto vermelho, nariz proeminente, sorriso galhofeiro e bom. Jamais perdeu o sotaque mineiro, para não dizer a alma de Minas. Está a merecer um balanço justo pelo muito que fez a favor da cultura. Foi-me apresentado por um companheiro de faculdade e que era crítico de uma página dominical do extinto *Diário de Notícias*, o também poeta Itálico Marcon. Fomos ambos à sua casa com os versos debaixo do braço, quando às vezes era o braço debaixo dos versos. Por que eles eram como pássaros em caixa de papelão, gorjeantes. Itálico, presidente do grêmio literário Carlos de Laet, companheiro de Faculdade e do Colégio Rosário, que, anos antes, pousara sua erudição e estro, com a galhardia de gênio precoce. E eu me achava pequeno, aprendiz de nadas. Pretendíamos lançar um volume de poemas juntos: *Busca e origem*. Busca, a poesia dele, com metáforas gongóricas e bicicletas, pontes e crepúsculos. Ou este remate pomposo: "Quero que me ames, sempre me ames,/sabendo que nunca me terás". E eu carregava poemas de meu *Sélesis* e alguns de *Silbion*. Entramos na sua sala, com sofá amplo, serviu-nos um cafezinho e se pôs a ler os nossos saltitantes versos. E fruía como um garoto a sua pandorga. E me assustei, pensando ter ali o juízo do futuro, terrível. Deixei que falasse sobre os poemas de Itálico e ouvi espantado: — Itálico, não és poeta e sim, crítico, pendura a tua lira num salgueiro!

Depois se voltou para mim, com o entusiasmo de uma descoberta. Foi o meu mais glorioso momento. E lembro aquele julgamento, hoje, e me consola:

— Você é um grande poeta, com voz própria, Continue escrevendo!

E me abraçou. Foi meu primeiro mestre. Levava-lhe os poemas e ele lia, comovido. Vez por outra, sugeria elipses. Fui aprendendo a dura arte de cortar na carne, cortar nos sonhos, cortar para que a densidade explodisse na contenção. Cortar a alma. Cada palavra era essencial ou não tinha que estar como as pedras do templo de Salomão, onde não era utilizado o martelo. Assim o poema ocupa o seu espaço terrestre. Sem violência. E vi que o grande poema manava de um rio exato. Mestre Guilhermino vibrava diante dos achados e das metáforas. Depois publicou extraordinário artigo no jornal *O Estado de S. Paulo*, o primeiro em nível nacional que recebi, sob o título "Poesia, em falta" (18.3.1961). E diz que "Não existe na poesia desse adolescente a poesia do adolescente, ou melhor, nada é pequeno na poesia de Carlos Nejar. Para bem traduzir o que ela me pareceu ser, direi que não é um mosaico mais ou menos engenhosamente disposto, mas um bloco que se planta diante de nós para exprimir a unidade do humano em suas múltiplas dimensões (...) Carlos Nejar é a chama mais poderosa que se tem notícia, até hoje, na poesia do Rio Grande do Sul". Generoso, atilado, profético, exigente, verdadeiro. Passei a frequentar sua casa. Nem esqueço o Ano-Novo que passamos juntos. E um espírito malévolo, intrigante, se interpôs entre nós. Quando Sérgio Ribeiro Rosa, arguto crítico de poesia, e iconoclasta, trouxe à luz *Pombagira e o Apocalipse*, valorizando-me e pondo fogo em alguns senhores da província, às vezes injustamente, com prefácio de Guilhermino César, ele com razão se revoltou, por não haver tomado conhecimento antes de todo o teor do livro. E no bombardeio foram atingidos amigos seus, por ele admirados. Ao visitá-lo, disse-me:

— Preferiria, Nejar, que se tivesse incendiado minha casa, do que se acabasse assim nossa amizade!

Falei de minha inocência, no caso. Não adiantou, nem quis ouvir. Anos passamos separados e nunca deixei de querer-lhe bem, nunca deixei de ler suas crônicas semanais do "Caderno de Sábado", nunca deixei de ser-lhe grato. E lá no fundo de seu coração, ao ter-me conhecido, sabia-me inocente. Tomou aquela atitude na paixão e não surgira ninguém com grandeza para consertar. Salvo mais tarde. Referirei. Ao publicar pela editora Aguilar, *Árvore do mundo* (e um mês depois nova edição pela Nova Fronteira), tive um lançamento concorridíssimo. Filas vinham da rua dos Andradas para a Livraria do Globo, que meu amigo Nelci, com eficiência, dirigia. Jamais pensei trazer tanta gente, ou tanta gente me trazer ao abraço de um livro. Eram 18h30 e soube que, um tempo antes, Guilhermino César comprou meu livro, dizendo:

—É a minha grande admiração!

Chorei ao saber, choro hoje na palavra que me chora. E ao ser eleito para a Casa de Machado, foi com afeição que falou sobre mim e a minha poesia ao amigo fiel que a vida me deu na alma de um alto poeta e de sua maravilhosa companheira, Rosa, que é Paulo Roberto do Carmo. A respeito dele, vem-me o que escreveu Montaigne: "Na amizade de que estou falando, as almas se misturam e se confundem num elo tão integral que não se vê mais a costura que as une". O que outros tramaram para intrigar-me, esse consertou com carinho fraterno. E marcamos um encontro e ambos estávamos comovidos, ele e eu. E tal abraço me aperta um nó de eternidade! Ali estava também dona Wanda, a esposa exemplar do mestre. Guilhermino, um ano depois, morreu com o afeto do povo gaúcho. Não, não morreu! Prestei-lhe, ainda quando vivo, uma homenagem na *Zero Hora*. Ponho-lhe um ramo de memoriosa saudade. E "a ciranda rodava no meio do mundo,/ no meio do mundo a ciranda rodava" — escreveu Quintana. Falei antes de Itálico Marcon. Estudamos juntos para o concurso do Ministério Público, passamos na primeira leva. Escreveu magnífico ensaio sobre a minha poesia saído no *Correio do Povo* e bem antes, no *Diário de Notícias*. Talentoso crítico, mais tarde se firmou como poeta, com *Ave de rapina*, tendo um poema a mim dedicado. Com testa em tábua, olhos azuis, feições que desenhavam a herança italiana, alto e de fala articulada, suave, quase cantante. Leitor inveterado, compôs uma extensa biblioteca que preencheu com seu apartamento e um outro, agasalhando volumes e volumes. Guardava sigilosa vocação para bibliotecário destes silêncios abundantes e frutíferos, como a sua Garibaldi natal. Tinha os traços vigorosos de seu pai Pietro e certa doçura de sua mãe no olhar. O nome revelava a natureza elegíaca. Foi excelente promotor de

Justiça e em todas as entrâncias me ultrapassou, embora ambos sempre fôssemos promovidos por merecimento. Era protegido político, o que não conheci. Mas ganhei dele na última etapa. Quando entramos os dois em lista tríplice — eu, com mais votos do que ele. E a mão de Deus operou a meu favor, ainda que não O conhecesse. Usando a pessoa do procurador-chefe que impôs ao procurador-geral o ultimato: ou seria promovido por merecimento o que possuía mais votos, ou se demitiria do posto. Venci. E ainda pude, vários meses depois, pedir aos colegas e votar na promoção de Itálico Marcon. Recordo que fui eleito ao Conselho Superior e para o Colégio de Procuradores. E no dia em que fui homenageado pela Instituição, levei minha filha, acadêmica de direito, Carla Carpi Nejar, que assistiu ao meu lado a solenidade. E no discurso de despedida, vaticinei que ela me seguiria na carreira. Anos depois, entrava através de concurso à Promotoria, em primeiro lugar, sendo a oradora da turma. Hoje já atua na capital e até a publicação destas Memórias, sei que assumira o espaço que lhe acenei no tempo. Nada mais soube de Itálico Marcon. Deve, como eu, confabular com os livros onde o mundo parece maior do que o mundo.

## 25.

"A OBRA INSPIRADA POR MINHAS CINZAS e destinada as minhas cinzas subsistirá depois de mim?" — pergunta René de Chateaubriand. E indaga ainda: "É justo o que escrevi? Detive o direito de falar dos demais? De que me serviria o arrependimento se estas Memórias produzissem algum dano?" Ninguém pode responder, salvo a tumba. Mas os vivos representam. E os mortos? E estas *Memórias de outra idade* não trabalham as cinzas, nem as brasas, nem o direito ou não de calar, e muito menos qualquer laivo de má consciência. Se estas Memórias são ferozes, também são reais. Nem pretendem elogiar ou criticar. Registram com a foice da noite a seara. E se cortam, não se embriagam. E ao elucidarem, não tergiversam. São humanas e assumem os eventuais erros. Pelas frinchas penetram e querem agarrar a vida. Expõem as vísceras e põem de ombros nus os oceanos. E não há dano em tempo que agoniza. E nem mais tempo, se já caminha velozmente a luz. E quem tenta escapar da palavra não sabe que a semente tem pressa de ser fruto. E o fruto não escolhe a semente que o pariu. E é "a palavra que desperta a palavra na alma do homem", como frisei em *Riopampa*. E foi assim que a criação épica andejou trilhas antigas no meu sangue. De ancestrais levantinos sob o simum no deserto. De oceanos rolando atrás de fugitivos navios. Desde os meus antigos perseguidos pela Inquisição espanhola em busca de novas plagas. Desde o poeta e rabino Israel Najara, da Palestina e Faixa de Gaza. Desde o meu avô Antônio, sírio e mascate, aportando com seu pai no Brasil. E foi esse inconsciente como pedra que se encantou nas leituras de infância dos Cavaleiros da Távola Redonda ou de Carlos Magno e seus valentes. Mais tarde, no Colégio Rosário, em traduções da *Eneida,* de Virgílio Maro, através das aulas imaginárias sob o magistério do Ir. Hilário Máximo. Quantas vezes sofri com Enéas, Dido, Niso ou Euryalo. E desejava ser um desses heróis do destino. E não podendo, inventava seres obscuros que os substituíam: Mavar, Sélesis, Silbion. Com o decurso do tempo se humanizaram, com o Campeador e Jesualdo Monte, em *Canga*. E os heróis não eram mais os da *Ilíada*, *Odisseia* ou *Eneida*. Eram os joões-ninguém do cotidiano esmagados pela fome, o medo, a injustiça do sistema. Os que atravessam a penúria, a carestia, a morte. Nos primeiros livros ainda utilizei os dez cantos da epopeia antiga. Com invenção contemporânea, sendo o tempo também protagonista. Os verbos de ação sugerindo movimento e uma técnica do ritmo ajustada a esse dinamismo metafórico. As imagens pictóricas e sinestésicas dentro da percepção de Cassiano Ricardo: "o poema com o desenho animado". Os personagens representando seres coletivos. Sem nome. "A poesia épica é uma febre de juventude dos povos, um delírio da criação alógica dos tempos primitivos ou heroicos dos povos, em fermentação" — adverte Fidelino de Figueiredo. Diria mais: a poesia épica é o delírio lúcido da maturidade dos povos. E a esse nível é plasmável a linguagem, como o barro ao fogo. *Somos poucos* (1975), *Um país o coração* (1980), os executados em *Árvore do mundo* (1976). Só em 1990, consegui concretizar a *Rapsódia: A idade da aurora — Fundação do Brasil*. A busca de identidade entre um país e seu idioma. Graças ao contato com a natureza vertiginosa do Espírito Santo, a ilha de ilhas, com personagens míticos. (Por que a natureza tem que se parecer com a natureza?) Brasílio, Columba, Futuro, Durinda, a águia Abélia, João Serafim, a morena Palavra e Alva. Depois nasceu um poema longo e único sobre o pampa, uma sinfonia: *Espuma do fogo* (2002), em que mesclo o povoamento de São Miguel das Missões, com outro Miguel, Antônio, meu avô mascate. Descrevendo com musicalidade as cidades do pampa, os costumes, os habitantes, os elementos da natureza. O verso é dinâmico, às vezes doce, outras, sáfaro, com variedade rítmica. O tempo liga as coisas, os rios, os montes. Liga o Sena, Veneza, Londres, Guaíba e o mundo. O último poema largo que publiquei, com predominância do metro breve, em tercetos, foi *Tratado de bom governo* (2004), falando do universo dos vivos através do universo dos mortos. Uma *Divina Comédia* às avessas. Sigo atrás das minhas palavras e elas hão de ser mais vivas e lúcidas do que eu. "As coisas não começam no momento em que se inventam. O mundo foi inventado antigo" — advertiu Macedônio Fernández. Ou por nunca ter sido inventado completo, vai-se inventando constantemente. E se me guardo da luz, posso cair no céu. Se me guardo de algum céu, posso cair nas águas. E às vezes nem me incomoda de que lado o poema vem. Acolho-o para ser inteiro. Depois tudo se clareia no texto. Se têm sapatos de água ou não, os meus poemas não indago, desde que peregrinem como eu. A raça de um verso é o sonho e se fabula desde que uma palavra procura outra para germinar. Depois chego ao ponto de agulha da razão: são as palavras que me escolhem e não as deixo dormir. Se dormem, morro. Fico constelado de símbolos, até o firmamento todo tombar dentro de um verso. Escrevo até o sol se pôr e o poema então enrola o sol molhado de sono. O que fazer de tudo o que não deseja findar? Deus começa. Se um poema desaba, os adjetivos e os verbos já levantaram voo dele: salvos. Se me guardo de céu, posso cair na luz. E o poema, que tem alma, pode ir da varanda de uma lua para outra, até pegar a noite pelas pernas. E quem achar as pernas do poema, pode puxá-las que são nuvens. A metáfora é o segredo de Deus no poema. Mas não se percebe o limite em que o poema precisa de segredo para viver. E são só certas palavras o segredo dos poemas. Nem serão talvez as mais diáfanas. As que são como peixes que olham para fora do rio. Quando o rio é um peixe que olha para dentro dos escuros de um verso. E o verso não tem mais para onde olhar, por nunca voltar-se para trás. O mundo está livre para nascer. E Deus começa a tecer de novo a infância. Por não haver infância completa sem Deus. E é por isso que sigo todas as minhas palavras. E o que viaja não se extingue, já é metamorfose. E por me anteceder, sucede. Leitores, o texto delira porque a razão é excessiva, a vida é excessiva, o amor é excessivo e tudo o que é excessivo principia a ficar mais leve do que o ar. Deus é verde, muito verde, fundo, tão fundo que não se vê jamais. E se atravessa Deus de tanto fluir. E se atravessa os séculos. A eternidade toca, toca com a palma. E é a outra idade que me vê nestas Memórias.

## 26.

Iberê Camargo, gaúcho, de Restinga Seca, gênio da pintura e um simples, um telúrico como um carretel de ossos, rutilante e solto de cores e sonhos, tão desmedidos que rebentavam a tela entre a realidade e a loucura. E só se é louco com demasiada razão e gênio, com demasiada fúria de viver. E nenhuma fúria ou razão convalesce a carência de Deus. Iberê lembrava, na coragem de redemoinhar as cores, a Van Gogh, apesar de serem suas janelas mais espessas e às vezes plácidas como uma campina, ou carregadas de azul-escuríssimo, igual à tempestade. Era alto, magro, ossudo, olhos que pareciam explodir e depois se engoliam de pura ternura. Testa avançando sobre os cabelos ralos, sobrancelhas andorinhas. E a fala firme, imperiosa. Foi Vitorino Sanson que me apresentou Iberê. Sim, foi o tal filósofo, fino de corpo e alma, elegante de gestos, bondoso, que me hospedava em seu apartamento na rua Marquês de Abrantes, no Rio. E curiosamente, onde, hoje, moro. Levou-me ao ateliê do pintor. Ficamos, de imediato, amigos, como se já nos conhecêssemos. Passei a frequentar aquele local de prodígios. Assisti muitas vezes a Iberê pintando, com o seu gênio parteiro, tinta no chão, no ar, na cara, desfiando a rebelião do quadro, a rebelião organizada. Dei nomes a várias telas: Movimento I, II, Vertigem, Figuras e outros nomes que brotavam dos olhos da pintura para os meus e ele aquiescia com a cabeça. Como se o nome sempre fosse aquele. E as suas telas saíam de um outro ar, ou tear: o tempo da infância. Soube mais tarde que matou um homem com revólver, defendendo-se. Não se adaptava jamais um revólver de balas na mão de tal artista, apenas um revólver de tinta, explosão solar de cores, ou gatilho de cometas na Via Láctea da alma. Pressenti quanto sofreu na sua humanidade com a morte daquele homem. Tendo a sensibilidade dele. O que mata, se mata um pouco. E vi num programa de tevê a forma com que um jornalista lhe perguntou sobre esse funesto acontecimento. E como Iberê respondeu contrariado, com a emoção se desencontrando. E tive pena de meu irmão, o menino genial de Restinga Seca. Encontrei-o anos depois em Porto Alegre. E ele não se foi mais dali. Residia com sua Maria, companheira de fibra e paciência na rua Cousirat de Araújo, utilizando um ateliê à prova de som. Possuía compradores de seus quadros, antes de nascerem. E a luz povoava sua pintura como nunca, a luz abrasadora do pampa.

Escondia os sóis de sua Restinga, ali dentro. E o que era antes abstrato, tornou-se humano, humano, devastadoramente humano. Nesse período, certa noite jantei com ele uma massa recheada de manteiga e queijo. Conduzindo-me depois ao ateliê, quando me pintou em cor de azul-claro e a testa de ouro. Quadro magnífico. Pôs nele a dedicatória: "Com o abraço de Iberê Camargo". Anos antes, fizera o meu bico de pena, atual hoje ou amanhã. Por desenhar-me sem idade, ou com todas as infâncias junto. Na última fase, mudou-se para nova casa, situada no bairro do Guaíba, onde o visitei pela derradeira vez, como se nos despedíssemos. Pintou ciclistas pedalando sombras, pedalando sonhos. Pintou a si mesmo deitado sob a terra e o campo em cima, uma de suas telas mais impressionantes. Com câncer, aceitava em paz a morte, sem não antes lutar com as cores, sua fatalidade. Lembro uma viagem a Restinga Seca, em Santa Maria, sua terra natal, onde seria homenageado. Iberê tinha tanto medo da velocidade que me vigiou. enquanto eu dirigia. E acordamos não passar dos 60 km. Ele desejava menos. No meio do caminho sentiu a falta do chapéu e telefonou na estação rodoviária, para que o enviassem de ônibus. E foi o seu chapéu sozinho à procura do dono. Teria dentro a sua meninice? Fui testemunha, na companhia de Maurício Rosemblat, da entrevista que Iberê concedeu no Museu de Arte e Som de Porto Alegre. Repetia: "Esta trincheira não se rende!" Não se rendeu. E seus sapatos grandes caminham a eternidade. Iberê Camargo amava o pampa como raros e não foi devidamente reconhecido em vida, tal sucede com alguns, os maiores. Soube que a guarda de honra militar vigiou seu caixão. E foi construído um museu para a amostra permanente de sua genial pintura. O que se deu com Miró, Picasso, Van Gogh. Começa agora o reconhecimento das gerações. E curiosamente a glória sabe mais dos seus mortos do que dos vivos.

## 27.

"Se um leão pudesse falar, nós não poderíamos entendê-lo" — disse Ludwig Wittgenstein. Porém, no sonho entendemos os leões e eles nos entendem. Por não precisarem de sistemas: os sonhos agem aliciadamente. E estas Memórias têm o idioma hebraico dos sonhos, ao manejarem a língua da imaginação. Com as consoantes visíveis e as vogais invisíveis que variam o significado no contexto, aparecendo ou desaparecendo como as areias. A mesma palavra pode ser outra adiante, conforme os pés do vento. E o que foi ontem, estará voltando amanhã. "A letra mata", a ignorância e a falta de cultura mais ainda. E a imaginação salva. E ela é como a chuva que pode acordar, andando. E de andar, me vejo ao lado de Antônio Osório de Castro, na Aldeia de Irmãos, em Azeitão, Portugal. Caminhamos os dois entre os seus vinhedos. Depois, passamos por uma mesa de pedra sob os mirtos, penetramos pela casa grande, antiga, com adornos no teto. Ou sentamos na biblioteca apinhada de livros, onde conversamos sobre a literatura e os nossos projetos, como Ponte Velha, ou Caravela, prevendo a edição no Brasil de autores lusitanos. Antônio Osório é um notável poeta de nossa língua comum. Guardião de uma amizade que não envelhece. Alto, musculoso, rosto florentino, talvez saído de uma efígie de Dante, olhos de pardais e outras vezes, corujantes. Olheiras circulares e suaves sob os óculos, voz timbrada, habituada aos tribunais. Jurista exímio, foi presidente da Ordem dos Advogados, ensaísta também sobre o fado português. Fomos apresentados na redação da *Colóquio/Letras*, pelo poeta Luís Amaro, o "maro e bom", em 1975, quando de minha primeira viagem a Lisboa, a convite do Ministério de Assuntos Estrangeiros, de Portugal, como bolsista, por três meses, junto à Universidade daquele país, com tese sobre "a imputabilidade no Direito Penal brasileiro e no Direito Criminal lusitano". Trabalhei e vi a tese aprovada plenamente pela Faculdade de Direito.

Hospedava-me numa pensão modesta no Conde Redondo. Um dia fui surpreendido por um telefonema do gerente do Hotel Ritz, ao pé da Praça Eduardo VII, na Avenida Liberdade. Chamou-me a uma conversa. E disse num sorriso quanto apreciaria que fosse hóspede do seu hotel. Alguns escritores lhe solicitaram esse favor. E era uma honra acolher um dos importantes poetas do Brasil e amigo fiel de Portugal. Perplexo e grato, expus que não tinha condições de pagar a diária normal. Então me indagou para meu espanto, quanto desejava pagar. E em face do meu aturdimento, pediu que lhe pagasse igual à diária da pensão no Conde Redondo. E me ponderou, fraterno, que, em caso de viagem, guardaria os meus objetos, não cobrando diária. Não sabia o que fazer de alegria. Valeu-me mais do que prêmio ou condecoração. Agradeci, comovido, e mudei-me com alma e bagagens para o hotel cinco estrelas, o Ritz. E era como se todas as estrelas futuras estivessem ali. Não soube o nome dos que pediram por mim e o gerente jamais revelou. Recebi como dádiva do amor que a vida tinha por si mesma. Hoje sei que foi Deus que cuidava deste escriba que ainda tateava entre sombras e não O conhecia.

E encontrei Antônio dias depois, no fim da manhã, na redação da famosa *Colóquio/Letras,* onde éramos colaboradores, quase ao meio-dia. Almocei com ele nas proximidades. Passava ele um momento penoso, a perda de sua mãe. Achava-se sem ânimo de escrever. Dei-lhe força, insisti. Naquele transe doloroso é que devia escrever. Com mais energia ainda. E que teria as palavras prontas e nenhuma lhe haveria de faltar. E não faltou. E isso nos uniu no tempo. Tivemos muitas conversas, que nunca chegaram a discussões. As trocas de ideias confiavam uma surdina que dimana das minas de ouro da palavra, onde mais do que a imaginação, a linguagem é aventura. Porque a arte está em suprimir, rasurar, substituir, limpar. A arte é integridade, retirando animálias da frase, pondo verbos ou substantivos sadios, adjetivando o mínimo, satisfazendo o desejo do poema, pulsando sangue novo em veias amorfas, saudando a linfa musical da rima, os nervos do ritmo, desvendando dobrões do vento sob as passadas da chuva. Levava-me Antônio poemas recém-paridos e colocava-lhe elipses ou acrescentamentos, que aceitava ou não. Foi quando escreveu *A ignorância da morte* (o título foi sugerido por mim, entre outros de sua lista). São os versos mais tocantes e elevados sobre o sofrimento da perda, em língua portuguesa, ou em todas as línguas. Livro lapidar, necessário, soluçante, nobre, solene, grave. Li trecho a trecho, na medida em que se formava. Seus pais mortos, que se ligaram no amor, ficaram agora agraciados de palavra. Antônio era uma alma torturada que tinha algo de Michelangelo no tinido da pedra. E algo de pedra na exatidão dos vocábulos. Ah, quanto a noite custava a passar e não gosto da noite. E andamos depois pelas cartas, planos, confidências, estrelas e anos. Andamos, pondo uma ponte nova e velha sobre este oceano que separa as nossas pátrias, além das fronteiras ou governos. Foi no seu escritório jurídico que conspiramos juntos. Ali tirei xerox de livros e poemas dos mais importantes criadores lusitanos, para a *Antologia da poesia portuguesa contemporânea,* publicada a seguir no Brasil, pela Editora Massao Ohno, em convênio com a Fundação Gulbenkian (1981). Graças a Antônio Osório, consegui que a editora da Imprensa Nacional/Casa da Moeda, de Lisboa, publicasse a *Antologia da poesia brasileira contemporânea* (1986), com prefácio de Eduardo Portella. Sozinhos, realizamos o que até então nenhuma embaixada conseguira até então. Também, com meu prefácio, obtive editar na Massao Ohno, em São Paulo, a sua *Antologia de um emigrante do paraíso* (1981). E ele me fez uma surpresa que é raridade hoje: o pequeno volume que selecionou de meus poemas para a Editora Gota de Água, do Porto: *A idade da eternidade* (1981). Título que mantive, mais tarde, com a reunião de minha poesia, vinda a lume, em Lisboa, pela Imprensa Nacional/Casa da Moeda, dedicada a ele (2001). E foi Antônio que fez a introdução crítica e escolha de poemas da minha *Antologia poética,* saída pela Pergaminho, em 2003. Continuamos andando, enquanto vivos. Não deixamos envelhecer o dia, ainda que envelheçamos. E com isso suceda de ir perdendo coisas. Ou até que elas envelheçam. Afirmou, no século XIX, Thomas de Quincey que "uma quarta parte da miséria humana era devida à dor de dente". Penso que também à dor do pé, quando não mais alcançamos caminhar. Ou nas cãibras e achaques, quando se derrama a noção do trajeto, ou aparece a temível gota, capaz de nos estancar numa cadeira de balanço sonoríssima. Felizmente, certa imprudência de um dente que possuía vocação de saltimbanco foi sanada. E pulava da boca nos momentos mais desprevenidos, causando-me pânico. Antônio conduziu-me ao seu dentista. E zás! Colou o dente rebelde na minha dentadura, cimentando-o. E o tal, quando falava, vinha para trás e para a frente. Era talvez a minha futura imortalidade.

Não, não utilizo nestas Memórias o tempo sequencial dos relógios, mas o tempo dos sonhos. Em 1980, retornei a Lisboa pela Fundação Gulbenkian. Antônio buscou-me no aeroporto e levou-me ao seu apartamento, na rua Marquês da Fronteira. Convidou-me para comer os pastéis de nata nas cercanias dos Jerônimos e o proverbial café. E lógico, marcamos o ponto no glorioso monumento dos Jerônimos, onde é indormida a sombra de Camões. Ah, o Tejo, ali adiante, os navios. Ao voltarmos, tinha que ir a um hotel e deparei-me com a mala esvaziada e a roupa toda no armário. E me disse Antônio:

— Vais ficar aqui em casa!

Não resisti ao gesto e fiquei, partilhando de sua plácida vida familiar, a presença de Mimi, apesar de doente, afável, simples, serena, bondosa. Amor de Antônio desde a adolescência, amor português à Júlio Diniz, amor entretecido e sofrente na maturidade. Os filhos, alegres, em torno. Afirma Montale, na tradução notável de José Manuel de Vasconcelos: "É melhor ainda quando a algazarra dos pássaros/se cala engolida pelo azul do céu:/mais claro se ouve o sussurro/dos ramos amigos no ar que quase não se move". E recordei o livro osoriano modelar, que é

*O lugar do amor.* Ditosos aqueles dias com passeios de automóvel pelo interior portucalense e os fins de semana solares ao som de Vivaldi das *Quatro Estações* "e as impressões deste cheiro/que não consegue separar-se da terra (ó Montale!) e faz chover no peito uma doçura inquieta". Faz chover de júbilo os passos no ruído dos gravetos e seixos, ao vagarmos pela Quinta de Azeitão, entre as árvores bem-aventuradas de Vivaldi. E fomos a Sesimbra e à Troia, não a dos gregos e troianos, a da infância de Antônio, com o mar de chaminés brancas e silvestres boninas de fumaças. Mastigamos, com dentes arcaicos e sábios, salmonetes e linguados. Lúdico, degustante ofício, igual ao dos versos. Antônio e Mimi albergaram Carla, minha filha, com carinho, na companhia de seus filhos, num mês de férias. Carla era uma pomba, entre os pombos da Quinta de Azeitão, e debicava no parapeito dos dias sobre as veneradas vinhas. E outra imagem na retina: a de quando catei medronhos na Serra da Arrábida. Tinha menos juventude do que agora ou mais.

— Podes cair do pé! — disse-me Antônio, turbado.

E eu subia, subia, catando medronhos. E talvez eles me tenham catado. Ou num relance, voava com os pássaros? E vi que nenhuma alma é como as outras. E todas como os medronhos crescem. Independentemente de crescer ou não o corpo. É crescendo que a alma sobe para Deus. E Deus é quando não para mais a alma de crescer. O que vira céu é pedra e o que vira vento é luz. E o que vira pedra é flor. E a memória que vira pedra, não é flor, é mar. É pedra de mar bramindo. E por que fiquei tão sensível como folha que na brisa treme? Qualquer balbucio me tange. Estou enfermo de universo, enfermo de amor de universo.

Antônio Osório, em suas *Vozes íntimas* (Assírio & Alvim, Lisboa, 2008), me pôs de "seu único acompanhante, com voz intacta", junto a um magnífico estudo sobre minha poesia, sob o expressivo título: "Carlos Nejar e a recusa da sombra", chamando-me na dedicatória de "o melhor amigo de sempre", entre Mário Botas, Vivaldi, Antônio Sérgio, João de Castro Osório, Cristovam Pavia, Umberto Saba, Raul de

Carvalho, Angel Crespo, Fernando Assis Pacheco, os amigos de Sebastião Gama, Montale, Cecília Meireles e Maria Valupi (com cartas daquela a essa). Chorei ao abrir o livro, fui chorado em luz. Obrigado, Antônio, irmão de sempre, agora em Deus. Chorei e nem tudo o que vira céu é flor. Também é chão.

Foi nesse tempo que Fernando Assis Pacheco me telefonou. Queria entrevistar-me. E fui ao *Jornal de Letras*, talvez o melhor noticiário de literatura em língua portuguesa. Almoçamos no restaurante dos Caracóis, na rua Esperança. Aliás, nesse mesmo lugar, anos depois, almocei com José Saramago e o ministro Madeira, do Tribunal Federal de Recursos. Ali também Jorge Amado pontificava. Fernando e eu éramos, na época, ótimos de garfo e copo. Então gastei toda a minha porção terrestre. Nos fartamos nos peixes e camarões e a seguir saímos de tasca em tasca. Até ancorarmos no jornal, estávamos ambos altos, voantes. E não é que assim mesmo, saiu a entrevista? Fernando de Assis Pacheco era poeta e ficcionista de vincada originalidade. Tornara-se popular por respostas certas em programa de TV. Era humaníssimo, alegre, franco, fraterno, padecente da guerra na África, de versos contidos e de marca registrada (poucas vezes encontrei um autor tão lusitano como ele, nas expressões, gírias e metáforas). Jornalista dos mais competentes, baixo, barbudo, cabeça um tanto comprida e olhos radiantes e pequenos. Atilado, perscrutador, um gustativo, como eu, amante da vida, dos bons vinhos e pratos. Foi ele que prefaciou minhas *Memórias do porão* (1985, Livraria José Olympio Editora, Rio): "Carlos Nejar chega aos arrabaldes de Deus (...) A ambição cosmogônica faz, porém, avançar o livro para lá desses limites estreitos, e é então História, Civilização, livro de todos os viandantes. (...) O menino que 'via sinais em tudo' é o salmista Carlos Nejar, curvado, como os Apóstolos de que fala, 'ao vento de Deus', caminhando — sucessor do Dante bem-amado — pela madrugada dentro. Que é a luz que é a graça que é uma revoada de anjos". Foi ele que na noite do dia em que nos (re)conhecemos, levou-me no seu carrinho até o Cassino de Cascais, num jantar, com Jorge Amado, Zélia Gattai, Carybé e José Carlos Vasconcelos. Cheguei às três horas da manhã na morada de Antônio Osório. Tinha chave mas não sabia como funcionava. Desci correndo com vontade de urinar e tive que mijar nas estrelas sobre as poças, atrás de duas moitas na via pública solitária. E para entrar no apartamento do poeta, fiz barulho com a chave rebelde e veio ele de pijama abrir-me a porta. A chave era uma lâmpada que me acendia o sono? E pude sonhar aquela noite e todas as noites numa só. E o poeta é uma verdade de pedra — certa vez escrevi. Ou é a porta com a verdade de pedra. E soube mais tarde que Fernando Assis Pacheco faleceu de infarto. Virou pedra. Choro com pedras nos olhos sua perda. E era inocente seu sorriso. E persiste. Não, não virou pedra. Embora esteja em flor. Sim, a morte sempre está em flor: parece a vida. E Fernando Assis Pacheco peregrina agora pelo porão de seus mais invencíveis sonhos, o "porão" — que para Carl Jung — "é o subsolo do parque do sonhador".

## 28.

"Que eu me detenha e que também veja um pouco da natureza" — anotou Konstantinos Kaváfis. E a natureza me vê, enquanto me volto para outras lembranças. E as coisas que conhecemos, não precisamos mais conhecer. Todas rebentam como os cogumelos na grama. E o conhecimento tem dor. E quando se morre um amigo é dor de uma faca e o sangue jorra e se começa a esquecê-lo, como se não tivesse existido. Porque o que nos causa dor é a existência. Ou o pesadume de haver morrido. E me recordei de Maria Valupi. Eu a conheci, apresentada por seu sobrinho, Antônio Osório, numa viagem a Sintra, onde vivia em casa senhorial. Presença atenciosa, para não dizer, suavíssima, vestida com aquela antiquíssima neblina, agora, depois da morte, encontra o destaque merecido por sua imperativa poesia, também em viagem, como Cecília Meireles, sua grande amiga e confidente, dentro do mesmo véu cristalino, na "noite que coincide com o outro dia". Sua barca de vozes veleja com diáfanas palavras, muitas delas acesas. E certa hegemonia que os sonhos têm na luz. E singra na multiplicação de sentidos, para os que são vozes, sem corpo, vozes dos que se inserem no "dorso redondo" da embarcação sidérea, vozes de todos os sonhos líquidos, nevoentos, insondáveis. Diz Novalis que "o poeta serve-se das coisas e das palavras, como de teclas". Mas a música é a do espírito. Trabalho com as gotas de água que se infiltram pelas frestas das civilizações. E trabalho as civilizações sob a gota de água da infância. Mas o que sobra de tudo é palavra. E Clarice Lispector era palavra. Tinha o rosto de concha, olhos cerzidos para dentro, boca desenhada à mão. Voz com sotaque de ave. Quando nossas palavras se encontraram, anos antes se viram. E a de Clarice nadava como peixe no aquário dos livros. Depois de atravessar o oceano ou idades de oceano. E a minha palavra tentava ser oceano engolido por um peixe. E como eram palavras, não morriam sufocadas com o sol. E pessoas, nos encantamos de palavras, que se descobrem em nós. Não precisava dizer: sou Clarice ou Nejar. Nós viemos de palavras. Declarando por nós o que carecia. E no sofá do Hotel dos Açorianos, no centro de Porto Alegre, conversamos sobre literatura. Era na época do apogeu estruturalista. Disse-me que existia uma espécie de crítica tão inteligente, tão inteligente, utilizando termos tão difíceis, que ela não entendia nada. Era burra. E eu lhe disse que o mesmo me sucedia. Levava sob o braço, *Laços de família* e *O livro dos prazeres*. No primeiro, deu a dedicatória: "A Nejar, com admiração, que identifico comigo e tão burro quanto eu". Rimos e é como se as palavras também rissem. Fomos a uma churrascaria juntos. Depois do almoço, sentada, dormiu. Prenúncio de enfermidade. Pouco tempo depois foi hospitalizada. Telefonei-lhe, de uma palavra à outra: chegara *a hora da estrela*.

Que atravessou a morte.

## 29.

ASSINALAVA NOVALIS: "UM ESCRITOR NÃO é mais do que alguém possuído pelo espírito da linguagem". E não é mais do que alguém que faz delirar a língua em estado puro. Toda a honra do homem está na sua palavra. A atual velocidade das coisas não permite a paz serena do faiscar das estações. Por engolirmos o silêncio, o grito é um bosque devastado. E sem palavra, não temos mais honra. Minhas Memórias por isso resgatam a honra das palavras. E a infância que me aconteceu não é a que vai me acontecer quando os olhos abrirem para nunca fechar. E a infância que me sucedeu parece ser como uma mulher grávida. Porque o que me alimenta de tempo é o futuro. E o que alimenta de futuro é exatamente a infância nova que me vai achar. Novíssima de alma. E me sento na beira de minha morte como um rio. E as águas caminham. E se dormir, morro. E, leitores, a minha experiência com o romance foi o começo da nova alma. Não teremos infância suficiente, para tantas almas? O romance não é apenas para divertir, também é para pensar. E os leitores devem aprender a sentir e pensar o novo romance. Como têm a possibilidade incrível de inventarem junto com o autor. E a arte de invenção é a da infância. E os fatos relatados nos romances podem ter ocorrido, ou não ocorreram ainda. Por conterem um bojo de profecia.

Minha primeira experiência no gênero (embora creia que a linguagem é que cria o gênero) foi *Um certo Jacques Netan*. Escrito em Paris, o texto me veio como se um ditado e anotava em caderno. Viajava no metrô, andava pela rua e o texto prosseguia. E não cessou até a final palavra. É o tempo contra o não tempo. E tudo se dá em uma manhã em que Jacques Netan resolveu dormir um bocado mais. E não se sabe o que dormiu nele — se a realidade ou o pesadelo. Tudo termina diante de um pelotão de fuzilamento. Por haver dito a palavra. E nesse interlúdio, o Muro avança da porta de sua casa, entra na biblioteca, destruindo os livros e acaba por invadir-lhe a cozinha, sendo aprisionado. Editei pela Record. Escrevi em torrentes. Fluindo em frases curtas, como se estivessem contidas pelas paredes do dique. *O túnel perfeito* (1994) sofreu duas redações. Uma inicial, em 1993, e a definitiva, em 1994. Arrolando a história da construção do Túnel e os seus inumeráveis arquitetos. Com a certeza de que cada geração edifica o Túnel à sua maneira. Tendendo a ser Perfeito, com um sistema oculto de poder e o inominado governante. A segunda versão ampliou o drama. Trazendo o relato de uma história da humanidade no Túnel, com os artistas, historiadores ou escritores que serviram a esse monstruoso desígnio. Apenas o que destrói o Túnel Perfeito, simulacro do Absoluto, é a Palavra. A primeira versão saiu pela Massao Ohno e a versão definitiva pela Relume-Dumará, do Rio. Antônio Houaiss considerou esse livro como obra maior, com estupendo domínio verbal extracanônico mas epifanicamente encantatório. E Giuseppe Tavani o considerou livro belíssimo e terrível. Para Ildásio Tavares, é o uso do discurso alegórico, gerando uma outra realidade paralela, comum às obras corrosivas da maldade humana. E para Carlos Emílio Corrêa Lima (*Jornal do Brasil*, 3.12.1994), a ficção de Nejar irriga o território ainda não reflorestado do romance brasileiro.

Foi seguido pelo *Selo da agonia, ou livro dos cavalos*, movendo-se em várias dimensões. A da vida do cientista-poeta, Assuero Mendes, com sua mulher Ester, o amigo Mardoqueu e o cão Argos. Outro aspecto, o fundo bíblico, com protagonistas do Livro de Ester. Também os inúmeros aparecimentos do Cavalo branco, desde o primeiro coice, ou selo, na porta da casa de Assuero, até a impetuosa invasão na sala da universidade no meio de uma aula. Desde o sonho do cavalo branco pondo suas patas no peito do protagonista, até o arrebatamento ao céu de todos aqueles que acreditavam nele. Depois, o mundo é tomado violentamente pelos cavalos que ficam senhores dos homens, ocupando altos cargos. E desaparecendo esses, o mundo é regido pelos ratos. Com o pormenor: Assuero, ao sumir, deixou um Dicionário mágico que será posteriormente editado. Numa viagem a Buenos Aires, principiei a *Carta aos loucos* em folhas avulsas. Pensei: depois junto página a página. Quando fui fazer a recolha, não tendo mais nada a acrescer, deparei-me com um labirinto, com o desfolhar do vento. Não sabia nem o começo, nem o fim. Afligi-me com essa empreitada de febre e busca de sentido. A organização do texto foi uma batalha, catando os fragmentos como se os tivesse de colar. Dei-me conta de que ficava perplexo, como se o vento desalinhasse os manuscritos... e não sabia a que página correspondia a que capítulo. E nada me ajudava porque a despaginação era a mesma. E descontínua. "Somos cartas" — observou Paulo, o apóstolo. Assombro é cidade e mulher. O escriba de sua história, desde a fundação, é Israel Rolando. O passado e o futuro se entrelaçam; hoje e amanhã. Todos os acontecimentos se dão no tempo de assombro com figuras díspares, como Novalis, Virgílio, Shelley, Martinho Lutero... A palavra é o centro do livro e a permuta é a moeda do povo. *A carta aos loucos* é a previsão de uma nova infância da fé. A imaginação não precisa de verossimilhança, mas a verossimilhança precisa de imaginação. Cada nome é marca de algum destino. E cada destino vai gerando o próprio nome. E o título me foi sugerido pelo escritor e editor Deonísio da Silva. Assombro seria Israel Rolando que conta a sua história. Há um capítulo, ali, que é o germe de um livro inédito — *A vida secreta dos gabirus*. Não levo a criação, sou levado e vou para onde não sei. Só fico sabendo depois de escrever. Como Israel Rolando registra o que vai descobrindo. Durante uma conferência na Pontifícia Universidade Católica (PUC), de Porto Alegre, sobre a minha obra, com a sala imensa repleta de professores ou estudiosos de literatura, levantou-se um cidadão grande e gordo, com sotaque espanhol, tendo a *Carta aos loucos* na mão. E disse:

— Este livro mudou a minha vida!

E não conseguiu mais falar. O homenzarrão gaguejou e não formava período nem frase diante da surpresa geral. E chorava. Leitores, nunca, jamais julguei receber tal reconhecimento. E era. Valeu por tudo o que padeci, valeu pelas conspirações, valeu pelo grito que não disse. Aquele momento do leitor desconhecido e do que, depois me procurou, era uruguaio e conhecia a melhor ficção latino-americana. Aquele momento foi glorioso e tinha o futuro junto. Como o auditório calou, o respeito, a grandeza, o auspicioso privilégio da palavra. O anônimo leitor uruguaio que chorou com o livro erguido tal bandeira fez o tempo parar, inventou a beleza num gesto que apenas um ser humano é capaz. "Amada alma, esgota todos os recursos do possível!" — exclamava Píndaro. E como, se possível não se esgota? Não há semente pura se não for plantável a eternidade. *Riopampa*, ou *Moinho das tribulações* foi uma experiência de escrita diferente de todas as outras, embora cada uma inventarie sua esperança ou liberdade. Senti o que Hemingway chama de "arrepio na pele". Brotou como se me fosse ditado, ou assoprado aos ouvidos, e fui enchendo os cadernos de palavras e as palavras foram-se enchendo de sentidos. Nem imaginava, era imaginado. E se ia completando página a página, com uma razão que não sabia de que profundidades. Foi composto sem capítulos, como o tempo que não cessa. Enquanto escrevia e as mãos desenhavam os vocábulos, as personagens, uma alegria inefável também me possuía. Tudo sucede em torno de um moinho. E o ofício de moleiro do pai e do avô. Riopampa era banhada pelo rio Tonho ou Sonho. E se tinha abastança de água, Solturno — cidade vizinha — era árida, seca. Pela conquista de água se digladiam. Solturno quer tomar o rio. E os seres: Lúdia, Lusana, Belardo, Funesto, Tarsus, Fulgor, Monjol (monjolo), Horebe, João, Lídimo, o padre Guelras, Persim, Abedon, Euclião, Alva, a espada. A vaca Infância, o cavalo Reizim... Quando parou a fonte, parou o livro. Era como se uma peça se engatasse noutra e não houvesse mais nada a relatar e tudo fosse lentamente estancando. Só a morte não estanca, não alcança estancar. Digo sobre esse livro e outros, o que admoestou François Rabelais: "Segundo o exemplo do cachorro, você terá de cheirar inteligentemente e avaliar estes livros finos e suculentos. O que se precisa é rapidez na caça e coragem no ataque. Depois disso, depois de cuidadosa leitura e frequente meditação, o leitor poderá quebrar o osso e chupar o substancioso tutano, ou seja, o significado dos símbolos pitagóricos que emprego na esperança de torná-lo prudente e valoroso".

A propósito, não me agradam personagens que servem a alguma teoria do autor (como sucedeu a Sartre). Têm a marca do provisório. E se meus romances, em boa parte, foram gerados na primeira pessoa, é porque devo ser (perceberam?) um dos personagens dessas narrativas. E se para Dante Alighieri, Virgílio é a razão, e a razão não entra no paraíso, essa mesma razão não tem lugar no novo romance. A fé do leitor é a fé do autor, e se entretecem na invencível fé da imaginação. Os verdadeiros protagonistas são os que vencem os desígnios de quem os engendra, combatem por vida própria e se salvam. Não exigem páginas para se definirem, definem-se logo. Como sucede nos sonhos. Escreve-se como quem dá voltas em torno de uma lua de fogo. E quantas luas as palavras deslocaram atrás de mim na construção deste livro? Apenas sei que sou o livro de palavras infatigáveis e eternas. Um livro que não desacordou de acordar e que impele de arrasto consigo a raiz do mundo. Não tenho mais raiz em mim. Sou do mundo arrastado de palavras. Todas intermináveis na pele de um grito, porque cada grito tem gerações. E eu dou voltas em torno do esquecimento que me quer ouvir. Escrevo às tontas como uma gaivota ao redor do navio. Às tontas de navio de caracóis grandes de ondas no mar. Como se um mar avassalante me crescesse pelas entranhas. Escrevo atrás do nome oculto na água, atrás da água que salta no nome, atrás do círculo de Deus. Parei o céu com a mão, tendo palavra e parecia palavra com a mão, tendo céu, cometas, todas as estrelas numa volta só de escuridão. O silêncio é como uma onda noutra. Perdi a noção de eternidade e esse podia ser o outro nome destas Memórias. E o que carece de nome? O nascimento. Riopampa é reinvenção de minha terra. Sendo território mítico e mágico, é feito de fábula, memória. Igualmente território trágico e crítico. Invadido pelos cavalos e por inumerável chuva. É quando o esquecimento pede água e fome. Há até um inventor do *Dicionário da infância*. E a via férrea e o trem são gerados de palavra, porque tudo, tudo, tudo, querendo ou não, é palavra. E não precisa mais dormir, por já estar sonhando. Não é donzela a realidade, não: é mãe de muitos filhos. A epígrafe bíblica de que "Deus fala no meio do redemoinho" explica a forma do livro, rodante. E a metamorfose explica de como a natureza se transmuta, ou se decompõe. E escrever é dar voltas em torno da lua de fogo. E escrevi, descalço de alma, o tropeçante mundo. E o romance é a arte de criar rastros invisíveis.

## 30.

O LIVRO, CUJA CRIAÇÃO MAIS DOEU, mais agonizou em mim, foi *O evangelho segundo o vento*. Toda dádiva. Ainda não se viu descoberto e ainda o será: coisa de tempo. Ana Marques Gastão o considera "o lugar do escândalo verbal". Foi sendo escrito nas madrugadas do Rio e nas folgas da Academia, durante o ano de 2000. O *leitmotiv* do livro é o Evangelho de João, conforme a dimensão do Espírito Santo. Com a metamorfose ou transmutação da criatura João — de Pero, Pássaro, Mó, Roda... até Vento. O percurso é alma adentro. Meu livro mais barroco. João, biblicamente, é representado pela águia branca, a que toca os píncaros e mergulha nas profundezas. E a linguagem tem asas e voa de ponta-cabeça em Deus. O que *A idade da aurora* é gênesis, este é uma Teodiceia. Talvez tenha ido mais ao fundo ainda, com o inédito — *Caligrafia do céu, ou livro ao redor do sol*. Trata este livro sobre a exegese ou metamorfose da alma até chegar a Deus. Não se contrabandeia destino. Que não muda de pele, nem cor. E a paz vem aos poucos, na lenteza. Os estágios de uma alma peregrinante para a salvação — eis o estágio deste

Evangelho. O itinerário que vai do peso para a leveza ou santidade. Atravessa Deus. Com recurso de me poder sentar na borda de minha infância. E ela gagueja diante do amor. E digo: Deus é a nossa família de eternidade e pode ficar a eternidade voando, voando... Começamos a viver, até viver mais do que se possa. Foi traduzido ao francês por Regina Machado: *L'Évangile selon le Vent*. Certo da lição de Virginia Woolf, de que "a melhor prosa é entremeada de poesia".

No mesmo período (2000), escrevi os sonetos de *O inquilino da Urca*. Desde a minha vinda ao Rio, fascinei-me pela beleza e mansuetude desse bairro. Morei diante da pedra grande, perto da Praia Vermelha, na avenida Pasteur. Elza e eu caminhávamos todos os dias, vendo os barcos apinhados e o oscilante oceano com gaivotas como um chapéu. O soneto é uma arte de abismo. "E um soneto sem defeitos vale sozinho um longo poema" (Boileau). Carlos de Laet, em artigo ao *Jornal do Brasil* (15.12.1925), chorava a morte do soneto, vitimado por Mário de Andrade, advertindo: "E os escombros fulgentes do soneto/Rasgam trilhas de luz na imensidade". E o soneto ressuscitou mais tarde com Manuel Bandeira, Carlos Drummond, Cassiano Ricardo. Transfigurou-se na Geração de 45 e continua sempre passível de mudança e permanência. Sempre reinventável sobre o fio suspenso de um verso e outro. Começa com a despedida do Paiol da Aurora e termina com o retorno. Ei-los. "O soneto do orvalho": "Adeus, Paiol! O tempo não consola./E mais longe de ti, perto do corte/Mais lanhoso da terra, a rota sola/De bem-te-vis. E cada vez mais forte//O pio das castanheiras e das rolas/E o bico das manhãs, bizarro lote/Com pâmpanos de céu se desenrola/No futuro tecido desta morte.//Adeus, Paiol! Nas frestas do portão/Os ágeis olhos de um para outro cão/São lisas lagartixas pelo tronco.//Ou então chorando vai-se o uivo ronco/De animais, plantas. Deus, muro de orvalho./E o orvalho sem o muro a atravessá-lo."

E o remate chama-se "Urna de amoras": "Retorno ao meu Paiol. Não se protrai/Mágoa nenhuma, larva. Com focinhos/De vagas, cães se achegam, de mansinho./Cheiram, lambem fraternos. Deles sai// Um amor que entre os homens se retrai/e dentre os animais anda sozinho./E acaso tem o sofrimento, pai,/Se as pisadas no mosto criam vinho?//E se movem nos pés dos passarinhos,/Sem saber que as passadas dos espinhos,/ Espinhos são do vento sobre nós.//E a rosa do lagar é a mesma voz/Das plantas sob a luz que nos possui./Urna das horas, Urca: tudo flui."

Escrevi antes dois livros de sonetos que se vão completando: *Amar, a mais alta constelação* (1991) e *Sonetos do Paiol, ao sul da aurora* (1997). Após *O inquilino da Urca*, compus dois livros inéditos: *Os últimos sonetos* e *Tratado de bom viver*. Este livro, Elza, curiosamente, recebeu em sonho o título e o aviso de que iria escrevê-lo. Foi também um sonho que mostrou o nome do personagem — Futuro — de *A idade da aurora*, quando me achava numa encruzilhada. Criara Brasílio e Columba e não sabia mais o que fazer adiante. Vários poemas me brotaram do sonho. Um deles é o derradeiro soneto de *Amar, a mais alta constelação*, cujo terceto final é este: "Sapatos nos pés não comem,/ Só dormem. Porém, descalço/Pela alma é o paraíso."

García Lorca, ao ser perguntado o que era a poesia, disse: "*É a união de duas palavras* que formam algo assim como um mistério; e, quando mais as pronuncio, mais sugestões desperto: por exemplo, lembrando-me daquele amigo, poesia é cervo vulnerado". A poesia não quer ser sombra, nem tem ossos abatidos. E se não podemos pelo peso da dor e da injustiça habitar as estrelas, nossas palavras as habitam. Escrever é dar voltas em torno do esquecimento, para poder ir lembrando. E devo confessar que minha vida se divide em duas partes. Antes e depois do conhecimento do Deus vivo. E quando falo Dele, arde o peito. Antes eu O conhecia de ouvir dizer e o que me chegava era distante. Depois, posso dizer como Jó, que o meu Redentor se levantará sobre a terra e estes olhos O verão. Antes era infeliz, e como todos os que estão na escuridão, *não conseguia ver ninguém, além de mim. E tinha tantos eus* na caverna, que não era nenhum. Antes mal lograva dormir, ao pensar na morte que parecia fixar-me. Antes tentava destruir-me sem saber: no álcool, na comida, no sexo. Um domingo na chácara em Guaíba, do dr. Fernando Malheiros, participando de um churrasco, misturei uísque e vinho e me senti afogar, tendo um princípio de congestão. E vomitei. Vomitei-me. Deus me livrou da morte. E eu, pobre, não sabia o que fazer da vida, da glória, do sucesso, da abastança. Nada me saciava. Depois de conhecer Jesus, O Cristo, ganhei paz, segurança, a experiência de às vezes andar na rua e o amor de Deus me tomar. E durmo, sem temor, por não estar mais órfão, nem sozinho. E tudo começou com a minha viagem ao Manaim (que significa "Acampamento dos Anjos"), de Domingos Martins, na Igreja Cristã Maranata, em 1983. (*Maranata*, em aramaico, é "O Senhor Jesus vem!".) Passei o tempo de voo do Rio para o Espírito Santo indagando o que iria fazer no interior, entre árvores e plantas, quando podia gozar da praia carioca. Resmunguei e fui. Deus me esperava. Ali, três pastores me impuseram as mãos e oraram por mim. E a Palavra que o Senhor concedeu foi a de Ezequiel 36:25-33. Ao despertar na cabana, abri a porta e vi um cesto carregado de leite, mel e frutos. Entendi, mas me alegrei porque algo novo principiava em mim, ainda que não soubesse. Bastava fruir aqueles dias de intacto sono e felicidade inaudita. Uma semana depois, estando num apart-hotel em Porto Alegre, acordei como se o teto caísse. E a cabeça girava. Sentei-me no chão, opresso. Como nestas Memórias sento nas bordas de minha infância. E me segurando com as mãos no assoalho, liberava um nojo de mim, uma espécie de enfermidade da alma, um inabalável medo de que tudo tombasse. E pedi um médico e veio e vi que eu estava perdido sobre nada. O processo foi da manhã ao entardecer. Era como se eu saísse da morte, pondo as pernas para fora da desolação. Como Lázaro. E eu era Lázaro e não sabia. Era o que Deus tocara, ordenando a saída da caverna. Fui para fora. E uma libertação total, inebriada, enternecida vibrava em mim. E não era mais o que fora: a pedra tinha sido retirada. E eu caminhava com a luz e a luz não me estranhava. Estava de alma nova. E o que me subjugara antes, nunca teria mais sobre mim poder. Escrever é dar voltas de uma pedra a uma estrela. Estou na presença de Deus por haver tido com Ele uma experiência particular. Vi a sarça queimando com um fogo que não se consumia, de amor explodindo por dentro. Rebentavam lágrimas e gritava de amor. E assumi uma fé audaciosa e a tenho desde então vivido. Sou nuvem de testemunhas. Deu-me Deus a Sua intimidade, de que não abro mão. Sou de um povo de labaredas. E sirvo a um Deus que fala. Na Palavra e nos sinais. Sim, tudo é sinal. Provado na fornalha da aflição e é o último este tempo e já me defini, não torno para trás. Fui atravessado pela luz.

## 31.

FAÇO UM PARÊNTESIS. E RECORDO PÍNDARO: "As palavras vivem mais do que os feitos". As palavras vivem mais do que os sonhos. As palavras vivem das palavras. As palavras crescem mais do que as palavras quando se enxertam de infância. E vou mais longe. O tempo é um espelho, onde as imagens retornam e retornam. Em seu n. 1, da *Revista Brasileira* (de outubro/novembro/dezembro de 1975), da Academia Brasileira de Letras (p. 323 a 328), Octavio de Faria, romancista e crítico, assim escreveu a respeito deste escriba, sendo eu ainda um desconhecido, vaticinando minha futura chegada à Casa de Machado: "Carlos Nejar, em pouco mais de dez anos, construiu uma obra poética de tal vulto, não só pela qualidade de títulos, ano após ano editados, como pela qualidade dos poemas apresentados, que não há como não reconhecer que, entre os contemporâneos, nenhum conseguiu oferecer, em tão pouco tempo, provas tão seguras, tamanha riqueza poética, tanto trabalho íntimo, tão fundo domínio do *métier*. Para o limitado de apenas uma dúzia de anos, a densidade poética de sua obra é espantosa. (...) Mas, em Carlos Nejar, até onde não irá realmente o humano? Essa busca feroz, trágica, é a sua força motora, sua maior grandeza, aquilo que o torna o mais problemático dos nossos poetas moços, alguém capaz certamente de atingir os cumes máximos de nossa literatura". Octavio de Faria se foi para a eternidade, com morte súbita numa reunião do Pen Clube do Brasil, em 17 de outubro de 1980, deixando cair sua bengala, ou cajado de pastor de palavras e pássaros. Não sei até que ponto atingi, ou não, os tais cumes de que ele fala em sua avaliação crítica. Mas sei, sim, que é a hora de erguer o cajado que tombou, tirando-o do injusto esquecimento.

E escrevi no *Jornal do Brasil* (20.4.2005): "Octavio de Faria com certa onipotência criadora vê de cima, como a águia, os meandros da erosão humana, o sexo, o amor, o sofrimento, a vilania e a loucura. Não pretende dissimular nada. Nem a crueldade. E apesar de ser um oceano de textos, há uma vida própria neles, como sucedeu com Balzac e Proust. Não é proustiano, salvo pela profundeza das personagens com que recria o tempo vivido. É o pensamento que o desenrola, sob imagens ricas e o estilo aparentemente canhestro, bruto, pronto para produzir efeitos no campo das ideias ou do sentimento. Príncipe mendigo, mas príncipe, senhor dos abismos. No entanto, não se esquiva da poesia nem se preocupa com as frases e, sim, com o que delas pode extrair de *epifania*, como consegue no final de *Os caminhos da vida*, porque se mantém incólume o mistério (...) Está na hora, leitores, de redescobrirmos a obra portentosa de Octavio de Faria, este seu tempo de Gogol de *almas vivas*". E vejam quanto é real o que prevê o Eclesiastes (11: 1): "Lança o teu pão sobre as águas e depois de muitos dias o acharás". O pão é a palavra; o rio é o do espírito. O texto generoso que Octavio de Faria atirou nas águas do tempo, sobre a minha palavra, retornou para ele sem tempo. Retornou, retornou. Por voltar a imagem, como se a água voltasse à pedra que a pariu de círculos. Porque a palavra vive mais do que os feitos, as palavras vivem mais do que os sonhos. As palavras vivem das palavras e não morrem.

## 32.

BUSQUEI, SIM, O QUE NÃO PERECE. "Conserva o teu pó no pequeno espelho/quando se apagarem todas as lâmpadas" — avisa Montale. E eu seguro uma lâmpada. Pelas gerações vindouras, segurei a palavra, minha lâmpada.

Foi 1984 um ano rico de experiências, as mais inesperadas. E agora não invento, conto o que me tem sucedido, para que não vejam nisso nenhum empenho humano. E meus olhos não enlouqueceram, nem tampouco as minhas letras. Estava em Porto Alegre. Creiam ou não, como se algo maior me chamasse, levantei-me na madrugada e fui levado em alta velocidade ao paraíso, como Paulo. Contemplei um rio de fogo e sangue fluindo e escutei uma voz dizendo: "Aqui correm os mais altos pensamentos. E eles não são dos homens, são de Deus! As invenções e obras geradas pelo Espírito vêm deste rio correndo". E o amor unia a correnteza, a foz e as margens. Era o primeiro céu. No segundo, vi almas se avizinhando e ouvi: "Foram alcançadas por meu amor no eito mínimo de vida que lhes sobrava". E vi, no terceiro céu, almas aperfeiçoadas e seres que a lua tangia como planta. E na música inefável, escutei vozes clamando: "Glória, glória! Aleluia!" E anciões apareciam com vestes levíssimas e havia uma hierarquia de anjos que ia e ascendia a outro céu mais alto. E a sombra de Deus estava em tudo, cobrindo com um amor que não se extinguia, como se a própria labareda tivesse dentro água. E era um êxtase a luz e ela marcava a celeste hierarquia. Quanto mais elevada, um tipo diferente de luz. Quis ficar e pedi para ser arrancado do corpo. E a resposta veio: "Não. Ainda não se perfez o teu tempo humano!" E pairavam em cima, muitas camadas de céu. E ninguém ousava se aproximar mais do espaço em que Deus ocupava, tal o fulgor. E fui coberto pelo véu do Absoluto, estando em Deus. E ao vir a mim, chorava, chorava muito, porque minha mente e o corpo rebentavam em fogo. E assim abrasado me quedei um tempo, não sei quanto. Queimava de puro amor, tal uma roda que não queria mais cessar. Tal experiência expus para o poema, quando Paulo é levado ao terceiro céu (Arca da Aliança) e apenas um ano depois com o limo do intervalo para arrefecer-me.

E pergunto-me, hoje, se não foi quando o Senhor me selou. E fiquei convencido de que nos espantaremos no Paraíso, por encontrarmos alguns que não esperávamos salvos e não vendo outros que assim julgávamos. A salvação é um mistério maior do que o do nascimento. Se a arte da poesia é transformar os defeitos em qualidades, a arte da salvação é a de transformar os vícios e falhas ou a morte em vitória. É a arte de entrar em Deus, este amanhecer perpétuo. Mais tarde, e um ano depois, anotei a data — 14 de abril de 1985 — tive outra experiência aproximada, que denominei A outra visão de João, O Evangelista (Arca da Aliança). Vi-me conduzido diante do trono e havia um repuxo de rio com mel e lume. E escutei: "Por minha misericórdia permaneces vivo". E um reino novo de flores jamais vistas e almas em luz avistei. E eu era consumido, sem o jugo do eu, numa colmeia de fogo. Custei a vir à tona e ouvia meu novo nome e era forma de amor. "Chia a roldana do poço,/a água sobe até à luz e aí se funde" — pondera Montale. Chia a roldana de uma constelação e eu estou vivo.

## 33.

"Coisas há" — escreveu alguém — "que perdem a fragrância, quando expostas no ar". E cuido no que narro, cuido de alma. Meu sonho era ser levantado ao Ministério da Palavra e trocaria toda a glória ou fama, pela condição de pastoreio nalguma pequena igreja, com gente simples. Ou mesmo em função transeunte. Mas escrevo, convicto de quem gera orvalho, recebe manhãs; quem gera sombra, recebe noite. E coisas há que perdem a fragrância quando expostas no ar, enquanto especulo sobre esse capítulo que escapou a Sócrates e Platão. E não, não há fragrância mais apetitosa, que a dos livros. Gosto de apalpá-los, senti-los, às vezes cheirar o seu aroma de eternidade, pegá-los como se colhe fidalgos cogumelos no campo de certezas. E nesta Casa do Vento, do Rio de Janeiro, junto ao mar da Urca, fica minha jovem biblioteca. Não é tão vasta como a que possuía em Guarapari, de andar inteiro. Nem tão confortável.

É uma sala, com livros escolhidos a dedo e alma. Muitos clássicos (lidos e relidos), autores de sempre: desde Dante Alighieri, Camões, Goethe, Cervantes e Borges, Hugo, Valéry, Rulfo, Fuentes, Vargas Llosa, García Márquez, Octavio Paz, Proust, Balzac, Dickens... a Bíblia. E os cavalos, barcos, águias, bichos. Alguns quadros e figuras. O meu esconderijo, que é onde arrulha o espírito como pomba na boca da caverna. Ou arrulham as vozes dos sonhos mais audazes.

Sítio de plenitude, em que a luz amadurece o coração e o coração amadurece a luz, sim, aquela, a mais pura, que nos visita e reconforta. A sala é ligada por um corredor secreto ao quarto.

A casa tem a forma de barco e a biblioteca situa-se próxima da popa ou varanda.

Navego. Não sei para onde, mas sei que navego. O tempo não carece de relógio ali, não carece do tempo. A fortuna é quando o esconderijo interior e este outro, externo, se confundem.

E ao fechar a porta, não deixo fora nenhum vestígio.

Por ter razão Montaigne, ao escrever: "É preciso fazer como os animais, que apagam seu rastro na porta da toca". Ou a toca é o refúgio do mundo, onde não entra, nem sussurra o mundo. E nos protegemos do visível, com o invisível.

## 34.

FRAGRÂNCIA? O QUE É DA LUZ NÃO ESMORECE. E perfazemos, Elza e eu, vinte e dois anos juntos. E com tal felicidade, tal, que não conhecera antes. Ou jamais soubera de não saber. Na alegria vinda de um espanto a outro, árvore de dois num só, árvore de todas as eternidades dentro de um fruto. E apenas o eterno entende Deus. E a luz aprende depressa por ser feliz. E que ninguém me inquiete — diz Paulo — porque trago no meu corpo as marcas do Senhor Jesus. E se há uma amizade que me honra, é Essa. Nem existem marcas mais nobres. E me permitem ver através delas a graça do deserto, as frinchas do céu, o suor formoso da luz e o prumo de não haver pressa no espírito. E quando oro, andando, ou adernado como canoa, oro ao Pai da Eternidade. Orar é trocar o ar de tempo, impulso de trocar de tempo a dor. É transferir o sangue no corpo. Recordo-me do deputado Daudt. Vez por outra o encontrava, seja na tevê, onde tinha um programa, seja nos restaurantes. Pouco falamos. Era impetuoso na fala, de rosto nervoso, angustiado. Olhos que lutavam. Criei uma lista de nomes pelos quais devia orar, quando morei solitário e povoado de Deus no apartamento da rua Castro Alves, em Porto Alegre. E repetia os nomes de minha lista, como água que insiste, batendo na rocha e insiste, até abrir-se. A luz precisa insistir dentro, dentro da luz. E o que parecia impossível sucedeu. Provando que o impossível é o que apenas adormeceu para mais tarde acordar. Sonhei que havia uma fila de autógrafos no lançamento de um livro meu, e Daudt estava ali, primeiro na fila, com um exemplar na mão e eu assinava ali meu nome. No outro dia, li o noticiário. Fora morto a tiros na porta do edifício, onde habitava, e era a hora exata do meu sonho. Teria firmado seu nome no Livro da eternidade, chancelando-o com o meu? Ia esquecendo o que me sucedeu quando fui jurado do prêmio Casa das Américas, em Havana. Cuba. Era o mês de janeiro de 1992. Nós, os jurados, ficávamos isolados na leitura de duas centenas de originais na

Playa de los Baños, balneário aprazível, com cabanas. Entre os jurados, estava José Saramago, hoje Nobel. Em duas semanas de trabalho duro, findei o exame dos candidatos e dei meu parecer, que depois foi o vencedor. Cinco dias antes da solenidade de encerramento, com o protesto cordial de alguns dos organizadores, viajei depressa, saindo de Cuba. É que durante a noite me veio um sonho, onde uma voz falava:

— Volta rapidamente ao Brasil!

Não entendi. Mas obedeci. Soube que dois dias após a minha viagem, Havana foi invadida por um maremoto.

Outra vez, quando fui a Marrocos — de 12 a 15 de agosto de 1989 —, participei de um congresso sobre o Legado da Cultura Árabe às culturas da América Latina, em Tânger, na Universidade Aberta de Asilah, chamado Al Um'tamid Ibn Abbad. E ao chegar de avião, tomado em Casablanca, não chegara a minha mala. Tive que andar com a roupa do corpo. E recordo que, num banquete de frutos do mar oferecido pelo então ministro da Cultura do Marrocos, provei da ancestral hospitalidade árabe. Ao saber do que me acontecera, o ministro mandou que seu assessor me acompanhasse a uma loja de Tânger e escolhesse um traje levantino. Vesti a túnica azul-celeste, com todos os demais ademanes. Assim, falei na universidade sobre a épica contemporânea. Meus companheiros riam de meu traje e me senti bem-posto, dentro da pele dos meus ancestrais, com vento soprando pelas frestas de linho puro.

A experiência nem foi quando recitei em português: quando os ventos forem caminhos, que reboem como se estivessem no idioma das areias. Sobre a bagagem, não me preocupei. Deus falou ao meu coração e me disse onde estava: no depósito de malas, no aeroporto de Casablanca. Ao aportar nessa cidade, onde existe um mercado chamado nejarim (praça dos carpinteiros), e tenho o testemunho do ministro da Saúde do presidente Itamar, dr. Haddad, que me acompanhou, fomos ao aeroporto e lá estava, intacta, a mala. Fiquei comovido e grato ao Deus que fala. E a verdadeira e invencível revolução não é a ideológica, que muitas vezes fere ou mata os que se opõem, nem é a religião, que mais subjuga do que liberta, é a presença do Deus vivo, que muda a sorte e aviva nações. E orar é empurrar o sol. Levo, sim, o silêncio pela mão. E é um alazão-pombo que amarro. E se o céu tem fogo, eu pego o fogo para encher a escuridão. Gosto de dar ninho aos sabiás com a palavras, dar palavras aos peixes, carregar o rio nos ombros sem gastura. Tenho segredo que não conto, segredo de mergulhar cavalo com a cabeça n'água e a dentuça para fora igual à espuma. Enterramos tantos mortos, mas nenhum deles sabia quanto é duro comer a terra ou volver para o ventre da relva. É um varejo sem rendimento algum. Onde o abastado mantém mais usura. Não caço jeito de viver, vivo. "Perdoai-me, irmãos, a minha loucura", porque eu quero ver mais e mais de palavra, ver mais de sol. E escrevo porque se não escrevesse, corria espaço de levitar. E minha sina é aqui com os companheiros, aqui no meio da batalha e cheio de palavras. E amontoo memória, para que ela me lembre. A palavra é voo: vou voando. E se não me alteio mais, é porque puseram chumbo nos meus pés. E quantos pés de ar compõem uma gaivota? Com quantos pés se faz o céu? E apenas Deus nos consola. O centro da Obra de Deus é a Palavra revelada. E o corpo é habitado pelos que lhe são fiéis, sendo o Deus dos vivos, não dos mortos. "Certamente foi para a minha paz que estive em grande amargura. Em Teu amor abraçaste a minha alma para que não visse a cova", bradou Ezequias, depois de ter sido curado. "Os vivos, os vivos, esses Te louvarão!" E o meu amor é líquido, como se um delírio. Com juventude que nunca há de envelhecer. Soneto fiel. "Deus, que face obscura e que transtorno,/se meu Amigo agora já não fala./Estarei eu composto no Teu forno,/quando pensava estar, junto na sala.//E se de Teu sinal tudo se cala,/Tua Palavra inda promete. E como,/irás contra Ti mesmo, se é no trono/que toda santidade em luz dispara.//Devo calar-me?Calo-me, não choro./Que seco estou à espera de justiça./E a não ponho nos homens, onde a liça//contra mim, por ouvir-Te paguei caro./E se me calo, sei que não demoro/de ver-Te recolher meu desamparo."

Na mesma noite, Elza teve um sonho que lhe chegava aviso dos correios. E foi ali pegar um presente, advindo de remetente e de lugar não identificado. Era um terno branco e novo para eu vestir. Com um líquido capaz de retirar todas as manchas. E chia a roldana do poço da eternidade. Chia o poço da memória. E há aumentos de meninice na palavra? Ou talvez tenha de repente todas as idades que a palavra dá. Num abrir e fechar de olhos, o mundo se inaugura. E eu não quero mais voltar, não quero. E o que importa o mundo, sem Deus? E Deus me ouviu, sem que esperasse. Fui a uma reunião evangélica em Mesquita, no Rio, onde estaria o pastor Maxiã Santos, natural do Paraná. Era o dia 24 de setembro, à noite, desse ano (2008), e um dia marcado para o milagre. Fui com Elza, pedindo que ela fosse curada das dores nos ossos. E ali, o referido pastor, tocado pelo dom de cura, falou-me: "O Senhor me mostrou que lhe vai retirar um câncer na bexiga!" E me impôs as mãos, soprando e eu caí (fui segurado pelos irmãos), sendo posto deitado num tapete. E com o óleo nas mãos e luvas, o pastor Maxiã começou a determinar que o câncer saísse da bexiga, com voz firme ordenou. Eu ouvia. Como se um ruído. Via e ouvia. Fui anestesiado de palavra. E súbito, arrancou, sem fenda, pelo óleo, um caranguejo preto que emergira das entranhas. O caranguejo negro, sinistro, brotou. E aí está com álcool num vidro. Glorifiquei ao Pai e gritei de íntima alegria. Elza chorava. Senti Deus nas entranhas. Deus me sentiu: eu vi. "Grandes coisas Ele fez por nós, por isso estamos alegres!" E essa é a única loucura que me satisfaz.

Sim, minha fome é de nascença. E se toda a palavra imagina o mundo, não há palavra suficiente para uma nascença maior. Mas "quanto é propenso a engano o ignorante espírito do homem" — murmurava Píndaro. E débil o ramo que separa a árvore do fruto. Débil é o fruto que separa o fundo do amanhecer. Toda a palavra quer mundo, quer escuridão, quer montanhas e vales. Mas as coisas que são da aurora se fiam na noite. De se fiar é que cuida a linha dos navios. O que dorme na água é do peixe, o que dorme nos peixes é do homem. E tudo o que dorme no homem é da palavra.

## 35.

Estas Memórias são de palavras, por terem também dentro de si memória. E embora não saiba nada das palavras, todas elas sabem de mim, desmedidamente. Sabem o que nunca contei. E o que nem gostaria. E o que vou descobrindo. Então começo a catar palavras e sentir o amor de pátria que elas possuem. E deixo que elas sejam gente, como eu. E se acaso adormecerem, admito que o sonho jamais acabe. Porque apenas desvendarei palavras, ao principiar sonhando com elas. Até que atravessem o sonho de um lado a outro. E voltem a ser palavras. Como os cachorros são cachorros. E se nos descuidarmos, passarão a persegui-las. E elas são só palavras, não lebres. E caçar palavras é mesmo que caçar um rio. E de repente o rio nos caça e as palavras andam mais velozes que o rio. E não se desviam de nós, sem nos desviarmos delas. E começamos o mundo de novo sem medo de repetir todas as coisas. Até a ressurreição. Onde não estaremos subindo sozinhos. Subiremos, sim, com nossas palavras. As que ajudamos a salvar da morte. E as que nos salvaram, sem sabermos, já eternos.

## 36.

Em Porto Alegre, ao voltar de Portugal, morei na rua Castro Alves, 341, apartamento 202. Isso depois de residir no 7º andar do apart-hotel Embaixador, mas era muito alto o seu custo mensal.

Abri o jornal *Zero Hora* e ali achei a notícia do tal apartamento para alugar. Consultei a respeito a Palavra de Deus, que me falou: "E ele vos mostrará um grande cenáculo mobiliado e preparado" (Marcos, 14: 15). Ao telefonar para a imobiliária, foi-me dito que outra pessoa teria a preferência e daria a resposta no dia seguinte. E respondi que estava tranquilo. O imóvel seria meu. E sabia por causa da Palavra. E foi. Assinei o contrato um dia antes de vigorar o cruzado do governo José Sarney. Em consequência, meu aluguel foi congelado. E dois anos ficou sem aumento. E vi que Deus cuidava de mim. E estas Memórias não ocultam verdade alguma, por serem escritas adiante, por outra mão, mais veraz do que a minha. "Queremos dizer a verdade" — preceitua Thomas Bernhard — "e não dizemos a verdade. Descrevemos algo buscando fidelidade à verdade, no entanto, o prescrito é outra coisa que não a verdade". Porque não somos nós que a inventamos, ela que nos encontra ou descobre. E nos transforma. No mais, a fama corrói tudo, até a fama. E sonhei, sim, na noite de 23 de janeiro de 1989, que via um monumento em homenagem a mim, na pedra esculpido. Em cima, o meu busto e embaixo, os vários personagens e viventes que criei. O monumento era em alto-relevo. A fama corrói tudo. Menos o tempo. Posso quebrar o espelho, ó Marianne Moore! Por não desejar a imagem, desejando a alma. O espelho guarda a cicatriz, não a ferida. O espelho não é planta que germine. O espelho — pedra que fere de luz a pedra. O espelho não pode voltar atrás. O espelho come o espelho. Mas estas Memórias não espelham, sondam, caçam o tempo. O espelho não cicatriza e o tempo, sim. Não há catacumbas na luz. Nem interessa se são legítimas ou ilegítimas. Por vezes se tornam a única forma de sobrevivência. E a ilegitimidade não está nas catacumbas, está no obscurantismo. Mas pode-se ocultar por dias, meses ou anos o arco-íris? E sem espelho ou catacumba, vem-me trecho de um poema extraviado, como animal na feira: "Há um cão na morte. Mas ela não morde a claridade".

Em 13 de fevereiro de 1988, sonhei que mostrava para Elza, incomparável companheira, do alto de uma montanha, o local onde iríamos morar. Era uma praia de pescadores num povoado que derramava suas casas à beira do mar. Em 11 de janeiro de 1991, compramos o Paiol da Aurora, depois ampliado, diante do oceano, no mesmo lugar do sonho de três anos antes. Como se o sonho é que o tivesse escolhido. Recordo o preço: três mil dólares, em duas vezes. Ninguém dava nada pela casa, quase uma tapera, invadida por dois intrusos, que, aliás, foram arrancados logo. Fomos construindo sobre a parte velha, aumentando a cozinha que era mínima. Vínhamos todos os fins de semana de Vitória. Deitado numa rede, lendo a *Odisseia,* de Homero, olhando as ondas, rompeu-se a velha coluna com meu peso. E zás, por pouco não me machuquei. Era como se me agarrasse o ar. Não, eu o agarrei, desviando, e caiu a coluna. Eram várias, todas podres. Vieram abaixo e foram reedificadas. E a varanda ganhou madeira nova. A casa não tinha teto, só telhas. Na primeira noite que ali dormimos, amanhecemos cobertos de folhas. Como se nós fôssemos a árvore. Depois a casa foi a árvore e construímos lentamente uma árvore em outra. Hoje é um andar inteiro a biblioteca e a sala de trabalho; e o segundo andar é o nosso quarto, com sacadas, na frente e nos fundos. Mas nenhuma na alma: cheia, alongada de ventos, soprantes todos no Paiol da Aurora.

Falei antes na *Odisseia* e criei a peripécia de Odysseus, o velho, fundada em Homero. Consta de quinze círculos. Trata do herói que volta a Ítaca, mata os pretendentes, retorna aos braços de Penélope. E é alcançado por inominável remorso com sua vingança, que não o deixa mais feliz. Porque ao matar os pretendentes, também começou a morrer, aos poucos. Mesmo envelhecendo na serenidade da casa e da ilha. E o seu ódio não consegue amainar-se na doçura, nem no amor da esposa. E Odysseus, ao ser enterrado, é palavra. Por ser ferozmente memória. E li na singeleza de Rosalía de Castro: "Que não há tarde tranquila/para quem remorsos guarda,/e mais cedo se aniquila/quanto mais a noite aguarda". O meu Odysseus é fruto das garras da memória e da interminável memória das garras. E mesmo que se arranque todas as folhas do mar, elas voltam. Voltam sempre. E este mar que me vê tem o fascínio do de Odysseus. E essa criatura adveio de imagens que borbulhavam na retina, a mais antiga. Tenho pena desse filho de infortúnios. E o contemplei velejando em suas naus, tantas vezes, a pele curtida de países.

Quando principiou, não tinha ideia de como ia acabar. Já vão quinze anos desde a criação de Odysseus. Não é um indicador ou mindinho inchado, pode ser a mão aberta. E não seria "o melhor esconderijo, a glória precoce", como queria Nietzsche. O meu Odysseus ainda não teve bafejo de fama algum então, por existir agora escondido na gaveta. Eu, talvez, terei tido alguma glória — a de ver a espuma quebrar na praia. E foi certo sucesso de minha juventude, com a mudança de estado, que me forjou esta bem-aventurada muralha, o Paiol da Aurora, a proteger-me, e que denomino exílio. E jamais o será entre mim e as minhas palavras. Fujo das conversas vazias, das visitas súbitas, das festas sociais. Pois "quem vai escrever no meu lugar o que tenho na cabeça?" — indagava Goethe. Não, os olhos do sonho não são os olhos do espelho, é seu fundo tanque. A metáfora do reflexo é Narciso, é o duplo, é o mito, é a glória do espelho. E o espelho tem os olhos para dentro e o sonho, que se entorna para fora.

## 37.

SEM ESPELHO, COM OLHOS MAIORES do que o rosto, surgiu-me a imagem do poeta Roberto Almada. Achou-me na rua e me reconheceu no centro de Vitória. E escreveu no jornal *A Gazeta*, de 13 de fevereiro de 1988: o retrato de Nejar, afirmando que eu sabia combinar como ninguém "a mística das armas e dos desarmados". Depois redigiu o artigo "Só a alma eleva" (no mesmo jornal, em 13 de março daquele ano), em que assevera, generosamente, que "não se encontra em toda a poesia brasileira contemporânea uma expressão de maior fecundidade e riqueza que a desse inventor de claridades e penumbras e em cujos meios-tons revela o seu equilíbrio de homem e poeta". É sobre o meu livro *Memórias do porão* (1985). E foi no dia 10 de abril do referido ano, que, por sugestão de Almada, Sandra Aguiar me entrevistou em página inteira da *Gazeta*. Sob o título "De olho na eternidade", onde frisei que "a vitória da poesia é a vitória do espírito e ninguém a impedirá". Roberto Almada: com olhos, sim, cinzentos, distraídos, livres. Testa larga, grande, corpulento, cordialíssimo, voz vibrante. Mineiro e capixaba. Visitou-me quando ainda não tínhamos a mobília da sala, no apartamento da rua Carlos Alves, Bento Ferreira, Vitória. Sem cinzeiro, pois fumava inveteradamente — fumava-se de infância —, arrumei-lhe um pires. Presenteou-me sorridente com um cinzeiro na semana seguinte e era o único que o utilizava. Sentamos na cozinha, sentamos na sala depois, quando resolvia almoçar conosco. Ele se almava de humano. Sua poesia era dura, dura, contida e densa. Como ele. Tinha velocidade e doía de andar. Como se o apertasse o tempo. *O livro das coisas* e *Elegia a Maiorca,* sua produção mais importante. O primeiro tem versos como este soneto de anunciação: "Um príncipe/se cria./E o principado/é o que havia//o rei lhe/anunciado: este/cavalo/de tenro pelo/com que// domá-lo/ou então/perdê-lo." O soneto é singular, originalíssimo. E o seu fim, que o farejava, muito próximo: "Soneto da exatitude": "Já a morte o é: exata./O laço da gravata,/o candelabro aceso,/o peso//no ataúde./Suprema exatitude/o calcular-se a cova,/gravemente,//única medida/do que se foi em vida./E a boa-nova://em contar urgente/e compulsivo/dos bens quando vivo". E *Elegia a Maiorca* tem o prefácio meu. Dedicou a uma amiga. Estendendo a dor da perda de sua Vilma na Maiorca sonhada, a de toda a condição humana. E a morte da esposa foi estúpida. Todas o são, mas essa ganhou em veemência. Vilma mergulhou na piscina do hotel de Maiorca e, ao sair da água, morreu, ali, diante dos olhos atônitos, aterrados do pobre Almada. Depois foi uma luta corporal o transporte do corpo ao Brasil. Num domingo de outubro, telefonou-me, bem cedo: — Nejar, a Vilma morreu!

Foi um raio. Estava inconsolável. E a partir daí também ele foi correndo para a morte. "Teu corpo trêmulo arfava/enquanto a tarde se ia.//De amores o olhar fremia./Nos meus braços te afagava,/enquanto a tarde se ia,/teu corpo trêmulo, arfava!" Tudo arfava em explosão sinfônica da agonia. Não estava em Vitória, quando subitamente faleceu. Sua alma tinha "os ais tão velhos quanto os oceanos". A morte de um poeta é a de um oceano que se desapruma, um oceano de pálpebras com pétalas de água. Passo de novo aos sonhos, porque o que sobra das Memórias é devolvido ao fundo comum da espécie. Sem deter o sol.

## 38.

NUM ALMOÇO EM SUA HOMENAGEM, Mario Quintana disse ter sonhado comigo. Foi em Porto Alegre, no Hotel Plaza São Rafael, no dia 9 de julho de 1986. Aos oitenta, estava radiante como um menino de oito anos, contando luz nos dedos. Não sei o que sonhou, ia dizer-me e não disse. Basta-me o seu sonho acordado, ou o poema "Eu sou Aquele", a mim dedicado. E ouso, sim, que os sonhos um dia me entendam. E ouçam a visita de um desses: "Um anjo me apareceu e era tão fulgurante que nem divisava as linhas do rosto, ou do corpo. Tomou um fio de prumo e ia medindo o chão, por onde eu seguia. Media-me passo a passo. E não saía, um milímetro que seja, fora: obediente. E uma voz mansa me falava: 'Filho, este é o rumo que pretendo para a tua vida, até a perfeição em mim'. E a luz crescia na medida em que caminhava. E ia-se tornando pura, preciosa, compacta. Como o mais refinado ouro". Outro sonho, em 16 de agosto de 1986, em Porto Alegre: "Vi um rio de águas límpidas e frias. No fundo havia moedas de alto valor. E me engolfava, imitando um outro mergulhador mais experiente que me dirigia. A água cortava como faca e eu descia. Queria as moedas lá do fundo". O espelho ficou cego de luz e a luz é mais funda que o espelho. E na fila dos sonhos, deixo gravado mais este, de 31 de março de 1988: "Elza e eu estávamos quentes sob a terra e fôramos plantados sem qualquer tristeza. Ao contrário, enorme júbilo nos invadia por estarmos juntos. E debaixo da terra, começávamos a florescer, com as sementes iniciando a estação dos frutos". E não duvidem ainda que nenhum sonho revela: a luz é mais funda que o espelho. E se é sobre o sonho, ou sobre o espelho, vão estes versos de Bernardim Ribeiro: "Por um mal outro conheço:/Se o fim responde ao começo/Ai quão mal que me provi/Que no começo o fim vi."

## 39.

"O POETA É AQUELE QUE CRIA FÁBULAS" — diz Aristóteles. Mas é a fábula que cria o poeta. E escrever é deixar a língua crescer de alma, até ficar alma inteira. E de alma toda — a lua e o sol param. Escrever é fazer a língua parar no céu da alma, entre as estrelas. Escrever não sabe de quem escreve. Porque é a fábula que cria a fábula. E nada nos exime de tanta realidade. E o poeta é aquele que cria realidade. E é no teatro tão soterrado pela técnica, ou pelas regras ou tiques, que ao poeta cabe a reinvenção do drama em nova forma. Chamei os textos de *personae-poemas*. Permitem que a minha imaginação tome corpo e venha à cena. Afim do teatro do mundo de Calderón de la Barca, Lorca, Claudel, T.S. Eliot. Ei-los: *Miguel Pampa, Joana das Vozes, As Parcas, Fogo branco (auto de romaria), Ulisses* e *Deus não é uma andorinha ou Auto do Juízo Final. Miguel Pampa* foi representado mais de 4 mil vezes. *Ulisses* o seguiu. As peças vivem como poesia e como ficção através de suas criaturas. No meu livro *Os viventes,* criei os seres que me foram desinventando de tempo. Necessitava dar rosto e voz aos anônimos que apareceram nos executados de *Árvore do mundo,* nos perseguidos de *Somos poucos,* ou nos que vinham no *Chapéu das estações.* Todavia, este reino solitário carece de *outridade,* relacionamento humano. E apenas no diálogo e na teatralização se cristalizam, assumem cidadania. Fiz em versos uma *forma ótica de pensamento* (Victor Hugo). E usei o teatro, que é onde as paixões humanas se entrelaçam. O seu domínio se estende à plasticidade, à fantasia e ao meio físico, mais do que ao psicológico. Entre a ação rompendo o círculo, a riqueza das imagens, sua música e força cênica. E "não se trata de suprimir o discurso articulado, mas de dar às palavras mais ou menos a importância que elas têm nos sonhos" (Antonin Artaud). Mas só o fogo faz pender a balança da arte. E não guardando os meus segredos numa palmeira ou oliveira, ou sob a pedra no pátio, guardo-os dentro de minhas palavras. De que apenas a luz tem chave. Porém, cada livro enfeixa a predominância de um tema: a terra (*Miguel Pampa*); a salvação (*Fausto*); a viagem (*Ulisses*); o povo (*Fogo branco*); a criação (*Joana das Vozes*); o juízo (*Deus não é uma andorinha ou Auto do Juízo Final*).Não escrevo no tronco da amoreira, ou no pátio de lajes brancas. Escrevo no peito da noite ou na folha de uma constelação. Minhas Memórias se agasalham de amor. E prefiro o delírio à razão. Para não perecer. Pois não foi em vão que Tomás de Aquino considerava a razão imperfeição da inteligência. Quando o delírio é a inteligência da imperfeição. E o sonho só está mais próximo de nós quando se move. E minha pátria é mais do que um acampamento no deserto, é severa imaginação. Quando imagino, acendo a realidade. E ela não consegue mais dormir. Nem durmo eu, leitor, que provei o insofismável fruto da imortalidade, em que ninguém é igual diante da morte. Ainda que a morte seja igual diante de todos. Nem durmo eu nestas abissais Memórias de uma alma que jamais se deixou sufocar. E se nada é vedado ao público, salvo a poeira dos móveis e sedições, valho-me de fontes fidedignas que não admitem a mais esperta fantasmagoria. E se todos onde me encontro são irrevogavelmente imortais, não ousarei desaparecer. Bebi um elixir superno, aquele mesmo das benditas Flóridas. Inda que, proustianamente, ou não, a minha originalidade e a dos outros consista em saber bem utilizar o chapéu de minha avó. E se não legou chapéu algum, inventarei o que o porvir irá necessariamente me legar. Porque estas Memórias são de um historiador do esquecimento. Por conter muitas e muitas infâncias. E por todas elas também me conterem. E a pura imortalidade talvez somente repouse nelas. E o engenho é o que cria poder sobre os sonhos dos homens. E isso vai pela *natureza animal da chama* (Novalis), que é a chama animal dos sonhos. Terei me adiantado de minha época, ou ela se adiantou sem mim? Não sei. Diz Ludwig Wittgenstein: "Quem só se adianta a sua época, será alcançado por ela alguma vez". Ou todas as épocas nos alcançam nalgum ponto do futuro. Mas a linguagem com claridade, essa alcança, sim, todas as épocas. Mesmo que algumas ainda não nos vejam. E se pelo tatear da mão se conhece o padeiro, pelo tatear dos sonhos se conhece a alma. E estas Memórias são, queira-se ou não, da alma. E como a pegarei com as mãos? Não, não dormem os juros da imortalidade. Ainda mais que envelheço de infância. Mas a infância nunca envelhece de mim.

## 40.

"Para tudo houve remédio,/Para mim só o não houve aí" (Bernardim Ribeiro). Mas às vezes não há remédio para as gafes, mostrando nossos limites e distrações e então cabe rir, rir muito. Porto Alegre, 29 de maio de 1986, às 18 horas, na Livraria do Globo. Mario Quintana e eu lançamos juntos nossos livros. Ele, *Baú de espantos*, e eu, *Jericó soletrava o sol e as coisas pombas* (ambos, da editora Globo). Mario sofreu uma pane de memória, igual à que me aconteceu tantas vezes. Porém, não com os agravos da que se deu. Porque há um momento terrível do autor, em que tem a obrigação de pôr dedicatória no livro a uma pessoa de que não recorda o nome (pode ser até o de amigo chegado) e sua frio e não vem nada. Depois aquela pergunta: "Qual o seu sobrenome?" E o felizardo nos olha desconfiado ou ofendido. Às vezes nem o papel com o nome, posto no volume, adianta. Pois o leitor que se esforçou para chegar aos autógrafos, depois talvez de um engarrafamento de trânsito, com razão se acha importante, senão por si, pelo sacrifício. Apenas não reparou que o pobre autor também está padecendo de um engarrafamento de memória. Mario Quintana, apavorado, em vez de escrever a dedicatória que lhe pedi, em *Baú de espantos*, com poesia de sua lavra, escreveu no meu livro *Jericó soletrava o sol e as coisas pombas* — o que me honrou, com estes dizeres: "Para o Carlos Nejar — poeta do meu encanto e do meu espanto, o Mario Quintana. Porto Alegre, 29.5.1986. PS — Não devolvi o livro: foi um gozado engano!" Ele que anotou num monumento que lhe dedicaram na praça de Alegrete, que "um engano em bronze, é um engano para sempre", aqui, no exemplar que ainda guardo, este é um engano em sonho e, por isso, uma infância para sempre.

### 41.

MAL E MAL FALEI DOS AMORIOS, quem sabe por tê-los fruído ou desalentado tanto, que até os esqueci. Ou a felicidade no amor é gerada no atrito ou no arruído. Não no silêncio. A intensidade do amor também reside na capacidade do silêncio. E se o silêncio for uma chaleira enfumaçando? Aos treze anos me enamorei de uma vizinha, Jussara. E ela talvez nunca tenha sabido. Era tímido, amava para dentro. Ou nem sabia o que era amor ainda. Foi ela que inspirou os meus primeiros versos num acróstico. E vi que as palavras — não Jussara — que me amavam. Eu residia na rua Corte Real de todos os ventos. Casa grande amarela, persianas verdes, escada plangendo. Como se tivesse crótalos na madeira. Depois Helena, outra vizinha. Sem crótalos. Não era a de Troia, nem fui Páris. Essa soube de meu sentimento em osso nu, rugente. E me chamou de gordo, gordo, gordo. E o meu amor não sabia disso e nem precisa de adjetivos, advérbios. Apenas verbos de movimento, dor, atração, alteza, melancolia, mágoa. E era só osso em flor, o amor não eu. E os que amam têm sempre a mesma idade. Gordo, gordo. Isso me feriu e passei dias solitário na casa de meu pai em Tramandaí, até sumir o mal de amor. Corria o ano de 1958 e nasceu meu livro *Sélesis*, editado em 1960. Eu era um cão; a praia, o mundo. O sol, Deus; o mar, eternidade. E o cão despetalado seguindo pelas águas. Depois do cão que eu era, de amor morrido, universalizei: o cão é o homem. Sélesis, o mito do homem cão morto na praia do mundo. Deve ter sido assim que as palavras inventaram o primeiro poeta: cercado de símbolos. E por serem encantadas, encantam os que as capturam. Desde então, leitores, me encantei. Ou fiquei imantado de invencíveis palavras. Sim, as principais palavras da nação brigaram para carregar o nuvente berço do meu nascimento. Depois, me possuiu um amor fugaz, cuja lembrança de nudez no carro, noite adentro incendiou-me o poema: Como é bom amar contigo! — usando o que me foi dito. E o que não calou, continua dizendo de palavra. Dentro desse clarão, quando descia o elevador do escritório de meu pai, na Voluntários da Pátria, vieram, e galopantes, os versos do que se tornou o canto final e visionário de *O campeador e o vento* (editado em 1966), tendo o começo de sua elaboração no ano de 1961: "Quando os ventos forem caminhos/e os ventos-ventos forem sementes,/quando os cavalos forem moinhos;/e a noite negra for transparente" (...)A chama criadora não se move sozinha, é desencadeável. Namorei uma filha de militar, cuja sombra e forma se extraviaram nas forças desarmadas da alma. Com Maria Elisa Carpi casei em primeiras núpcias. Acadêmica de direito, mais tarde, advogada e poeta, quando nos divorciamos. O que aproxima, separa. Sua personalidade inteligente, simpática, sensível, com certo carisma, seduziu-me. Ficamos amigos e veio o amor. E não havia crótalos tangendo como a madeira das escadas, era som de violino, harpas de ruas entre abraços resvalando. E conflito, cedo ou tarde. Dois vulcânicos não chegam a Roma. Deu-me, porém, mais que Roma, os quatro filhos que amo: Carla, Rodrigo, Fabrício e Miguel. Todos bem-postos na vida, falo economicamente. Os dois primeiros, promotores públicos e o último, juiz de direito. Deu-me neste abril de 2012, um neto, Murilo. Belo, nariz próximo do meu, olhar autoritário. Pressinto no futuro, ali, uma poderosa personalidade. Miguel nunca admitiu — isso conta a seu favor — que sua mãe se intrometesse entre nós e achou uma companheira, Milene. E o que juntou os dois apelidos de família, foi Fabrício. Com vocação, como eu, para o abismo. Ou melhor, de ser levado pelo vento. Escreveu-me numa carta de 2 de fevereiro de 1990: "Não precisamos de identidade. Se somos palavras, elas nos criam". E antes, em *Sélesis*, eu aventava (sussurrava ao vento): "Nunca hei de ancorar na minha sorte/e a minha sorte nunca há de ancorar". E ancorei apenas quando Deus me capturou. Maria Elisa nunca esqueceu o gravame de romper o relacionamento de treze anos. O amor cessara: nos tolerávamos. Com rusgas, contendas, o mau gênio, o espírito de rixa como o gotejar da chuva nos ouvidos. Além das afrontas com que me feriu, como o de jogar as chaves no meu rosto diante dos desembargadores assustados, aguardando no automóvel, que iam acompanhar-nos para a sessão do Tribunal de Justiça. Ou a agressão na minha testa, com o salto do sapato, quando eu estava sentado, distraído. E o pior: armou os filhos contra mim. O que é justamente punível pelo novo Código Civil. Porque arreda o pai dos filhos, retirando a afeição e o respeito. Observa Nietzsche que "na vingança e no amor a mulher é mais bárbara do que o homem". Com o tempo, podemos reconquistar os filhos, tendo eles a visão própria dos fatos seja ainda na vida, seja na morte. Porque aprenderão a ver. Fez campanha no Rio Grande, junto aos meus amigos, tentando destruir-me. Num almoço de *paella*, em seu sítio, em Guaíba, afastou a editora Bertrand Brasil de mim, dirigida por Rose, a quem fiz dedicatória em O *poço dos milagres*. Por ataques, que não tive defesa (Carla, minha filha, protestou na oportunidade: "Não deves falar mal de meu pai!"). Rose simplesmente passou a publicar os livros de poesia de Maria Elisa, até saturar a editora, pela escassa venda, recebendo "o basta" do presidente Machado. E me desterrou como autor. Sim, Maria, depois que nos separamos, escreveu poemas — o que foi seu estado de graça. Se os seus textos vieram mais do ódio que do amor, não me cabe discernir. Fica essa tarefa às potências sidéreas. O que não quero é albergar um vintém sequer de ódio. Por se voltar contra quem o forja. Mas "a cólera de uma mulher é sem limites" — escreveu Cervantes. Não, estava longe, nesse tempo eu criava minha rapsódia, *A idade da aurora*. E o fato é que nosso diálogo (não de minha parte) foi sempre instável. Ora a tempestade, ora a bonança. Evito revê-la no pampa. Não por ressentimento, por defesa. Sua posição de eterna vítima é vitimadora. Encheu o surrão com meu dinheiro (as altas pensões aos filhos eram depositadas em poupança e a comida que eles recebiam — conforme conta Carla — era pobre, comezinha, sem a abastança condizente ao valor pensional), ficou na casa, ficou com a biblioteca que organizei anos a fio, com livros raros, ficou com os quadros, alguns valiosos, ficou com minha correspondência entre Brasil e Portugal, que nunca devolveu, ficou com o carro, que reteve. E eu, livre, livre, livre. Viver não é perigoso, Rosa! Perigoso é amar. E o que vigia o vigilante? E os crótalos não tocavam mais, não, não tocavam. E a madeira apodreceu. E isso o digo não por ter razão e todos nalgum sentido a têm. Há que ir até o fundo das coisas que não precisam mais de razão. Porque se viveu. "Vivemos para frente" — afirmou Kierkegaard — "mas só podemos entender para trás". E entendo muito, quase tudo. Fui infiel? Sim. Também porque a fonte de amor secara e a relação ficou petrificada. Não dava a pedra nenhuma flor.

Teria buscado fora, o que encontraria dentro? Mais tarde compreendi que só a fidelidade é feliz. E não importa o que ela fez e o que não fiz, se tive relações paralelas e os dois filhos que assumi, ou se foi uma bomba-relógio e deu voltas, ou não, entre ponteiros, ou quantas versões existem, ou ficaram por escrever, essa foi a vida e não outra. E não a quis mais viver daquele jeito e não vivi. Separei-me de Maria, saindo antes. E atravessei a ponte. Atravessei. Ana Alice enviou a certidão dos dois filhos pelo correio à ex-cônjuge. Explodiu. E Ana Alice Estivalet Dorneles parecia tão benevolente, amena, tranquila, generosa. (Quem conhece a alma feminina?) Ao tirar o disfarce, mostrou as garras, com a entrada do pedido de alimentos, quando jamais os recusei, pagando-os mensalmente. Em vez de ser pensão de pai, virou pensão para a mãe. Ana Alice encheu de cupidez os plácidos olhos, apesar de fazendeira, dona de instituto de beleza, professora universitária e amplo apartamento doado pelo pai. Valeu-se de sistema legal injusto, em que, "apenas um supre a culpa dos dois" (Mark Twain), com a tal indústria pensional que grassa na Justiça brasileira. Estou com 68 anos e enfermo (é o ano de 2007), sendo sujeito a sustentar meu filho Frederico, em plena capacidade mental, com 26, até completar 28 anos. Liberto-me aos 70 anos. Ou a morte me liberta. Ou a Poesia: "Ó memória das coisas/que se vão, memória/das coisas que procuram/e que nunca de nunca se acharão." Paguei, leitores, cada ceitil de meus erros e paguei demasiado. Com a correção monetária da noite. Ainda que de tanto refazer e corrigir, melhorarmos de erros. Nada mais devo e se houve culpa já roeu a culpa. Ademais, descobri: a Clarice caminha velozmente na vocação de atriz e Frederico é fisioterapeuta, cercado de respeito profissional. Isso me deixou feliz. Ademais, deixo a palavra com Paulo, o Apóstolo dos Gentios: "Nenhuma culpa há em quem está em Cristo Jesus e não vive sob a lei, mas sob a graça". Morri e já ressuscitei. Olho na cara o futuro. E o futuro terá coragem de arrostar-me? Se a tiver, que venha ou desapareça. E estando sob a promessa de alguém maior do que eu, não morrerei sem que se ela se cumpra. E o relógio dos dias badalam e dão voltas. No dia 12 de outubro de 1980, conheci em Lisboa a escritora e funcionária do Itamaraty, Regina Célia Colônia. Mantínhamos correspondência e na Travessa da Espera, em restaurante de nome *Primavera,* jantamos a meu convite. Foi labareda — não sei se branca, azul ou negra. Não é o fogo que come o fogo, ou são as cinzas? Queimou tudo. Nos amamos na primeira semana. Na segunda, nos vimos em Madri. E crescemos de chamas com abraços, beijos e os ramos de gazéis que fui compondo. Os gazéis de toronjas, a torre Giralda de Gazéis. "As coisas armadas são./As coisas são cabisbaixas,/potentes e em solidão,/insatisfeitas e vivas,/porque na sua fome veem/a alma toda descida/pelos lugares que amei/contigo, régia Castilha./Vai na Travessa da Espera,/que as coisas estão sentidas./Fala às ruas que te quero;/e não caibo mais na vida//. (...) Cheguei a uma idade pura,/mas sem ti que pode o mar?/As coisas velhas, futuras/da casa nova, onde estás,/sabem de mim e procuram./Sob o lençol, as pegadas,/sob a nudez, a nudez,/maior que foi abrasada/e não se apaga jamais" ("Gazel de amado sem lua"). Ou "o arado/com o trigo/vai rodar./Irei, irás/com os cabelos rodando".

Morei com Regina em Portugal na rua das Murtas, junto à Avenida do Brasil. E frequentei como "olheiro" a Escola Superior da Magistratura lusitana e fui adido na Procuradoria da República, ali no Largo do Limoeiro, prédio onde fora aprisionado o poeta Barbosa du Bocage. Foi através de Regina que conheci a Igreja Cristã Maranata. Viajamos juntos de carro pela Europa: Portugal, Espanha, França, Alemanha, Suíça. E não avistei então, como não avisto, nenhuma fronteira ao coração humano. Falo em fronteira geográfica. Porque o afeto, sim, tem alfândegas. E foi Regina Célia (como se irritou, quando a chamei — e principiávamos — de Célia Regina!), sim, foi ela que me levou à igreja na Ilha do Governador, quando parávamos no Rio, à rua Sá Ferreira, em apartamento alugado. Nas idas aos cultos sentia o peso da luz que me dobrava, quebrantando-me com um poder que antes não conhecera. O Deus vivo, aos poucos, ia-me preenchendo os vazios. "Gritava pela luz/na provação mais fria/e piedosa do amor./E me tornei fiel, fiel/como uma pedra, uma pedra,/uma pedra pousada/sobre a luz" (*Meus estimados vivos*). Foi Regina Célia que me conduziu pela primeira vez ao Manaim, em Domingos Martins. À medida que o Espírito Santo me tocava, transformando, ia-me apartando de Regina. Custei a ver quanto foi apenas instrumento usado para me aproximar de meu Eterno Amigo. Quando Regina viajou para trabalhar no Consulado de Atlanta, em 30 de maio de 1981, foi-se compondo a separação final. Eu, em Porto Alegre, e ela, nos Estados Unidos. Nos entreteciam cartas, telefonemas. Depois ela veio inesperadamente ao Manaim, de Domingos Martins. Foi o epílogo. Um concerto em dó maior, sem Mozart, com as Walquírias, de Wagner. Razão cabe à Bernardim Ribeiro: "As coisas que não têm cura,/Amador, não cures delas;/e as que não têm ventura,/Não te aventures por elas./(...) Deixa-as ir por onde vão,/não vás onde te levarem,/que se umas acabarem/outras se começarão/para mais paixão te darem." Sim, por não haver cura, fui eu que tomei, felizmente, a iniciativa, enviando a seguinte carta, datada de 9 de março de 1986, devidamente registrada: "Regina Célia: Depois de muito meditar com base em fatos concretos: a tua presença de forma clandestina para mim, em Vitória, que se reiterou sem comunicação; a frieza do trato, inclusive ao me abraçar, negando-se a dar as mãos, evitando conversar; a duplicidade no comportamento. Os comentários desairosos a meu respeito; o impedimento de chegar ao teu apartamento no Rio, quando pernoitavas em hotéis na minha companhia. A colocação da poesia de João Cabral sobre a tua foto num livro que lutei para ser editado, com meu poema posto em lugar secundário. A ocultação do endereço e telefone do hotel onde residias em Atlanta, o mesmo sucedendo estranhamente com o endereço e telefone de tua atual moradia". Depois de deixar que pagasse quinhentos dólares por mês, o empréstimo de três mil dólares que lhe fiz (o que cumpriu, depois, no tempo aprazado). Frisei: "Por esses fatos inquestionáveis, concluí que nosso relacionamento está findo". Telefonou-me em 18 de março, nove dias após, buscando continuar comigo e não aceitei. Disse não. E não a vi mais. "O que vivi se foi:/certa desolação,/verões, o soterrado/amor sob alvos bois. // (...) Não foi amor, foi dor./E reboou no gongo./Os relógios são pombos./E era um grito, o mito.// (...) E sob o pó, o pó/ e nem o nome acode." ("Cantata em sol maior"). Quatro anos morei, primeiro no apart-hotel do Embaixador, depois no apartamento da rua Castro Alves. Cuidava de lavar, passar minha roupa e fazer minha comida. Ia diariamente às madrugadas à Igreja e aos cultos. E a minha cidade nem sabia que eu estava lá. Poucos amigos, e entre eles, um raro, Balduíno Manica, hoje desembargador aposentado. Companheiro de colégio, que apelidei Menino de bronze e é personagem dos *Viventes*. Vez e outra, levava-me para almoçar em seu apartamento na rua Independência, onde ele e Regina, sua amável esposa, cercavam-me de cortesia. E apoio em dias difíceis ou decisões graves. Balduíno de tez clara, baixo, testa grande, olhos menineiros, quase voantes, atlético, inveterado caminhador. Punha pés, pavios e eu, ao lado, no esforço. Circulávamos pelos parques. Sobretudo, pela avenida Beira-Rio. Na quietude, escrevi *Zão*, *Meus estimados vivos*, *Todas as minhas fontes estão em ti* (o meu *Livro de cantares*), *Rumor das idades*, *Os mortos visíveis* e *Livro de vozes*, esses três editados pela Imprensa Nacional/Casa da Moeda, de Lisboa, sob o título, *A idade da eternidade*. Aprofundei-me no estudo da Bíblia (que denomino "Livro do Caminho"). E o Espírito me foi trabalhando, polindo. E a palavra é como o cedro: plantada, sonha. E se é arrancada, chora. Voltando ao Balduíno: era juiz de direito em Piratini, e eu, seu lindeiro, promotor público de Pinheiro Machado. Possuía ele o que considero a maior virtude do julgador: o senso comum. E uma integridade inabalável. Prudente, cordato, bom, generoso. "E éramos agrestes,/inocentes e ávidos./Nossos planos, conversas/iam mudar as rotas/

dos planetas.(...)Nós dois envelhecemos./Continuas o mesmo. (...) E eu às vezes triste/de não estar o amigo/ao lado mais. Ouvi-lo,/aconselhar--se, caminhar/sóis e jardas, discutir/sobre as largas/esperanças do homem" ("Menino de Bronze"). Não, a amizade não se esgota no amigo, o amor não se esgota na amada, nem o humano se esgota num homem, como o rosal numa terra. "Escrever é livrar-se", observou Ludwig Wittgenstein. Digo mais: escrever é já estar livre. E a linguagem pode ter sapatos grandes. Mas precisa caminhar. Caminhar para que outros pés andem. Um dia Balduíno me falou:

— Nejar, o horizonte, aqui, está se estreitando para os teus planos, agora que te aposentaste!

Coincidiu com o convite recebido de uma entidade filantrópica de Vitória. Desejava-me como advogado e fui. Em julho de 1987, aportei em Vila Velha com meu carro um bocado velho e corajoso, parecia um matungo. Mudei-me para o apartamento que aluguei em Pinhal de Itaparica. Eram alguns livros sobrantes de meus naufrágios, uma escrivaninha, a máquina elétrica, uma tevê e a cama pintada de vermelho. Roupas, talheres, pratos, copos. Deus me preparava para Elza. Estranhamente, várias pessoas me falaram nela, como se algo viajasse no ar. Nos pólens, na corrente das estações. A luz tem pressa. Tudo, tudo é premonitório. Sem que às vezes reparemos. Nos apresentamos no Manaim e ela cuidava dos chalés, onde se hospedavam os estrangeiros. Foi formal. Nem sorriu. Um amigo me convidou para um lanche na casa de Elza. Ali, seu pai, Francisco Taylor, de testa larga e voz de barítono, invadiu-me de perguntas. Afeiçoou-se a mim depois. Desconfiava que algo pairasse no ar. Nomeou-me: *o homem da camisa vermelha*. Escutei ao telefonar para Elza. Algo avançava, como se um vento. Sentia-me acuado. Um dia Elza me ligou para ir à festa de aniversário do pai de sua amiga, Elda. Muito alegre, sotaque nordestino, metralhava palavras, palavras. Ganhavam velocidade. Conversei à parte com Elza. Vi quanto era simpática, inteligente e meiga. A luz tem pressa. Vi. Muita pressa. Uma noite, como que impelido por uma força superior, sem conhecer ainda a cidade de Vitória, fui dar exatamente na igreja que Elza frequentava, na rua Duque de Caxias. Convidei-a para jantar no restaurante Partido-Alto. Na ocasião, ao nos despedirmos lhe disse que sonharia comigo. No dia seguinte, telefonou-me, indagando:

— Como sabia que sonharia com você?

Não sabia. Deus sim. E marcamos outro jantar no mesmo restaurante. Queria escutar seu sonho e me contou: dava-lhe dois brincos de ouro. Um continha cinco corações e o outro era liso. Então me entregava o brinco liso para gravar nele também os cinco corações. Discernia que ela já me amava, carecia que lhe amasse da mesma maneira. No terceiro jantar no mesmo local de repente senti forte amor por Elza. Como sucedeu no Evangelho de João: "Eu só sei que era cego e agora vejo!" Eu via de amor. A luz tem demasiada pressa — vi. E não carecem de idade os que se amam, por não possuírem mais nenhuma. A luz tem pressa. Ainda mais quando relatou que, em julho de 1985, Elza sonhou que casava com um gaúcho barbudo, morando num hotel cinco estrelas (então usava barba e morava no Hotel Embaixador). Ao caminharem na igreja, o chão borbulhava de mel ao peso dos sapatos e existia uma guarda de oficiais, erguendo as espadas. E eu descobri o sonho que Deus me dera, há um ano e meio antes, com os traços de que seria minha esposa, confundindo-se com os de Elza. Reproduzo o sonho de 14 de julho de 1986. Com a descrição que me veio: "Tez clara, mais simpática do que bela, inteligente, preparada (advogada), boa motorista, com iniciativa, prática, mansa, dedicada". Depois, mais outro sonho foi concedido à minha irmã Graça, em Porto Alegre, que não sabia de nada, complementando a visão que o pastor Clarício teve sobre nós, ao presenciar dois brotos de palmeira num vaso redondo e branco. Assim foi o sonho de Maria da Graça que viu esses brotos transformados em duas palmeiras belas e altas. E ao meu lado estava uma mulher com as feições iguais às de Elza. E apontávamos os dois para as árvores, dizendo: "As palmeiras estão formosas e crescidas!" Noivamos em 6 de setembro e em 30 de outubro daquele ano nos unimos pelo civil. Alugamos um apartamento, em Vila Velha, infestado de mosquitos. Depois nos mudamos para o nosso apartamento à rua Carlos Alves, no bairro Bento Ferreira, em Vitória, comprando devagar fogão, sofás e outros móveis. Mais tarde, aposentando-se Elza, pudemos adquirir o que se tornou o Paiol da Aurora, com duas castanheiras na frente que denominei — Adão e Eva. Muramos com pedras e heras a casa. O mar saltando como um cabrito. "A fábula tem suas ondas/e eu sou a fábula toda./A metamorfose acaba,/começa no voar das pombas". Escrevi, certa vez. E se até aqui cheguei de pé, foi pela Palavra. Não por mim. E fui pela primeira vez tocado, quando em Petrópolis, num culto, com a pregação do pastor Gedelti Gueiros sobre a figura de Moisés. E quanto foi nobre na sua missão, mesmo sabendo não entrar na Terra Prometida. E por ter no meu corpo *as marcas do Senhor*, não contando o que é do homem, nem suas incompreensões, invejas, ódios, preconceitos. Até aqui cheguei pela Palavra. Prevejo um avivamento, como jamais houve. Creio com fé ousada, capaz de avançar no território de Deus. Que não está apenas em nós, pequenos, que não O contemos de tão imenso, sem começo nem fim. Devemos audaciosamente avançar e descansar Nele, interminável. Seu esconderijo é a eternidade, inda que habite também no coração do homem. E a luz tem pressa de se confundir com a luz. As pombas arrulham e é verão com as parreiras mostrando as folhas novas. Vem sobre os montes, Aurora! Vem depressa! E já levantei para abrir ao meu amado; as mãos destilam mirra, e os meus dedos mirra preciosa no ferrolho da porta (Cantares, 5: 5). Desce, desce veloz sobre os montes, Aurora! Escrevo porque estou livre e vejo. Essa é a imortalidade que mais quero. E desejo mais ainda ver meu Deus, face a face. E só de assim pensar, arde o coração. Arde, arde. Morrer não precisa de nada. Tudo se quebra de ar e depois tudo se inteira, ao romper-se. E a um instante que os símbolos carecem de nós para se revelarem. Somos os símbolos. E após somos nada, para que o Senhor em nós seja tudo. Faze-te, semelhante ao gamo ou filho da gazela que pulam sobre os montes aromáticos (Cantares, 8: 14).

Sim, em 4 de março de 1985, quando transitava pelo Rio, tive um sonho que até hoje me segue na memória: "Caminhava entre dois anjos e eram tão refulgentes, que, incorpóreos, transparentes, não possuíam asas. Dizendo-me: 'Não poderás mais sair da vereda. Estás preso dentro da luz!'" (Confirmado pela palavra de II Timóteo, 1: 14.) Estou preso dentro da luz. E recebi a graça de não sair mais da infância. Ou da infância da eternidade. No mesmo ano do sonho anterior, em 27 de abril, quando dormia, vi um ser majestoso como um príncipe, que entendi ser um Arcanjo, com vestes resplendentes, um turbante branco nos cabelos loiros e longos. Olhos hipnóticos, fascinantes e poderosos formando uma cor insólita. E o porte de altiva dignidade. O curioso é que as vestes tinham cordões azuis entre o peito e a cintura. E a calça branca se estreitava na altura dos pés, com babados de prata. (Confirmado com Zacarias, 9: 16): "Um dia saberei/o nome que me veste/dentro da luz fiel". Escrevi. Saberei, pois é o sonho que me vê. E a palavra vai lendo quando tem pensamento. E agora escuto Dylan Thomas à beira-mar as obscuras vogais dos pássaros. É como se a pedra do céu estivesse suspensa sobre a luz ou nela pousasse. E no momento em que a essa pedra erguesse, teria muita, muita luz debaixo. E então me recordo de uma visão que tiveram comigo, sentando em cadeira, compondo com o assento e o espaldar uma águia de ouro, tendo o bico na parte superior da cadeira, como uma luminária. Diante de mim havia mesa e um livro aberto que eu folheava e, ditoso, lia. E subitamente a pedra, a cadeira, a águia e o céu desapareceram. E vi que tudo era memória. E quem enche a boca de palavras vivas, acaba comendo luz. Ou é amor, amor que ao tempo foge e não há medida sobre a terra. Ou talvez, leitores, esteja dentre os que Edgar Allan Poe previu: "Os que sonham de dia e são conhecedores de muitas coisas que escapam aos que sonham durante a noite."

E estas Memórias contam o que sucedem e que não precisa suceder nunca, sem que impeça de ainda suceder. Às vezes é um gesto, outras, um vento. E o que deveria ter sucedido, cessa subitamente de suceder. "Porque o tempo são centímetros e mudanças de alma" (W.H. Auden). E os acontecimentos são como as goteiras: chovem na inteligência. E há que aceitá-las, até que se tape a fresta das telhas. Ou as nuvens mudem de céu. Dói muito Deus em mim que não acaba. Dói e não tinha ainda me apercebido de que todos esses que me amarraram ou prenderam nos 26 anos, com as garras do preconceito, não sabiam o que faziam, por não estarem sob a graça, mas debaixo dos flagelos da lei, que é muda e cega. E que para flutuar sobre as águas, era preciso deixar a barca. E que nosso lugar não é só andar na barca — coração do homem. Nosso lugar é andar sobre as águas purificadoras, invadindo o território de Deus.

### 42.

TODA A PALAVRA ESPANTA OUTRA EMBAIXO. E espanta outra ainda. E vai depois espantando o que vai em cima. Porque de se espantarem, encontram o lugar onde nada mais as espanta: o lugar próprio, irredutível, essencial de ser inteira. E me vêm ares e lembranças dos primeiros livros na biblioteca que meu pai, na Corte Real, de Porto Alegre, foi ajuntando, entre cuidadas prateleiras. Foi quando li *Os três mosqueteiros,* eu era o mosqueteiro que não estava lá. Depois fui-me abeberando de todos os volumes de Alexandre Dumas. E continuei, roído de remorso e curiosidade, assim que soube que alguns livros do mago francês constavam do poroso Índex do Vaticano. Não entendia como podiam impedir a leitura daqueles romances escritos com leveza e eternidade. Não entendia como proibiam de vir à tona a centelha de vida agarrada às suas páginas. E continuo não entendendo. É por isso que o irônico Georg Christoph Lichtenberg, no século XVII, afirmava: "O primeiro livro que haveria de proibir no mundo seria o catálogo de livros proibidos". E os que assim vedavam, julgando proceder bem, merecem a expressão do mestre dos anexins, são "asnos que parecem cavalos traduzidos em holandês". Ou cavalos que jamais deixaram de ser asnos. Outro personagem que me perseguiu é óbvio que não foi um asno, foi Tarzan e seu uivo nas selvas. Igual ao grito primal das espécies. Esse musculoso protagonista saltava entre os cipós ou arrostava as feras, sendo a floresta o nosso inconsciente jubiloso. Toda a palavra espanta outra embaixo. E o gênio é o gemido de uma estirpe à outra, que toma nome quando é descoberto. E só é grande ao acordar o que está sob o entendimento, como debaixo de uma pedra. Depois me recordo da chuva, da espessa chuva na infância, não dos livros. E Deus era a chuva caindo.

## 43.

Alguns acham que inventar é trapacear. Nunca, jamais. Inventar não é mentir, é saber desenterrar de um espelho suas mais recônditas memórias. Não é mentir, é desmentir que o tempo possa, existindo, nos envergonhar. Nós, artistas, temos a alma mais velha que a terra e não nos engana. Nem somos nós que apuramos a memória e, sim, a memória que nos apura, apurando a palavra. E é inteira que se configura neste poema de Goethe (tradução magistral de Roswitha Kempf): "Sobre os montes/Há paz./Sobre as frondes/Jaz/O último hausto./As aves calam/no bosque./Espera em breve,/Também irás." ("Também tu").

E também achei a paz generosa do amor ao lado de Elza. Em seu aniversário neste ano de 2010, anotei: "Gazel de um amor sem termo": "Fazes idade, como/se nenhuma idade/mais, coubesse/nos nossos sonhos./Ou que as idades/todas pousassem/com suas arrobas,/porque a infância/não se acaba,/nem este amor/ sem palavras./ Fazes idade, como/se nenhuma idade/mais coubesse/dentro de nós."

## 44.

Hoje, dia 10 de agosto de 2010, tive desgosto com Fabrício. Não pelas suas fotografias estapafúrdias, óculos coloridos, roupa aberrante, calças e sapatos esdrúxulos que é seu direito. Não. Mas pelo que inventou, sobre este que vos escreve. Porque passa pela sua fustigante imaginação. Inventando sobre fatos que jamais existiram. Com a posição de ser ele a pobre "vítima", tão vítima que destila em livro de poesia ou em crônicas e agora na revista *Aplauso* (n. 107), afirmando que me separei aos sete anos de sua mãe e que abandonei a casa e não visitava meus filhos — o que é total inverdade. Nunca faltou minha presença a eles, mesmo apartado de sua mãe que me hostilizava, nem faltou excelente pensão. Todos foram sustentados até depois da universidade. O curioso é que a maioria de minhas respostas na referida revista sumiram. De um lado, sempre a mãe pedagoga, tão generosa (nem foi assim, mãe nervosa, temperamental, vingativa, instigando todo o tempo o ódio contra mim nos filhos), e de outro, o pai desalmado e desarmado. Fala que os progenitores o levavam para a fonoaudióloga, quando era eu apenas que tinha esse encargo. Ninguém mais: a mãe lecionava. Não fui um pai como desejava ser, mas fui um pai: o melhor que pude. Ademais, o gosto pela poesia não veio da influência materna, que nem se dedicava a ela, na época. Somente eu escrevia poemas quando vivíamos juntos. O resto é invenção fabriciana. Mas eu o amo e tem todo o direito de inventar. Mas houve a realidade, que não é por justiça inventável.

## 45.

ATESTAVA EÇA DE QUEIROZ QUE NÃO SABIA escrever e ninguém sabe. Mas se escreve por detrás da palavra, o que a palavra vai escrevendo por detrás do silêncio, o que o silêncio não pode mais calar de tanta palavra. Voltamos sempre ao início de quando o espírito paira sobre o abismo. E se sabe de não saber o que se sabe.

Entretanto, quem nasceu em nós, ao morrer? E quem morre em nós, ao nascer, salvo que "a vida, para além da dor, é mais do que um bem" (Umberto Saba).

## 46.

TRANSCREVO A DECLARAÇÃO DE MINHA ÚLTIMA vontade, com original na Academia Brasileira de Letras. Eis os termos que ajunto a estas *Memórias de outra idade*:

Desejo que o velório deste corpo-companheiro que levo e é semente seja feito no Petit Trianon da Casa de Machado, mestre e fundador, sem nenhuma cruz (que em Cristo já morri), com culto de corpo presente, dirigido por um pastor de igreja evangélica, a que pertenço. Tendo a presença de autoridades, confreiras e confrades e dos irmãos de fé, com cânticos de louvor ao Senhor, a quem tudo devo. Também a presença de escritores, poetas, irmãos de palavra. Quero que o sepultamento seja feito em túmulo e lápide sem cruz ou anjos ou imagens, com os dizeres: Carlos Nejar — poeta e amigo de Deus. Caso morrermos juntos, ou me suceder, desejo que o sepultamento de minha esposa e companheira que amo, Elza, seja junto comigo e com o culto, sem cruz, nas condições que solicitei para mim. (...) Escrevo com a fé de que estes olhos da alma verão o Rei da Glória e será um dia mais feliz do que o do meu nascimento: minha sede absoluta será saciada.

Desculpo-me com os que eventualmente ofendi e viajo isento de ódios: só o amor dá sentido à vida e não me retraio na verdade, nem na justiça, que não me será negada. Carlos Nejar, Casa do Vento, Urca, Rio, 24 de fevereiro de 2008. Cadeira nº 4, da Academia Brasileira de Letras, onde em nome do Senhor e do pampa fui empossado e honrei com o amor que pude.

## 47.

FALOU O SENHOR COMIGO TANTAS VEZES através de vários trechos da Palavra, continuando ainda e incessantemente a falar-me, até que falemos cara a cara na Eternidade. Vou lembrando: "Sabei que o Senhor separou para si aquele que lhe é querido; o Senhor ouvirá quando clamar a Ele" (Salmo, 4: 3). Ou então: "Jurou o Senhor e não se arrependerá: tu és sacerdote eterno, segundo a ordem de Melquisedec" (Salmo, 110: 4). Ou "O meu amado é cândido e rubicundo: ele traz a bandeira entre dez mil" (Cantares, 5: 16). Ou as promessas: "Como água fria para a alma cansada é a boa-nova que vem de terra distante" (Provérbios, 25: 25). "E mamarás o leite das Nações e te alimentarás aos peitos dos reis; e saberás que eu sou o Senhor, o teu Salvador, e o teu Redentor, o Possante de Jacó" (Isaías, 60: 16). Ou ainda Isaías 61: 1, ou Isaías 60: 8: "Quem são estes que vêm voando como nuvens e como pombas aos pombais?" E mais este texto que mostra quanto Deus trabalha por nós: "Porque desde a antiguidade não se ouviu nem com ouvidos se percebeu, nem com os olhos se viu um Deus além de ti que trabalhe para aquele que nele espera" (Isaías, 64: 4). Mas há algo que o Pai da Eternidade tem cumprido, desde que O conheci, repetindo inumeravelmente, na consulta: o de Jeremias, 52: 31-34. E comovido, guardei o versículo que o ungido Janail me entregou, na sua visita, em 24 de agosto de 2007: "O homem que tem muitos amigos pode congratular-se, mas há amigo mais chegado do que um irmão" (Provérbios, 18: 24). E é o que reconheço diante das gerações, o que o Senhor Jesus tem sido sempre: O Amigo mais chegado do que um Irmão. E registro nestas Memórias. Como me vêm à lembrança as experiências — são tantas que encheriam páginas —, desde a primeira visão de uma águia branca pousada, quando de minha conversão, à de uma águia semelhante voando, anos depois e a de duas águias alvíssimas invadindo a igreja no culto de Setiba, Guarapari, na noite de 18 de agosto de 2007. Em Vitória, onde morei, vislumbrava, seguidas vezes, o Cristo na cruz ensanguentado, abraçando-me a ele, sem rosto. Em 24 de agosto de 2007, quando fomos, Elza e eu, visitados por um grupo de irmãos, uma serva, de nome Glória, teve uma visão maravilhosa — e ficou gravada: "Viu primeiro os pés trespassados de Jesus e uma candeia grande e acesa posta sobre a mesa. Depois esse ser de vestes brancas carregou-me no seu colo como uma criança, levando-me a vários lugares e descansando-me depois na cadeira. Minha mão estava rasgada por uma chaga. Havia um aroma se expandindo pela sala. E Elza recebia um vaso com óleo". Confirmando a frase de Paulo, o Apóstolo dos Gentios: "Desde agora ninguém me inquiete; pois trago no meu corpo as marcas do Senhor Jesus". Sim, leitores, tudo é sinal. E são também essas marcas que estão na palavra.

## 48.

GOSTO DE NOMEAR AS COISAS E COM TAL persistência, como se bate na pedra, bate na pedra, até que ela se abra e as coisas também me nomeiem. Os sonhos trabalham para nós e aos nomes que põem a cara para fora do real e, sobretudo, as palavras. Só nós não trabalhamos o suficiente para o universo descansar no remo de um sonho. E a língua é mais veloz que os sonhos. Ainda que às vezes não passe de rumor de vento nos cabelos ou o sussurro de dois que se abraçam. Não há alegria maior do que um menino que a descobre. Vibrátil, jubilosa, solene como navio no oceano, simples e quente, pão na mesa dos homens. Doce, imperiosa, livre: todas as árvores vergam diante de seu sopro. Língua de amor sem a ventura dos mais altos símbolos. E habitamos suas corpóreas plagas, moramos dentro das palavras, mais inteligentes do que nós. E habitamos uma língua mais do que um país ou um continente. E há os que a escrevem na rocha para o silabar da água, há os que a gravam em monumentos, enquanto a glória cintilar. E os que pronunciam nas comemorações, não só como flor do Lácio, mas a primeira, o laço de todos os pássaros levantando as flores do voo. Não a escrevo na água, nem apenas sobre as nuas labaredas. Eu a queimo com a luz de minhas estrelas. E com o que não posso entender, crio, quando depois me entende. E não é importante que me entenda, é importante que me crie. Há trechos que vêm de onde não percebemos e depois começam a nos perceber. Ou certos vocábulos se associam a outros e vamos trilhando a sequência do maravilhoso, puxados por mão incansável. E as metáforas se ajeitam à feição de heras no muro, ou à feição de muros na noite que ignoramos, ainda que ela não nos ignore. O timão é o da palavra que nos segura? A tripulação é de almas que os vocábulos vão aperfeiçoando nas coisas? Há que amar todas as palavras e deixar que nos amem. E amar os sótãos e porões, amar as sombras e poemas que larguei no meu baú. Amar os baús que a palavra escuridão amoita. Porque todas as escuridões têm seus baús e os poentes, alçapões e a lua, a boca no pote do vento. E não é por acaso que me vem essa obsessão por sótãos, porões, túneis. Como se o meu inconsciente se pendurasse na tábua de suas fábulas. E toda casa há de ter um porão. E se não o tiver, que possua um sótão, espécie de porão às avessas. Ou extraviada história do futuro. Os porões são inacabáveis como os sonhos que se esqueceram de crescer, impondo-se aos que foram crescendo. É um tempo não alcançado pelos mapas e geógrafos, tendentes às metamorfoses. Sem passado ou futuro: porão da invertebrada infância.

## 49.

FABRÍCIO, AMADO FILHO! Desde quando vi a chama jovem da poesia em ti, eu te apoiei. Mesmo quando dizias, menino, que a casa do céu era a casa das aves. Ou tentaste ser pintor com as cores de Van Gogh, ou quando nem as cores mais se ameigavam em ti. Ao me trazeres o primeiro livro — *As solas do Sol* —, preferi deixar de publicar-me, para que a editora Bertrand, em convênio com a Biblioteca Nacional te editasse. Depois pedi a Raimundo Gadelha, da editora Escrituras, que te publicasse os outros livros. Foi um sucesso e me alegrei. Por teres — não os meus — mas os teus sapatos. Não fui um bom pai, nem o melhor, nem o que gostaria de ter sido. Fui, sim, diante do futuro, eu o digo, fui o pai que pude. Com toda a minha humanidade e as lágrimas que vieram muitas vezes das minhas entranhas mais fundas. Perdoai-me se não fui melhor, ou que o desejavas que eu fosse. O teu pai interior, aquele que podia falar nos sonhos, ou que conversavas, ao viajar, com minhas roupas na gaveta. Ou com suas estrelas na escuridão dos livros que rabiscavas atrás do rastro. Esse que eu sou, esse que nunca fui. E esse nunca serei, é Deus. E se O encontrares, não te faltará mais nada. E tudo o que de mim quiseste, possui Ele infinitamente mais. Escreveste um livro que é a tua obra-prima, um libelo, não só nas bordas, também nas fontes feridas. Falo de *Um terno de pássaros ao sul*. E por estranho que pareça, ajudei a publicá-lo. Consciente de que não era eu, esse sobre quem escrevias de forma tão desesperada. Poupaste a tua mãe e jamais me poupaste. Por teres de mim uma necessidade, bem mais do que os filhos todos. Uma insaciável sede que não era, não, "a terceira sede", nem a quarta, ou a derradeira. Eram muitas numa só. Até que um dia verás que não fui o que julgavas, fui o que buscaste ser. É verdade que te disse, quando me enviaste os originais desse livro de descoberta em ti de um certo *Pedro Páramo*, ou o que te continha dele, que fugia, ou o que de abrasamento jamais te conterá, embora andes mais do que o seu filho. E esse Pedro, que é Páramo, não sou eu e nem habitei numa cidade morta. Sou uma cidade, sim, não um terno. Sou um homem, mais do que uma cidade; sou um pai, mais do que um soluço. Disse-te, então, que não era eu essa figura sombria, não sou, Deus me atingiu e fui mudando. E mudarei, como mudei ao passar e não viste. E falei que tinhas que superar a sombra dele, esse pai, torná-la doce e vivente, porque não estavas sendo justo contigo, não sendo ele, eu. E te voltariam, voltariam e voltaram contra a minha vontade. Disse-te então que era preciso superares o pai das raízes, para que fosse o teu próprio filho. E no final, conseguiste, conciliaste. Tua chama é jovem e a minha é antiquíssima. Sei que por onde transitaste, minhas ervas secaram. Sou lúcido, filho, mais lúcido do que a noite. E te amo com este amor que não tem nenhuma noite dentro. E por ser antiquíssimo, vou sobreviver a todas as ruínas. Sim, porque de amor me fiz e de água de rio me transporto e de sementes me planto e de verões sem mágoa me reinvento. Criaste um pai que não sou eu. Criaste um pai para a tua agonia, mas superaste. Pois tenho a luz de um amor invencível. Também por ti, meu filho. Pelo que não consegui e as minhas palavras completarão. E não sei se terás a minha coragem de enfrentar, como eu tive, o meu próprio sangue e deixasse que se acendesse, ainda que me queimasse. E me queimando, iluminasse. Mesmo que, para muitos, esteja descoberto. Mas sou um ser habitado e habitável, que não se rendeu e foi sobrevivendo à guerra de muitas mortes. E, filho, endureci como um diamante, sou de uma estirpe indevassável, de um sonho que gerações plasmaram junto às tochas. Ao me pedires para voltar ao pampa, não, não volto. Não quero mais volver, nem de chorar se riu, ou ganhou tempo de me olhar nos olhos para não desamparar-se. Não, não, o pampa já voltou há muito em mim. E existirá enquanto eu existir de palavra, cujo fogo tem e sempre teve terra dentro. E se o pampa quiser voltar para mim, descobrirá que não sou outro, sou ele, fui. E não me reconheceu. Terá sido e não viu minha passagem. Há de ser, há de ser muito mais, quando me descobrir. E ficaremos juntos.

Pois passados dois anos desse texto (em junho de 2008), Fabrício escreveu novo poema de *Um terno de pássaros ao sul*, percebendo — e é ele que o diz — "que o pai que recebi de minha mãe não era meu pai, mas o marido que ele tinha sido para ela". Foi um divisor de rosto. Eu unicamente posso cobrar da minha experiência, não de lembranças emprestadas. Ser justo é imaginar na proporção em que se vive. Voltando: sei perdoar. Perdoar a vida por não ser como eu queria ou como ela desejava que fosse. A Tempo. Estranho! Pedi ao Fabrício e não me mandou. Comprei numa livraria *Um terno de pássaros ao sul*, em edição revista (2007) e ali mais ainda aperfeiçoou sua raiva. Raiva não, é pouco. Eis alguns dos versos de Fabrício Carpinejar: "Não és um morto caseiro,//mas um morto público, em guerra,/Jardineiro da asma, subirias/as escadas se tivesses fôlego//(...) Já lapidavas/o prefixo da lápide./Escondido no porão,/no túnel, no calabouço,//no assoalho, nas frinchas/carecedoras de bulas./Até emergir//o epitáfio perfeito/da tosse dos rascunhos. (...)" E apenas escrevo ao meu filho que parece tão inditoso, que ainda morto não estou, é difícil morrer e talvez eu não morra, embora fisicamente desapareça. Então sentirá desesperadamente minha falta. Nunca cogitei de ser tão importante para atravessar como poroso fantasma páginas e páginas de tercetos. Nunca cogitei de viajar tanto. Nunca cogitei sequer de que, ao me haver afastado de sua mãe (e ainda bem!), tivesse lhe causado tanto infortúnio e dor. E de dor amamentou esse pampa, onde desejas que eu volte. Sustentei meu filho vinte e seis anos e a paga é um telegrama de formigas. Não voltarei — por não ter nada comigo, nem com minha história. O Fabrício há de guardar tal pampa só para ele: na despensa, ou na sala, ou no quarto. Sem retrato na parede. Pois não é o pampa que conheço, ou vivi. Não é o que vai nos meus livros. É mórbido e não sou. É derrotista e não aceito a mentira com foro de verdade. Nem me veio nunca de ser a asma, um jardim. Porque as flores de minha saúde, ou longevidade, estão nesta infância que não acaba. Fabrício diz num dos seus aforismos que "o mais complicado na paternidade é ser justo, não generoso". Mas só se é verdadeiramente generoso, sendo justo. Todavia, há tempo me reconheço. Neste ano de 2022, foi Fabrício, meu Filho, que me passou o bastão de patrono da Feira do Livro, de Porto Alegre, no reencontro do pampa, depois de sessenta anos de literatura. Agora, sim, voltamos juntos e abraçados à mesma terra.

## 50.

A POESIA NÃO É UMA DOENÇA CEREBRAL, ó Vigny, nem uma doença de alma, é sanidade, fúria de saber que o tempo já deixou de ser tempo, para ser espaço da palavra, conquista de lembrança, posse da imaginação. Nem faz uma mulher engravidar de um pássaro, sendo no entanto capaz de ver passar voando um boi pela janela, ou uma árvore cantar como um canário. O mundo está-se desmontando! Diria meu avô, pasmo, falando às ervas crescentes como barba. Ele não terminava uma frase e nem carecia, quando a frase terminava nele. Meu avô, sim, a frase de terra perfeita, inimitável. Agora ele fala línguas mortas, o hebraico das flores, o aramaico das formigas e o iídiche das pedras. Meu avô sírio Miguel, Antônio, montanha, planura. Miguel de árvores, Antônio de cicatrizes, Miguel de malvas, anda por onde não ousava ir sem seus amigos. Avô de selva, avô de mar. Com capa larga, colarinho de avelãs, sapatos pintassilgos. O que mancava não era meu avô. Mas o padeiro Francisco que às vezes torrava o pão, como se tivesse no meio, madressilvas. E o que vagava com botas de tulipas, sim, esse era meu avô. De nariz reto, pescoço curto, olhos metidos para dentro. E virou e se revirou e se foi meu avô. Com a ventania. Perguntei à ventania onde ele estava. E ventania não tem mais fala. Mia como um gato. Não é mais pessoa. E ao deambular pelas colinas, vi que uma pedra brilhava e brilhava. Queria dizer-me algo. Dizia. Peguei a cabisbaixa pedra, pus no peito, ventava. Era meu avô. O mundo está se desmontando de mundo.

## 51.

ESCREVEU W.H. AUDEN QUE "adivinhar é mais divertido do que saber". Confesso-vos, leitores, que fui adivinhado. A visita ao Paiol de Fabrício, Ana, sua mulher e o Vicente, belo, educado e fleumático neto, cumprindo horário em tudo, até para dormir, no período de fim de janeiro para o começo de fevereiro de 2007, fez-me reencontrar também Fabrício — mais maduro, sábio, afamiliado. Uma outra pessoa, que não havia antes adivinhado. A Ana já admirava — formosa e sólida. E foram dias prazerosos, com muitas pernas e júbilos. Era como se um vulcão jovem vomitasse flores. Fabrício aconselhou a esperar e que meu tempo estava próximo. E, ó Cocteau, eu desejava ser como um espelho que pudesse refletir bem mais aquelas imagens de felicidade, antes que fossem a ele devolvidas. Meses depois, veio-me outra alegria: a vereadora Sofia Cavedon indicou-me para o título e a medalha de Cidadão Emérito de Porto Alegre e lá fui, no dia 10 de abril, no Plenário Octávio Rocha, às 15 horas. Vários representantes da edilidade gaúcha falaram, também Fabrício e Carla. E a presença de meu amigo advogado, dr. Fernando Malheiros, com quem trabalhei no escritório, quando na capital do pampa e soube acolher-me, fraterno. Fui homenageado como militante do direito à palavra, à vida, da denúncia da condição humana e o anúncio de sua superação pela educação e pela cultura. Fiquei comovido, como há muito não se deu. Mais ainda pelo poema que Carla me entregou no churrasco, ao meio-dia, e mais tarde leu: "Meu pai é um poeta.

Em princípio, não gosto de poetas. Só gosto da poesia. Os poetas, por ironia, para sentir o mundo, vivem enclausurados em si mesmos. Os poetas não trocam lâmpadas, não sabem se tem leite na geladeira, acham que sofrer é melhor do que viver. Não levam os filhos na pracinha. Por isso, sempre fugi da literatura. E o meu pai, quiçá, sem querer, de mim, mas o meu pai, com a maturidade, transcendeu. Descobriu que poesia é amar. Poesia é ser amado. Poesia é estar com os filhos. Poesia é sentir o som do mar. Poesia é ver o sol bater, de manhãzinha, no Paiol da Aurora, de mãos dadas com Elza. Este é o pai que eu amo. Este é o pai que eu leio em seus olhos, mudo, lágrima contida. Este é o pai que agora é poesia. Este é o pai que eu me orgulho de envergar o nome, sem pontes, Carla Nejar. Em 9 de abril de 2007. PS: Para o meu amado pai, a primeira (e provavelmente última) poesia. Todo o amor do mundo".

## 52.

FABRÍCIO, O MEU FILHO, DEIXOU-ME AGASTADO, ao ler o blague, com sua crônica de 8 de janeiro de 2007, a respeito do troféu de Rubem Braga, que a mãe dele não devolveu (e me pertence), trazendo uma versão enganosa do fato. Eis o que relatou: "Final dos anos 70: meu pai Carlos Nejar visitou Rubem Braga no pior dia de sua vida. Ele julgava seu pior dia. Almoçou com Braga em sua cobertura em Ipanema, logo após não ter sido escolhido num certame de poesia. Durante o almoço não saía do assunto. Abatido, desanimado. Xingava a falta de lisura do processo, a sacanagem, o favorecimento. Braga não se mexia, não coçava o bigode grisalho, não replicava, muito menos concordava, ouvia atentamente: a calma religiosa de uma jabuticabeira. Ao se despedir, tomou o maior troféu de sua estante, uma estátua de Gutenberg, Prêmio 'Paula Brito' de Crônica de 1958, e entregou ao meu pai. — Toma seu prêmio, e não se fala mais nisso, tá?"

A descrição do Fabrício não é verdadeira. Nem naquele dia almocei com Rubem Braga, nem xinguei ou fiquei irado. Estava na Editora Sabiá, quem assistiu foi Fernando Sabino (infelizmente ambos mortos e não podem testemunhar). Na mesa de Rubem jazia o tal troféu e eu o elogiei pela beleza e ele imediatamente me presenteou com o troféu, diante dos olhos espantados de Sabino, dizendo:

— Guarda-o bem! É como eu: silencioso e amigo de seus amigos!

Essa história é real. Meu filho e eu nos pacificamos. Bem haja. "Tudo é autobiográfico" — dizia Sean Penn. E ao mesmo tempo, nada. Fazendo ditosas e novas todas as coisas. Certeiramente observou o padre Antônio Vieira: "Por que não nos despegamos de nós, vimos a andar pegados a tudo; e por isso nos embaraça tudo. Negar-se a si mesmo dizem que é a maior fineza; e não sei eu de comodidade maior: dizem que é o maior ato de amor de Deus, e eu o tenho pela maior destreza do amor-próprio. Só se sabe querer bem, quem se sabe livrar de si". E muita razão lhe vale. E presumo, leitores, quanto é difícil a herança de um nome. Miguel Torga nos conta da impressão que lhe causou uma sonata de Emanuel Bach. A peça era bonita, prevendo Mozart, mas não deixava nunca de lembrar Bach. Daí o peso e a tentativa insone de escapar da sombra. E ninguém há de viver sem sombra. Sendo ela o próprio homem. Porém, desligo-me de mim ao andar no pampa. Dos velhos despojos. Por ter cantado a terra tão forte. Ensina o Tao: "Torna-te um vale e não lute contra o sistema e o destino. E flutuarás". Flutuo e vejo que alguns companheiros ou conhecidos são nomes de ruas, monumentos, estátuas, auditórios. Poucos me lembram e eu lembro a todos. O tempo trabalha sozinho. Não carece de que ninguém trabalhe por ele. Não sou político, embora não me falte o tino. Sou um artista e não fujo dessa condição. E fui um promotor de Justiça atuante. Tínhamos o suficiente: a sala, mesa, cadeira e a máquina de escrever. Hoje o Ministério Público é um palácio; cada promotor ou procurador tem assessores e o mais moderno equipamento. Fiquei emocionado quando li, no painel do edifício, meu nome. Integrei uma geração pioneira, sob a direção do procurador-geral da Justiça, dr. Lauro Guimarães. Era um homem principal, desses capazes de transformarem as coisas. Fui um dos seus assessores, motivo de glória. Entre eles, estava um ministro do Supremo, dr. Ruy Aguiar Júnior, e desembargadores. Recordo de forma especial, o desembargador Marco Aurélio de Oliveira, depois notável advogado, meu irmão, a quem muito devo, autor de um livro primoroso sobre a atividade judicial. É de registrar que a liderança de Lauro Guimarães começou um novo tempo na instituição, fundando a sede do Ministério Público e o lote da associação, onde na entrada foi posto meu poema, escrito à mão, assentada: "Entra nesta casa,/que é tua e de todos./Há muito deixada/aberta aos assombros/(...) Os dias, os anos/são palmos de nada". Careço de estar e sempre volto. Estamos pegados a tudo e tudo nos carrega de nada.

### 53.

É PORÃO O TEMPO? NÃO. Julgava um porão, o mundo. Assemelhado ao que existia com alçapão no quarto de meu pai, a tampa sob pesado móvel. A casa na rua Corte Real, 208, que era a de um coronel na esquina de virtuosa senhora, dona Eugênia, em Porto Alegre. A casa não mais existe, todavia, o porão foi-se fiando de mistério, de utensílios antigos, cadeiras rotas, livros puídos e mofados, foi fiando de enigmas e labirintos o menino que me suporta. Até o porão ser a casa inteira. Talvez por isso tenha escrito as *Memórias do porão* e o *Sótão da história humana*, ainda inédito. Pois o menino no homem ficou irremediavelmente perplexo e intrigado. E a língua nada mais é do que a aventura de sumir nas sendas de um corredor com a dimensão da infância. O verso pode ser uma tartaruga imóvel no côncavo rio, a imitá-lo, tartaruga maior. Não sou "tartarugólogo" e o próprio termo parece uma escavação de fóssil.

Ou do *Pithecantropus erectus,* o homem na escassa esfera de sua civilização, mordido pelos percevejos. Sim, esta parca, dolente, doméstica e consumível civilização, máquina moderna e funcional que se afigura um paquiderme com os seus adeptos incapacitados de viver, atados à sua cauda, novo suplício de inferno dantesco contemporâneo. Enquanto isso sonhamos num cortejo de imagens, tal o carro de música da infância. Com a placa: *"É vedada a entrada desta civilização nefasta!"*

## 54.

Afirma Juana Inês de la Cruz: "Tenho entre as mãos ambos os olhos/e somente no que toca eu vejo". Ou são as palavras que gorjeiam no galho e nos veem. Os dicionários não passam de viveiros de canários — disse a minha Nuvem, a engenhosa Letícia do Pontal, Dom Quixote de saias. E um fósforo riscou a ideia e vi meu interminável pai. Com a dor de um passarinho morto que divide a manhã. Acordei e vi. As chuvas amiudaram e o vento rugia seus tambores. No Paiol da Aurora, entre muitos ninhos nas telhas da varanda, os pássaros revoam, aqui e ali, nervosos. E os cães não os molestam. Com trovoadas, relâmpagos, a chuva deixa sua vítima. Um tico-tico defunto na varanda. E depois de enterrá-lo no fundo do quintal, nasceu esta ode: "Um tico-tico morto/na varanda. Pisado/pelo pé da tempestade./Ou com a idade da morte/foi bicado e perdeu/o som, o descer/e subir da gravidade,/perdeu o peso/e as plumas/se apagaram no ar/como um fósforo/riscava a numerosa/curva, casca, caule/que vai em flor/da castanheira/ao solo ladrilhado/da varanda./Voar era o seu mistério./Agora o enterro/na terra fofa, solta/do quintal/e as plumas doem/nas mãos/queimando,/pobre vegetal/do céu, retornas/à árvore/pelo véu de tua/semente atônita./E não há outro peito/mais fiel/para acolher-te,/lasca de cinzento/diamante, extraído/da vida, como o mel/de ensurdecedora pedra./E vai cavar a noite/este cinzel, até que/pelo passarinho morto,/brote o espesso,/ líquido canto/da garganta." (*Os viventes*).

## 55.

QUANDO ESCREVO COMEÇA A BROTAR o futuro em mim e não o agarro mais. Tenham pena de tanta alma dentro de um só corpo. E de tanta matéria que almeja viver e não se acalma. E de tantas infâncias que desejam me nomear e não consinto. Sob pena de me enterrarem sob elas, como as velhas tias de mãos, pernas inchadas, com varizes de tílias e a casa que não se acaba de ser também fantasma. Minha imaginação é a de um fantasma que invadiu a mansão do paraíso. Igual a alguns mendigos que penetram pelos vidros quebrados da janela e dormem sobre a cama dos ausentes. E não querem acordar mais. Até entrarem na palavra eternidade, voltando à infância devagar. Aqui, todos os vivos sabem do que é vivo. E o que não vai morrer. E se alguém duvidar de minha eternidade, seja anátema. Estou onde não me veem e vejo tudo. *Não há mais nome algum dentro dos ossos.* Não sou uma chama inútil, sou a inutilidade da agonia. Porque só é útil a arte de morrer. Para ressuscitar. E a morte foi comida pelos vermes. E eu devorei de luz os vermes. E a luz me devorou de tanta luz, até ser luz em flor. Amadureci por ver de ouro o sol.

## 56.

EM COQUETEL, NO ANO DE 2007, depois de eleito o bibliófilo José Mindlin, de saída, disse a dois acadêmicos:
— Vou sair sem ruído e não quero chamar atenção!
— Como vais esconder teu tamanho? — indagou, sorridente, um deles.

— Guardem um segredo: sou Nuvem!
— E ela não pesa, não é ? — aventou o outro, na galhofa.
— Não pesa! — respondi.

A Nuvem me inventou e sou o companheiro da Nuvem. E é minha palavra que a sucede, como um espelho que não precisa mais dormir. Por haver despertado a luz. E se durmo, sonho que sou Joyce. Mas Joyce era por demais soberbo, só tinha a língua da escuridão e queria que os outros lessem a escuridão. Porém, a escuridão não tem alfabeto inteiro. Possui letras que jamais serão descobertas. Tão lúcido de espírito e tão cego de sonho! Não, prefiro ser um Swift — sem Gulliver a lhe molestar com seu gigantismo de alma. Ou um Kafka, sem ser inseto; um Goya sem o aberrante das cores, ou Goethe, sem a corte. Ou Cervantes (afastando o criado Sancho), ou o Duque de Borgonha (sem ter nada para isso). E ninguém mais. Pois tudo transita com a velocidade de uma glória que já não sabe nada de si mesma. E se glória portentosa, a vida me deu a de viver ouvindo as ondas brancas do mar e de me cercar de Elza, dos animais, árvores e livros. Como se fora um sobrevivente de estirpe esquecida. E terá a Nuvem inimigos? Não sabe odiar e manteve sua fidalga brancura intacta. E se mudasse de cor, ou natureza, cataclismos, explosões, ruínas singulares sobreviriam. Quem desafiará a potestade da Nuvem? Mas odiar afeta o senso. Catão aventava: "Que será de Roma sem os seus inimigos?" O que será do amor sem os que se amam? E quando Letícia assuntava sobre os prováveis desafetos, adveio-lhe este aforismo de Goethe: "Não há nada pior que a ignorância ativa". Os que nos perseguem, a si mesmos se perseguem. Ao sermos elevados, elevamos. Não fugimos da unidade do universo, nem o universo pode fugir de nós. E, eu, sem que Letícia me contrariasse, citei Paul Valéry: "Ninguém sai da sombra sem suscitar o ódio de muita gente". E o pior é que às vezes nem sequer saímos da sombra. E aí surge outra questão, a que certo autor, dos mais proeminentes, alegava: a valia de possuir um cemitério dentro de nós para enterrar falsos amigos, desafetos e outros espécimes da exuberante fauna humana. Outro autor já lançaria mão de um cemitério de navios, onde encalhariam os barcos da inveja provinciana. Dante Alighieri, mais feroz, pôs os seus detratores e inimigos no Inferno e ali ficou indelevelmente preso a eles. Preferimos, a Nuvem e eu, perdoar e esquecer. A condição humana é por demais falível e é tão mísera na carne, que só o espírito pode conduzi-la à esfera das coisas luminosas. Não preservamos (também falo de Letícia) cemitério no coração. Nem por acaso é cemitério de navios. O coração não é um cemitério. É um arraial de pombas. E por outro arraial de memória, recordo que uma rua ganhou meu nome. Em Gravataí, no Rio Grande, pelas imediações das ruas Carlos Drummond e Manuel Bandeira, o que denota preciosa companhia. E o penhor da parte do pampa que não me esqueceu. Residi em Guarapari por escolha, quatorze anos, embora o projeto da rua com meu nome não tenha, por burocracia, vingado, prosseguindo mais pomposa ainda a avenida Epaminondas de Almeida. O povoado era (não estou mais ali) o de Pontal de Santa Mônica, semelhante ao de Sesimbra, em Portugal, ou àquele que Juan Ramón Jiménez, célebre poeta espanhol, cantou em Platero e eu, Monguer. E o Paiol da Aurora foi minha carpintaria de poemas. E cada habitante me reconhecia, bafejado pelo vento sul, ou pela placidez da paisagem. Ou por esse tempo que se demora nas coisas que se ama. E o Paiol como uma colmeia zumbia. Sim, a enseada era manancial de abelhas, cigarras e a sua redondeza de mulher na puberdade se curvava: ânfora de insidioso limo. E o céu descia as cordas de um cargueiro em movimento. E o saxofone em moinho do entardecer. Como as abas de um abajur de água. Capaz de jorrar pelas pupilas do oceano, tal um guri esticando o espinhel. E a vida descansava nalgum lugar por vezes inatingível. Descansava como o sol por dentro de um cristal e a espada na bainha. E "narrar é pensar com os dedos" (Umberto Eco). E escrever com os sonhos. Mas que sonhos são esses? — perguntará o leitor. Os de que somos feitos, como registra Shakespeare. Os que nos geram? Os que brotam da eternidade? São os que se aleitam do dia, do sol, das estações, ou do pão, o bule, o leite, xícaras, açúcares de segundos. E não vivem sem fé. E a fé é quando vemos com os olhos de dentro. E vi.

Em Paris, em 4 de novembro de 1989, escrevi sobre o incrédulo Tomé, que consta dos meus *Viventes*: "Tomé pôs os dois dedos juntos à chaga, ao lado esquerdo, na clareira ardendo, era preciso! Pôs os dois dedos errantes pelo interior da noite, na tristeza de quem não tinha onde pousar a cabeça. Pôs os dois dedos na macia madrugada, no Setestrelo. Os dedos nos séculos, no movimento das marés e da lua, na carta das esferas. Dois dedos como dois corações, sob a figueira sentia a fundura do universo, o entranhado amor. Não era o menino? Não era o que espreitava pela fresta, a luz brotando? Tomé compreendeu. A luz é poliglota. Compreendeu, acreditou: viu, tocou o paraíso". Falei em Guarapari. Motivo de confessar uma relação afetiva com algumas cidades. Por exemplo, Porto Alegre, onde nasci e a quem dediquei uma balada ao som de violino e vento. Ou Lisboa, para onde tantas vezes fui, com o Tejo de Camões e um pouco nosso. Gramado é outra dessas cidades. Tem maracás de infância. No centro, situava-se a casa de meu pai. Ao lado da de Júlio Chaulet, que moía café e paciência. Homem sisudo e bom, de poucas palavras. O cheiro sonoroso do café atraía o menino e contemplava a máquina arquejante. Jamais esqueci o afogamento de um vizinho da minha idade, ao nadar entre tonéis no lago Negro. Os gritos continuam. Outro exemplo: Itaqui, no limite do pampa. Bastava atravessar o rio e estávamos em Alvear. Não, nunca mais retornei. Italo Calvino, em *As cidades invisíveis*, afirma que "de uma cidade não aproveitamos as suas sete ou as suas setenta e sete maravilhas, mas à resposta que dá às nossas perguntas". E de repente me lembrei do Rio de Janeiro, a Urca. E de Paris, com o Sena, ou Madri e suas festas populares e o sapatear *flamenco*. E certa gravitação me empurra a outras metrópoles — de Londres a Buenos Aires, de Amsterdã a Bruges.

O amor às cidades deve ser igual ao dos seres — pessoas, bichos, símbolos. E há gestos, palavras, rastros que fazem com que nos sintamos correspondidos. Mesmo que em nós essas cidades tenham respostas. Porém, é o amor que se alimenta de brasas. Talvez de cinzas.

## 57.

Cinzas, cinzas, cinzas. Quantas vezes a humanidade é cinzas, escombros ou ferocidade? Leitores, contou-me um amigo indignado — o que nunca vira antes, ali no mais soturno Rio. Estando na Vila do João, assistiu a uma cena sem nome. O enforcamento de um enorme cão vira-lata com corda muda, corda amarrada ao pescoço na trave de uma árvore. O cão tinha flor de aragem. O cão de flor, a morte. E seus olhos imensos duvidavam de nossa desumanidade. Quatro infames, e eram meninos, quatro brutais penduraram o bicho gritando, sacudindo as patas, agônico. Quatro monstros o prenderam na corda surda. Tal um porco. E o cão se agitou até ficar inerte: pêndulo. Contou-me, indignado, um amigo e possuía os olhos velhos. E os desalmados meninos não tinham pálpebras, nem eram novos seus olhos, nem eram olhos. A alma deles já estava no cão morto, estava na corda ferida, estava nas humanas pupilas do animal. E era um grande cão na morte. E a morte menor do que o cão.

## 58.

Sim, o mundo se desmonta de mundo. Vendem tudo, vendem, envenenam a natureza, corrompem a virtude da república, desprezam a cultura, devoram, vendem! Venderam a casa onde passei a infância no centro de Gramado, lá no fim de uma rua quase torta. Resvalei de uma mangueira e caí na lama do quintal, o barro do que sou e fui e me doíam o pé, o braço, as costas, a roda de glicínias que esmaguei. Venderam a casa e tinha toda a infância dentro. Não podia me olhar pela janela. Venderam a casa de Tramandaí, no Rio Grande, onde as imagens de *Cem anos de solidão* giravam pelas frinchas da infância. Venderam a casa de ventos da Corte Real, que não tinha corte, nem rei. Venderam os meus esconderijos que persistem apenas na memória. Venderam a casa que me alugaram de infância na rua quase torta do fim daquele mundo. Venderam minha infância. Venderam tudo e tudo é vendido até não ter mais preço. Venderam tudo o que jamais conseguirão vender, como a um terreno no rio. E vender um rio é como vender infância. E sendo nula a venda, nem carece de ser decretada nulidade. É como a água batendo na água e a luz batendo em nada. E as perguntas na infância são maiores do que suas respostas.

## 59.

SIM, AS PERGUNTAS TENDEM A SER mais importantes do que as respostas. O pó conserva as lembranças e as lembranças não guardam o pó. As lembranças são muitas vezes o pó. E as respostas ficam no fundo da água da alma como peixes pescáveis com a linha de pensamento na isca. Todos estão ali flutuando. E há que compreender mais com as perguntas do que com as respostas. Com Deus, havendo intimidade, há mais respostas do que perguntas. Exercito com Ele vários códigos. Nem todos revelo, por ser coisa de amigo. Um deles é o da consulta no Livro do caminho (a Bíblia), quando Deus fala. Outro é o dos sonhos. Outro, para mim, é o das folhas das castanheiras do Paiol. Através de suas cores e formas. E se tenho decifrado os sinais, eles também me descobrem. Tudo possui significado. E uma coisa pode ser indício de outra maior. Essa perícia vem de amar o que vivemos e vivermos o que amamos. E a felicidade? Pode ser para os ligeiros pés a tão suave e desajeitada imortalidade. E somos um *clown* dos símbolos, somos os símbolos.

## 60.

E os símbolos, o que são? Um terno engomado de nossa humanidade? Ou o de madeira de inconfessas volúpias? Ou são os símbolos, alameda de lobos que nos devoram? Há que notar sempre um cantil de trigo, cozido pelo sol. E nos aperta a descoberta de alguma senha para invadir as coisas sem remorso. Ninguém sabe quem é. Nem o que será. Nem a luz que carrega, ou a coroa. Até o nome alavanca um outro embaixo, o final ou definitivo. Não é um compasso que completa a circunferência da alma. Estamos aqui para realizar uma parceria com o Eterno, cujos planos ignoramos e não adivinhamos sequer sua significação. E significar é andar além. O destino tende a ser insular, nós não. E uma molécula branca ou escura pode nos derrubar. Ou um surdo golpe de brisa. E quem haveria de resistir ao esplendor da alma? E o que faz um homem grande ou pequeno é uma combinação tão ilusória de acasos, penúrias, adventícios sonhos, secretas convenções da noite. O infortúnio é um instante; a glória é outro. Como se iniciassem do mesmo fluxo. E ninguém por si consegue tornar grandes os homens que o cercam, sem que eles guardem larvas de grandeza. Somos mais do que formigas que devagar sobem sobre o vaso do dia. E o vaso se quebra, se mais alto subirmos. Não, ninguém sabe quem é, nem o que será.

## 61.

"Quem lê muito e anda muito, vê muito e sabe muito" — escreveu Cervantes. E apesar de ter lido e vagado mundo, não acho que veja suficiente, nem que saiba muito. Talvez, sim, veja um pouco mais e saiba alguns bocados de muito. E sempre será possível lembrar e esquecer mais ainda. E estas Memórias existem, para que não avance o esquecimento. E vou lembrando.

Traduzi *Ficções* e *Elogio da sombra*, de Jorge Luis Borges. Esse último em parceria com Alfredo Jacques. Fui um dos seus primeiros tradutores no Brasil. Alguns podem perguntar por que traduzir em parceria o *Elogio da sombra*? Explico. Ao meu avô Antônio, sírio-brasileiro, aborrecia muito Israel, ainda mais na Guerra dos Seis Dias. E eu não quis feri-lo — era sensibilíssimo nesse assunto —, evitando traduzir os poemas de Borges que falavam dessa guerra, elogiando as vitórias dos hebreus. Dei essa tarefa a um amigo — Alfredo Jacques —, contista notável, que está merecendo revalorização. Mais tarde, em Paris, descobri que houve um Nejar, que era embaixador de Israel na Unesco. E a dúvida foi sanada com o *Dicionário dos sefarditas*, onde constatei minha origem, como nome de ofício (Nejar: carpinteiro, em árabe), sendo sefardita de Navarra, na Espanha, onde corre o rio Nájera, tendo como ancestral Israel Najara, grande poeta e rabino da Faixa de Gaza e Palestina, responsável pelo avivamento sob o Talmude. Isso me levou a criar a saga prodigiosa de Israel Najara, romance com algo de biografia e muito de invenção, continuado por *Vale dos ossos secos*. Sobre a tal romaria ancestral, assim gravei na "Canção 29": "Desde Isabel de Espanha,/meus parentes viajaram,/sem fronteiras, horizontes./Todos, ali, de Navarra:/judeus nômades, sem pátria,/ou feridos de batalha./Os que de servos da terra,/servos foram da mortalha./Se perguntais, porque olho/para o tempo, assim de lado,/é porque apenas colho/o travo de estar vagando./Ou de ver que nenhum sangue/há de estancar-se quando/a fonte estiver secando./Se perguntais porque morro,/eu viverei negando." Porque, como diz Jean Cocteau, "cada pássaro canta melhor em sua árvore genealógica". E cada árvore chilreia melhor, desde a infância. E ainda escuto. Também o piano de minha tia Suely na sala da Corte Real, ou a eletrola com música clássica que me embevecia. E era quando o poeta voejava, como se pulasse de um ramo fora de mim. E tive a marca das perseguições. Não tinha então ideia do que me fazia diferente. Talvez pelo gosto de falar em português com a vida, ou de saber ouvi-la em sua mais expressiva língua. Sim, corriam os anos de 1951-1952. Quando fui perseguido no curso clássico do Colégio Rosário, de Porto Alegre. Eram dois alunos, os mais belicosos e agressivos. Lembro os dois nomes (embora um pouco a memória os tenha enferrujado) — Félix (Araújo ou Santos?) e um tal de Xavier (prenome ou apelido?) — ambos arrogantes, abastados, mais velhos. Achavam conhecer o mundo (que eu desconhecia). Talvez por me julgarem diferente pela sensibilidade, por certa inclinação à limpidez, que os irritava. Ou por não me assentar na roda de seus escárnios, ou aborrecer-me com a linguagem torpe, ou as anedotas obscenas com o fito de escandalizar. Ou talvez por terem raiva (e nada fiz) de existir sem pedir licença. E não pactuar. E sofria represálias, ora ao sujarem minha carteira escolar, ora murmurando frases abusivas ou sádicas que me entravam num ouvido e saíam pelo outro, desconexas e vazias. Ou gestos contrariados e agressivos. Nunca mais soube deles, salvo do primeiro que desapareceu tragicamente a bordo de um pequeno avião no interior do Rio Grande. Nenhuma mágoa me sonda, a não ser uma comprida, oblonga misericórdia. Trago, de berço, este ímã atraindo invejas, não possuindo, na época, renome ou riqueza. Tímido, um tanto atrapalhado, desmedido, com amizade contagiante. Tão tímido que numa aula de espanhol, gaguejei, por ordem do professor: "Abenamar, Abenamar,/moro de la morería:/el dia en que naciste,/grandes señales había./Estaba la mar em calma,/la luna estaba crecida..." Era o mestre, oriundo de Espanha, irmão marista e poeta, breve em altura, testa calva e morena: Dionísio Alvarez. Foi bondoso comigo, apesar de gaguejante. Não baixou a nota. Devo-lhe a primeira menção de Juan Ramón Jiménez, em seu livro *Poesía y Belleza*, com o burro Platero, com "a poesia desnuda para sempre".

Mas volto, volto *à Borges*, como se me tivesse perdido nalgum dos seus labirintos. Sim, com a lua abominavelmente crescida. Deixando para trás o rochedo da atrevida juventude. E ousei ser tradutor, ousei habitar numa casa de fantasmas. Sendo a linguagem casa dos fantasmas. Certo de que ninguém sabe quem é, nem o que será. Suportando o próprio nome, um outro, embaixo. E traduzi a lua crescida, desvendando signos de passagem. O portão de muitos seres antigos. Não é em vão que Goethe considera o tradutor como um profeta entre seu povo; Novalis dignifica a tradução acima da escrita original, o que é exagero. Jacques Derrida julga que nada é mais sério. Lope de Vega chamou o tradutor de "contrabandista de cavalos. E talvez esteja considerando os vocábulos, cavalos. E o tradutor é bem mais, um domador de potros de raça". Para Walter Benjamin, um tradutor é como o cirurgião que realiza transplantes. E o sangue, nietzscheanamente, é espírito. Para Ricardo Piglia, "a tradução é uma máquina voadora". E conta que o mais extraordinário foi a tradução ao chinês do *Dom Quixote*, por um escritor que se chama Lin Shu e seu ajudante, Chen Jialin. Shu não conhecia nenhuma língua estrangeira e seu ajudante lhe contava todas as tardes um episódio desse livro, que ele traduzia a partir do relato. E o romance se intitulou "História de um cavaleiro louco" e foi um enorme êxito. Tornando-se um exemplo de como o livro "consegue transmitir algo além de qualquer modificação implícita que possa ser imposta na tradução". Defendendo ser ela uma intervenção na própria literatura. Sim, a experiência de traduzir Borges é *Uqbar*, fruto da conjunção de um espelho e de uma enciclopédia. E o espelho é arte das astúcias, onde o telhado é fresta de andorinhas e as andorinhas, o voo entre o solares reflexos. E sem nos darmos conta nos tornamos uma fábula de Borges, este extraordinário fabulista, que finge que é Borges, para que tenha tempo de se refugiar no Outro. E seu lugar é ali no esconderijo, entre o espelho e seu reflexo. Talvez mais no reflexo, que no espelho, reduto sopesado de *ceguez*. E o insondável fundo do espelho nunca mantém o mesmo rosto. Nem tampouco a cabala, as ruínas circulares, as alegorias (Chesterton vindica que a linguagem não esgota o real), nem a vertigem dos nomes, nem a sombra de Espinosa e Schopenhauer. E pelo hábito de cultivar enciclopédias, chegou à conclusão de que *cada palavra é um dicionário, fundando a biblioteca infinita*. E ao julgar que tudo era jogo do acaso, criou a Biblioteca de Babel. E por lidar com palavras como tigres, corria sempre o risco. E tinha o bizarro costume de acoitar na solidão metáforas-corvos. E certa vez, num tombo de escada, devoraram-lhe os olhos por outros, o de seus contos fantásticos, como se houvesse estado no Inferno por um dia e nos tivesse que relatar tudo o que vira. Cego, viu demais, com emboscadas de aranha no texto, quase constantemente subterrâneo ou nos subúrbios de uma Buenos Aires extinta. Dizia que a poesia era fóssil, mas ele nunca o foi, por se renovar nas máscaras, nos duelos de Martín Fierro, nas batalhas de seu avoengo Acevedo. Hoje dorme sob o túmulo suíço e acorda. Misteriosamente, em suas ilustres palavras, quando se conserva aliciante, novo. Conheci sua pessoa na I Bienal Internacional do Livro, de São Paulo, em 1970. Vi o respeito e a humildade do seu então secretário, que lhe amarrou os sapatos lustrosos, agachando-se na sala de recepção do governador de São Paulo. Era um Homero desajeitado. E como um homem já solto na leveza do espírito, desnorteava-se tanto diante da metafísica dos cordões e sapatos. E possuía a penúria humana dos pés que ainda não voavam, embora Borges ocultasse a vocação de Ícaro. Sua confidente era sua velha mãe, igual à Memória, sua outra genitora, também antiga. Quando conversamos, tinha voz pausada, que se adocicava de lucidez. Sabendo-me do pampa, sua primeira indagação foi a respeito da origem do vocábulo gaúcho, e éramos ambos, ele da planura argentina e eu, da brasileira. Depois me trouxe as várias acepções da tal palavra que se sumia entre ladrões de gado, tomava o sentido de *gaudério, ou andarilho,* para reaparecer como monarca das coxilhas. Falou-me de Martínez Estrada, como de um conhecido arcaico dos sonhos. Falou, dando-me a nítida impressão de um jardim de caminhos que se bifurcam. Porque Borges é o senhor dos mitos e o mito que possuía algum Teseu por dentro. Sem prever o início ou o final dos ciclos. Tudo era pretexto, até a palavra eternidade, de que buscava o sentido, sabendo-o há muito em si mesmo. Ao perceber Borges, achei-me por ele percebido, com a dedicatória de afeto que me pôs no seu *Elogio da sombra*. E suas palavras são tão penetrantes e obsessivas que nos olham. Sendo *a vida pobre demais para ser também imortal*. Narrador onisciente, assombroso armador de metáforas, reúne no conto o ensaio, no poema, a perplexidade e os vocábulos que tomam rumos díspares, como se os peixes fossem redes e as redes, peixes. E tudo outra coisa. Arquiteto de seres imaginários, Borges não percebeu que ele próprio também é um ser imaginário. Nele, um homem é todos os homens e a beleza pode ser fatal. E gênio, "assemelha-se a todos e ninguém se assemelha a ele" (Philippe Brenot). Leitores, é maravilhado que tropeço cada dia na tal imortalidade, como se tivesse pego essa púnica doença. Não sofismo, se é doença de alma, de pele ou de palavra. Nem amealho conclusões sobre esse tema sidéreo. Sou imortal e pronto. Mas é a mosca de Esopo que se ri ao sentar sobre o eixo da carroça, murmurando: "Onde há poeira, eu levanto!" Sim, seria a poeira da imortalidade? E se toda a linguagem é sucessiva e portanto inapta para pensar o eterno, o intemporal, como queria Borges? E julgo que a sucessão é apenas nossa, não da linguagem, já é perene. Os opostos se aproximam, por que não? E se engolem. Como as plantas carnívoras lembradas por Augusto Monterroso, que resolveram ser vegetarianas e então se comeram umas às outras, esquecidas de seu infame passado. Não temo ser eterno, temo a ignorância e a mediocridade com que nos condenam sem defesa.

## 62.

Saudei, no centenário da Academia Brasileira de Letras, no Rio, María Kodama, com quem Borges se casou 45 dias antes de morrer. Ela se mostrou emocionada, quando falei sobre seu genial companheiro.

Deu-me o telefone, e quando estive com Elza em Buenos Aires, a procurei. E não atendeu. Agora leio o depoimento de Bioy Casares, que guardava estrita prudência dela, respeitando a memória do amigo. E relata: "María é uma mulher de idiossincrasia estranha; acusava Borges por qualquer motivo; castigava-o com silêncios (recorde-se que estava cego); era ciumenta (punha-se furiosa ante a devoção dos admiradores). Vivia junto a ela, temendo aborrecê-la". Em 14 de junho de 1986, morreu Borges. E agora, "o círculo do céu mede sua glória".

## 63.

É GLÓRIA DIFERENTE A DOS HOMENS E ANIMAIS. Os homens querem glória para si e os animais, glória apenas para os donos. Os animais efetuam proezas e não sabem a glória que levam. Os homens têm nas proezas a própria glória. E os envaidecem. Os animais não têm vaidade: basta-lhes comer, beber, dormir, correr. E o padre Vieira chega ao suprassumo: "Só para fazer de animais homens, não tem poder nem habilidade a arte, mas a natureza sim: e é maravilha, que por ordinária não o parece". Sem carecer dessa transmutação, assinalo o meu amor por todos os cães que tenho e tive. Sem dinastia no coração. E o amor não possui lei da gravidade. Assevera Machado que os animais são as letras soltas do alfabeto. E só nós conhecemos a sua verdadeira sintaxe. E nessas relações podemos dizer que nada omitimos e tudo inventamos. As imagens dos meus cães vivos e mortos passam diante de mim: Argos I, Tabor, Argos II, Vitório Augusto, todos rottweilers. E Letícia, vulgo Lelé, Scipião, o africano, vulgo Cipi, ambos poodles. Imitam o temperamento do dono e respiram sua presença beatífica. Os cães, diferentemente de muitos de nossos conhecidos, nunca nos decepcionaram. E são tão iguais a nós na morte. E esses cães têm luz nalgum lugar. Nas pupilas, sim, estou convicto. Nas patas igualmente. Na velocidade, não tenho dúvida. Nos dentes, ao morderem a luz. E julgo até que alguns deles querem ser homens. E os que almejam tal honra, boa coisa querem. Desde que sejam nobres, corteses. Não, apraz que sejam apenas cães para não terem sequer a opção de trair ou enganar. E têm eles o gratíssimo poder de nos ir destilando afetos, purificando sentimentos, até ser castíssimo vinho. Quando morreu meu primeiro cão, Lex, por veneno, sofri tanto de adolescente que não quis por bastante tempo outro companheiro canino. Só ao atingir os alvores de nova infância aceitei retomar essa camaradagem fluviosa. Enquanto os demais cães permanecem no Paiol, residimos na Urca. Letícia, a Lelé, nos acompanhou durante o período carioca e passeávamos com ela pela praia, ia e vinha de carro nas viagens. (A companheira nuvente?) Inteligente, ousada e um bocado subversiva. Ao se quedar solitária no apartamento — abominava a solidão —, virava todos os vasos, como se rasgasse as páginas de alguma lei detestada. E com reflexos rápidos. Mais até do que os de Picasso que se gabava de velozes reflexos. E quantas vezes não é o nosso afeto que nos dirige, nem a nossa mente, nem os nossos pensamentos. Mas a mente, o afeto e o pensamento de nossos amados cães. Todavia, os cachorros vivem das impressões, quando, nós, humanos, gostamos tanto de substituí-las. Previ, num romance, o advento do cão Cipião: "(...)Recolheu um cãozinho abandonado, sujo, magro, que rodeava o Portal da Paz. E como tudo para se encantar há de ter nome. Chamou-o de Cipião, o Africano." (*A vida secreta dos gabirus*). Um mês depois, Elza o pegou na entrada de um supermercado, onde estava sendo maltratado pelo porteiro, que o chutava na chuva. Elza o carregou nos braços, sujo, magro e molhado, sob o assombro do maldoso homenzarrão, e o trouxe para casa. Um cão simpático e obediente, infinitamente agradecido. Sartre menciona a angústia dos cães, endoidando para entender o que não entendia. Os olhos de Tabor entenderam tudo, ao nos separarmos. Eram enormes, agudos. Não esqueço. Era levado pelo veterinário na carroceria de sua camioneta. Despedi-me. Estava muito enfermo o cão. Na retina a despedida, que ele sabia, não eu. Eram olhos fundos de gerações em círculo sob as mesmas e fogosas pupilas. Soube que morreria depois, lá no pátio da clínica. Não, morrera antes, quando me fixou e os olhos eram gemidos e os gemidos, grandes, grandes olhos. Não tenho muitos prêmios literários a recusar, como o fez Raymond Queneau, por achá-los indecentes diante da ausência de alegria por finar-se o seu cachorro. Abstenho-me, entretanto, dos que não tive. Napoleão conta, em *Memorial de Santa Helena,* que ao percorrer o lugar de combate, onde os mortos ainda não foram retirados, viu um cão ao lado do cadáver de seu dono, ganindo e lambendo-lhe o rosto. "Nunca nada, em nenhum dos meus campos de batalha, me impressionou tanto". E se sobrevivemos ao cão, não menos dor teremos. Porque a dor tem tantas vezes as pupilas de nosso mais afeiçoado cão. E que saudade de Argos I! Velho guerreiro e jamais condecorado, como foram condecorados tantos que estiveram entre as guerras. Esse resistiu na guerra cotidiana, a mais terrível. E compreendia a imensidão do júbilo ou da tristeza humana. Ninguém como ele era tão destemido, nem mais amoroso, possuindo entre os outros cães uma liderança natural, uma chefia. Ficava horas ao meu lado, olhando o mar que parecia ter com ele certas afinidades eletivas. Pois era marítimo o seu pelo e se encrespava como a erva. Um bom dono sabe ler até nos escuros do cachorro, e eu lia. E ele era velho, velho e doente. A veterinária deu-lhe remédio para dormir e errou a dose. Dormiu para sempre. Eu e Elza o enterramos, com honras de herói no Paiol, sob os canteiros de onde brotavam cravos, alfaces e tomates. Dormiu fundo, dormiu eterno. Foi para o paraíso dos cachorros, como os pássaros, o dos passarinhos (ó Manuel!) e os sonhos para o paraíso no meio das constelações. E lhe ergui esta lápide piedosa: TUMBA DE ARGOS, O CÃO NO JARDIM DO PAIOL "Argos tinha tanta alma/que já não posso contar./Era a braveza do tempo/bem antes de se acabar.//E agora jaz, se desalma./Jaz ébrio e preso no ar./Orelhas mudas. Por dentro/nada dele quer falar.//Eis um valente na paz/deste quintal que guardou/com garras, patas de barro.//Corria do vento, atrás/E o vento está nele em voo:/animal de brisa e faro." (*Os viventes*). Porém, com Paiol, de alguma forma irei voltar, talvez pelo Instituto com meu nome, fundado em Vitória, ES. E proclamo outro amor que se afirma nos desenhos, quadros, estatuetas: o do cavalo. E por não haver condição de tê-los, invento nos poemas e romances. Homero sabia deles e eram tão sensíveis que pranteavam diante da morte dos guerreiros que os galopavam. E Virgílio na sua *Eneida* repete o mestre grego, dando tamanha alma aos animais que assumem o sofrimento dos que por quem combatem. Se um ex-ministro sustentou a humanidade dos cachorros, dou-lhe apoio, e pela razão, defendo a dos cavalos. Criei-me no pampa e mais tarde fui promotor de Justiça na fronteira de Uruguaiana e Itaqui. Convivi com os cavalos, desde o petiço que montava quando guri, em Gramado. Até o corcel elegante, garboso das fazendas, vislumbrando a unidade solidária do cavalo e cavaleiro que derrubavam léguas no seu trote. Não posso afirmar que vivi mais com os cavalos do que com os homens. Mas tenho sentido naqueles a fidelidade cavalgante em coração esquivo. E escrevi este poema constante de livro — *Odysseus, o velho*: "Já tiveste cavalos. Mas/nenhum como os de Aquiles,/capazes de chorar diante/da morte do inditoso/Pátroclo. E eram subjugados/de provação humana./E estavas junto/ao Cavalo de Troia,/onde guerreiros no seu ventre choravam/a hora de batalha./Já tiveste cavalos agora/buscas o de tua velhice./Resignado. E que possa/chorar com o teu desejo./E ir abrandando o relincho/redeado da morte". E a tal imortalidade dos cavalos? Não é um vírus. Já se tornaram mitos na memória entre batalhas. E se eu disser que os cavalos vão sendo cada vez mais imortais do que os homens, alguns acharão que estou rindo. E estou. Se fugirmos do humor, caímos na pungência. Carlitos usava para fazer rir, o desligamento do objeto de sua significação. E vou mais longe. Deixo a imortalidade sozinha. E me rio, como se ria Mark Twain, quando acentuava: "Todo o humano é patético. A fonte secreta do humorismo não é a alegria, e sim a tristeza." E a plenitude da alegria não é o senso de humor, é o senso de eternidade. E ao me recordar de Napoleão Bonaparte, que Chateaubriand pintou exemplarmente nas suas *Memórias*, sobrevêm-me — não a magnificente tumba nos Invalides, porém, a *eloquência dos objetos pessoais: o sobretudo puído*, de pequeno tamanho, que usava nas pelejas, que se assemelhava a um garoto, a confrontar com a grandeza do espírito que o vestia; a rústica e pobre barraca de soldado, igual a dos seus comandados; a máscara mortuária, a pasta de couro com as iniciais gravadas. E de todos os objetos, merecedores de uma nova poética, a do absurdo, os dois leitos do exilado de Santa Helena. E tal foi a agonia de Napoleão que não conseguia deitar numa só cama. Mudava para a outra e ficava na inicial, entre a febre a morte próxima, com quem tanto se acostumara. Desejando o término da dor e é como se não alcançasse perecer. E teve a imortalidade. Seu mundo é um pacto entre Paris e o mundo. Sem deixar de perceber, além da história das batalhas, a história da cultura. Disse alguém que "Paris não tem fim". Penso que Paris começa com Bonaparte e acaba em Pascal. Todavia, o herói é Napoleão. Com os grandiosos monumentos, os museus. *E até seus cavalos* foram imortais, ainda que os julguem tão brancos e seus nomes já estejam extintos. E por que a glória humana é menos ambiciosa que a lembrança da ignomínia?

## 64.

*É PRECISO — DIZ YOUNG — que o homem desça até a água*, para produzir o milagre da vivificação da água. O caminho da água é a volta materna da morte? Oscar Bertholdo, padre e poeta, residia em Farroupilha, no Rio Grande. Fui padrinho de *Matrícula*, o primeiro livro de poemas de todo o grupo (Oscar, Trentin, Pozzenato, Paviani, Delmiro), em Caxias do Sul. Escreveu um artigo na *Zero Hora* sobre minha poesia com generosa lucidez. Estive com ele no Encontro de Literatura, em Bento Gonçalves. Foi o primeiro que vi e me disse:

— Precisamos conversar! Já separei um apartamento para nós no hotel.

E o que assuntamos não esqueço. Estava disposto a abandonar a batina, já que padecia certo isolamento eclesiástico. Ia começar vida nova e seus olhos grandes e penetrantes compunham uma orla em torno de gravosas sobrancelhas, rosto amplo, testa de sacada e nariz aquilino, sanguíneo, voz eloquente, de tenor, apreciando, como poucos, o saboroso vinho. Sim, é preciso que o homem desça até a água. Galardoado de prêmios, conhecido poeta, possuía dois livros que se destacaram e eram o caminho da água: *Lugar* e *Poemimprovisos*. Ocupava um casarão vasto que dava a impressão de sair do *Morro dos ventos uivantes*. Tinha um programa de rádio e lecionava na Universidade, onde certa vez chamou a mim e a Mario Quintana. E escutei do poeta dos *quintanares* duas respostas galhofeiras que ainda reboam, resultando de indagações de uma aluna:

— Como são os poemas de Oscar?
— Os poemas de Bertholdo são *oscarinos*.
— E por que nunca casou?
— É porque as mulheres são muito perguntadeiras.

O riso explodiu no auditório repleto de gente. Natural de Nova Roma, Oscar vivia há quinze anos em Farroupilha. Em 22 de fevereiro de 1991, foi assassinado por bandidos que o supliciaram com 28 facadas. Algumas nos olhos, outras no corpo. *É preciso que o homem desça até a água*. Desça morte adentro. Desça de água para a água. García Lorca ainda foi assassinado a tiros. Não sei por que este ódio contra a poesia. Por que é o caminho da água? Doem, doem os golpes dados em meu amigo, as facadas do ódio. Robert Frost dizia que o poema é o que não pode ser traduzido. Também essa dor é intraduzível. *O caminho da água é intraduzível*. Assassinemos o poeta! — bradava Apollinaire. E Oscar escrevera versos premonitórios que se clareiam: "A morte sabe ir aonde/a noite nunca se levanta./Não se morre ao morrer!" Era o poeta do vale, com a sabedoria dos montes e a doçura das uvas. Alertou Henry Miller: "É a hora dos assassinos, não há como se enganar". E não nos enganamos com o caminho da água. E há poetas cujas palavras só se completam com o milagre da purificada e a mais viva água. "Não se morre ao morrer./Tudo o que era imperfeito/e as prováveis cicatrizes/ tombam nas portas do Reino". Mataram o poeta, não a poesia. E o vinho jorrou da água.

65.

"O SONHO É A FRESTA DO ESPÍRITO" — clamava Machado. E as asas são as frestas do voo. E a infância não tem retórica, nem a vaidosa modéstia. A fresta é por onde se olha a fonte lustral do espírito manar. E o que mana da infância não acaba de correr. As águas têm asas e as asas batem, batem e o menino sonha. Sim, quantas vezes na minha infância, ao ver um cinturão de gaivotas, esquecia tudo, desaparecia a morte e me tocava a vontade de me unir a esse cinturão voejante, ser por ele arrastado através do espaço. Como um menino por um fio atado aos balões. Subir é a arte do poema. E há de exercitar a capacidade de ser feliz. Assim outro dia, não me contive, voei com as palavras: "Os pássaros me levam./Sou deles, sou das ervas,/das castanheiras, ou entre/as larvas das estrelas.//Com seu verdor me levam./Casaram-se às montanhas/e sou antigo, vívido/no casario e ruas.//Com seu verdor me levam/e pelos rios do pampa/consumo a minha febre/entre as ninhadas de alma//e as outras, estas lebres/ de voos pelas pernas.//Com seu verdor me levam/por onde se avizinha/a aurora com sua ilha.//E ouço pelas brisas/as sementes das mós/rodadas e rugidas.//Com seu verdor me levam./E a vida quer mais vida./Até que a morte ceda//a este ardor das lépidas/asas, plumas, cachos/de céus que amadurecem,/sem dar-me conta disso./E as mais silvestres uvas/como no paraíso." ("Burocrata de andorinhas", inédito). Era a minha vocação de voar, faltando asas. Por isso sempre me liguei às aves e entre elas, às águias. Não é vã a forma como esta preferência se compõe com estatuetas de barro, ferro ou vidro. Como também em duas visões que balizam a rota espiritual, desde a minha conversão. E não há acaso no espírito. Eu a vi a primeira vez há 23 anos. A águia era branca e estava parada me fitando. Contemplei-a anos depois, a mesma, de igual cor, só que não estava mais estática: ascendia aos céus com enorme velocidade. Mais tarde, criei a águia branca, Abélia, amestrada por João Serafim, no meu livro *A idade da aurora: fundação do Brasil* (1990). Ressurgem as águias falantes no *Evangelho segundo o vento*. Estão presentes também em *Riopampa*, na estranha criatura, que é homem, cavalo e águia, "Abedón". E a coloquei em lugar de honra nos meus *Viventes* (*Livro das bestas, aves e insetos*). E como as águias, já perdi as penas e pacientemente as recobrei na altura, ao contato com o sol. E um dia — não sei quando — sairei voando com elas. "Águias, se procurais altura para os cimos, em vós que a encontrareis. Se é altura estar vivo e mais ainda andar sozinho sobre os píncaros, humana sois, às vezes, pelo calar piedoso. Ou é mais piedoso o abismo? Nenhuma asa apaga o envelhecer da alma" (*Evangelho segundo o vento*).

## 66.

Não havendo uma planura suficientemente grande para conter todas as águias de pé, em assembleia, expandem-se pelos montes e sobre as árvores. E os peixes queriam sair dos rios e não saíram, para não serem devorados por elas. E as águias resolveram tomar conta dos povoados por estarem indefesas diante do progresso. Como nada civilizava os homens, decidiram civilizar-se sozinhas, sem eles. A conclusão não é minha, pobre escriba. Será apenas dos pósteros, se estas Memórias chegarem até eles. E eu mal e mal chego até mim. Diz Carl Jung que "sentia a singularidade para a qual era impelido como algo de ameaçador, uma vez que significava isolamento". E esse isolamento era progresso, ou era indício da imortalidade que farejava o mestre Jung? "Crer no progresso", alertava Kafka, "não significa crer que já houve progresso". E esse isolamento, sintoma de futura imortalidade, ou não, ocorreu comigo, quando, a partir da infância, ficava horas com os meus pensamentos. Depois, no colégio, quando me aborrecia enturmar com os colegas, eu me engarrafava de silêncio, evitando a balbúrdia dos recreios. Era velho? Sim, hoje sou menino. Mudei os estágios sem passar completamente pela idade da razão. Atingi a idade do delírio. Mais tarde, como promotor de Justiça no interior do pampa, levava a solidão de comarca em comarca. Alcança-me a imagem do pátio da casa de Pinheiro Machado, onde me sentava falando sozinho com o vento ou as árvores, que nada me escondiam. E os símbolos e mitos corriam na direção de outros mundos e dos mundos, após, corriam para mim. A singularidade — confesso — foi a de estar a palavra de pé, sobre os meus olhos. E não via as coisas, via a palavra nas coisas. E deixava com a voz pulsar o poema, por nascer do ar. E eu fui sempre nascendo. A velhice prenuncia a infância, como a noite o dia (e estou parafraseando Milton). Quando compunha (era 1964) *O livro do tempo*, saído no ano seguinte, ia pegando de ouvido a vinda de sons e vocábulos e surpreendia-me como se harmonizavam, entretecidos na memória. E era um processo fônico. E se andava na rua ou no ônibus, retinha-os na lembrança e os passava a limpo num caderno. Os versos preenchiam os vazios do enredo mágico. Intactos. O ar os ditava e se amontoavam — ritmo e rima. E me navegavam. Certa vez, ao viajar de Porto Alegre a Pelotas — parte do percurso em ônibus de classe executiva —, nem reparei que estava falando, a meia-voz, e os passageiros escutando. Ao me dar conta, pelos semblantes reprovadores, calei-me envergonhado. Na época usava o Luiz Carlos Verzoni Nejar, como promotor, e o tal de Carlos Nejar, como poeta. E se me perguntassem sobre o poeta, dizia:

— É meu primo-irmão.

Depois a poesia foi-se apossando de meu nome, do prenome, dos títulos. Hoje sou Nejar apenas, poeta, e não me envergonho de falar sozinho, não me envergonho de que me chamem de poeta, ainda que para satirizar-me. Não me envergonho do amor e da vida demasiada que me sorve. Por que terei de me envergonhar de estar vivo? Não, não me envergonho de as palavras assim me amarem. E a singularidade de que fala Jung não é minha — é das minhas palavras. E estas Memórias não param, caminham para aonde nunca saberei. Afirma Pascal que "toda a filosofia não vale uma hora de dor". Valerão, no entanto, uma hora de eternidade? Quantas eternidades podem se ocultar numa hora apenas de dor? E o maior problema da dor é que não se vê nela eternidade alguma.

## 67.

NUM TROVÃO, LEITORES, recordei Rubem Braga, de Cachoeiro de Itapemirim, o cronista que sabia onde o céu das palavras não carece de céu. Embora sempre soubesse o céu de cada uma de suas palavras. Estivemos juntos em congresso de escritores, num hotel do centro de São Paulo. Corria o ano de 1971 e eu ia receber o Prêmio Jorge de Lima, do Instituto Nacional do Livro, por *Arrolamento (Ordenação quarta)*, da presidente da entidade, Maria Alice Barroso, na segunda-feira. Falei em trovão e Rubem também era mestre de trovões, por tecer a melhor maneira de eles poderem cair sem dano na frase. Estávamos no deserto, que é São Paulo em fim de semana. Entupia-me de filmes e pastéis. Sensível, constatou a intensidade do meu tédio, convidando-me a ser seu hóspede no apartamento da rua Barão da Torre, no Rio, onde passaria parte do sábado e domingo. "Rico de aventuras", aceitei. Ficando no mesmo quarto em que Neruda e João Cabral se hospedaram. Pôs a geladeira à minha disposição e estava repleta. Rubem ordenava-se de bondade. Seco, com olhos diáfanos, de anjo disfarçado. Casmurro e bom. Poucas palavras, muita humanidade. Preferia gastá-las sem esbanjamento no texto. Tinha usura com os sonhos, para que os sonhos não tivessem usura com ele. Outra vez que viajei ao Rio, comemos uma deliciosa feijoada juntos, na cobertura de seu apartamento, com formoso jardim. Outra vez, visitei-o na editora Sabiá, que dirigia com Fernando Sabino. Viajara com meu Ford preto e me queixei dos concursos literários — o que, aliás, é um capítulo à parte — e de silêncio. Rubem Braga era generoso, despojado da própria glória. Meses depois ouvi de Lurdes, mulher de Cassiano Ricardo, ao mostrar-me um troféu dentro da cristaleira, igual ao que Rubem me dera:

— Cassiano não o presentearia nem para Shakespeare!

Encontramo-nos no Hotel Nacional, num destes congressos de escritores. Braga fugia das conferências e era visto nos almoços e jantares. Sentamos na mesma mesa, com José Guilherme Merquior. Observava tudo atrás dos olhos, atrás dos óculos (que às vezes usava), atrás das coisas, atrás de uma cara triste, com acento terno, de trovão escondido. Íntegro menino, como se um lago de água fosse, uma pedra no lago; a fundura humana, o olhar de poço. E era todo, todo de palavra.

Sim, conheci José Guilherme Merquior. Foi meu confrade e amigo, o que considero um privilégio. Viveu cinquenta anos e era como se tivesse vivido um século. No auge da intensidade e do fulgor. Foi um erudito sem perder a humanidade; inteligentíssimo, para não dizer cintilante, sem esquecer o toque, "a essência real que o tato exige", na expressão feliz de Lope de Vega. O mais bem-dotado para a crítica de minha geração. Com a chama da genialidade que consumiu sua vida tão cedo, não podendo consumir-lhe o espírito. Os temas que abarcou em inúmeros livros mostram a avidez e a curiosidade da sua cultura. Desde *Razão do poema* (1965), que chamou atenção pela coragem e lucidez, atacando a falência do formalismo, até *Astúcia da mímese* ou *Verso, universo em Drummond*, ou *Arte e sociedade em Marcuse, Adorno e Benjamin*, ou *Marxismo ocidental*. Com sofreguidão, argúcia e rutilância buscou abranger a cultura deste tempo, tanto na sociologia, na arte, na filosofia ou na literatura, que tem um panorama resumido no volume *Crítica* (1964-1989), que saiu pela editora Nova Fronteira, em 1990, onde começa com exemplar estudo da "Canção do exílio", de Gonçalves Dias, proclamando numa espécie de programática: "Temos coisa melhor do que permitir que nosso pensamento e sensibilidade se escravizem a uma sovada e infundada ideologia de negação e desespero", avançando contra o "modernismo congelado ou uma vanguarda enlouquecida". Num tempo como o nosso, em que escasseiam os verdadeiros críticos, os que, militantes, se voltam para a contemporaneidade, quando alguns se albergam, frutuosos, nas universidades e outros, em si mesmos, sentimos a falta de Merquior, embaixador fidalgo, mestre de cultura.

Mas falei antes em Cassiano Ricardo. Sim, feio como um sapo gigante no charco de estrelas. Quando falava, via-se a inteligência. E se era feio, o rosto desaparecia nos olhos radiosos e miúdos. Grande poeta do mundo cibernético e apocalíptico, poeta de uma perdida inocência. Quando rebentam em flor seus linossignos, precisos relâmpagos: "O atemorizado não/chora.//É um ser em quem/a lágrima, dura como diamante,/não molha;/risca/o vidro dos olhos// (...) O relógio/soluça como um pássaro/em meu bolso" ("A difícil manhã"). Para mim o mais lúcido ensaísta de vanguarda e poesia. Não me canso de lê-lo. Com a letra desenhada, como a de um garoto alinhando a caligrafia, revejo suas dedicatórias e cartas, estimulantes, nobres, certeiras. Ora sobre as minhas *Ordenações*, ora a respeito da *Casa dos arreios* ou *Canga*. E idoso, acolhia-me na sua morada de São Paulo, com a mesma idade de infância. E sabia a esperança na espera do irmão adiado e dos ombros juntos. Jeremias dos sobreviventes e João Torto. Escreveu, por exemplo, de um menino a outro: "Até nas coisas aparentemente prosaicas v. descobre a graça da poesia (...) a coragem lúcida que lhe marca o estilo, a forma e os conceitos; algumas surpresas ásperas e outras de incontido lirismo fascinam o leitor prevenido ou desprevenido (...) Percorre o livro (fala das *Ordenações*), um certo laivo de industrial e comercial poético, como queria Maiakóvski (...) A vivência com as 'as ordenações' talvez lhe tenha sugerido tão original e ajustado título. Nada mais parecido com um poema que um texto de lei, com incisos e parágrafos visuais que correspondem a cortes e signos poéticos. (...) Na crítica que as recebeu com alto louvor, Euryalo Cannabrava, cuja opinião subscrevo, classificou muito bem suas imagens que resultam drásticas e espessas" (S. Paulo, 15 de junho de 1971). O esquecimento veio antes, bem antes. Tanto que começa a ser lembrança. E exsurge a figura imensa do mineiro Euryalo Cannabrava, filósofo, matemático e um dos mais argutos críticos do Modernismo. Fora *boxeur*. Alto, musculoso, cabeça de granito, olhos enérgicos e mãos agitadas. E o conheci, a partir de um artigo — "Carlos Nejar e a técnica do ritmo" (*O Estado de S. Paulo*). E nos tornamos amigos. Intuíra-me músico e escultor do verbo. Como se houvera inventado um novo ritmo, o que é a arte de todo o verdadeiro poeta. Morava no Rio, à rua Humaitá, e o visitei. Recebeu-me ao lado de sua inteligente e bonita companheira, professora Terezinha, colega dele no Colégio Pedro II. Um dia foi meu hóspede em Caxias do Sul. Chegou de ônibus e fui buscá-lo. Simpático e apesar da idade, vigoroso, caminhante inveterado. Era difícil acompanhá-lo. Perspicaz, entre vinho, comida, via, ali, o poeta castiço. Via o homem comum, gustativo, telúrico, um bárbaro. E repetiu:

— Você é um bárbaro! Porém, quando escreve, tem a alma da língua. Acatou a contradição.

*Éramos camaradas*, como se de mesma geração. Comíamos uvas rosas e brancas trazidas em cestos; viajamos no meu carro pela colônia italiana, entre gente simples, de arrevesada fala. Embalamos a abundância daqueles dias. E descobri quanto era singelo na grandeza, claro de inteligência, matemático da estética, arquiteto da crítica. Ao voltar ao Rio, nunca mais nos vimos: morreu logo depois. Acho que de infarto (disseram-me!). Acho que de nada; talvez com lascas de rocio, talvez de luz.

E quando se conhece a força da palavra, a palavra é luz. E pego luz, mesmo ao brotar-me esta asma alérgica, que também perseguiu minha avó e minha prima. Fiquei meses no estaleiro, tossindo, entre insônia e respiração difícil, varando de fins de 2005 a meados de 2006, com vacinas, consultas, remédios, unida a asma a diabetes controlada. Recordo, sim, a face severa de minha avó Georgina com suas bombas de asma, suas noites em pé. Minha avó forte que arrostava o dia na cozinha, cuidando dos netos. Terna autoritária, bondade impositiva. Não se entregava nunca. E tricotava as sombras. Jamais soltou murmúrio de dor ou mágoa. Minha avó que bateu na morte, bateu na porta de Deus com as mãos dispostas. Eram mais animadas que o corpo. *Ó avó de eternidade!* Léon Bloy, que percorreu a história do universo assombrosamente — para Borges — alertou que "a história é um imenso texto litúrgico no qual as gotas e os pontos não valem menos que os versículos ou capítulos inteiros, mas a importância de uns e outros é indeterminável e está profundamente oculta". E mais: "Ninguém sabe o que veio fazer neste mundo, a que correspondem seus atos, seus sentimentos, suas ideias, nem qual o seu nome verdadeiro, seu imorredouro Nome no registro da luz." Porém, o que me consola, e por isso garatujo estas Memórias, é que Deus conhece a que vim, ou que sentimentos ou ideias me vestem por ser a viva expansão deles. Quanto ao Nome real, basta que Ele o saiba, não eu. Para que me caiba o indizível júbilo de escutá-lo apenas de Sua boca. E não me competindo prever quantos capítulos, versículos ou letras valho; Deus, que nada me esconde, há de falar-me na eternidade tudo isso. E por ora me alento de não ter importância alguma. E nunca vi que pesasse a alma. E também sei que o meu nome está no Livro e o escutarei de eternidade em eternidade.

Citei minha asma alérgica, como se fosse uma mula em que montasse. E devo a ela ter-me arredado do Conselho Nacional de Educação, câmara básica, para a qual fora escolhido. O clima de Brasília tem opressiva atmosfera. E me seria um veneno. Era aprazível o convívio com ilustres mestres da educação. Firmando-me na certeza de quanto é carente o nosso ensino fundamental e quanto persiste a crise na universidade, ainda que mais aberta a todos os segmentos sociais, inclusive aos excluídos (pobres, índios, negros, presos). E se há crise de valores, também há crise de identidade e de visão, provinda de algo profundo: não sabemos mais pensar. E como efeito, não sabemos ver. Vamos perdendo, lentamente, o rosto nacional. Optamos a favor de modelos estranhos, com a quantidade de conhecimentos sem a inter-relação devida. Como se os depositássemos num armazém de secos e molhados, sem ter a ciência ou consciência do que fazer com eles. O debate das ideias é substituído pelo debate das conveniências. E as ideias envelhecem sem nascer, apodrecem antes de seus frutos, porque não podem permanecer na terra sáfara, entre a aridez humanista e espiritual. O modelo de boa parte de nossas universidades é arcaico, sem liame com o real. Não é possível a preparação apenas de técnicos inclinados à produção da riqueza, é preciso que se formem pessoas capazes de pensar, criar, buscar uma dimensão de cultura e espírito. E se não podem desviar-se do desígnio de realizar vocações na coletividade, devem, igualmente, buscar o amor pela linguagem, cada vez mais aviltada. E se continuarmos nessa posição, chegaremos à barbárie. Porque somos linguagem. Se a esmagamos, nos esmagamos. Se a elevamos, somos elevados. Não é um compartimento fechado, mas um vaso comunicante da experiência humana. E se os gestos e sinais forem substituindo as palavras, atingimos a mudez da cultura e da história. Tudo pode ser inventado, menos o ensino que afaste ou livre o universitário de estudar. O pretexto de combater o elitismo pode levar à banalidade. E o que é pior, quem não pensa, é pensado. Isso sem anotar o que Montaigne prenunciou: "A ignorância abecedária e a ignorância doutoral". E são tão sedutoras que a nenhuma república poupam.

## 68.

WOODY ALLEN AFIANÇA: "Mais do que em qualquer época da história, a humanidade se vê numa encruzilhada. Uma estrada conduz ao desespero e à catástrofe. A outra, a absoluta extinção". E isso mostra também, leitores, que estamos num período glorioso, com vocação de grandeza. E não precisamos decifrar o desespero, nem a catástrofe. Porque a extinção não se decifra, ela já nos decifrou ao aparecer. E se às vezes dormimos com a catástrofe, há que acordar sobrevivendo. Porque construímos sobre a catástrofe e o desespero. Nem se carece de nariz para sentir o que vai apodrecendo. Porque há coisas que caem não de podres, de velhas. Disse alguém que se a rã fosse útil ao homem, ele a teria amestrado. Há que tornar a própria catástrofe útil, domesticada, mudando sua índole corrosiva, urbanizando-a para o bem de todos. Não há segredo na luz. Antônio Houaiss possuía a vocação de grandeza, vocação de mudar a natureza dos cataclismos da cultura ou da desesperada ignorância. E era homem de todas as repúblicas, universal, enciclopédico, gramático da crítica, crítico da língua, filólogo do sabor, tendo o gosto das palavras em especiaria e sonho, a lucidez que se obscurecia na escrita e se iluminava no dizer, talvez mais pelo relampear da inteligência e a inteligência da bondade. Deitava na erudição e na fala, para despertar na sintaxe de fogo e lume. Levei meu livro *Danações* para sua leitura e fui um principiante ousado, abordando-o:

— Se não gostar do livro, esquece-o. Mas se gostar, não abro mão de seu prefácio!

Soube bisbilhotar sua vigilante curiosidade. Assim voltei a São Jerônimo, onde residia. Passou um mês, passou outro e numa manhã me ancorou, velejando pelo correio, um pacote. Era a sua esplêndida, alentosa crítica, no seu estilo pomposo, de tradutor magnífico de Joyce. E fui aclarando certo hermetismo do texto, que não se rende logo. Era de fascinante beleza e generosidade. Conversamos muitas vezes, desde então. Comemos num restaurante de São Paulo, uma concisa rã à milanesa — que preferi, como ele, em vez de domesticá-la, devorar. Dizia que o ato de refeição era um ritual maravilhoso, detestando ser interrompido. Levantino e sábio, também foi sua existência um ritual. Ministro da Cultura do presidente Itamar Franco, criando a lei dos audiovisuais. Apoiou-me na saída de *Canga* (1971), pela Editora Civilização Brasileira, com sua magnífica aba. Também fez a apresentação dos meus *Gazéis* que saíram inicialmente em Lisboa, pela Moraes editores (1983), depois pela editora Record, do Rio, atestando ser o ouro em que eu plasmara o amor. E ouro puro foi seu notável preâmbulo ao romancista em mim, com o entusiasmo tocante de telefonar-me para falar sobre o livro, refiro-me ao *Selo da agonia, ou livro dos cavalos*, onde registrou: "Os leitores menos iniciados poderão estranhar o novo Nejar. Que não se precipitem: trata-se do mesmo poeta e já aqui no sentido original de criador — cuja criação tão intensa, tão passional (da condição humana), busca, como *homo sapiens*, atingir os ápices da solidariedade humana. O que é dado a poucos em todos os tempos, senão a poucos, a esses em cuja normalidade há um *quantum* de loucura e outro tanto de santidade" (Rio, 15.10.1995). Houaiss respirava livre, noutra esfera, isento do preconceito com que a crítica, em regra, trata ao poeta que se embrenha na ficção. Pois "a crítica compara sempre. O incomparável lhe escapa" — observa Jean Cocteau. Convivemos com certa cordialidade na Academia. E apenas houve um senão no episódio, que já narrei, de minha eleição, o que jamais compreendi. Nem aceitei o seu argumento de minha juventude. Por custar ser jovem. Nem o fato de não ter votado em mim, recebendo-

-me friamente na visita acadêmica, quando votou tantas vezes na minha poesia, desde o alvorecer. Ou seria a minha pessoa e juventude a prejudicar o poeta? E onde pôr o meu tamanho no bosque de tanta contradição humana? Antônio nunca perdeu minha afeição e meu reconhecimento. Afirmou ao *Jornal do Commercio*, de Recife, que eu era um poeta completo. Talvez depois de inventar alguns personagens, ou acontecimentos, tenham eles me inventado. Não sei. Previu que ainda presidiria a Casa de Machado, o que aconteceu anos depois, sem prever a fundura do suplício. Era um ser dotado de admiração e a propalava aonde ia, a ponto de confrades me falarem. Foi um grande homem deste país, altaneiro, vítima da ditadura pelas ideias que por nada renegou, senhor de muitos condados no idioma, personalidade rara. Vi-o magérrimo no hospital: já era pequeno, de cabeça imensa. Doente, ficara ainda menor. Como se apenas a cabeça arrimasse o corpo todo. Foi diminuindo de corpo, enquanto aumentava de alma. Tomando a alma tudo. Como se possuísse uma outra vocação, a de vento. E só vento fosse.

Curiosamente, encontrei com a letra cuidadosa de Antônio Houaiss, numa pasta antiga, com carta sobre o meu romance *O túnel perfeito*.

"Se me coubesse dizer algo sobre este texto, arrolaria quase fatalmente um glossário de palavras afins — para, ao cabo, afirmar que, como "romance" — é assim que ele se apresenta — é a sua própria negação. Mas como dizer com uma palavra que é ele? Romance.

É um universo que, não metaforicamente, se pode dizer 'cosmos' (com sua harmonia e limpeza), mas nesta forma tem nome *O túnel*, que poderia também ser *A hýbris*, excesso, impetuosidade, insolência, orgulho, fogosidade, desenfreio, desespero — em que Carlos Nejar, que já experimentou e realizou de tudo na ordem literária, atinge seu clímax, como criatividade, liberdade, revelação, discernimento, passionalidade e estupendo domínio verbal extracanônica mas epifanicamente encantatório.

Coisa de poeta que ultrapassou orbes e lindes — mas cuja leitura me parece inarredável a quem saiba e ame aos seus conhecimentos: *opus magnum*".

Antônio Houaiss
Rio, setembro de 1994.

## 69.

A MAIOR COMPLETUDE, LEITORES, não é a da palavra, é a do silêncio. E ao se obter a ouvida do silêncio, entramos devagar dentro das coisas. E elas começam a ter certo remanso ignorado. Porque o silêncio ama infinitamente ser entendido, estando também cheio de sinais. E "minha loucura atual é loucura em prosa" (Cioran). Porém, o silêncio contém uma loucura que a palavra não possui. E escrever é fazer o silêncio falar. E para isso há que esgotá-lo. Mas se esgota alguma vez o silêncio? Deparei que quando o silêncio fala, é que mais carece de palavras. Não para confirmá-lo e sim, para que o vejamos para o lado da sombra. Foi então que uma silhueta pequena, elegante, nervosa e nobre vislumbrei. E um nome: Nelly Novaes Coelho, bandeirante pioneira que passou do piano para a literatura. Doutora em letras na Universidade de São Paulo, começou em tempo que outros findam. Foi a primeira que contemplou que se afirmava uma nova geração, a de 60, com características peculiares, e foi descobrindo cada um dos seus integrantes. Revelou criadores que ainda estavam na sombra, como eu e outros, no volume que editou pela Saraiva de São Paulo, em 1971: *Carlos Nejar e a geração de 60*. Alegando que "o gesto épico é indispensável na mescla do Relativo com o Absoluto, sejam quais forem os meios de comunicação. Sem uma visão revolucionária do Homem (não apenas do "homem político") não poderá haver forma revolucionária atuante que permaneça. (...) Quando se diz que 'a poesia cria a realidade', é preciso não perdermos de vista que aquilo que ela cria para os outros homens, preexistiu o poeta como essência, é o seu gênio que lhe dá a forma com que se comunicará com os outros". Publicou um longo artigo sobre a minha poesia na revista *Colóquio/Letras*, de Lisboa, estudando na universidade essa nova épica com uma perspectiva que ninguém antes abordara. Ponho na mesma memória Ernani Reichmann e Temístocles Linhares, de Curitiba. Ambos publicaram, pela editora da Universidade do Paraná, *A poética de Carlos Nejar* (1973). Temístocles viu na minha criação, visionariamente, a inspiração quixotesca, o que veio a ser confirmado, já em *O campeador e o vento* (1966) e no romance *A engenhosa Letícia do Pontal*, que saiu pela editora Objetiva, 2003. Ernani Reichmann, filósofo e especialista em Kierkegaard, era gaúcho, natural de Erechim, onde eu fui promotor de Justiça. Mantivemos correspondência assídua, estivemos juntos num congresso de literatura em Curitiba, conheci seu esconderijo, com vasta biblioteca, "o caminho do campo". Magro, rosto comprido e ascético, aloirado, alto, com olhos expressivos sob os óculos de aros grossos e o aspecto campônio de emigrante alemão. Um Bernard Shaw com alma de Nietzsche. Traçou toda a trajetória de minha poesia até *O favo branco (auto de romaria)*, a ele dedicado. Viveu-a filosoficamente, em volumes modelares de pesquisa e intuição, descobrindo sentidos novos, estimulantes. Morreu em surdina. Teria morrido?

Assumi a cadeira número 5, da Academia Brasileira de Filosofia, em que Reichmann era patrono. Continuo seu percurso, como a tocha na maratona grega. E memoro quando tomei posse na inauguração da Casa da Filosofia, sob a presidência de Ricardo Moderno, em 12 de outubro de 2003, no Rio. E tivera privilégio, anos antes, de dar parecer favorável no Conselho Nacional de Política Cultural, do Ministério de Cultura, para que os restos mortais do Marechal Osório, pampiano e patrono da Cavalaria, achassem sua última morada na cidade do seu nome. E em troca, recebi a alegria de ser o primeiro a tomar posse na sua Casa, quando vivo, com as vozes de sua glória, lutas e imortalidade. E falei então que "a filosofia, arte de descobrir a verdade, vem de Aristóteles. Mas a arte de a verdade nos descobrir, com a filosofia e a poética dando-se as mãos, é um sentido de vida. Disso não recuamos. Porque a verdade é sempre o início de uma verdade maior, até o final da grande ciência, a de Deus." No seu discurso, Ricardo Moderno afirmou que "para nós, Carlos Nejar é máquina de obras de arte, uma verdadeira usina criadora, um vulcão expelindo rochas de arte em fusão, pedra da criação, inundando e cobrindo a terra brasileira de artefatos de fina sensibilidade artística. Máquina de poemas, máquina de romances, máquina de ensaios, máquina de pensar, máquina de voar, máquina de viver: antimáquina. (...) O poeta descobre criando, e cria descobrindo. O filósofo cria descobrindo, e redescobre criando. (...) Se todo poeta é de algum modo filósofo, ainda que nem todo filósofo seja poeta, poucos poetas são plenamente filósofos. É o caso de Carlos Nejar." Na ocasião também assentei: "Sobre a soberania da razão, creio na soberania da revelação, como sobre a clareza, nos apossam os da claridade". Estavam presentes escritores, filósofos e o vice-governador do Rio Grande do Sul, professor Antônio Hohlfeldt. Além de um coquetel excelente, fomos guardados pela Cavalaria do Exército, em traje de gala e banda de música. Achei-me na infância, entre rostos ditosos. E da Casa de Machado só foi o magnânimo e inteligentíssimo Cândido Mendes. E bastava. Os outros todos estavam dormindo, dormindo na montanha. Outros, com a pulga do despeito ou da preguiça, que ataca com frequência, segundo tratadistas, a volúpia da imortalidade. Ricardo Moderno é um irmão à parte. Sozinho, conseguiu a doação da residência do Marechal Osório à Academia Brasileira de Filosofia, reformando o prédio, hoje, dos mais belos do Rio. Foi ele que me arrumou o apartamento na Urca, onde residi. Foi ele o portador da solicitação do Pen Clube, através da então presidente Maria Beltrão e da Academia Brasileira de Filosofia, até a Suécia, candidatando-me ao Prêmio

Nobel, em 2004. Foi ele quem me representou junto à editora em Paris. Coloquei-o de personagem, com aspectos que não são dele e, sim, de outros, traços que se foram inventando, independentemente de quem os desenhou, em vários de meus romances, como Ricardo Valerius, renomado mestre de filosofia. *Docteur d'État* na Sorbonne, título que apenas outro brasileiro tem. E Ricardo era simples, de baixa estatura, entroncado, testa avançada, gustativo, artista da fotografia que se oculta, apaixonado, visionário. Pensador dos mais validos, defendendo o delírio da razão. Autor da *Estética da contradição criadora* (2ª edição). Seu entusiasmo contagiava, íntegro, guerreiro. Faleceu no avião a Brasília quando ia ser nomeado Reitor da UFRJ. Devo muito à sua amizade. E Erasmo de Rotterdam, no seu *Elogio da loucura*, previne: "De acordo com o que prega a ideia de Platão, pelo grande amor, deve-se medir a grandeza e intensidade do furor e da felicidade". E nada aspiro mais nestas Memórias que ter o furor, sim, de ver por um espelho. De ver dentro do espelho. E mais, através do espelho. Atravessando-o. Escrever é estar adiante. E se o mundo — para Ludwig Wittgenstein — é tudo o que acontece, é também tudo o que não acontece, pelo mesmo motivo. E o que o que acontece, já estará acontecendo na palavra que for dita. Ou em mero gesto que foi produzido. Nada mais, nem o pó, nem os insetos, nem os ventos, nem os astros, nada mais quer deixar de acontecer. E não escrevo para o público. E a indagação que se faz depende do tipo de público. E o primeiro movimento cumpro: o de escrever, mesmo que seja para um público futuro. Ou para os sonhos mais contemporâneos de nós. E ao tratar da linguagem, necessitamos ser linguagem. Também por amor a ela, para que não volva à sua solidão indeclinável. E por respeitar o leitor e por nos respeitarmos, como criadores, é que não escrevemos para qualquer público. E é Paul Valéry, mais uma vez, que admoesta: "Quase todos os livros que eu estimo e absolutamente todos os que me serviram para qualquer coisa são difíceis de ler". E é a partir da escuridão que se inventa a claridade. O obscuro, ou difícil, é o que demora um pouco mais para ser entendido, à medida que os olhos se vão acostumando. Até se desvencilharem da cegueira. E "o escuro tem lógica", mas a luz não raciocina, evidencia. E não escrevo para ser obscuro, escrevo para ser. Captando o instante que se deixa cair na semente da noite. Repleto de futuro. E o nosso público principiará a nos descobrir. A nós que não tivemos sequer a alegria que outros mais fáceis possuem, de ser reconhecidos. E não abrimos mão da beleza pungente e rara, ou inquebrantável. Não, não seguro os sonhos. "Eles estavam flutuando por cima de mim" — diz Kafka. Ou estarão andando nas pedras, ou se levantarão na chuva. Não, não seguro as palavras que sonham. É com elas que escrevo estas *Memórias de outra idade*. Estas Memórias que continuam como trens que mudam de trilhos ou de estação. Estas Memórias com alfabeto de alma, como um milharal entre letras e pássaros. Os sonhos estão flutuando por cima de mim e vou sendo levado por eles. Todos os sonhos que saíram do menino e agora flutuam pelos olhos velhos. E não querem morrer. Não morrerão. Acesos de palavra sabem habitar nas funduras ou rodear as árvores. E não são sonhos só meus. Mas de uma humanidade que me sobrevive. Com sonhos que desejam ser humanos como nós. E se encaixam debaixo das palavras, tais brasas que não permitem a extinção das cinzas. E não me sento sobre a futura tumba, sento-me num canteiro da infância e ouço o silvo das cigarras. Sento-me no meio das vogais inocentes entre sons silvestres. Sento-me na luz e não desanimo de persistir vivo. E ver meus semelhantes ao redor e os olhos muito antigos de meu cão. E o cão mais antigo dos meus olhos. Uns fitando outros, até não terem mais olhos as coisas. E levo o silêncio pela mão, levo a mão pelo silêncio de Deus. O que o amor efetua, anda sozinho.

## 70.

Recebi a seguinte carta de Nelly Novaes Coelho: "São Paulo, 28. Julho. 2012. Querido Amigo e Grande Poeta Maior, Carlos Nejar: Neste fim de semana, li e reli os seus *Contos inefáveis*, que tive o prazer e honra de apresentar. Ao longo da leitura, veio-me à memória os idos de sessenta, quando descobri o 'novo épico' em sua Poesia inicial... Grandes tempos! Em que eu descobria nos caminhos em minha vida... graças a vocês que vieram para eternizar a Vida em palavras... Agora, já 'nonagenária' (como pode?), não tenho descoberto nada... o mundo terá parado? ou eu é que estou 'mumificada'??? Tento me preparar para enfrentar a Nova e Última Aventura da Vida, na esfera do Mistério... Fraternalmente, Nelly Novaes Coelho".

Essa carta exprime a grandeza dessa pessoa e desse Espírito que nunca perdeu o ritual e o espanto de ver.

## 71.

Soneto 56, de Luis de Góngora: "Oh, clara honra, líquido elemento/doce banhado de fluente prata,/cuja água entre a erva se dilata/com regalado som, Com passo lento!//Pois que de quem gelar e arder me tento/(enquanto em ti se mira). Amor retrata/a neve de seu rosto e a escalata/em teu tranquilo e brando movimento.//Vede como te vais: não deixa frouxa/a undosa renda ao cristalino freio/com que governas tua veloz corrente.//Que não é bom que confusão acolha/tanta beleza em seu profundo seio/o grão Senhor do úmido Tridente".

Nessa descrição, com o Tridente Netuno, pareço ver o meu Pontal de Santa Mônica, Pontal de Orvalho, em Góngora de cristal, tato de fogo. A imaginação é memória e a memória, imaginação. O pé do rio se engrossa com o pé do mar adiante. E grito alto para o oceano ouvir:

provinciano! E devolvo a ele, uma dúlcida ironia que certo confrade — Josué Montello — assacou contra mim, quando eu era candidato:

— Nejar é um provinciano!

Ora, tanto ele, como eu, saímos da província. Ele, do Maranhão, e eu, do Rio Grande. Somos então ambos provincianos. Ou talvez seja o avesso: o que mora em capital é o provinciano. E não foi em minha posse na Casa de Machado, senão ouviria: "Sou provinciano? O mar é provinciano, o céu também. E não se pode ser outra coisa a leste, oeste da luz, no sítio provinciano das estações".

E eu fui imputado de provinciano, quanto entendi quanto era universal. Afirmou Leon Tolstói: "Se queres ser universal, canta bem a tua aldeia". Não era Tolstói de *Guerra e paz* um pobre provinciano? Sim, entendi que ter a província na alma, é ter a província no mundo. Sim, "todas as coisas são cheias de insânia" — para Cícero. Mas a insânia não está em todas as coisas. Diz Chesterton que "o poeta pretende apenas meter a cabeça no Céu, ao passo que o lógico se esforça por meter o Céu na cabeça". E toda a cabeça tem o céu que merece. Porém não há um céu que basta para um imortal provinciano.

Josué Montello, o admirável autor de *Tambores de São Luís*, talvez não me achasse assim provinciano antes, quando não me tentava a Casa de Machado. O sapato da imortalidade que serve num, necessariamente não aperta noutro. E mudamos no instante que descobrimos que chegar à imortalidade é o supremo ato de provincianismo. E não julgava dessa forma. Tanto que escreveu sobre as minhas *Memórias do porão* (*Jornal do Brasil*, 19.8.1986):

"O extraordinário construtor de ritmos, que é Carlos Nejar, vem erguendo, ano após ano, sob a forma de novos livros, a sua torre de poesia, que se vê de longe, recortado contra a luz do dia alto, no horizonte da terra natal. (...) Enquanto poeta, é o mestre dos enigmas e das claridades, enquanto homem comum, é o ser normal, às voltas com as suas sentenças e os seus arrazoados. (...) Confesso que levei alguns meses às voltas com o poema de Carlos Nejar. Buscando-lhe a luz escondida, tentando aclarar os seus desvãos de sombra, descendo às suas galerias submersas, para ter a percepção tímida de seu sentido místico e do seu conteúdo alegórico. (...) Há poesias que nos dão o seu recado lírico, e passam. Mas há também poesias que nos sussurram os seus enigmas, deixando-nos atônitos e nos obrigam a volver a eles, intrigados."

Infelizmente depois as nossas relações murcharam. Tudo começou com a minha candidatura à Academia. Mais se avinagrou durante a campanha. Não votou em mim, quando prometeu que me apoiaria, caso alcançasse os vinte votos. E não tendo votado (Austregésilo viu e me contou), deu-me dissimuladamente esta dedicatória no livro *O presidente Machado de Assis* (editado em 1961), com as seguintes palavras: "Para Carlos Nejar, a quem com meu voto foi decisiva sua eleição à Casa de Machado". Datada do início de novembro de 1988, na primeira sessão a que compareci. Por que isso? Pensei. Tratei-o bem, mas com o pé atrás como bom pampiano. E foi essa a gota (ó Ovídio) que furou a pedra. E depois me veio o que escreveu Jean-Henri Fabre: "até as ruínas devem perecer". Ou a amizade não tem ruínas, tem apenas estágios de solidão a um, ou a dois. Ou a solidão é a mais bela ruína. Não importa, diante da Academia e a dita imortalidade, eu era como um menino que viu a primeira vez o mar e era surpreendido por um bando de gaivotas. E a maré enchia tudo e foi pela minha infância adentro, com as calças e as esperanças curtas, com vontade de dizer e não dizia. O mar sabia tudo, desde há muito. Esquecia Josué, esquecia a trombeta, esquecia a muralha, esquecia Jericó, esquecia o sol ou a lua parando, queria a imortalidade. Ou ela que me amava? Ou estamos todos enganados. Machado, quando disse que a felicidade é um par de sapatos, referia-se à imortalidade. Ou talvez seja ela nada esperar para não ficar decepcionado. Ou mortalidade com imortalidade se paga e estamos quites! E o provérbio inglês é pedagógico: "A pluma é uma arma mais poderosa que a uma espada". E não seria essa pluma a levíssima imortalidade? E a espada, a opulência do prestígio ou da política?

Mas voltemos, machadianamente, à dedicatória. "Creia em si mas não duvide sempre dos outros!"— ensinava o Gênio do Cosme Velho. Sim, a tal dedicatória deixou-me sabor amargo, o salso sabor de um primeiro copo de mar, o primeiro copo de imortalidade, embora me tenha agradado a leitura de seu livro. Ou eram as grandes ondas que se arrebentariam no porvir. Sou um ser desperto pelas vozes da infância e as coisas devem ser vistas de certa lonjura. O mais mortificante são as dívidas. E quando estava acabando de construir o meu Paiol da Aurora, onde colocamos, Elza e eu, todo o pecúlio que amealháramos na aposentadoria e poupança e o Banco do Brasil deu um ultimato, porque o cartão de ouro estourara, busquei o simples, modesto empréstimo por um mês da pessoa errada. "E os homens são homens e devem errar" — diz Eurípedes. E o que o erro nos ensina, é que não ensina nada. Salvo descobrir as coisas com olhos mais velhos e limpos. O fato é que julgava o acadêmico Alberto Venancio Filho, por vários acenos e palavras, meu amigo. E era advogado próspero, havendo-me oferecido empréstimo, em caso de necessidade. O valor não passava de três mil cruzeiros novos. Ao telefonar-lhe, solicitei esse favor pessoal. Jamais pedi qualquer coisa ao tesoureiro da Academia, mas à pessoa de Venancio. E ainda que o fizesse — não o fiz —, nenhum mal ou desonra seria. Havendo precedentes ocorridos no tempo de Austregésilo de Athayde, que jamais negou apoio a um acadêmico em dificuldades econômicas e nem sua grandeza admitia que tripudiasse sobre a penúria de um confrade. E eu nunca teria ousado pedir empréstimo à Academia dirigida por Josué Montello, por um claro motivo: estava a combatê-lo pela gestão autoritária. Não compreendi, por exemplo, porque vendeu a camioneta de transporte dos acadêmicos, sem autorização do plenário, para adquirir um automóvel luxuoso destinado a uso exclusivo da presidência. Não compreendia, nem compreendo, a forma fácil com que entregou de mão beijada o precioso Solar da Baronesa, com biblioteca valiosíssima, menina dos olhos de Athayde, para a Universidade de Campos, que acabou por arruiná-lo, pulverizando a maioria dos bens e dos livros raros. E a minha palavra era perigosa, não sabia como a poderia calar. E com a ajuda tendenciosa do tesoureiro, e por sinal nem me emprestou um ceitil, fez a mescla indevida de um pedido pessoal, para um pedido à entidade. Nem valeu que dias depois tivesse telefonado a Alberto Venancio, dizendo-lhe não carecer mais do tal empréstimo. Nada valia, salvo o propósito ardiloso: tentar desmoralizar-me. E Josué Montello, num chá da Academia, em ambiente que cabia ser fraterno, onde deviam desaparecer todas as animosidades, não estando eu presente para defender-me, afirmou a alguns confrades que eu estava a combatê-lo, porque solicitei um empréstimo de trezentos mil cruzeiros novos (três mil cruzeiros novos passaram para trezentos mil cruzeiros novos) e me recusou. A maldade não beneficia nem imortaliza. A maldade é um bicho que rói até o osso do dono. E, ó Machado, ao vencedor não as batatas, mas os ossos. Refutei-o em cartas, referindo a indigna conduta de um presidente acadêmico, que falou mal, e de forma mentirosa, de seu confrade ausente. E Alberto Venancio apenas confirmou o pedido de empréstimo. E se era pessoal, ou à entidade, nunca puderam provar. A solicitação à Academia, se existisse, careceria de documento. E nenhuma prova havia, nem fazia verão. Caluniaram-me num jogo político vazio, que agradaria à pena de Kafka, mostrando quanto a imortalidade pode ser tendenciosa, se não for justa. Faleceu outro dia Josué Montello. E foi quem mais dano me causou, injuriando-me em campanha sistemática, até num volume de memórias, cujo xerox embrulhei num pacote, ficando à espera de juízo, que não é meu. Quando o juízo veio, não abri: queimei. As cinzas com as cinzas. Recordo que tentei propor, na oportunidade, uma busca e apreensão e na Palavra Deus falou: "Nesta peleja não tereis que pelejar, pelejo eu" (II Crônicas, 20: 17). Obedeci e me calei. Só hoje registro. Venci a tentação de vingança — o que seria explicável e humano. Reconciliei-me com ele e o perdoei. Tendo até me desculpado em sessão da Casa, por haver tanto o guerreado, findando sua presidência, melancolicamente. Nunca lhe tive rancor. Sem suas injustas calúnias, eu teria sido mais aceito, é verdade, nem controvérsias sobre um acadêmico pobre e poeta prosperariam. Mas também não teria crescido, trabalhado fecundamente, sem correr o risco — isso lhe devo — de dispersar-me. Proveitoso, sim, muitas vezes, é ter inimigos habilíssimos, por afiarem a perícia, impedindo de nos acomodarmos. Inventou-me aflições e as superei todas. Mais ainda quando fui secretário-geral e presidente. "A flecha dignifica o alvo"? Porém o alvo é mais isento do que a flecha, mais inocente. E não haver-me vingado foi façanha moral. Não vige nobreza maior do que o perdão. Evitei, porém, de comparecer a seu enterro. Foi o único, até agora, que não saudei na hora da saudade. E mantive respeitoso silêncio. As coisas que passam não precisam de palavra. E só anoto isso porque certa aleivosia ainda não foi tirada dos anais da Academia. Tive pena dele e dos anos que sofreu como um vegetal no leito. Como se a sua alma já houvesse viajado e o corpo não. Até cerrar os olhos, como todos os mortais ou imortais. Que a terra lhe seja leve e macia. Mas registro. Em 11 de agosto de 1995, escreveu-me, a propósito da injustiça que sofri, o saudoso, grande enciclopedista, Antônio Houaiss: "Acompanhei sua refrega, com os 'doutores' da Casa. Nenhum deles me satisfez nas explicações que tentaram dar para o desdouro que lhe quiseram fazer — o próprio Venancio tinha obrigação de ser mais inequívoco, tão cristalinas eram suas — de você — razões."

## 72.

NÃO, SUA TERRA FLORESCE COM O MOVER das estações e o rebrotar das ervas, como há de suceder com todos. Ainda que o irônico George Bernard Shaw assevere que "o que a história ensina é que não ensina nada". Mas não ensina nada somente a quem não quer aprender. E aprende-se às vezes mais com os mortos, do que com os vivos. Como todo sonho provém de outro sonho. E recolho o gesto generoso de Josué Montello, em lição *post mortem*, agora no seu volume, *Discursos na Academia Brasileira de Letras* (p. 132, 2007), na recepção de José Guilherme Merquior: "No vosso caso, o convívio dos livros, em vez de estancar as fontes do sentimento, na realidade aprimorou-as, aguçando-vos o olhar para o mistério da poesia. E daí a penetração com que esse olhar aclara o verso de Drummond, João Cabral de Melo Neto, Cecília Meireles, Fernando Pessoa, de Carlos Nejar".

## 73.

MEDITANDO NESSA LIÇÃO, DE PERMEIO, acolho outra que me brotou da inspiração, "este trabalho de tipo muito antigo, de que o artista é um sobrevivente" — para Valéry. De meados de julho a início de agosto de 2007, fui escrevendo em páginas soltas, como se me ditasse o espírito, cobrindo lado a lado o papel na sua branca largueza, com minha letra nervosa, correndo atrás do pensamento. Assim se perfez *Jonas Assombro*, romance inédito, que encaminhei para publicação, depois que algumas frases complementares se foram somando ao enredo e contexto. Tal se tudo estivesse preparado na imaginação, bastando gravar o que me vinha manando em correntes de rio. É verdade que Jonas apareceu algumas vezes em poemas e agora tomava rosto na cidade, onde se dera a *Carta aos loucos*, a localidade de Assombro. E o mais curioso é quanto o mitológico se introduz no texto, desde a caverna, a floresta, o anel da invisibilidade (envolta de infância), até o *animus* e *anima*, alma e corpo. E o amor que quer eternidade. Depois que concluí o livro, fiquei vazio, jiboiando. Tendo-o remetido ao editor, fiquei na espera, como se fosse o meu primeiro caderno de infância, confiando na leitura de um imprevisível e judicioso leitor. Era tal se fosse, borgeanamente, um livro de mais de cem anos. Por mim não! Por um Outro em mim. Certo de que o autor de *Aleph* também haja escrito todos as suas criações há mais de cem anos. Nunca sabemos inteiramente sobre o que nos possui. Talvez por não termos idade. A propósito, salientei numa carta a Vicente Ceccim, este irmão e inventor: "Acho às vezes que voei muito longe ou estranho. E tudo se tornou tão mediático" (15.9.2007). Respondeu-me (15.9.2007): "Querido mano Carlos: quero pedir que te afastes deste sentimento: 'Acho, às vezes, que voei muito longe ou estranho'". E observa: "Nós já nos doamos às gerações anteriores, esta talvez seja a mais desamparada e a que mais precisa de nós. E eu te antecipo as minhas impressões sobre *Jonas Assombro* com a confirmação da minha admiração, sem nenhuma hesitação, e a minha gratidão pela tua singular criação, que é uma festa para toda a literatura. Jamais te deixes esquecer isso. Tu sabes, porque tu o disseste ante as águas d´*O moinho das tribulações*: 'A memória escondia suas vozes e as vozes, a memória'". Essa nobre carta me trouxe à razão, este tipo de memória que se oculta dentro da luz. Foi quando me veio a frase de Charles Baudelaire que se presta aos romances que escrevi: "Tudo para mim se torna alegoria". E outras vezes parábola. E a lembrança que não é alegórica: o nobre presidente da Casa de Machado de Assis, na noite de 28 de setembro de 2007 — na comemoração dos 110 anos da ABL, em seu belo e eficiente discurso, diante do chefe de Estado Luiz Inácio Lula da Silva, citou uma frase de Lygia Fagundes Telles, que, coincidentemente, é um verso meu, de *O campeador e o vento*, canto IV, publicado em 1966, "O verde madura por dentro". Menos alegórica ainda foi a sua manifestação, na homenagem do Supremo Tribunal Federal à Academia, em 13.3.2007, quando mencionou entre aspas estes versos meus: "Alma de erros e acertos,/rasuras, paixões,/mas alma inteira,/alma geral,/aberta na matéria". Sem dizer meu nome. E tive a impressão de ouvir versos de outro, ou de outros, como se meu nome não existisse e só eu não saiba. Disse-me que não mencionava meu nome para não causar inveja entre os confrades. O certo é que um Outro (todos temos muitos em nós) —, o ministro e acadêmico Marcos Vinicios Vilaça, cuja gestão foi das mais luminosas da ABL, tornando-a centro da cultura brasileira — foi quem, desconhecendo a intriga acadêmica, colocou-me como prefaciador e tradutor do imenso poeta que é Vicente Huidobro, convidando a mim e à Elza para o lançamento em Santiago do Chile, nos primeiros dias de novembro de 2007. Ali estive na mágica e excêntrica casa de Neruda, em Ilha Negra, que teve o seu *Memorial* vertido para o português por mim, há mais de vinte anos. E me comovi com o túmulo de Pablo e Matilde, sob as pedras, diante do mar. Dias felizes foram. E por acréscimo, em dezembro de 2007, chegou-me o alambicado volume — *Cento e dez anos da Academia Brasileira de Letras* — onde verifico que gentilmente foi suprimida a minha imagem (ou fotografia), o que não sucedeu com a de outros advindos depois de mim, fazendo com que o meu rosto (ou traço humano) brilhe pela ausência. Vamos adiante! Com o riso de antídoto. Não há que ruminar, nem bancar policial em museu de cera. Sigo adiante e flutuo como nuvem, além de todas as fotos. Dentro do que aventou Woody Allen: "Errar é humano e flutuar é divino". Sim, tornei-me divino sem saber. Contudo — é o parecer de Cervantes —, há que desconfiar das evidências e defender as zonas menos iluminadas da vida. E o que nunca será nuvem é o quanto nos cabe evitar que essas "miudezas", perpetradas nos vãos da memória ou de livros, escavadas no ócio, passem impunes ou invisíveis. Porque existe certa maledicência no silêncio. E esse é o mesmo pensamento da Nuvem, que é a engenhosa Letícia do Pontal. Por afirmar, bem antes, o Mestre Machado que "o universo é composto de maldades e invejas". O silêncio é a forma mais cabal de ambas, embora exagerasse, não contemplando nelas, como eu, a gentileza do esquecimento, a que voto ao tal organizador. Que os leitores o adivinhem. E não podem, perplexos talvez pela irretorquível imortalidade. Mais. Em 6 de dezembro do mesmo período, com a comissão para o ano Machado de Assis, de seis acadêmicos, com quatro ciclos e vinte e uma conferências, aconteceu-me, com a omissão sintomática de meu nome, o que para o

Gênio de Cosme Velho são "debêntures: desventuras e patifarias". Não, não sejamos tão severos: são debêntures do silêncio! Mas fedem. Todos os integrantes da referida comissão se escolheram e o silêncio é para os outros: com a brutalidade de ficar fora a maioria (29 acadêmicos), fundando a divisão entre os acadêmicos, poucos, mais imortais e todos os outros, menos imortais — excluídos da lista desse relatório de diretor escolar, em estilo seco, com a literal rosa de futuros procedimentos. Os demais, que ali não entraram, os chamados "acadêmicos plebeus", com os engomados ternos e floridas gravatas estarão prontos a ouvir passivamente as doutoríssimas e abissais "sumidades". E o que é pior, maçante e conceitual discurso sobre Machado, de sessenta minutos, capaz de fazer dormir qualquer mortal (pasmem!) na abertura de uma exposição sobre o genial escritor. Talvez porque nós, acadêmicos, já estejamos tão imersos na imortalidade, que nos quedamos inertes como as pedras, presos em sonolência perene. E até a coluna do Ancelmo Gois, do jornal *O Globo*, (7.1.2008) vislumbrou uma "panelinha" na ABL, o que é pouco. E a mim concederam, piedosos, de novo, o dom de calar, que é a outra senha da imortalidade. Cheguei a cogitar que esses que me discriminaram não estão acima do bem e do mal e nem percebem. Se estão, sou eu que desconheço e nesse caso não pertenço à ABL, ou sou um impostor. E cabe-me somente rir disso. Rir das soberbas como penúrias, ainda que o objeto do riso, para Aristóteles, seja um defeito que afasta a dor. Defeito? Não, superioridade de alma. E a dor não sabe rir, só chorar. Ri como um menino. Afinal há de se achar neste mundo algum lugar para o riso. E "o sol é uma criatura irracional e insensível" — dizia o padre Vieira — e, às vezes, com sua cara luzidia, parece rir ou bufar. E sou mais severo com a imortalidade. É uma criatura irracional e insensível, sem sol. Gira em si mesma, por não achar outra evolução, senão a própria voracidade. Há uma academia mais igual e menos igual dentro da Academia. O método não mudou. A feroz Rainha, como em *Alice no país das maravilhas*, sentencia sem julgamento. E tem ela vozes apuradas para criar privilégios em paridades promulgadas. Com que competência? E nós todos, à feição do Raskólnikov dostoievskiano, "só temos uma vida". E quantas imortalidades? Convenhamos — é preciso senso de humor —, a capacidade sorridente de não levar tão a sério tudo isso. E agora não sou como em 2000, secretário-geral de nada e me encontro livre de amarras, sem nada a perder. E o filme em câmara lenta da lembrança se reitera, com cenas parecidas e o ator é um espantalho, "bicado como dedais". Afirmou alguém que os caminhos descansam. Não, eles não cessam de andar! E continuo sorrindo diante disso tudo, ao menosprezarem nossa inteligência. E é escusado afirmar, não passa de um realejo. Nem adianta pensar: ali, entre peculiares circunstâncias e sandices, a Inquisição tem seus ecos e reboos, ranger de dentes, literários fraques, atos legítimos e outros falsificados, sob o cricrilar de grilos e envilecidos ovos de serpente, infiltrando-se, subterraneamente, ao adentrar-se como sombra pelas paredes do Petit Trianon, ou sob a soalho, invadindo algumas almas, com mais cavernas que as de Platão (ó *Dom Casmurro*, "há almas fechadas e escuras, sem janelas e com poucas e gradeadas, à semelhança de conventos e prisões"!), ainda que sem fogueira, ou mesmo envelhecida. Todavia, é de um esquema habilidoso, cordial, disfarçado, retórico, erudito, cheio de velados venenos, arcas com má consciência, chás e atavios de mal-entendidos.

Como se a Academia não pertencesse a todos os confrades. Isso meditava, muito brando entre os brandos, num lugar sem gota de amor, quando me caiu às mãos, não por acaso, o diálogo de Antônio José, o Judeu, com o governador, tão pertinente:

Homem: Tenha mão, senhor governador, que não peço justiça contra mim.

Sancho: Pois contra quem pedis justiça?

Homem: Peço justiça contra a mesma Justiça.

Sancho: Pois quem vos fez a Justiça?

Homem: Não me fez justiça.

E que silêncio é justiça? Ou ele é o esdrúxulo preço da imortalidade, ouvindo-se o retinir sem som dos seus sinos de ouro. E Mestre Cervantes, "o tempo é breve, as ânsias crescem, as esperanças minguam e, com tudo isso, levo a vida a partir do desejo que tenho de viver". E a imortalidade é o silêncio. Porque, como afirmava Gorki, "é mais fácil matar a calúnia e a maldade com o silêncio". Ou com o perdão, que "é a única façanha moral, o gesto mais formoso que se pode ter" (Cioran). E escusem-me, leitores, por ser tão peremptório: o silêncio eterno é a mais altiva imortalidade. Ela pode conter perdão, façanha moral e juízo. Mas incólume é a figura humana de Marcos Vinicios Vilaça, com sua militante gentileza (nunca faltou seu cartão em cada aniversário) e o dom natural de liderança, sobre quem escrevi e reitero: "Vilaça é uma alma que não esfria na inteligência. Também é uma inteligência que, às vezes, penso ser apenas coração. E se pudesse definir um homem por sua terra, Vilaça é Pernambuco: nobre, senhorial, opulento de engenhos, comunicador de muitas águas e pontes. O operoso ex-ministro da Cultura, o ministro do Tribunal de Contas com eitos de sapiente caminho às costas, o que serviu ao Brasil em Portugal nos quinhentos anos (e quantas arrobas de dor, puxando de arrasto a vida, a resignação), o que serviu manancialmente à Academia Brasileira de Letras, quando seu presidente, o irmão que nos acompanha — e agora aos setent'anos — com seu chapéu-panamá e a medieval cortesia tão esquecida nos trópicos. E sua inseparável e saudosa Maria do Carmo, madeira de lei, cepa de gerações. Mais o escritor Vilaça (podia ser só ele), que sabe de todos e tem tino de palavra, capaz, sem nos darmos conta, de encher os sonhos e o gibão da memória."

## 74.

SE ESSA EXPERIÊNCIA ACADÊMICA FOI MEU PORÃO, foi também minha água-furtada. Como veem, um de baixo, nas entranhas, e outra de cima. Aprofundada, com a percepção de vários desejarem mandar, como relatei no dito consórcio dos peritos em Machado, vou desde logo aplicando este voluptuoso anexim caseiro: "Cachorro de muito dono morre de fome". Seria o cão de Quincas Borba ou o cão do mesmo nome? Mas fica o osso suculento das erudições. Bem haja. Escrevo de esquecer. E que sobrepaire benignidade. *Homo benignus, Homo sapiens*! Valorizando a excelência de alguns que me acolheram com sua amizade. Ávido de aperfeiçoar-me. Pois "errar é humano e flutuar é divino". E se me advierem censuras, ainda que pesadas, admito ser capaz de lhes dar razão, caso a tenham. Pensando num sonho que tiveram comigo, encontrando-me magro, jovem, elegante, irreconhecível. É preciso perder "as gorduras" espirituais, desfazendo rebocos. Até o ponto do milagre. Pois "tanto pesa uma arroba de terra, como uma arroba de filosofia" (Miguel Torga). E nesses quintais, reconheço o rosto leal, amigo, que sabe usar o guarda-chuva da bondade entre as trovoadas, o sorriso terno que vem da estirpe de Austregésilo de Athayde, ou da raiz de cedro que foi Barbosa Lima Sobrinho. Está decerto fora do badalar conivente, das rodas de pequenas glórias: divido agradecido o fraterno rosto do acadêmico Cícero Sandroni. E alguns outros divido: infelizmente não muitos. Por mais que façam, não conseguem abolir a perseverante voragem que no círculo se entranha. E determino que sejam simples invenções de minha interminável memória.

Mal alinhavei estas linhas, eis que sou achado em justiça, achado me regozijo. Cícero Sandroni convidou a Lêdo Ivo, Antônio Carlos Secchin e eu, a fazermos conferência sobre Machado de Assis, na Academia de Ciências de Lisboa, de 12 a 16 de novembro de 2008. É lógico que aceitei. Viajando com Elza e peregrinando mais dias na terra de Camões, hóspede do poeta-irmão Antônio Osório e Mimi, na fazenda de Azeitão. Ver brilhar a justiça é sortilégio de poucos. E nesse gesto, "Meninos, eu vi!"

E gravo adiante, no oscilar das vagas, a carta benevolente do importante escritor espanhol, Frank Estévez Guerra: "Para mi Carlos Nejar es una de las mejores voces de la poesía a nível mundial, aunque le deen el Premio Nobel a otras personas (que ni siquiera son conocidas)." Nobre e generoso companheiro de palavras! Mas em verdade não sei o que engendrei, salvo uma voz singular no mundo. E somos o que escrevemos. Fui em busca de aproximar-me da visão original, que me fará sobreviver. (Com)vivente com a profecia que em palavra se clareia, certa álgebra do desconhecido que alguém recolherá. Pouco se sabe do que se viveu e é o texto que nos consola, decifra e consolida. Obrigado, Frank! E disseste isso por teres o avultado e livre oceano das Canárias ao ouvido.

De enxada ou com a pá na mão, por mais que se procure, não virá outra lei da gravidade, mesmo desgravidando o silêncio. E pela dor, chegamos a um direito inalienável de usufruir a terra. Aponto o mal e a velhacaria para que não se julguem seus autores encobertos. E se assim, por acaso, se julgarem, que a penúria os vista ou desaltere! Não, não me desarticulo da aragem humana. E se me fixo neste monstro de tantos olhos (até atrás da cabeça) que é o ódio, não percebo nenhum rastilho de vida nele, salvo o suficiente para engolir a si próprio. Ou talvez seja o fígado deles, desafortunados, que incha tão veloz e demasiadamente. E não estou entre os pessimistas que alegam que "da civilização do homem nada reside no homem, permanecendo apenas seus indícios nas bibliotecas, nos museus e nos códigos". Sei que a carne não é fraterna porque se despega; porém, fraternos são os ossos que se agarram em metros de escuridade. Como se nos aguardassem, desde o princípio do mundo, até brotarmos ou crescermos entre seixos e penhas. Ou sob a ancestral sabedoria que se agita nas pernas dos montes. E a Vida é maior que as teorias, maior que os dogmas, maior que as religiões ou sistemas sociais. E para que ela se entregue, há que romper os protocolos de estaleiro ou viagem.

E se registrei o que me foi cobrado de imortalidade, como um óbolo a Caronte, tratei de fixar esses paradoxos humanos e as surpreendentes contradições, para que nada, nem o silêncio as ignore. E ao recobrar da consciência, não voltem a suceder. E se sucederem, não o sejam da mesma maneira. E assinalo que a maior e mais valida experiência foi a supremacia do divino sobre o terreno. Ademais, resigno-me aos avariados anos, os cabelos na testa, ralos, algumas rugas conquistadas. E os olhos, por dádiva, ainda meninos. Quem sabe dizer é porque está sentindo, vendo além: a ordem do mundo, importa mais que o mundo. Como o autor de *Persiles*, ainda que ferido pela maledicência dos colegas, não os levo muito a sério (havendo preciosas exceções). Vejo o quanto certos acadêmicos são iguais em todas as épocas. E com humor nos suportamos. Talvez seja a incolor moeda da fraternidade. Rio-me, rio-me do fato de não me reconhecerem como romancista, encarneirados sob a cadeia tradicional e tirânica dos gêneros. E no que concerne à minha *História da literatura brasileira*, terreno em que vários se consideram especialistas, ou "doutorizados", os lúcidos e nobres a valorizam, por sua seiva nova, outros a engolem, como se digerissem anzol, isca e peixes juntos. Inegavelmente simpático foi o gesto do confrade que a apresentou no plenário da Casa de Machado. Mas estava tão pouco à vontade... Era como se tirasse pão de fumaça. Por gravitar em torno, dissimulada, a imortal censura. Não sei se de ocultar-se alguma inveja, maledicência, soberba ou desamor. Não? O excelente crítico André Seffrin advertiu: "Entre os livros que marcaram o ano literário de 2007, merece destaque especial uma história da literatura concebida e escrita por um de nossos maiores poetas. Trata-se da *História da literatura brasileira: da carta de Pero Vaz de Caminha à contemporaneidade* (Relume-Dumará/Copesul), de Carlos Nejar. Ao considerar passo a passo os movimentos e os autores mais importantes de nossa literatura, em nenhum momento Nejar abdicou de sua prosa densa e aquecida por uma leitura generosa da paisagem literária. Sem fazer concessões, com o brilho que lhe é peculiar e uma sensibilidade hipercrítica temperada admiravelmente pela chama da poesia, Nejar escreveu ensaio indispensável e, nesses moldes, único no gênero." Não é outra a exegese do pensador, que é o professor Nelson Mello e Souza: "Só quem trabalha nesta fascinante alquimia do espírito pode sentir o que teve de sofrimento este seu livro. Como uma espécie de mago medieval, Nejar atravessou dias e noites, meses e anos, revirando a retorta do seu engenho e de lá retirando, das cansativas leituras, a essência de cada um, em sínteses geniais feitas de pureza verbal, de música, sensibilidade, expressão perfeita, sentido poético, filosofia de vida." Ou de Ildásio Tavares, doutor em letras, dos mais argutos intérpretes: "Esta História escrita por um poeta possui o rigor metodológico que nada tem a dever às Histórias ditas científicas. Ela tem organicidade, abordando os estilos de época e seus principais cultores com precisão, além de estampar uma avaliação crítica a partir de uma ótica penetrante de um 'insider'; de um grande poeta que ilumina a História de nossa Literatura, em vez de ser, apenas, um espelho servil dela". Ou do confrade da Academia de Ciências, de Lisboa, escritor Antonio Valdemar: "Nejar refere muito do que os outros dizem. Mas todos os outros, que fazem a história literária, são incapazes de dizer tudo o que Carlos Nejar diz — isto porque tem a palavra iluminada e reveladora do poeta, capaz de descer às raízes e subir às alturas. Esta a história da literatura que temos de estudar e conhecer". E, por fim, transcrevo aqui alguns trechos do artigo "O Gênio da história e a História do gênio", escrito pelo saudoso João Ricardo Moderno, filósofo, e professor de Estética em diversas universidades do Brasil e do mundo.

> Carlos Nejar escreveu *História da literatura brasileira* como uma teoria da literatura, em busca do gênio da criação brasileira em particular. Vale nuançar, ele busca a ontologia estética do gênio e em

quem, como e quando se manifesta nos mais expressivos escritores nacionais. Essa vasta e eruditíssima obra é uma confrontação elegante entre o seu próprio tino inventivo e o dos demais escritores do País. Toda grande obra tem os sólidos rastros da autobiografia. Consciência de si, ao analisar criticamente um amplo número de escritores talentosos, lembrados ou esquecidos pela história. Neste caso, devidamente resgatados em sua dignidade criadora. Nejar alcança o gênio da história através do gênio da literatura, e este através daquele. Tal é a dialética estética da sua *História*. Esta é a mais nobre expressão da imaginação crítica e da defesa da razão criadora. É a melhor homenagem à literatura brasileira no ano do Centenário de falecimento de Machado de Assis. O espírito de Machado está presente. É uma História machadiana (...)

(...) A *História da literatura brasileira* é produto de décadas de leitura, maturação, pesquisa e reflexão crítica sobre as mais importantes manifestações da literatura mundial. Através desse diálogo de espírito para espírito, Nejar penetra na densidade e na complexidade da criação literária brasileira com muito mais acuidade. Dominando com vocacional e profissional naturalidade as mais difíceis formas estéticas da literatura, a *História* revela um Nejar erudito pouco conhecido.

(...) A *História da literatura brasileira* é também manifesto literário. Algo jamais visto desde o início do Modernismo brasileiro. Uma história com sentimentos. O humanismo crítico da história nejariana o conduz para ser apreciado pelas pessoas que ainda são capazes de amar. Uma história com lágrimas, conceitos, sentimentos, teorias. E seres vivos: autênticos.


E perdoem, leitores, transcrevi essa notável exegese também pela lei das compensações. Pois quando pacientemente aguardava, naquela sessão acadêmica poluída de silêncios da Casa de Machado, que a

*História da literatura* fosse digna e seriamente analisada, escutei o ronco de fogo nenhum, para não dizer, o ronco de lasciva mediocridade. Ou o ronco de comprida e imortal desolação. E dei-me conta de que os livros, em certos espaços, penam mais do que os homens, até serem descobertos. Por isso e outras, não me desgosto nem choro junto à porta. Porque o mundo está em cima de nada. E "não, não falta por aí, nunca faltou" — assevera José Saramago — "quem afirme que os poetas, verdadeiramente, não são indispensáveis, e eu pergunto o que seria de todos nós se não viesse a poesia ajudar-nos a compreender quão pouca claridade têm as coisas a que chamamos claras. Ou quão vasta é a luz das coisas que chamamos obscuras. Por serem elas que descobrem os poetas, embora alguns achem que, por tanto ver, estejam cegos". Sou orgulhoso? Tenho desmedida consciência de que apenas do chão se brota. E o preconceito dos que acham os poetas vítimas de algum desequilíbrio, quebra-se diante da realidade. "Muitos dos poetas verdadeiramente grandes foram não somente equilibrados, mas também dotados de senso prático" (Chesterton). Com Dom Quixote repito o que esclareceu a seu escudeiro: "Saiba, Sancho, que um homem não é superior a outro; só é superior aquele que faz mais do que o outro".

Tantas vezes tentei a santidade e foi ela que me tentou. Não é sozinha. O que mais alcancei e me transfigura em amor e de alegria choro: a amizade de Deus. Essa sim, mais me devota. Conto com as mãos os amigos humanos e com os pés, os inimigos que me buscaram espezinhar. Não me dobro à aristocracia, ou a títulos transitórios. Sigo a música interna que me rege. E como o Cavaleiro Mondego: "Serei deveras louco e sendo-o, não sentirei nada". Ou melhor, a lucidez e a loucura distam tão tênues uma e da outra, que, apesar de paralelas, findam no mesmo ponto. O fracasso e a fama são pontas de igual cordame. E dou-me conta de que o que faz durar uma obra não são os elogios, são as controvérsias. O que nos leva a deduzir que a imortalidade não passa de uma grande e inevitável controvérsia. Mas teimo: imortal é o silêncio. Mesmo no percurso dos enterros de Mozart ou Leibniz, quando os restos finais foram levados por dois ou três acompanhantes. Na mesma sina, aliás, que atormentou outros grandes homens e artistas. Dostoiévski e Balzac, morrendo de dívidas. Castro Alves e Álvares de Azevedo, com a tuberculose que os come a juventude. Camões expira em miséria, César Vallejo, de fome, Gomes Leal, de doidice. Drummond, de não querer viver. Pessoa se apagou desconhecido diante da glória vindoura. E qual o discurso oficial capaz de redimir esses mortos? Talvez de continuarem absurdamente vivos.

## 75.

RESPEITO O GÊNIO DO SILÊNCIO, mas é preciso também saber que muitas vezes não se deve silenciar. Principalmente diante de um trabalho em progresso. E é o caso de minha *História da literatura*, que resolvi ampliar e aperfeiçoar, em nova e corrigida edição. Toca-me a frase de Samuel Beckett: "Faça de novo. Tente outra vez. Erre outra vez. Erre melhor". E ademais, quando me for, todos os sonhos virão à tona. Junto com os pesadelos e há que rir, com "a ironia que é o pudor da humanidade" (Jules Renard). Ou o impudor de toda coesa desumanidade. E se a paciente ironia é encontrável no *Banquete*, de Platão, na Idade Média foi engolida pela Inquisição (embora seja uma entidade fantasmal que sempre retorna na alma humana), sendo restaurada — e ainda bem — mais tarde por Cervantes. E nós repetimos Enrique Vila-Matas: "No fim de contas a arte é o único método de que dispomos para dizer certas verdades". E para que certas verdades nos descubram. "Por ser a mais alta forma de sinceridade". E integra a minha verdade irretocável o fato de haver morado em Guarapari, no

Espírito Santo, sob o Paiol da Aurora, de novembro de 1993 ao mesmo mês de 2007, onde estava praticamente invisível. Foi um tempo básico na edificação de meus livros. Depois, ancorei na Urca, Rio, nesta Casa do Vento, com forma de barco, com chaminé, salas, varandas como proas, com pedra e madeira de lei, tornando-me visível. Em 17 de dezembro desse último ano, foi pregada a placa rústica, belamente esculpida, com o tal nome no bojo, valioso presente de um querido amigo de Guarapari, Daniel Reis. Foi encaixada no casco que parecia preparado para isso. E navega. Da amurada de minha casa, eis a Urca: "Quanta andorinha de velas. Quantas velas de andorinhas./A noite ficou sozinha/junto às pálpebras-donzelas." Não, não entendi ainda o projeto de Deus, ao trazer-me a esta cidade. O fato é que me trouxe e deu-me condições e confio cada dia no Deus de Abrahão, Isaac, Jacó e Daniel, que é fiel. Sabendo Ele, não careço de saber. Careço apenas de viver. Sou um homem vinculado aos livros, com talentos pouco aproveitados como homem de ação. Tanto no mundo, quanto no plano espiritual. Minha palavra tem uma força que me ultrapassa. E não havendo acaso, veio-me um sonho nos meados de dezembro desse ano: era conduzido por várias pessoas a uma igreja muito bela e me diziam: "foi você que construiu". E ali penetrava, contente. No tempo certo. Elza, há anos atrás, teve outro sonho: procurava um lugar para brotar a criança que esperava. Não achávamos residência em nenhuma igreja. Foi penoso cortar o cordão umbilical, que era de um centímetro. Mas cortei. Fui ungido ao Ministério pela pastora Laura Rio Santana, da Igreja Tabernáculo de Israel, vinculada à Assembleia de Deus, da Baixada Fluminense, na manhã do dia 11 de janeiro de 2008, quando foi consagrada a Casa do Vento, com a presença de três presbíteros, Moabe, Dílson de Lemos, Luiz Cláudio dos Santos Teixeira. Mantive esse fato oculto até o meu desligamento voluntário da Igreja Maranata, que se deu em 3 de setembro do mesmo ano. (Saí da Igreja onde estava, mas não apoio os que se lançam contra ela, ou contra qualquer denominação, por não haver saído nunca da Obra do Espírito, que não é exclusiva propriedade de nenhuma.) E o nome do Ministério que recebi veio em sonho: Ministério do Deus Vivo, antes do próprio nome da Comunidade. No mesmo dia da unção, que era meu aniversário, fui almoçar numa churrascaria, e, na saída, encontrei o abraço generoso do apóstolo Valdemiro Santiago. Veio-me da unção do Alto, uma energia nova, um vigor que não conhecia. E como na Comunidade primitiva dos primeiros cristãos, não fundei nada, foi-se fundando em Deus o que não sei. Aonde vai: eu vou. Como o Vento. Apossando-me do texto que se inseriu, com artigo de fogo em mim: "Jurou o Senhor e não se arrependerá: tu és sacerdote eterno, segundo a ordem de Melquisedec." (Salmo, 110: 4). Aonde vai, eu vou. E a Comunidade se propagará, à medida que deixarmos o Altíssimo tomar conta de tudo. Crendo no que está escrito em Isaías, 6: 16: "Mamarás o leite das nações e te alimentarás ao peito dos reis e saberás que sou o Senhor". Não me interessa religião, não me interessam denominações eclesiais, quero levar montes e nuvens de almas restauradas diante do celeste trono. "Crescendo em aumento de Deus", como afirmou Paulo.

\*\*\*

Entre os princípios da Casa do Vento, dados em sonho para Elza, estavam as seguintes determinações:

"— As pessoas que vêm aqui, como sou Eu, O Senhor, que as trago, devem ser muito bem cuidadas;

— Ninguém pode impedi-las de vir: a triagem é minha!...

— Tudo está sob o Meu controle. Não se preocupem com lugar, prédio, cadeiras. Tudo será dado ou ampliado na hora certa;

— Não se preocupem com denominações, mas com Minha Obra: a dos verdadeiros adoradores;

— Muitos terão suas vidas transformadas nesta Casa e já está começando a operação do meu Espírito — com salvação, cura, prosperidade, nova aliança;

— Não comentar sobre pessoas, nem sobre as igrejas;

— O nome: 'Comunidade Evangélica do Deus vivo'".

\*\*\*

O que passei ou sofri resguarda-se na anedota de Mark Twain: "Quando eu era jovem lembrava de tudo, tivesse acontecido ou não; agora que estou envelhecendo, minha memória falha, só consigo me lembrar de coisas que não aconteceram." Isso vem acrescido da sapiência de Longinus: "Viver é estar em Deus". E nada mais há de ser dito. Nem um riso ou lágrima. Ou um nada de nada que o silêncio ainda não abandonou.

## 76.

FALO EM SONHOS DE ALGO QUE SUCEDERÁ e que ficam gravados, à espera de que aconteçam. Um deles me veio na semana anterior e mais ainda, durante a noite de 5 para 6 de abril de 2009. Vi um varão de cabelos brancos (não pude fixar seu rosto) que me falava: "Muitas curas prodigiosas se darão na Comunidade, até a ressurreição de um morto" (repetindo, nessa parte, o sonho que Daniel dos Reis teve: eu me aproximava de um morto e ele ressuscitava). Perguntei ao ancião o que devia fazer para que esses fatos maravilhosos sucedessem. Respondeu-me: "Nada. Sou eu que faço tudo." E é Ele, sim, que faz tudo. Creio e assumo.

No mais, retorno, leitores, ao padre Antônio Vieira, melhor, volto mansamente a sua disposição, ao advertir: "Quisera só viver dos bens da alma, em que não tem poder o tempo nem jurisdição a fortuna" (carta a D. Rodrigues de Menezes, 28.1.1664). E além disso, não, não sei se "a posteridade nos concerne", ou se a palavra é a única posteridade. Ou se essa plenitude tão aguardada começou alguma vez. Ou ficou cega num dos olhos. E me amedronto com os historiadores. Não estou entre os que os desejam matar. Pobres, já se desvaneceram com os juros que hão de pagar ao avarento futuro. E a história já se desacreditou de si mesma, ou por aceitar não ser levada a sério. E o que se leva a sério excessivamente, já perdeu a razão. Com posteridade ou não, ou abaixo dela, como sob a ponte, apenas sei que me brotaram estes versos denominados "Por baixo da fama": 1. Carlos, Carlos/estou sob os cardos,/árduos arbustos,/Carlos.//2. Choro com a pedra/cravada no sonho,/E ninguém a ergue." Ditosos somos quando não parece ser o tempo que nos mede e nós o medimos. Advertiu Vercors: "Os homens podem suportar tudo... desde que lhes reste a esperança de mudar alguma coisa no que suportam". A esperança mudou alguma coisa, ou mudou alguma coisa na esperança? E de esperança foi o estágio (vivemos na estação de algum trem remoto) em Pontal de Santa Mônica (que designei Pontal de Orvalho), onde o tempo dava a ilusão de não olhar. Talvez por eventual cegueira? Ali nasceram livros de poesia, ficção. E a minha *História da literatura brasileira*, edição ampliada e atualizada, pela Editora Leya, de São Paulo. E não alegou o genial Giambattista Vico, que os primeiros historiadores são os poetas?

### 77.

HOUVE REPERCUSSÃO, BEM MAIOR do que a esperada, com o surgimento de minha *História da literatura brasileira*, na sua primeira versão, pela Ediouro, do Rio (em 2011 saiu primorosa edição, com mais de 1.200 páginas, ampliada aos contemporâneos, através da Leya de São Paulo). Na época, declarou a seu respeito Carlos Heitor Cony: "Teu livro atingiu um patamar superior, com crítica isenta" ou Sérgio Paulo Rouanet, "escreveste de fato um grande livro". A primorosa ensaísta mineira, Letícia Mallard, disse que a considera "experimento com linguagem, na medida em que seu discurso histórico-narrativo se caracteriza pela poeticidade, sendo crítica criadora". Ou, na visão do grande poeta e crítico César Leal: "Sua *História da literatura* está escrita dentro dos melhores métodos recomendados" — e depois de apreciar "o conteúdo inteligentíssimo de sua elaboração", acrescenta: "O que fez é o que devia fazer todo o historiador literário: adaptar-se ao novo tempo do universo relativista criado por Einstein e não deixar-se aprisionar pela grade estruturalista do ainda não esquecido espaço euclidiano que sustentava o equivocado universo de Newton". O ensaísta espanhol Frank Estévez Guerra sustenta: "Amor es la materia con la que Nejar ha entretejido este tapiz literario con el que ya podemos escribir el Libro de la vida literaria de Brasil." Um senão. Ganhou deste que se tornou, em sua ferrenha e insensível coluna, "um empalhador de passarinho", Wilson Martins, as únicas pegadas de impotência e inveja (artigo que Guimarães Rosa colocaria de ponta-cabeça e ao avesso), nas sulcantes páginas do *Jornal do Brasil*. Alinhavei esta resposta: "A propósito de um artigo de encomenda: No primeiro instante, julguei não ter sido Wilson Martins o autor das notas sobre a minha *História da literatura brasileira*, recém-publicada pela Ediouro, após um trabalho de dez anos, neste suplemento 'Ideias', no dia 29 de dezembro de 2007, ao apagar do ano. Foi o fantasma dos fantasmas do Sr. Wilson Martins, cujas sombras — algumas são perceptíveis — tentaram agravar-me por motivos alheios à criação. Sobretudo porque um poeta e ficcionista intentou tamanha proeza — e ele nunca conseguiu — escrever uma História da Literatura Brasileira. Pelo contrário, Wilson Martins tem se notabilizado nacionalmente como um crítico esdrúxulo.

E foi, sim, uma crítica fantasmagórica, nevoenta, num texto mal alinhavado, desconexo, impreciso, colegial, tanto falto de verdade ao dizer que não examino obras — quando é isso que faço o tempo todo ao longo de quase seiscentas páginas —, quanto cochila funâmbulo em frases vazias e dúbias. É a incompreensão previsível de um resenhista irritado e míope diante das mudanças. E nesta época de 'balas perdidas', as que disparou voltaram, lânguidas, para ele mesmo, sem me atingir.

No segundo instante, dei-me conta de que Wilson Martins falseia tudo, chega a um feio erro de objeto e de pessoa, não se afigurando real, leitores, nem a tal foto ali plantada, talvez de um sósia, pelo ódio que mancha o artigo e que Machado considera 'a chaga da crítica'. Na Introdução — que ele não quis ver — travo uma discussão de teoria e filosofia da literatura, com caráter abrangente, declarando — o que é novo — não serem os gêneros que determinam a linguagem, mas a linguagem que determina os gêneros. E talvez daí advenha seu único elogio de ser meu livro universal. Porém, logo a seguir penetro nos meandros mais singulares da literatura brasileira, desde a Carta de Pero Vaz de Caminha, seguindo por Basílio da Gama, Gregório de Matos e Guerra, Castro Alves, Euclides da Cunha, Erico Verissimo, Drummond, Jorge de Lima, Cabral, Murilo Rubião, Campos de Carvalho, Autran Dourado, Lygia Fagundes Telles, Clarice, J. Veiga, o concretismo até César Leal, entre outros, traçando com limpidez e profundeza a crítica da literatura nacional. São centenas de nomes e de obras de brasileiros, muitos retirados do injusto esquecimento. 'Particularmente notável é o largo espaço concedido à literatura contemporânea, que distingue sua *História*, das congêneres' — manifestou-se o sempre mestre Alfredo Bosi, como muitas outras importantes cabeças pensantes do Brasil. E curiosamente, o colunista, leitores, que motivou esta resposta, em 'Ideias', 5 de janeiro de 2008, repete (não posso crer que esteja plagiando exatamente o livro que renegou?) as mesmas ideias e observações que fiz a respeito das influências de Simões Lopes Neto (p. 126 e 419, *HLB*), Coelho Neto (p. 422, *ibidem*) e o barroquismo (p. 421, *ibidem*) na ficção roseana, além de reconhecer, o que também fiz, a injustiça contra o autor de *O rei negro*, num estudo que vai da p. 173 a 175, da minha *História*. E se me distraio, novas '(des)apropriações' sairão de sua pena, tão impressionado se mostrou com minha laboriosa escrita. É curioso: pega trechos de meu livro sem citar-me. E ainda me ataca. Mas não adianta. O resenhista, no abandonado museu das letras, não se conforma com matéria que respira e pensa, ávida daquela 'claridade' que pede ao estilo o genial Aristóteles, esse tão nosso contemporâneo. Aliás, essa palavra pelo visto causou-lhe certa e estranha suscetibilidade. Não importa. Acompanho Mario Quintana: escrevemos para os leitores, que são os nossos 'contemporâneos'. Em definitivo, Wilson Martins parece o dono de uma tenda de quitandas que busca impedir que 'um armazém de forças vivas' se estabeleça na vizinhança, como se fosse o proprietário da crítica nacional. E não é nada disso, falta-lhe fôlego e fogo. Pois 'cabeça sem fósforo, é como fósforo sem cabeça' (quem diz é o Barão de Itararé). Por isso 'desleu' de antemão o meu livro. Deixando vingar a lição do grande e generoso Mário de Andrade: 'Para quem me rejeita, trabalho perdido explicar o que antes de ler, já não aceitou'". Saiu no *Jornal do Brasil*, de 12.1.2008. Usei de meu direito de réplica. A calma das águas não arreda os crocodilos. E espreito além. Na porta que Deus há de abrir-me — e a que Ele abre, ninguém fecha. "Levante tua vela dez centímetros e ganharás um metro de vento" (provérbio chinês). E anotem, leitores, é no ofício tão nobre de escrever, segundo Voltaire, que os peixes se devoram uns aos outros, impedindo a subida à margem. Subirei, estou subindo. E eis que uma fresta já foi aberta, através da entrevista no *Globo*, dada ao sagaz jornalista, que é o jovem Rodrigo Fonseca (Jornal *O Globo*, 26.1.2008), seguida de uma indicação de meu livro, no gênero "ensaio", pela excelente *Folha de S.Paulo* (20.1.2008), com o artigo generoso de Ricardo Cravo Albin, a favor de minha *História da literatura* no jornal *O Dia* (21.1.2008). Estou aqui para nunca mais calar, vim para tornar-me visível. Participando semanalmente da Casa de Machado, da Academia Brasileira de Filosofia. Polemizando, se necessário. E continuo a narrar estas Memórias, com o entendimento de que elas "não passam de operações plásticas no rosto que tivemos. E nunca há de ser o mesmo rosto". E se o semblante dos vivos persegue o dos vivos, é René de Chateaubriand que acrescenta: "não há nada tão incomensurável como o desdém dos mortos". Persistindo igualmente inquisitivo, indelével, o olhar dos mortos sobre os vivos. Através do que nos legaram.

## 78.

FALECEU WILSON MARTINS. Agora já se encontra em outra idade. E recebi de César Leal, em mensagem de 3 de fevereiro de 2010: "Antes de sair a sua *História da literatura,* falando-me ao telefone, disse-me que, em meu livro *Dimensões temporais na poesia,* eu havia incluído dois ensaios sobre 'A poesia de Carlos Nejar e *Os viventes*', mas não incluíra um dos que ele mais gostava: 'Carta aos loucos'. Lamentou isso e disse que você era um dos maiores poetas do Brasil, pois como eu, não fora influenciado pela 'antilira prosaica' — a expressão foi dele — de João Cabral de Melo Neto. Mencionou nossa luta verbal no *JB,* que 'seu ensaio sobre Dantas Mota, publicado em sua *História,* foi o que de melhor viu sobre o grande poeta de Minas'. Lastimo que não tenha sabido isso antes de seu passamento. E não entendo, não entenderei nunca seu gesto comigo. E não será agora que entenderei. Elias Canetti diz que "a morte não se cala a respeito de nada". E fala muito mais do que se sabe. Embora discorde de Wilson Martins em muitas coisas, inclusive em ter silenciado a meu respeito, quando era de justiça escrever e tenha escrito, quando melhor fora silenciar, foi "um grande trabalhador de nossa literatura" (é também a opinião de César Leal no aludido *e-mail*). Faltou-lhe acuidade poética e até ficcional (falo da ficção mais inventiva). Seu terreno era mais o das ideias. Não foi um crítico comparável, por mais que se force, a Antonio Candido, como li numa nota póstuma. Os mortos se assustam com os vivos e os vivos se assustam com os mortos.

## 79.

PORTANTO, ESTAS *MEMÓRIAS DE OUTRA IDADE* são também um olhar dos vivos sobre os mortos e se compõem de metamorfoses, possuindo muitos rostos, com as idades que os vão transformando. E nenhum deles se encanta ou cristaliza. Porque fluem com os rios, ou os cavalos que galopam na campina. E cada idade é diferente, até a idade final dos ossos. E "o mar não sofre coisa morta". O mar não sofre nada. E é no mar que cabem os versos do poeta chinês Yan Li: "Meu anzol acabou/por devorar-se a si mesmo". Sem o peixe. Que talvez seja apenas condenação ao silêncio. "Ainda que me desterrem/e digam: teus ossos/sofrerão a infâmia/do inverno. Ainda/que recubram de urtigas/todo o campo e nem/boninas vejam o amanhecer/nas costas. Ou minha língua/cortem. Ou me matem/achando que mais nada/há de sobrar no corte./Ainda que, eu vivo,/ainda que no sopro:/não, não me expulsarão/de Deus// (Ainda que)." Porque ouço o cantar das últimas pombas.

## 80.

SILÊNCIO DA SANTIDADE — EIS OUTRO PRISMA. O ígneo silêncio de Deus, a noite acesa da alma. E a experiência notável é a de Teresa d'Ávila: "deixava o meu corpo tão leve que todo o peso dele tirava, e as vezes era tanto que não parecia estar ponto os pés na terra". Mantida a distância, sim, o Deus vivo tocou-me numa obra (*Idade da aurora*), que é nova infância, entre prodígios. O profeta em mim não se calou, nem se calará nesta hora extrema. "Não se pode vencer o invisível. Pode-se matar homens, mas não o Deus que vive neles. Pode-se submeter um povo, jamais seu espírito" — admitiu em seu *Jeremias,* Stefan Zweig. Ainda que tentem matar os profetas, surgem novos profetas. E se não mais surgirem, virão os pássaros. Contam que Lenin, após um derrame, com rosto petrificado, era desperto pelos rouxinóis. Então começava a afugentá-los. Pegava pedras e as lançava neles. Quando não conseguia mais levantar as pedras, os pássaros voltavam: era a amorosa vingança contra o revolucionário que não suportava escutar seus cantos. Com ou sem Lenin, com os rouxinóis ou sem eles, prossigo defendendo (e nem é preciso!) o que está gravado no Evangelho: "Os sinais seguirão aqueles que crerem". E se somos justificados pela fé, quem vai impedir de abrir-se o céu? E de pé, atento aos sinais na sala de espera do amanhecer, persisto, não sendo levado como alguns suporão por ideias místicas ou messiânicas. Creio no que predisse João no Apocalipse, sobre a vinda do Filho do Homem, com majestade, ao toque da trombeta, para o arrebatamento dos que O adoram em Espírito e Verdade. Um poderoso Avivamento. Conto um pequeno fato sucedido no bairro Bonfim, no Espírito Santo, na noite de 26 de dezembro de 2007, vi operação de maravilhas: uma senhora que andava de muletas, passou a andar sem ela. Dois enfermos da garganta foram curados. Operações de Deus na igreja. Queiram ou não, já vejo o céu aberto. Na *Idade da eternidade.*

    O incrédulo poderá ler tudo isso ao avesso, como em *Alice no país das maravilhas* e assim descobrirá em cada leitura algo diverso, porque sou indulgente e minha linguagem é sonâmbula, gosta de vagar com a vara sobre os fios da ociosidade humana.

    Será que o cético não conseguirá nunca duvidar de si mesmo? Sem a tal lâmpada de Aladim, nem sabendo onde se encontra, pressinto — o que é sério — o choque de civilizações — das que se esgotam e das que se renovam — neste cruzar incessante do Oriente e Ocidente, em que a comum desumanidade não se exime mais do diálogo de culturas para o concerto dos povos. Contudo, é temerária a crença de que a tocha do porvir está na Europa, com a civilização derruída, com um produto de cultura que esgotou sua imaginação, absorta em irretorquível lógica. A tocha já passou adiante, para que reviva a fábula, passou aos antigos bárbaros, sem férias na ambição. E é Rabelais ainda o ponto de encontro — não o de seu surgimento em 1540, mas o do presente século diante do fantástico e pantagruélico universo. E como nada se perde, tudo muda de sonho; no convívio pessoal, há de se impor o sagrado respeito das diferenças. E se alguém albergar dúvidas como agir, ponha-lhe uma palavra na mão. Porque estou certo de que a palavra saberá o que os homens ainda não sabem. E ao oposto de Cioran, amo os profetas delirantes como Nietzsche, por serem capazes de refletir estes tempos delirantes, em que vivemos. Tateando no silêncio. Ou uma vidraça inalterável diante da boca muda. Sim, Jean Genet, o genial ladrão e poeta, descobriu o que merece ser alardeado: "Resguardar todas as imagens da linguagem e utilizá-las, pois elas estão no deserto, onde é preciso ir buscá-las". O deserto é o jardim da cultivada imortalidade, inda que tenha flores de pedra. E a imortalidade, linguagem flamante do silêncio. E eis que me brotaram estes dois sonetos, que não ganham nome, postos entre mim e Deus:

I. "Apenas és, Senhor, quando não sou./E não compreendo porque meus destroços/te podem agradar, nem brancos ossos,/nem a vergonha vinga o que sobrou.//Ao pensar que, aqui, vim, sem glória, voo/e continuas a doer, se em moço/envelha o coração. Não, nada. Vou/de pranto que já seco, rompe solto.//E pouco vibro no impalpável canto./E assim, de escuro, arrasto-me tateando/de muito Te buscar nos ermos, esmos//.Tu és quando não sou, nem Teus ouvidos,/serão, Senhor, comigo distraídos/se ainda Teu amor for sempre o mesmo."

II. "Até onde, Senhor, eu te persigo,/sem prazo na loucura que me pedes./E mais, a de calar-me, quando as sebes/já se enchem com o pio dos pintassilgos.//E ainda me persegues, não consigo/respirar outro amor, quando és tão leve,/nem guardas em brandura a quem Te serve,/porque de amor a labareda é neve.//E como pôr na neve tantas lavas,/se me transportas onde não desejo/e tens desejos, onde não me abrasas?//E a fome e a sede seguem teu incêndio./Então me tomas, menos do que vejo/ e sou com alma inteira o teu silêncio."

## 81.

"Tudo existe como antes, mas tudo mudou, eu também mudei" — anotou o Nobel Imre Kertész. "Mudei de não mudar" — escrevi em *Árvore do mundo* (1976). E é na idade madura, que me sinto paradoxalmente moderno. E diante de tanto silêncio que já me foi imposto e da surpreendente falta de mudança na mudança, reproduzo, com alguma alteração, trecho de meu romance (onde não é o autor que agarra os acontecimentos e sim os acontecimentos que o agarram) *O malogrado caçador do tempo:* Discurso de Isaías, o profeta: "Não falo aos homens; cansei de os avisar, cansei de ser avisado, cansei mais pobre que o chão descalço. Eles nada me têm a dizer, nem eu nada a eles, nada quero dar. Que estou sendo dado. E falo às pedras de uma piedade que perderam, atiro pedras nas pedras, por ser a morte de pedra. E tem ela mínima estrela? Atiro as minhas palavras e não há troca de ar ou flores entre elas. Atiro pedras quando fui brotado de ervas, atiro luz que volta em pedra. Depois não atiro mais por um prazo: as mãos se machucam de andrajosa aragem. Atiro no menino que seguia o cão e a pedra quer nos alcançar desde os rios. Atiro de volta exatamente a mesma. E todas as pedras choram na foz e os círculos de água saltam jorrantes para o meu fim. E atiro pedras e elas cantam batendo nas coisas. Tentam me bater e luto porque não quero ser mais profeta, não quero viver de ser palavra, não quero sentar na porta do equilíbrio. Não quero ser nem parente de nada, que descalço nada, descalço urtigas e o solo é puro de pedra. E te amo, Deus, contra as pedras que me ferem, sem saber o que fazem.

Perdoai-lhes! E as atirei: estão voando, pombas voando ao pombal. E depois tomo palavras e as lanço contra as pedras que servirão para amontoar o juízo. E se uma pedra não quiser planar de leveza, há de voejar de amor. Digo que sou pedra sobre o teu túmulo, Alma. A pedra de um murmúrio. A pedra que amorosa te cobre, Alma, a pedra que não quis me ver com zelos. A pedra tirada de viseira que sangrava. Devolvo a Deus a pedra que me deu, a pedra de ser nada. Custou-me, sabes, foi de mim arrancada, deste peito de águas. Devolvo a pedra se desgarrando de Deus, com a corrente de ombros que a levou à nascente. Sou fiel, despojado, descalço o sol do solo, eu, nulo. E me cansei de caminhar desde o profeta ao homem. De um homem a outro, a pedra arremessada que não volta. A pedra que muda para o musgo e o musgo para a pedra e a escuridão que não vai, tropeçando. Fica nas ossadas, fica apodrecendo como fruta aos insetos. Pedra de perfeita solitude, onde estarei mais inocente, rude, complacente, tolerante e mudo. Deixo às pedras tudo e não me apego nem à morte mais. Deixo chorarem pedras de minhas mãos. Até chorar de pedra em pedra o céu." E se o silêncio que caiu no silêncio, é pedra; o peixe que caiu na água, é sonho; a água que caiu no sonho, é lume. Quando se padece enfermidade, indigestão, morte de alma, deixa-se que ela se acalme. Metafísica? "Várias vezes empreendi o estudo da metafísica" — dizia Macedonio Fernández — "mas a felicidade me interrompeu". Indo devagar até que tudo se acabe. Como se mudasse de um estado, de uma escada, um relâmpago. Até o sino da carne à alma desabando: Deus.

## 82.

SIM, DEUS ME TOCOU TANTAS VEZES. Tocou-me quando fui, em 1981, pela primeira vez no Manaim de Domingos Martins, e pastores oraram por mim e caiu-me como chuva benfazeja a palavra de Ezequiel

36: 25-27, prometendo purificar-me, selando sobre mim o Espírito. E na semana seguinte, num hotel, em Porto Alegre, senti que estava a morrer e me sentei no chão, pois o teto desabava, Deus desabava em mim. E me limpava de todas as prisões interiores, num só dia. Algo semelhante me atingiu no dia 24 de outubro de 2008, ao entardecer, como se um temporal me abatesse, com igual sensação de morte se avizinhando. E assevera bem Nietzsche: "O que não nos mata, nos torna fortes."

Recebi o *Espírito de Fortaleza*, como se outro casulo brotasse. Quem sabe das coisas de Deus, se mal se conhece as dos homens? E nestas Memórias, tais como se fossem as da Eternidade, recordo de quando fui batizado na Obra do Senhor, em Cachoeira de Macacu, no Rio, em 1981.

Depois de haver discutido com o Altíssimo, o fato de todos serem levados às águas, menos eu. A resposta chegou quinze minutos após essa queixa. E mergulhei com calça de brim coringa na fria piscina. E ali um ungido (não o conheço e nem ele a mim) teve a visão de um capacete de ouro sobre a minha cabeça e uma pena de ouro na mão. O que escrevia não vinha de mim, vinha do Alto. E foram profetizadas as bênçãos de Jacó e de Abrahão. E o texto anteriormente concedido, de Ezequiel, foi completado (36: 35-38). Tomei posse, respingando por todos os lados. A bênção de Jacó me deu forças para o íntimo combate e permanecer de pé. E a de Abrahão trouxe-me copiosa família. E, agora, vinte e cinco anos depois, recordo um sonho, onde ao afirmar que não era nada, escutei uma voz dizendo: "És para mim como Abrahão!" — estremeci. E se exagerei no sonho, foi o sonho que exagerou sozinho. Não, é a realidade que exagera, não o sonho. E volto, volto aos começos. (Mario Quintana por sinal me dedicou o seu poema "Apóstolo dos Gentios"). Era madrugada na rua das Murtas, em Lisboa, onde residia, e avistei um Anjo, de fascinante beleza, fixando-me por detrás dos vidros da janela, e ordenando que abrisse a Bíblia. Li em Atos 22: 21. E disse-me: "Vai, por que hei de enviar-te aos gentios de longe". E me senti pequeno, ninguém (não é Ulisses, ou é "a rosa de ninguém", ó Paul Celan, poeta!). Ninguém somos mas Deus opera. Deus desabou em mim. E nem sei mais os quilômetros de Sua bondade. Nem a bondade dos tantos e tamanhos quilômetros de anos que nos ligam? Talvez desde sempre. Sendo, como disse Camões, "bicho da terra tão pequeno?".

Ainda que não te ocupes de Deus, Deus se ocupará de ti. E foi quando me ocupei de *O derradeiro Jó*, escrito em dez dias — poema único, em sessenta partes — entre o fim de outubro e a primeira semana de novembro de 2008. E como tudo toma sentido, embora não percebamos, eu era Jó e em justiça e alegria, Deus se ocupava de mim. Atravessava a montanha de Sua inabalável bondade.

## 83.

A BONDADE É UM CORTE DE FLOR na maldade humana. E a maldade é cega de nascença, cega de não entender a luz. E eu bendigo haver tamanha luz que possa farfalhar tal um vento noutro, o estampido. Bendigo, sim, as pessoas que se aprimoraram de escutar. Como alguém que conheci e que contemplava passando de mãos dadas com Mafalda, sua inexcedível companheira, ambos enamorados, seguindo pela minha rua de então, a Corte Real, e que se chamava Erico Verissimo. Possuía o que Bernard de Clairvaux nominava: *degrau para a visão*. Tinha muitos ouvidos.

Certa vez levei-lhe Pedro Tamen, grande poeta e tradutor lusitano, lá em sua casa (à rua Felipe Camarão), Alto Petrópolis. Erico apenas escutou e não disse palavra. Talvez tenha-lhe vindo de ouvir histórias e lendas do Rio Grande, ou de sua imaginação falante, a narrativa poderosa de *O tempo e o vento*. Ouvir para ele continha muitas escadas e muitas escalas de percepção. Onde sua mente subia e descia. E se armazenava. Gostava de gente, gostava das palavras e as segurava ao máximo, para explodirem. Pedro Tamen, ao sair de sua casa, confessou: "Que profundas coisas Erico confidenciou!" E eu não me lembrava de coisa alguma. O escutar de Erico desencadeava a máquina da imaginação dos outros, quando a sua operava em graus de eloquente silêncio.

## 84.

Nasci num Rio Muito Grande, onde se situa Porto Alegre. Moravam meus pais na rua Vasco da Gama, quando nasci. Ou continuei nascendo. Só houve um sinal: a promoção que alcançou meu pai no emprego. Cresci entre o futebol e o carrinho de lomba. Com as pernas lendo as lajes e a velocidade. Depois os livros, os livros e vi que o mundo deles não acabava nas letras. Nem acabava na infância. E ela tinha a sua correnteza. E costumava pescar com meu avô, Antônio, no Guaíba, e eram lambaris, linguados, bagres. E a linha possuía puxões e meu avô sorria, confortado, e vinha o peixe de testa alta no anzol, forçando. Depois tombado no balde exausto. E o sol descia em enxurrada, o sol pescava o sol. E havia um pé de figos e o pé do céu nos meus olhos de menino, olhos se levantando: andorinhos. O figo era o meu primeiro alfabeto, o f bilabial e a massa de terra que eu comia tão doce. E a letra a que corria em alma, toda ali no capim. E a letra c no corpo e era tão corpo de alma que nem sabia. Quando abraçava a figueira, pegava toda a energia e ia conversando com as formigas. E elas falavam sílabas nas ervas. A história do mundo é a da infância e contava, contava o tempo. E a lua tinha uma caligrafia redonda e acesa, feita de curvas no jarro com rio dentro. Não encontrava chuva que troteasse como potro nos escuros. E o que contava de futuro só eu via. E me recordo de Virgílio: "Vai, menino, e cresce em valor; esse é o caminho da imortalidade".

## 85.

Não dava pé aquela areia. Afundava. Dava pé de alma na alma. Era rapaz e queria voltar para casa. Veraneávamos na praia de Cidreira, no Rio Grande do Sul, e eu fui andar nos cômoros e me perdi e me perdi. Era céu e areia e tinha sede, fome. Andava. Cansado, sem fôlego. E é como agora que volto para a infância e a casa é longe. A memória é nevoenta, febril. Não guarda pisadas. E resmungava comigo: — É para ali! — Não, é para aqui! E rodava em círculo. Como se vagasse de uma infância à outra e não era a infância ainda. E não fazia progresso. Nem existe progresso na memória. E havia horizonte e areia. Foi meu pai que me achou. Meu pai, o tempo? E estou prisioneiro de tamanha memória, que é ela que agora caminha nas areias, não sabe onde me achar. E como se pedalasse uma bicicleta de relâmpagos, eu a vejo passar. Ou estivesse dentro da própria clepsidra, onde a areia caía.

## 86.

Estando um homem velho, sou muito novo, como se houvesse um sino na torre do coração, um sino de presságios que vai virando som e luz e o idioma sempre foi este português de alma. Fui alfabetizado de vento desde antes, ampliei-me com os gerânios dos símbolos além do muro. E tinha um pé de coração a mais. E quanto este caminha só mais tarde soube. Desde cedo, quis ser um poeta épico (até descobrir que o poeta é substantivo, não carecendo de adjetivos). O que não quer dizer que não tenha feito poesia épica. Ou melhor: antes do "epos", preexiste a poesia essencial, elevada à primeira constelação. E advertia W.H. Auden: "a poesia não altera nada, sobrevive". Lia Homero, lia Virgílio, Dante Alighieri, lia Jorge de Lima, depois passei a ler Eliot, Ezra Pound, Luís de Camões, Paul Éluard, Saint-John Perse, Goethe, Pessoa. E era também lido em cada texto, sonhava tanto quanto era sonhado. Criei o que me foi criando. Escreveu Paul Valéry: "O melhor do novo é que responde a um desejo antigo". E esse desejo brotou de gerações em mim, das tribos nômades das areias, do levantino sangue — judeu e árabe. Os versos curtos e dúcteis, os ritmos longos, a tendência à alegoria e aos mitos. Falei de uma épica e não era a tradicional, o que me criava, criando. Não era a prisão de tempo e espaço, mas o próprio Tempo de personagem, a história relatada pelas metáforas, a imaginação fabulando. Já no meu primeiro livro, *Sélesis* (1960), há uma sementeira de volumes vindouros, depois em *Livro de Silbion* (1963). Ambos já têm estrutura épica. *Livro do tempo* é inteiriço, poema único, dividido em partes que são independentes e se somam. Fala do tempo cíclico. *O campeador e o vento* (1966) em dez cantos, com dois personagens, o lavrador e o campeador ou campeiro (esse nasce da morte daquele), que são habitantes do pampa. O tempo é conquistado por aquele que campeia a dor e a ultrapassa (o campeador). Há uma tese (lavrador), antítese (campeador) e a síntese: a execução do novo tempo. É a ocupação do espaço. Uma épica do Rio Grande do Sul. Mescla o épico e o lírico e o final é apoteótico. A outra criação sobre o herói, o joão-ninguém do cotidiano, que ficou logo reconhecida foi *Canga* (1971). Trata do peão de estância, Jesualdo Monte, um Jesus popular que existe no plano político — o de burro sob a canga; como existe no plano espiritual, a canga (cruz) e a morte é libertação. E é curioso que, para Walter Benjamin,"O herói é o verdadeiro tema da *modernité*. Isso significa que para viver a modernidade é preciso uma formação heroica". Diria menos: uma formação solidária, em que o herói não é apenas um ser coletivo, é um ser compadecido. Seguiram-se outras criações — *O poço do calabouço*, *Somos poucos*, *Árvore do mundo*, *Um país o coração* (épica do mundo contemporâneo e o Brasil sob o jugo ditatorial e a América Latina). O coroamento desse projeto — de mudar as coisas pela palavra e não apenas contemplá-las — é *A idade da aurora: fundação do Brasil* (1990).

Uma rapsódia. E não é a épica do mundo acabado, é a épica do que está sucedendo e do que virá. Ou a infância do futuro.

E nada me arredou da criação — muito menos o promotor ou procurador de Justiça —, tornando-me um procurador de poemas e viventes. Como Miguel Hernández foi pastor de ovelhas, Kafka e Wallace Stevens eram agentes de seguros, Spinoza polia lentes, Boehme tecia sapatos e isso não os impedia de construir sua obra. Para mim a poesia é o sonho e a ficção é o pesadelo da condição humana. Se o homem é um fabulista, trabalha o filão seminal do que não sabe — é o meu caso — e é levado sem prever onde irá terminar. E as palavras arrastam o texto como bois à carroça. E se os livros falam de outros livros, nenhum é o mesmo. Cada um deles é outro. E toda a construção exige frestas para o ar entrar. E as criaturas prendem-se a uma lei, a do mundo criado. O que narra é carcereiro e cativo, simultaneamente. O romance não busca o consenso, é o consenso que busca o romance. Digredir é ir desinventando sentidos novos. Diz Nerval em "Aurélia", que "o sonho é uma segunda vida". E uma terceira e outras tantas. Ver pelo buraco da fechadura do sonho é deixar-se desvendar, à espera de que a chave abra a porta dos signos. Não se abandona a partitura musical, porque é a música que compõe os espaços da língua, gerando certa obscuridade instigadora, que é núcleo do mistério. E as imagens nos perseguem, até que sejamos as imagens, sem que suas palavras em nós reparem. Isto: ocultar-se no esconderijo de Deus, numa vereda da rocha, para vê-Lo passar.

## 87.

CURIOSAMENTE SOU MAIS CONHECIDO no exterior do que no meu próprio país. Jamais entrei como finalista nos badalados prêmios Jabuti/Telecom, em que predominam, salvo exceções, mais cumplicidades de pequenos grupos, do que os interesses de qualidade literária. Jamais entrei no rol dos cem autores importantes da revista *Bravo*, nem no dos tais gênios ou geniosos brasileiros, do conceituado jornal *O Globo*, talvez por não me conhecerem (já se vão agora, 46 anos de criação) neste continente, que é o Brasil, talvez por serem feitas essas listas, por cronistas menos habilitados, num tempo em que o valor real ou a ética estão faltando na arte, na política e na literatura. Ou talvez tenham tamanho mérito os que foram catalogados, que não sobre espaço para mais ninguém, perante uma posteridade tão absorvente, sôfrega. Ou por nada! Para que entrar em catálogos? E não é em vão que ninguém é o oculto nome de Ulisses. E foi Machado de Assis que alvejou essa tal justiça, que, "sendo cega, não vê se é vista, e então não cora". E não foi outro que Stendhal que afirmava: "A política é uma pedra amarrada no pescoço da literatura, em que menos de seis meses a submerge. A política, em meio aos interesses da imaginação, é um tiro de pistola no meio de um concerto". E o concerto está diante de nós. Ou diante dos que sabem ver. E nisso — não os homens — as palavras são inocentes.

## 88.

PALMILHEI TODOS OS GÊNEROS, por caminhar na linguagem, "tornando-se tudo alegoria" (Baudelaire). Quando menos esperava, passei a escrever contos, em 2005, numa viagem de automóvel para palestra pelo interior do Rio de Janeiro. Rabisquei textos e personagens, com o ímpeto de quererem hospedar-se, através da imaginação. E ali vieram onze ou doze num jorro. Quando retornei, continuaram a exigir presença. Foram *Os contos de uma civilização envergonhada*. Meses depois, manaram como nascentes as narrativas do livro que denominei *Árvore do povo*, ainda inédito. E a seguir, havia escrito outro volume, cujo nome esqueci e, numa pane do computador, extraviou-se e não mais recuperei. Em agosto de 2007, nasceu novo volume que dei o título de *Contos inefáveis*. Alguns são curtos, outros mais longos, trazendo o que Edgar Morin anotou como associação entre prosa e poesia, restaurando o valor que as imagens perderam, trazendo aspectos irônicos da vida contemporânea. Valem, vários deles, como fábulas, por seu caráter mítico. E possuem personalidade característica, definida. Cumprindo o que previu Bachelard, genialmente: "O conto é uma imagem que raciocina". Se os protagonistas são interiorizações ou exteriorizações do autor, desconheço até que ponto. Cabe aos leitores desvendar. Porque a criação para mim sempre esconde uma cosmologia. E nós desenhamos os vestígios do invisível ou a alegoria de um fantástico de que não escapamos. Se não vemos, tateamos, o que nos tateia. E enfim, Picasso ao dizer de Deus, diz dele e de nós, meros reflexos: "Deus é, sobretudo, um artista. Ele inventou a girafa, o elefante, a formiga. Nunca procurou seguir um estilo — simplesmente foi fazendo tudo aquilo que tinha vontade de fazer". Tentei eu, pobre aprendiz de eternidade, fazer um elefante, a História da literatura; girafas, os romances; a formiga, o poema e o conto. Fiz aquilo de que tive vontade. Ou talvez o destino tenha sido maior que minha vontade.

## 89.

Escrevo estas Memórias — e eis outro motivo a que nem atinava —; escrevo-as porque estou me libertando do passado e o passado, de mim e assim ficamos quites. Vale como aviso ao futuro. Integram minha história universal? Não, Borges. Talvez minha biografia da imaginação. T.S. Eliot afirma que a raça humana é incapaz de suportar tanta realidade. Mas a realidade é que deve começar a suportar a raça humana. E a aventura de ver e viver não tem pátria. Embora a palavra sempre encontre alguma. E ter pátria não é só atravessar as alfândegas de um idioma, é atravessá-lo com suas melhores palavras. Ou poderosamente adiantar-se a ele. Ainda que as coisas se gastem, nas palavras sobreviveremos. E elas nos livros. Pois "contêm em si uma potência de vida capaz de torná-los tão ativos quanto as almas daqueles que são seus progenitores" (Milton).

## 90.

SIM, AS PALAVRAS PURAS HÃO de aparecer sempre, e não há boca que as oculte aos ouvidos, quando ditas, nem mãos que as escondam na leitura aos olhos dos homens. E as casas carecem de gente para florescer, senão morrem, como as palavras carecem de sonhos, senão entorpecem. Pensava nisso, quando me dei conta de achar-me em casa alheia, do que fujo por natureza. Basta a minha, ou a que a sorte nos concede. Talvez por dificultar o convívio, com este meu medidor ligado para não importunar o próximo nem ser tampouco importunado. Coerente com a lição dos Provérbios, de Salomão, que adverte: "Melhor é o prato de hortaliças, onde há amor, do que o boi gordo, e com ele o ódio" (15: 17).

E afeto senti de João Ricardo Moderno, um dos mais lúcidos pensadores, o primeiro a me falar em meu nome, no ano de 2001, para a indicação ao Nobel de Literatura. Depois houve a iniciativa, por telefone, de insistir nessa candidatura e apoiá-la, como presidente do Pen Clube do Brasil, a escritora Maria Beltrão, unindo forças com Ricardo Moderno, presidente da Academia Brasileira de Filosofia, querido irmão e portador à Academia Sueca do pedido. E sozinho encaminhou a indicação, também nos anos seguintes. Garrafa com mensagem no mar.

## 91.

E como verso puxa verso, eis-me encantado de volta ao Paiol da Aurora, enxergando agora com os olhos saudosos dos cachorros, como Lelé Beleza (Letícia), Cipião, Napoleão, Argos e Vitório Augusto. As árvores solares nos aguardavam e as sonolentas coisas. Abracei, confesso, as castanheiras — Adão e Eva —, que me estreitaram. E o mar não é mais uma orquídea no vaso, é um animal de água e chama esfuziando. Olhei a coleção de barcos, águias e cavalos e todas tinham certa expressão de espanto. É que as coisas nos amam, sem que saibamos. E desentortei a lira, com esta violácea "Canção do violoncelo".

"Já estraguei os sapatos
usados naquele enterro
dos avós e estes cabelos
grisalhos, iguais aos fatos
que não parecem tão velhos,
sendo rotos. A virtude
escapa do violoncelo
de meus olhos estrangeiros.
E se transitam veleiros:
são mais rápidos que os anos
que à pele fazem de horto.
Mas não há terra que oculte,
o que o tempo oculta ao morto.
Sim, estraguei os sapatos,
estraguei as mãos com os cactos,
os lábios com frio e fome.
E não há terra que oculte,
o que a morte oculta ao homem".

A morte esconde o que a vida não esconde. E falo aos vivos, não aos mortos que andam e nada sabem. E não nego, muitas coisas, que, de existir, se estragam. Nunca se há de perder a percepção. Até o fim. E fui mais cândido com os meus contemporâneos, do que eles comigo. Não extraviei a infância, ainda que atrevida e, às vezes, irônica ou crítica. A poesia me viveu mais intensamente do que vivi. Porque o menino jamais dorme. E estas páginas de meditação são um natural remate de uma vontade férrea, até onde pôde o fôlego deste homem simples, que amou seus semelhantes e os entendeu, muitas vezes desentendido sem se dar por isso, só reagindo quando era preciso defender a honra, mesmo que ela se defenda por si. Levo o sorriso de quem conhece o tempo e não se envergonha e só se verga diante do Altíssimo, de quem me acheguei e tudo devo. Sei que a posteridade vai me compreender, mais do que a compreendi ao alcançá-la pela força da intuição, não do desespero. Ou talvez pereça incompreendido. Mas tudo o que se criou, gera seu motivo muito além. Tive, sim, um exílio no meu país, junto ao mar, no Paiol da Aurora, aprendendo perseverança com as vagas e nobrezas de horizonte. A ponto de alguns livros saírem, como se não saíssem, com fortuitos leitores lúcidos e caminhantes me acenando. E não havia jornal ou revista com um artigo sequer, tal se eu fosse intruso, ou transeunte de fronteira. Como se alguém lá no mito não carecesse de realidade, ou a realidade não carecesse de mim. E esse exílio poliu-me a modéstia, aguçou a esperança, afirmou as pegadas, apurou-me de vento, redobrando-me a paz e a certeza de chegar. E um dia, ao chegar, estarei completo. Ao haver esgotado todas as palavras. E heraclianamente, elas não nadavam mais no mesmo rio, com a água que já fluiu antes.

## 92.

HÁ INSTANTES, PELAS CIRCUNSTÂNCIAS do mundo ou da própria Igreja, com as lutas que nos cercam, em que devemos seguir a lição do Livro de provérbios (22: 3): "O avisado vê o mal e esconde-se". E se o profeta não é honrado, cala-se. Até que fatos sucedam e nos levem a abrir os lábios diante dos sinais. Diz o Apocalipse (8: 1-2) que "aberto o sétimo selo, fez-se o silêncio no céu quase por meia hora e foi quando os sete anjos tocaram as sete trombetas". Temos que esperar que as trombetas ressoem e as coisas então acontecem, porque Deus se esconde nelas. E há muitos modos de silêncio. Há os que calando falam com eloquência, há outros que dizem muitas palavras para nada dizerem. Ou há o que Mallarmé refere, quando afirma que "compor um silêncio não é menos belo do que compor um verso". Ou há os que, segundo o filósofo Wittgenstein, que não podendo falar, optam pelo silêncio. Até o ato de criar uma obra é o do silêncio. Porque mantenho a posição, desde o início, de um escritor amador (que escreve por amar), pois o profissionalismo conduz a duas situações melancólicas — e quem o assevera é o argentino César Aira: ou seguir escrevendo os velhos textos com cenários atualizados, ou tentar, heroicamente, um ou dois passos adiante. E "a profissionalização pôs em risco a historicidade da arte", petrificando-a. Estamos cada vez mais vivos, inventando sempre e se deixando inventar. Um livro não é igual a outro. Porque importa não só em sua medida de palavras, mas também e — sobretudo — de silêncio. É nas entrelinhas que o espírito do leitor recria, voltando às raízes. E ir da fundura do poço de si mesmo para a superfície, o mundo. E outras vezes, ir da superfície à maior profundidade. É o anel que liga o fim ao princípio e o princípio ao fim. Do intermédio, é que se alimenta a verdadeira arte, que é a do abismo.

## 93.

E se "nenhum animal vem a um poço velho" — assinala um provérbio chinês — as palavras, embora não sejam animais, amam os poços tão velhos que se tornaram arautos de magia e solidão. Iguais aos da alma do homem. Guardando não apenas repuxos, também vocábulos, sonhos, imagens. Um poço tão fundo e fechado que desencadeia, no mínimo de som, um sentido que começa a se expandir e falar. A palavra mais funda alcança o céu, ou o céu é um poço de palavras acesas? E o que se esvaziou no tempo, está prestes a transbordar em nós. Se tudo já fluiu antes, há de fluir depois. E se um dia serei pó, não vou desculpar-me nele. Nem perguntarei ao pó, pois se algo sabe é o vento. E está ventando de olhos o mundo. Por não se trocarem olhos, nem almas. Viver grande é viver toda a terra, viver nascendo aos poucos. Para alargar-se em beleza, é preciso mais olhos. Ainda que seja todo o entendimento pó. E não há juízo para o que ama. Nem discernimento para o que está dentro da luz. Viver é ganhar espaço.

## 94.

Escrevo para entender o percurso das coisas e elas me entendam. De repente vejo o meu país enfermo, entre apagões legislativos, senatoriais, judiciários e aviatórios, os apagões do senso para uma insone loucura. Pirandello conta como guardou na existência sua mãe louca. E guardo junto ao peito, não apenas o pampa, também este Brasil louco — que é meu pai, filho, irmão. Louco de vergonha, louco de sofrimento, louco de morte ou terror. A ponto de viajar de avião se haver tornado um pesadelo e a crença nas instituições ser um desvario. Talvez por ter sonhado demasiado na sua grandeza. Ou talvez pela grandeza da razão que explodiu. Não sei como, nem a forma como a isso chegou. Ainda que esteja em desterro nele, seja de dias, meses, seja de anos, como se nada pudesse durar. E dura. Porque a história, para Tucídides, mestre de Maquiavel, é "para sempre". Enquanto estou comentando, "estou fazendo história". E Miguel de Unamuno ainda acrescia que "fazer política não é coisa diversa de escrever poemas", querendo com isso observar que tudo era política. Portanto, história. Verdadeira *teoria da imaginação* (Novalis). E o Brasil já não conhece o Brazil.

## 95.

DEFENDO QUE ATÉ A HISTÓRIA, sendo feita por historiadores, não foge da autobiografia. O mesmo digo do romance, e me veio como filho vigoroso em quinze dias delirantes, *Jonas Assombro*, no passado mês de julho de 2007, com o embrião na visita à fazenda majestosa da arqueóloga Maria Beltrão, e depois todo ele foi sendo escrito à mão em páginas soltas, lado a lado, perfazendo mais de 212 folhas, num moto-contínuo, sem descanso, salvo para o sono. É como se a memória me ditasse, o que se gerava no fluir do mundo da memória, que é a imaginação. O mundo de mundos fermentando muitos anos antes, desde quando não sei. Destilando-se. Não sabia como tudo ia acabar, sabia apenas o que se formava. E algo me vai ultrapassando, não sei se pelo corpo, não sei se pela alma. Assevera Miguel de Unamuno que "estar louco é ter perdido a razão. A razão, mas não a verdade, porque há loucos que dizem as verdades que os outros calam por não ser nem racional nem razoável dizê-las". Quem escreve, ainda que não sendo louco, assim se torna pelas verdades que diz, alteando-se nas coisas que se entrecruzam, ou se entremostram. E por não serem ditas, são mais do que confessadas. E tal é o mecanismo da ficção que é possível alinhavar outro livro sobre os seus internos planos. O curioso é que depois de estar o livro acabado, não se acabava. Vinham trechos ou imagens que nele ainda pediam existência, como se o inconsciente me cobrasse. E os fui preenchendo. Não só pormenores de protagonistas, mesmo o remate mais condizente ou atilado. E dei-me conta de que Jonas já aparecera antes em vários versos e Assombro é a cidade-mulher de *Carta aos loucos*. Jonas, habitando Assombro, tomou por mulher Tamara, comprovando que nada se perde e tudo se substitui. E o livro é a fábula entre o Corpo e a Alma (*Animus/Anima*). E obedeço, sempre obedeci às minhas vozes, por saberem melhor do que eu. Quando tomo posse do ato de narrar, assumo o coletivo que submerge na civilização da linguagem, todas as civilizações que se fundem na árvore dos símbolos. Assim, entre mitos tão antigos que se atualizam, por mergulhar nos andaimes de arcaicas culturas, o imaginário foi-se nomeando de outra realidade, donde vertentes novas ou enterradas procedem, em veios inesgotáveis, a ponto de o experiente Luis de Góngora advertir: "Vozes de sangue e sangue são da alma". Porque as palavras vivas se comem — a carne, não o esqueleto — como quer o Livro de Ezequiel (1: 1-3), motivo da comum insistência de Rabelais e Miguel de Unamuno. E por que não? Assim pensamos nós. E é supremamente doce ao paladar.

## 96.

O QUE É A NECESSIDADE DE CRIAR, senão um atavismo do esquecimento, uma rebentação de ondas da imaginação?

E não recuso nenhum personagem, como não recuso o que tomou existência entre viventes ou poemas. Como sei que jamais me recusarão.

"Todos os meus personagens existem" — escreveu Guimarães Rosa. Decerto, sim, sempre existiram na sua imaginação e passam a existir no aluvião da palavra.

E se bem meditarmos, nada do que se viver ou viu ou amou fica apagado, ou incólume sobra na imaginação. Mesmo que não tenha nome, ou rosto, ou identidade, misturando-se o conhecido com o desconhecido.

Afirmando-se o escritor o menos autobiográfico possível, há de o ser nalguma meada de metáfora ou fisionomia ou escondido de alma. O secreto do mistério pode deixar de ser mais ou menos particular, ao se infundir na dobra sigilosa do próprio leitor. E todo o manual de lógica criadora termina num manual de alucinação. Pois o que mais alucina é o esplendor do lógico. E o momento só conta porque existe eternidade.

Assim, não escrevo ao bruto, escrevo em fogo, escrevo em água e luz, escrevo em alma, derramando o repuxo do que existe no que não existe. E não escrevo o que desejo; mais das vezes isso se esquiva da alçada, como quem atrás do arbusto não divisa o mar. Escrevo simplesmente o que posso e o que não sei fazer diferente. Como se tivesse vindo ao mundo para dizer apenas o que brotou. E o que brotou é o insubstituível sotaque. Daí por que não brotaria duas vezes igual, mesmo que no mesmo rio.

E o idioma voa e é a grande Ave do Paraíso. Por isso, reafirmo: todos os personagens existem, ou ainda existirão e ninguém ousará negá-los.

Além disso, há que não perder certa dureza de contemplar o existente, para que a ternura nasça de outro lado. "Os olhos de um escritor, para serem claros, devem ser secos" (Georges Darien). E para serem secos, devem haver consumido todas as lágrimas. E então serão fundos como um poço. Porque nada é mais claro do que a água onde bate a luz. E estas Memórias têm muita água debaixo da luz. Muita água debaixo das palavras que se clarificam, ao serem escritas. Já que a verdade não carece de noite. Por precisar de muitas verdades para que a noite desapareça.

## 97.

Durante a noite em meados de outubro, 2007, meu amigo e filósofo, João Ricardo Moderno, avisou-me, por telefone, que havia uma casa grande diante do mar, na Urca, e que intuía ser minha futura residência. Não lhe respondi logo. E Deus falou em Jeremias, 48: 28, onde há a referência para deixar a cidade e habitar no rochedo, como pomba na boca da caverna. Aceitei ver a casa e ali estava a sua descrição — toda feita de pedra de rocha e janela vasta, como fenda de caverna. Diz com razão John Donne: "O Espírito Santo é um escritor eloquente (...) é tão distanciado de um estilo indigente quanto de um supérfluo". Sua escrita não podia ser mais veemente. Em 23 de outubro, já estava firmado o contrato. Depois da viagem ao Chile — de primeiro a cinco de novembro — organizamos, Elza e eu, a mudança. Ficou o nosso amado Paiol da Aurora, à espera de possível locatário. Até então me quedara escondido, agora assumia a plena visibilidade literária e humana. Vi alegria nos olhos de alguns companheiros da ABL e nalguns poucos, a tão pesada pedra. Teriam que suportar-me mais perto (serei maior do que penso?), como também a esses, pacientemente, suportei.

No mesmo período saiu o meu livro *Canções* e a guerreada *História da literatura brasileira*, pela Relume-Dumará, da Ediouro. E escrevi este soneto — entre a dor e a coragem do desconhecido —, já que sete anos estivera em Guarapari, desde quando fora secretário-geral da Casa de Machado. "Sete Lanternas, Sete Velhas Perdas": "De ir-me do Paiol os cílios chovem:/de ir-me longe de suas castanheiras,/de ir-me em lábios mudos que se movem,/de ir-me onde forjei luas e eiras.//E cada pedra se converte em cera,/queimando a mão de glória que a recobre./Os troncos da manhã se roem na guerra/dos esquilos e seiva, orvalho jovem.//Como a um cristal na Urca o sol se verga,/cristal filtrado por vidraça espessa./E na severa aldeia, com alma ingressa//este habitante, esta candeia de heras,/detendo a tocha dúctil de homem, fera,/menino de água dura que amor leva."

Designei, por lei e fé, a nova morada de Casa do Vento. Para deixar o meu Paiol, tive grandes separações: a dos meus dois cães, robustos e fidosos — Argos e Vitório Augusto (chorei quando soube que foram levados por um amigo de Vitória), por não caberem no pequeno quintal da Urca; o afastamento de 80% de minha biblioteca (trouxe comigo os meus "clássicos", os que considero básicos e tinha em torno de quinze mil volumes), além da própria casa, imensa, cativante, generosa e seu pátio de castanheiras. Coincidiu que, ao sair, recebi um telefonema: "A Samarco está criando uma vasta biblioteca, em Guarapari, e terá o seu nome". Alegrei-me e foi para onde enviei o acervo de livros, que enchia todas as estantes e armários. Sim, "os meus livros (que não sabem que eu existo)/são tão parte de mim como este rosto" (Borges). Ao aportarmos, Elza e eu, no Rio, com os nossos três poodles, no potente Chrysler (quase belo como um cavalo), achamos uma casa bem posta diante do oceano, porém suja, abandonada, com vidraças quebradas, luz e água mal funcionando, com garagem estreita. Graças ao trabalho de Elza, Nalva (nossa ajudante), o Cleto (cunhado), o pedreiro Alexandre, João, o técnico de computação, Eduardo, e este escriba, a nova morada viu-se habitável, limpa, irreconhecível. A mudança podia ser um círculo do inferno dantesco, depois, diante do vento que vem do mar, é o paraíso, o rochedo com a pomba na boca da caverna.

## 98.

ELZA, MEU CORAÇÃO ARRULHA POR TI e é música igual à das esferas. Também pelos teus silêncios grávidos, admonitórios, ventilados de sol. Sabias que te havias ligado a alguém, que se isolando, escrevia. Alguém que devorava livros, que o devoravam. Ou que gastava canetas com tinta de lua ou de nada. E de quanto foste paciente, vivo grato.

Nem imaginavas o que me vinha à cabeça, que seres se iam enovelando, que imagens ou versos. Como se amasses o que não entendias, por me amar. Durante anos buscava temas, ou os temas me buscavam. E me fixavas, prudente. Não te movias no penedo, com o senso de realidade que me adivinhava. E se era estrangeiro, nunca foste: as coisas te reconheciam. E se fui cego, vias admiravelmente tudo. Com a consciência que tomei dos meus limites e dos limites que me encheram de consciência.

Achava-me com senso político e o senso todo era teu. A realidade não te lia com a justeza com que a interpretavas. Não queríamos sobreviver um à morte do outro, não perdoávamos o impossível, porque de amor era feito. Foste e és a que profundamente continuo a amar, a separada para mim, a que se não existisse, teria sido desesperado suportar a vida. E se a vida me suporta, é por existires, Elza. E gravei na pedra este gazel, que é teu: "Chove, chove/meu amor/por ti./Chovem árvores,/flores de amor/por ti. E não/sei que amor/assim pode chover./Com luz/em cada céu/de rio/correndo em ti./Amor aprende/a ir chovendo./Chovendo/de nunca/mais parar/o amor por ti."

## 99.

NADA ARRULHA COM TANTO FULGOR como a língua natal, quando plena de alma. E foi o mestre da prosa lusitana, Eça de Queiroz, cônsul em Bristol, que afirmou a importância de falarmos bem a nossa língua, mais do que a das demais nações. E devemos buscar saber primeiro a nossa, para também sabermos a deles. E foi assim que agi em dois congressos de literatura, um em Quito e outra vez, perto de Roma, sustentei que leria meus poemas em português e não em espanhol ou italiano, porque o Brasil é um continente e há que conhecer seu idioma, tanto quanto lemos e conhecemos o linguajar e a literatura de nossos vizinhos hispano-americanos. E ao falar em voz alta os versos, espantavam-se com a sonoridade e se não colhiam o sentido, colhiam a beleza e sua fônica imponência. Era um arrulhar de fino ouro. Por isso, não abro mão de uma imperiosa contrapartida. E nesse sentido é o depoimento do universal Italo Calvino, quando observa: "Tenho de dizer que nunca aprendi a falar fluentemente em nenhuma língua (...) e bem cedo minhas necessidades expressivas e comunicativas se polarizaram na língua escrita". É em português que falo com a Vida e com a Eternidade. Não é só uma pátria, é *minha aventurosa fortuna*.

### 100.

REVI O MEU PAIOL DA AURORA em janeiro de 2008, após retirar um mau inquilino. Atravessei a casa toda, com seus armários vazios, e me fixei na habitação dos meus cães, Argos e Vitório Augusto, como se o olhar deles se prolongasse em mim, catando afagos, e tudo soava vazio. E uma lágrima batia como pedra. E não é pela situação política ou pela escuridão humana. E me empobreci sem esses companheiros. Estava ali e não ouvia o barulho da manhã. E só o oceano parecia ter piedade.

### 101.

"CULPAMOS O TEMPO POR NOSSA infelicidade ou felicidade" — salientou W.H. Auden. Ainda bem que não culpamos a palavra. E nela estão todas as dimensões, que nem consigo enumerar. E atrás do pensamento, vai outro e outro, até tocarmos na essência, como num poço a água. Não termina mais. E cansei de gritar a cada estrela. Importa que todas gritem em mim. Por um estado de alma que só se contagia de absoluto.

Diz Montaigne que "não se mede os homens, nem a existência com uma vara". Muito menos a imaginação. E ela não sabe jogar a palavra fora. E sou um pouco esses instantes, e tudo é mítico, porque sobrenatural. O que fala o silêncio é sempre outra coisa. Mas não reproduzo, foge com os pés no ignoto e erradio, como um caranguejo entre os seixos. Puxo para fora a memória e o que me resta dela pesa na luz. E eu suporto por ter comido a luz. É do mundo que se forma onde vou nascer. E não acabarei nunca de nascer. Por estar próximo de Deus, por estar detrás dos meus sonhos. O que me ofusca não sabe ver. E morro de fome, como a língua sob a palavra, ou a palavra sob a fome. O amor suspende a morte? E escrevo com pasmo, como se estivesse acordando. O amor suspende a morte? Ou a morte é que prolonga o amor? Pressinto. É a morte que o prolonga. E o faz voltar à tona, quando o julgam findo. Escrevo estas memórias por estar ocupado de morrer. E deixo as palavras andando por baixo do coração. E o coração por baixo das palavras. Embora exista uma ordem que nunca desaparece. E o que é vivo afugenta.

## 102.

CONHECI, NO INÍCIO DE MAIO de 2008, num almoço na Casa do Vento, junto ao ameno mar da Urca, o bispo da Igreja Universal, senador Marcelo Crivella e sua esposa, extraordinária companheira, Sylvia Jane. E me deparei com um político diferente: sereno, sincero, humilde, bem articulado, humano. É estranho que tenha combinado tantos adjetivos tratando-se de um ser político. Nem imaginei que me sucedesse tal coisa. Porque cada palavra me cobra e mede. E meu partido é a condição humana.

Senti nele o raro amor pelo povo, com acento no poder da educação. Está na política "não como quem dela se ocupa, mas como quem se deixa ocupar por ela". E Marcelo Crivella, felizmente, acha-se entre os que buscam a paz da cidade. Vi então mais o homem no político que o político no homem.

    E num jantar, durante o mês de julho do mesmo ano, cercado de vários simpatizantes, saudou-me o senador Crivella como "homem de Deus", alegando que era eu candidato ao Nobel de Literatura, e o quanto seriam agraciados todos os evangélicos, caso eu fosse escolhido. Guardei suas palavras no coração. Nenhuma delas, porém, me tocou como a de saber-me homem de Deus. Mesmo que esteja longe do que gostaria. E muito perto do chão. Tantas vezes recoberto de nadas. E, ó Deus, "chegar no céu como chegar aqui. Chegar a Ti para chegar em mim".

## 103.

VAGUEI NESSAS INDAGAÇÕES, indo com as Memórias, de onda em onda, repleto de marés, leitores. E observei que a lembrança de ontem, ou de antes, parece não ter relação nenhuma com a de hoje. Muito menos com o rosto de adaga com que fui abordado, estando eu sem armas. E o que considerava um companheiro, cumprimentou-me, elétrico, alarmado. E não descobri a razão, e vi quanto era descomunal o imprevisto do ser humano. Ou como algumas pessoas molestam. Por isso Mario Quintana preferia as coisas. E eu quantas vezes preferi os bichos. Ou a espessura atiçada de uma árvore. Todavia não, não tiro o meu juízo fora do lugar, por não querer enlouquecer em sabedoria, como certo personagem de Montaigne. A sabedoria possivelmente já extinguiu nalgum canto o instinto de viver. Ou "a infância de nossa imortalidade" (Goethe). Nunca a imortalidade da nossa infância. E as idades esquecem o estilo, como os sonhos escapam do sono.

## 104.

Todos somos copistas do mistério, ou é certamente o mistério que nos copia? Pode haver os que atiram a biblioteca pela janela, como o *Monsieur Teste*, de Paul Valéry, ou jogam pela janela o mistério, com a mesma gana. Ou com a volúpia, o mistério e a biblioteca surgiram romancistas que preferiam ser, antes, poetas, como William Faulkner, ou poetas que despertaram romancistas, como Marcel Proust, o que não varia um palmo na eminência ou assombro do que produziram, já que não contém a grandeza molde algum. Homens principais são reconhecidos em seu tempo e os maiores, depois. E sobre os tais autores de obra duradoura, escreveu Victor Hugo: "Há alguns homens misteriosos que podem ser grandes. E por quê? Nem eles mesmo sabem (...) Viram o oceano como Homero, o Cáucaso como Ésquilo, Roma como Juvenal, o inferno como Dante, o paraíso como Milton, o homem como Shakespeare. Ébrios de sonho e intuição em sua marcha quase inconsciente sobre as águas do abismo, atravessaram o raio estranho do ideal, e este os penetrou para sempre... Um pálido sudário de luz cobre-lhes o rosto. A alma lhes sai pelos poros. Que alma? Deus". E Deus não muda. E nós somente balbuciamos com lucidez desprevenida. Ou desenterramos a imaginação, nossa irreparável biblioteca. Pois não percebo estilo na grandeza. Mas grandeza no estilo. Paul Valéry preferia a lucidez à franqueza. E eu, cada vez mais, a franqueza na lucidez.

## 105.

O estilo é a arte do encantamento da expressão. Melhor: a verdade encantada. Não importando a dificuldade, o gozo ou calvário da escrita. E se há um truque ou filtro é o de existir com as palavras. Levitante. Se não podemos dizer tudo o que sentimos ou vemos — por haver mais na ditadura, ou menos, na democracia, uma tábua de restrições ou limites — fazemos acontecer cada entrelinha, cada símbolo, cada frincha, como árvores mostrando a floresta inteira.

O lógico — o que não é mágico — e que não possui sopro, nem fôlego, apenas exprimirá seu pensamento e se quedará satisfeito. Reconhecendo a incapacidade ou impotência de voar. Mas o verdadeiro mágico nunca será impostor, por dar sempre o recado, clareando. O recado que guarda o olhar de dentro. Sendo capaz de tirar as palavras da escuridão.

Se for fiel a elas, receberá a contrapartida de fidelidade. Ao não usar disfarce, serão seu rosto. E se as palavras forem irremediavelmente mágicas, as coisas e o mundo jamais serão os mesmos. Ao apagar as palavras — não se enganem! — nos apagamos.

## 106.

Li outro dia um romancista, a pretexto de me aprofundar em temas escatológicos, afirmar que a literatura apenas existe para se envergonhar. Talvez porque ele se envergonhe, escrevendo. Mas que não generalize! Para mim é o oposto: é a honra da palavra que nos honra. Jamais o opróbrio. E na condição humana há mais coisas que elevam, do que afundam. E quem quiser se afundar, que se afunde sozinho. Não, não é por acaso que Voltaire assegurava terem os céus nos dado a esperança e o sono. Uma que nos proporciona sempre outra maior esperança e a outra que nos devolve a civilização da alma.

## 107.

De Porto Alegre, em 28 de julho de 2008.

"CARTA AO MEU PAI CARLOS NEJAR

Tenho com meu pai a mais próxima das relações. Embora pouco o veja. Não, não é um paradoxo. Explico. Quando nasci, na remota Guaporé/RS, meu pai, então um árabe um tanto ortodoxo, abriu e fechou minhas fraldas vezes a fio para tentar vislumbrar nelas um varão. Não deu, e, para compensar, me registraram CARLA. Certamente foi uma ironia do destino, porque, depois, meu pai fartou-se de filhos homens (quatro, ao todo), e nenhum deles tem com ele a mesma semelhança. Nenhuma crítica a meus irmãos, mas, de longe, sou a mais parecida com meu pai. No tipo de inteligência aguda, no temperamento sanguíneo, nos gostos, enfim, e sei que ele sabe e se orgulha disso. Uma vez fui visitá-lo, anos sem o ver, por abraçar brigas envolvendo terceiras pessoas, e as comidas de que gostávamos e rechaçávamos eram as mesmas. Aprendi com ele que devemos refazer a vida tantas vezes quanto a vida doer. E é isso que ele faz. Ele se recria sempre. É um homem atento a seu tempo. Não veio à vida a passeio. Tempos atrás, beirando os setenta anos, abandonou seu paraíso em Guarapari, doou seus livros, entregou seus cachorros e foi morar no Rio de Janeiro, para ficar mais próximo da literatura e da advocacia. Achei uma temeridade, mas, depois de meditar a respeito, pensar, bravo! Não está morto quem peleia. Outra vez, fui ao psiquiatra, na ânsia de deslindar a sua distância, que achava ser o mote de meus problemas, e só falava de minha mãe. Sim, muitas vezes a presença nos dói mais do que a ausência, conforme os termos em que se dá. E percebi, ao longo da experiência que só o transcurso da vida nos proporciona, que éramos — e somos — muito ligados, apesar da distância física. Nos momentos em que, efetivamente, precisei, ele estava lá. Tenho o prazer de, muito embora me sinta a quarta colocada, entre quatro irmãos, nas preferências de minha mãe (pode ser uma injustiça, mas não importa como foram as coisas, mas como as sentimos), tenho a plena certeza de ser a favorita de meu pai (talvez até não seja, mas ele me faz sentir assim). Existe uma identidade, uma ligação, um amor que transcende a tudo, que faz com que pensemos um no outro a distância, tal como no livro *Amor nos tempos do cólera*. Cada qual leva a sua vida, mas o amor está lá. Tem um caso que exemplifica tudo isto: quatro anos apartados e cruzo com o meu pai na casa de minha mãe, por acaso, em virtude da morte de meu avô; num instinto, abracei-o e ele, comovido, tirou do bolso de sua camisa uma foto 3 por 4 minha, de quando pequena. O meu pai passou anos com a minha foto andando o mundo, como se me levasse consigo no bolso do coração. Por essas, que a distância não é nada. Nossa história não determina o nosso destino. E eu tenho o prazer de compartilhar de momentos únicos, como o último encontro, em que o vi, já mais velho, um tanto abatido, em frente ao mar da Urca, olhos marejados, tremendo as mãos entrelaçadas com as minhas. Somos um. CARLA NEJAR."

E esta foi minha resposta imediata:

"Filhinha Carla:

Tua carta eu a levo comigo, sim, também no bolso do coração. Tocou-me fundo. Não porque sou bom pai, sou o melhor pai que pude ser. E tens razão quando mencionas a nossa comum identidade, os gostos, os temperamentos, e, por que não? — a forma de inteligência. E te sinto muito perto de mim — porque a distância não existe, se a não interpomos entre as pessoas que amamos. A vida me tem sido dadivosa por ter uma filha, como tu (não só com meu nome, com caráter, lucidez, visão). Deus é tão bom que me distraio de não saber, sabendo tudo. Até que o amor não termina nunca. Somos um, Carlos Nejar.

## 108.

"Cada ser humano é uma pequena sociedade" (Novalis). E que sociedade é essa que não se entende? Se nos conhecêssemos, não nos conheceríamos, e se nos suportássemos, não nos suportaríamos. A alma humana não é um abismo, são muitos abismos sobrepostos. Se soubéssemos o que pensa realmente de nós, o companheiro mais íntimo, não teríamos amigos. E não tê-los, significa um mundo sem convívio fraterno, um mundo intolerável. Até que todos nos amássemos como somos, sem necessária refutação. E é assim que reinventaríamos os sonhos sem precisão de ir sonhando. E as palavras que pertencem a essa metade que continua incorruptível.

## 109.

Incorruptível? É o sonho de possível de justiça e calada paciência. Explico. Com sensatos pousos, ideias, dez anos mandei crônicas semanais para o jornal *A Gazeta*, de Vitória, e um dia, sem aviso prévio, sem respeito, tiraram-me do ar e da página. E a reação foi na saúde: diabetes. Entrei com uma ação de reparação de danos contra o tal jornal. Luta de Davi contra Golias. A advogada, dra. Sônia Rabelo, denodada, inteligente e leal. Tive a meu favor até o depoimento do ministro Evandro Lins e Silva. E estranhei — *o tempora!, O mores!* — que o mesmo julgador (aproveitando as férias do titular), que decidiu outros processos contra a referida empresa, julgou a minha causa, com igual forma e teor. Esse *algo de podre no reino da Dinamarca* parece ter--se propagado também à causa deste poeta. Propus uma rescisória no prazo legal. Tiraram-me do ar, da página e do direito de pleito? Com a justiça sem raiz, podem brotar os cedros? Ou apenas cogumelos? Não, não peço goles de água ao meu direito. Pelejo. E ainda vai, sim, nascer um rio. Mas quem julgará os julgadores? Depois de sete anos, tiraram-me a página dominical do jornal *A Tribuna*, de Vitória. Outro golpe, na moita da ferocidade.

## 110.

SE SÃO AS COISAS QUE NOS ACHAM e não nós a elas, a perplexidade é o rio com a qual o tempo nos move e movemos o tempo. Ou talvez seja uma alavanca.

Diz G. K. Chesterton que "assim como esse repúdio das grandes palavras e as grandes visões trouxeram à política uma raça de homens pequenos, também trouxeram uma raça de homens pequenos às artes".

Hoje "a regra de ouro é que não há regra de ouro", na expressão feliz de Bernard Shaw, o que não quer dizer, no primeiro caso, que não haja uma enorme carência de grandes palavras e visões. E no segundo, que não ocorra um desejo oculto de retorno às regras de ouro, nas quais a doutrina dos direitos humanos seja posta em patamar superior à da Decadência do Homem.

Os acontecimentos nos surpreendem e até surpreendem a si mesmos e nos causam vergonha, estupor ou descrença.

Não pensamos grande ou pequeno, nem sequer pensamos. E o movimento inicial é o de sair de cima ou debaixo do muro. Ousar sair para fora dos acontecimentos e de nós próprios, para alcançarmos a exata e viva dimensão da realidade. E não devemos estar entre os desesperançados ou derrotistas.Podemos mudar as coisas, se nos mudarmos, primeiro. Ao metermos a cabeça na areia, só veremos areia.

Se pormos a cabeça no mundo, veremos o mundo. E as grandes visões e as grandes palavras, por já flutuarem no ar, precisam apenas ser descobertas.

## 111.

U<small>M DOS SONETOS MAIS EXPRESSIVOS</small> da língua e um dos mais tocantes, síntese biográfica do artista, é do poeta português Jorge de Sena.

QUEM MUITO VIU...

"Quem muito viu, sofreu, passou trabalhos,
mágoas, humilhações, tristes surpresas;
e foi traído, e foi roubado, e foi
privado em extremo da justiça justa;

e andou terras e gentes, conheceu
os mundos e submundos; e viveu
dentro de si o amor de ter criado;
quem tudo leu e amou, quem tudo foi —

não sabe nada, nem triunfar lhe cabe
em sorte como a todos os que vivem.
Apenas não viver lhe dava tudo.

Inquieto e franco, altivo e carinhoso,
será sempre sem pátria. E a própria morte,
quando o buscar, há de encontrá-lo morto."

E Jorge de Sena, enfim, no ano de 2009, voltou à pátria e foi enterrado no Cemitério dos Prazeres, de Lisboa.

## 112.

Sim, através das palavras captamos tudo além das palavras. Não só nos purificam, também ensinam. E nos emprestam olhos jovens, pois sua pintura nunca é cega. Nem há nevoeiro entre as palavras: todas se entendem e se urbanizam. E em nenhum país do mundo elas são tão levadas a sério, por serem fuziladas em público e em privado, seja nos jornais, nas revistas, seja na televisão. E são até perseguidos aqueles que mais as amam. E ainda haverá entre nós, os novos mártires, os mártires da palavra. Ou gênios? Isaiah Berlin, num de seus ensaios, pondera: "Um dos critérios para definir 'o gênio' me parece ser precisamente isto: o poder de fazer algo perfeitamente simples e visível, que as pessoas comuns não conseguem realizar e sabem que não podem fazer, nem sabem como é realizado, nem porque não podem nem sequer imaginar como fazer". O gênio simplifica? Mais: ilumina. E cada palavra possui um grau diferente de rebentar o silêncio. E ainda que aparentemente se contrariem, ao final todas se casam. Quando Heródoto, o pai da história, diz: "Conto o que me contaram", ele conta o que as palavras lhe contaram. E escrever é tirar o pé de uma chama para a outra, até ganharem pernas. O fundo da criação, o ápice é belo como a risada de uma criança. Não só porque a criança tem muita imaginação, mas porque a imaginação tem alma de criança. E por que as palavras dormem? Não, quem dorme é a imortalidade em nós e nós dormimos na imortalidade. Porque a história — admoesta Kafka — é o segundo que transcorre entre dois passos do caminhante. E seria imortal o que desse três ou quatro passos de caminhante? O que dorme na vida pode não dormir na morte. E há pestanas de alma ainda que não dormirão nunca, até aparecer a luz. E a palavra aparece mais é na luz. Porque a luz é palavra. E sei que minhas Memórias resultarão diferentes das que as precederam, por terem luz dentro. Não de lâmpada, luz de luz. E a graça que se conquista é a de entender a sua fala. E se tartamudeia, é por ter sido trespassada de vento. E se converso com ela, fica em pé, proa de suaves remos, concordando. Pois aprecia marear. E me saudou com o gesto de estar se escoando. E vi que não podia adoecer. Ia de abismo em abismo na leveza. E tendo artigo de luz, não quero, não, o de morte. Encalhado sem água ou beira. Meu corpo é idoso e eu não. Enquanto a alma vai ficando parecida com a luz. Que amor é parecença? Já viram dois vivendo muito tempo juntos, rentes, sincopados, que até no rir se parecem. Seu senso é como as cheias do ribeiro: mais as têm, quando menos emergem. E o que vira luz não perde céu. Vai, vai! O que tinha memória de pegar pegou. Espio manso a luz que me espia bem mais branca. E ela não possui mãe, nem pai: amaridou-se de mim. E gritei para as estrelas, gritei por não desistir das léguas de alma de que se apossava. Sei que não me libero das naturezas, nem elas de mim. E ao escavar nas funduras, a luz é que me escava. Por que, se ela não estiver a meu favor, quem estará? Gritei, gritei para as estrelas. Vi meu nome na mão da luz e o amor é uma juventude. Avalanche da espécie não catalogada. E a vida toda passou diante de mim como se fosse um bando de cavalos selvagens. Os acertos e erros todos passam. E uma águia desce para bicar a palavra e a palavra é que levanta a águia. Estas Memórias querem voar sem mim. E que me valham breves e parcos, em eitos de sentir, todos, todos os meus lembrares, como se torcesse a manhã com seus tigres vindo, atacando. Ou se tornassem depois mansos, desamparados. E estou antes e depois da luz, para ficar com ela. Tudo sai de escuridão, sai de tempestade, sai de covos abandonados, sai de pássaros fugidos da infância, sai de mulas, de vertentes e fontes. Tudo sai para rebentar na luz. E nenhuma palavra é pária, mendiga, nula. Todas, ao serem ditas ou escritas, com mó de tempo reconstituem o trovão que acabou de bater como relho na pedra. Rebentou, sim, as palavras que, por sua vez, também rebentam para se cumprir. Não sei quanto morri, ou de que maneira morri, ou se morri é porque sou semente. Ou se morrerei de haver morrido, até reflorir com as oliveiras e pombas. Matar o tempo é acender a luz. E eu o matei. Minhas Memórias revelam esse crime que me tornou absolutamente inocente. Tão inocente que vi o mundo nascer na luz e só a luz me viu, o mundo não. Nem carece. E quando cogito na quantidade de pessoas desagradáveis que andam no mundo, dá vontade de mudar o Planeta. Também não carece. Se não veem a luz, a luz não os vê e nem o mundo sabe deles. E o que ganhará em saber? E o paraíso em luz: estarei lá. E tendo palavra, de igual forma. Preciso entrar, com os meus *Viventes* — não sozinho. Preciso entrar com os que amo. Não dou as costas para o que me aconteceu, mas foi o que me aconteceu que está dando as costas para mim, na medida em que relato. Porque os aconteceres também morrem de palavra, morrem sem, morrem de inanição. Bastando que os esqueçamos. E o que esqueço já não existe. Vejo dia: sua como um matungo na sombra cabeceando com o focinho na lagoa. E no focinho da palavra, escrevo a luz, sob as pestanas espessas da eternidade. O que carrego comigo não me pesa: me leva. E o que é do cimo não muda de lugar. Quando o amanhecer tem o barulho de leite jorrando da teta. Não rastreio a criação — ela me rastreia. Homem de bem é homem de vento certo. E que não pode sarar a claridade de tão muita. O susto abre o céu como de um passarinho o bico. O que não me entende vai preso no que me entenderá devagar. Basta que a luz me entenda. Basta que se escreva para compreender, como quer Saramago. Quando se vier a compreender tudo, não será necessário continuar escrevendo. E como nunca entenderemos completamente tudo, a escrita é a inefável certeza de que nunca chegaremos ao fim da palavra. Porque a palavra não tem fim. A palavra é o início do que não tem fim. A palavra, depois, pavão com plumas, rompe a casca do início para começar a não ter mais fim. É quando basta que a luz entenda a palavra e a palavra entenda a luz.

## 113.

OU TODOS SE ENTENDAM EM PALAVRA. O que, aliás, não tenho tido sorte em algumas resenhas sobre os meus romances. Ou por não acharem compromissos maiores com a arte de narrar uma história, ou pelos diálogos, ao serem poéticos, não soarem como conversas. Para mim o romance não é jogo racional, e sim mágico. E tais críticos estão ainda na narrativa antiga ou carregam o feio preconceito contra um poeta que escreve romances. E por que a história tem de ser contada linearmente quando é fábula? E por que os diálogos têm que reboar como conversas, se na contemporaneidade os gêneros se misturam? Digam o que disserem, minha arte romanesca não se assemelha à de ninguém. E não sei escrever diferente. Infelizmente não posso tudo. Na criação, apenas faço o que posso. E pago o preço.

## 114.

Podem os oráculos falarem grego,
inda que obscuramente. Podem
os oráculos se compadecerem,
solícitos e humanos. Podem
os humanos não ouvirem mais
oráculo algum, ciosos de si
mesmos. Mas não carecemos
do grego para entender a vida.
E de amor carecemos
para entender o amor.

## 115.

ÚLTIMA LUZ DE MEUS OLHOS: Elza e o pampa. Porque com o Deus vivo já estarei. Quantas vezes me foi dito e conjeturei ser o primeiro poeta--rapsodo (para não dizer, épico) do Rio Grande, como Erico Verissimo foi o seu primeiro romancista.Todavia, não sou eu que julgo, é a terra que me julga. Até que depois minhas palavras também a julguem. Amor não se pede, amor anda e se compromete. Sim, não amamos o pampa porque é belo e imenso como um país; o pampa é belo e imenso como um país porque o amamos.

E a beleza ou a vastidão atingem o supremo grau quando ao amor tocam. No mais, tudo transita como se ficasse. No que vale resignar-se ao que foge. Como celebrou o poeta dominicano Manuel del Cabral: "Meu riso vai tão dentro/que estou triste quando rio./Ensina-me velha ponte/a deixar passar o rio". E tanto, leitores, passou o Rio Grande com sua foz por mim que não o vi, como ele me viu. Ou mais detidamente me contemplará, quando não puder mais contemplá-lo.

## 116.

ESTA PALAVRA É PARA QUEM SEMPRE se esconde. "Um homem principal", como se diz dos antigos.

Dentista, antes mestre na universidade, dedica-se com afã e perícia à profissão e tem um ministério evangélico. É pai espiritual de muitos, numa instituição que não mistura o sagrado e o profano.

É generoso e parece duro. Tem autoridade e o coração de menino. Talvez se esconda com esta crônica e diga: "nada se refere a mim". Mas se refere.

Um dia, há mais de 28 anos, em Petrópolis, eu o escutei pregar sobre Moisés e não esqueci nunca mais. Falou que o líder do povo de

Israel no deserto foi tão nobre, que, mesmo sabendo não entrar na Terra Prometida, levou até o fim sua missão. Dediquei-lhe meu poema — "Moisés", de *Os viventes* (Ed. Leya). Porque tudo tem sentido, ainda que não se alcance. E as coisas que parecem não terem acontecido, já estão acontecendo.

É de uma grei pernambucana, que se radicou em Vila Velha.

Os templos são simples, funcionais, sem suntuosidade.

No Manaim, de Domingos Martins, acolhe milhares de pessoas, de vários pontos do país e do estrangeiro, em torno do conhecimento da Obra de Deus.

Não preciso elogiá-lo, nem carece disso. E a certeza de que um homem só é grande pela fé. Mesmo que o amigo nos esqueça, gratidão não tem arbustos.

Está aniversariando, e na alegria ou descoberta de existir, aniversariamos todos os dias. Mas nesta manhã de sol o recordo. Seu nome, Gedelti Vitalino Gueiros.

### 117.

Jean Cocteau afirma ser um "tédio mortal a imortalidade". Cumpri vinte anos de Academia no passado dia 9 de maio de 2009, sendo então o oitavo mais antigo. Há na Casa de Machado, cordialidades, cerimoniais, manjares no chá (a imortalidade é gustativa), pequenas conspirações, subterrâneos preconceitos, os iguais e os mais iguais, uns sábios, outros menos, alguns com a graça da longevidade, a alegria da glória e às vezes a glória da alegria, jamais tédio. Um e outro amigo, além das circunstâncias ou circunstâncias além da amizade. E valem, aqui, os preceitos de Montaigne: "Os príncipes dão-me muito se não me tirarem nada e fazem-me muito bem quando não me fazem mal. É tudo o que peço deles". No mais, os tais anos correram sem que eu sentisse, como uma fonte da montanha. Ou se ressentiram em mim, sem que eu visse. Tal se tudo fosse esboço de um outro maior. E imortal mesmo é a palavra e apenas duramos através dela. E vão estes versos:

> Duas noites sob o fole
> espesso, espesso de estrelas.
> E a lépida fonte corre
> pelo monte, monte à vela.
>
> Ó como coisas se atrelam,
> onde amor apenas sorve.

## 118.

Postas essas observações, fica em reforma a alma e tantas ou demasiadas especulações humanas, atentando com Valéry que a estupidez não é nosso ponto alto. E prossegue o movimento do mundo, mais para o fim do que para o começo, ainda que não sejamos, mesmo com as catástrofes e guerras, pessimistas ou drásticos como o genial Swift: "Grandes pulgas possuem pequenas pulgas a mordê-las em suas costas. E pequenas pulgas possuem pulgas ainda menores, e assim por diante *ad infinitum*". Mas aí não será mais memória dos sonhos ou das fatigadas letras, talvez memória das pulgas e formigas. Não, não cremos nisso. E os que nos sobreviverem verão, como nós, que não renunciamos à esperança, nem ela deixou que a renunciássemos.

### 119.

Não se tem palavra
para a palavra,
nem silêncio
ao silêncio.
E que baste
tocar com a mão
o vento.

### 120.

Diz o ditado: "É tarde para poupar quando só resta o fundo da garrafa". E é tarde para calar quando só existe o fundo da palavra. E eu tenho pátria, que é o mundo inteiro. E tenho o mundo, por não ter fronteira. A paz sabe que eu existo, por conhecê-la toda. E o que não sabe também é paz.

### 121.

[DE RELVA JÁ CRESCIDA]

O tempo, o que é do tempo, quem percebe?
Ninguém sabe mais dele, só meus ossos.
A minha pequenez, alguns destroços
Da ambição que dormita sob as sebes

De relva já crescida, que o sol bebe.
E a glória apetecida nos consórcios

De insetos consumidos. Ou nos ócios
Do sonho atravessado pela neve.

Durou quanto a esperança ou foi tão breve
Que nem pôde aquecer-se, nem a vinha
Suspensa na memória. Nem a pompa

Dos ofícios e galas. Prova a sopa
De pedra a boca inerme. Pouco serve
A quem por tudo ter, nada mais tinha.

### 122.

"Morrer bem" — para Sêneca — "significa morrer livremente". E segundo ele, "o espírito é que diz se vivemos o suficiente". Mas há vezes que nem há tempo de o espírito dizer, se a morte o antecede. E nem chega a ser alma corpo adentro. E nem chega a ser corpo: alma fora. Ou morrer bem é pôr todas as coisas no mesmo sonho. Em Deus. E que nenhuma delas sobre ou se despedace. Porque desperdício é falta de alma. Como a alma percebe quando é puro espírito.

### 123.

Que Deus ande em nós!
Mas o melhor: é andar
em Deus.

## 124.

NA MADRUGADA, LEITORES, que me vêm as ideias mais puras, com o inconsciente em estado selvagem. O que não tenho solução durante o dia, surge-me no descer da manhã. E os sonhos buscam pousar e não sei até que ponto somos apenas os nossos sonhos.

## 125.

NA ÚLTIMA VIAGEM A BUENOS AIRES, em 30 de dezembro de 2012, antes do meio-dia, quando esperávamos na estação Maipu o trem da Costa, Elza me falou que estava sentindo-se mal, e no instante em que o trem chegou, ela desmaiou e caiu no chão. Eu me assustei, ajudei-a e logo pessoas intervieram. Não havia ali um banco sequer, nem o mínimo socorro. Depois, Elza voltou a si, melhorou, foi levantada do solo, comeu um alimento, reanimando-se. Fomos a San Isidro e almoçamos num tosco restaurante. Retornamos a Buenos Aires pela linha Mitre, seguindo a outra linha de favelas no percurso, com a visão do interior argentino, imóvel, decadente. Aportamos ao Hotel Meliá, na *calle* Reconquista, com gosto amargo. Foi-me traumático ver Elza desmaiar. Irritei-me, não sabia o que fazer. Fiquei abúlico o resto do dia, para não dizer inválido. Escrevi e reescrevo agora: sem Elza, fico sem mim.

## 126.

ESTAS MEMÓRIAS ANDAM ALÉM DE MIM, dando-me conta de que também somos o que imaginamos. André Malraux diz que "as memórias não passam de ressurreições sentimentais". Penso que são mais do que simples expansão de sentimentos, mais que ressurreição deliberada de uma época sedimentada em nós. É o retrato de um artista, enquanto esquecimento, por ser retrato da inacabável civilização da infância. E ouso parafrasear Napoleão Bonaparte, sem ter dele nenhum desejo de conquistar países e nações pela guerra, que estas Memórias foram escritas com os sonhos de meus adormecidos "viventes". E nunca esbocei em papel a figuração física deles, por acreditar que são vigorosos e me transcendem. E o tempo, aqui, não é cronológico, é o tempo em que a morte pode anteceder o nascimento, e as ideias se juntam como caixas de maçãs e a alma é doce animal que come amoras e flores. O máximo que tentei delinear sobre a página branca, em esboço, foi, em *Idade da aurora*, o da árvore genealógica de suas criaturas. Diferentemente de Erico Verissimo, o notável romancista gaúcho, que gostava de desenhar o rosto dos personagens, com o mapa da cidade de Santa Fé, onde se deu *O tempo e o vento*. Umberto Eco, em *O nome da rosa*, afirma ter desenhado todas as nuanças da abadia e a maioria dos protagonistas, com barba. Isso constituiu um problema para o cineasta Jean-Jacques Annaud, que fez a película com auxílio de assessores. Mas, apesar de seus desenhos, Umberto Eco jamais afirmou que os personagens usavam barba.

Os seres criados desejam sobreviver com os traços que lhes damos, na proporção em que tocamos na capacidade inventiva dos leitores. Rodrigo Cambará ou Bibiana, de Erico Verissimo, por exemplo, variarão de aspecto, conforme o imaginamento dos leitores, não sendo o mesmo para todos. O que sucede, igualmente, com *Pedro Páramo*, de Juan Rulfo, ou com Úrsula, de *Cem anos de solidão*, de García Márquez. No sentido em que Antonin Artaud refere: "A realidade não foi terminada" e é construída pelo leitor, desde que a razão das imagens do que cria se confunda com as dos que as leem.

A minha experiência com personagens, em *Carta aos loucos* ou *Poço dos milagres*, é o fato de se desenharem por dentro, dois deles, a partir de seres históricos como Martinho Lutero e Francisco de Assis. Não foram eles que mudaram, mas foi minha imaginação que os transformou. São outros, na medida em que os sonhei, gerando-os. Ou foram eles que me geraram. Ou minha respiração os fez levitar, como o vento que sai pela fresta de uma caverna. E tudo o que nasce ou é da caverna do ventre ou da infindável caverna dos sonhos.

### 127.

"Do CORPO PELO CORPO/com o corpo desde/o corpo e até o corpo" (Antonin Artaud). Mas quando o corpo vai se enveredar para a alma? Ou quando a alma cairá para dentro de si mesma, não havendo mais corpo que baste? Ou quando dorme em corpo e acorda em alma?

### 128.

A REALIDADE NÃO É VISÍVEL SEM O SONHO, pois ambos se permeiam e se completam. E o terreno se aperfeiçoa no divino, como a água na lapidada rocha. E os fenômenos humanos não são isoláveis. Devem ser compreendidos por todos os lados, como quer Goethe que percorramos o finito. E ainda mais: com simultaneidade. O que na matéria acorda pode depois adormecer.

### 129.

LETÍCIA, VULGO "LELÉ", ESTÁ HÁ CATORZE anos conosco. É uma senhora cachorra, com olhos fenícios, de tanto fixar que parece nos ver de longe, de remotas eras. Dorme e desperta em nossa cama e ocupa, solene, seu espaço — entre mim e Elza. Entende tudo, ou age como se entendesse. O que sabemos da inteligência dos bichos, nós, tão ciosos da que julgamos ter? Deve haver, necessariamente, algum paraíso para as boas, beatíficas almas dos cães, fidelíssimos, desamparados, intrépidos. Observo. E falo "amor, amor, amor!" — e Letícia salta e me beija o rosto. E o céu não late, sonha nos altos e suntuosos olhos do animal. Há uma ociosidade na alegria. E uma interminável alegria na ociosidade.

### 130.

DIREI AO LEITOR QUE TUDO O QUE O Fabrício Carpinejar, meu filho, narra sobre a meninice é verdade?* Não posso afirmar. Muito menos se sua lembrança é mais minuciosa ou multiplicadora do que a minha. Apenas me é dado afirmar que o que ele relatou foi de acordo com a lucidez da imaginação. Sou o seu pai, mas a infância é só dele, quarto secreto e irredutível. E não discuto esse proverbial direito de propriedade insone e privada, essa versão que, ao contato com a infância, torna-se irretocável. Porque a infância sabe mais do que o pai, a infância é o pai e a mãe da imaginação. Assim como em seu pungente e admirável *Um terno de pássaros ao sul*, Fabrício fala — não de mim, mas de seu pai interior — que deve, por dentro, integrar-se ao pai real, nessas crônicas, sua capacidade criativa vai amealhando sucederes que são dele, absolutamente mágicos, com algum senso de humor, sem necessitar explicação ou justificativa. E qual seria ela, se todas levam a um esquecimento que se faz memória?

O que não era, passa a ser; o que nunca se deu, passa a existir de forma soberana. O poeta não é somente um fingidor, é também descobridor de muitas infâncias naquela que acha ter sido unicamente sua.

A imaginação é a louca da casa, a louca da família, a louca do so-

---

* Escrevi esta orelha para um livro seu de crônicas.

nho e talvez, em última instância, a louca da alma. E o que foi sonhado nunca deixará de ser verdade.

### 131.

Declara O.W. Milosz que "somente os pássaros, as crianças e os santos são interessantes". E os poetas que têm parte de pássaro, criança e santo — são por isso muito mais interessantes ainda. E é curioso.

O grande poeta se parece com todos e não se compara a ninguém.

### 132.

O talento do poder tem parágrafos sonoros. Ou às vezes descuidoso método. Ou nenhum, salvo o portentoso acaso. Mas não falo disso. Em 25 de março de 2009, em Brasília, levado por meu amigo Tarso Genro, ministro da Justiça, ao Centro Cultural do Banco do Brasil, nos encontramos, o presidente Lula e eu. Nos abraçamos. Sim, para uns, o abraço é um poço de alma; para outros, raso, com poucos palmos. E percebi quanto o presidente Lula foi coração. "O intelecto é o lado parcial do homem: o coração é o todo" (Antoine de Rivarol). Ao mesmo tempo é o mais astuto, pragmático e instintivo dos políticos. Veio do povo. Não sei se de sua força ou fraqueza. Inexplicável talvez a um historiador e enigma aos próprios contemporâneos. Ali estava também a então chefe da Casa Civil, Dilma Rousseff. Simpática, enérgica e simples. Disse ser minha leitora. Atrás da feminilidade e graça, a austera governante. Mulher de ferro e ternura. Pode a sorte reservar-lhe a presidência deste país.

O que só será profecia se cumprir-se.* Mas não foi feliz no governo, sob o terrível animal da economia.

E curiosamente, entre agosto e setembro de 2010, voltou para as páginas de minha criação, já cansada de ser cavaleira andante, *A engenhosa Letícia do Pontal* (2003), tornando-se apenas *A nuvem candidata à presidência*, que é uma fábula humana e política, além dos gêneros, além das circunstâncias de tempo e espaço. Na medida em que a Nuvem pode transformar-se em país. E o país em Nuvem. E neste ano de 2022, absolvido pelo plenário do Supremo, Lula candidatou-se e tende a ser o novo presidente. Mas as urnas é que sabem.

## 133.

Perdoem os leitores, as citações. É verdade que não só um ser retórico, segundo Montaigne, "é sapateiro que sabe fazer sapatos grandes para um pé pequeno". E as citações são mais do que tabuletas de estrada, são interpretações designadas de acordo com o que está sendo pensado, incorporando-se ao texto, como se ali estivessem, desde sempre. Porque todo o acervo da cultura de repente é terra de ninguém que se acresce à margem. Até não se distinguirem, sendo a própria natureza da escritura. Esse "andar em movimento" é o diálogo que não atrasa o tempo. Enunciações são (des)inventadas, outras se inserem, outras se ativam na epiderme da criação. Nenhuma se perde, todas se transmudam. Ou mudam de sonho.

---

* Mandei para Dilma, na mesma época (ainda não estava oficialmente candidata), um cartão, no qual eu previa que ela seria a próxima presidente, o que se cumpriu nas eleições de 31 de outubro de 2010.

## 134.

A MORTE DE ANTÔNIO OLINTO, amigo e confrade, principiou, quando, com mais de noventa anos, num festejo de carnaval, levou um tombo, batendo com a cabeça. E terminou, depois de meses, na manhã de 12 de setembro de 2009. Fui ao velório, evitei o enterro, para que a morte não pense ser tão importante, e mal sabe ela que, ao ser enterrado um homem, enterra-se a si mesma. E um dia todos seremos acordados. Sim, habituei-me a chamar Antônio Olinto de "menino", e ele ria, com riso maior que o rosto. Assim chamava, não só pelo poeta que tem inveterada infância, ou pelo ficcionista magistral de *A casa da água*, uma das mais consagradas obras de nossa ficção. Ou porque o menino tinha dentro de si a própria "casa da água" da palavra, justamente aquela que toca o coração. Ou porque a palavra às vezes era maior do que ele, e se manifestava ora na crítica (quem se esqueceu de sua "porta de livraria" de *O Globo*, aberta aos novos?), ora na percepção de um mundo que teimava em transbordar. Chamava-o de "menino" — não apenas como "pai do homem", como queria o nosso Machado, mas pai do futuro. E os meninos se entendem nalgum arrabalde da meninice, e Ubá se mostrava constante no que via e sonhava. E era "o menino e o trem" de suas remotas constelações. Ativista cultural, como raros, abria bibliotecas (diretor de cultura da prefeitura do Rio) com a alegria de quem atinava no poder mágico e instaurador dos livros. Sua vontade minuciosa de viver era inesgotável. Com Zora, foi uma parte dessa vontade, mas a outra continuou imperturbável. Não tinha idade, não precisava de idade, não quis acatar idade alguma, salvo a incrível volúpia de amar o que fazia, cercando nobremente as pessoas com sua sombra operosa. E se agora o sabemos adormecido, começam a circular também para sempre as suas palavras. E não tem idade agora, como antes. E nem carecerá dela para descansar, como merece, da dor, dos trabalhos e de nossa incongruência humana. Dorme, mas a infância nele jamais de jamais dormirá.

## 135.

MEMÓRIA SE TORNA ESQUECIMENTO pelo mesmo rio do que lembramos? E se confundem — memória e esquecimento — numa ou noutra margem. Para uns, o rio dos falantes ossos; para outros, rio dos vivos. E o que não nos é concedido, a não ser depois de mortos.

*Memória de outra idade*, a que se ouviu cair da infância. Memória da memória que não se apaga, ainda que finja se apagar. Memória de rostos e símbolos que sofreu o desgaste do nome. Memória de nomes que avançam pelo fio da escuridão e de repente emergem. Novos, é raso o que podemos recordar. Velhos, só temos o que lembrar do que esquecemos. E a *Memória de outra idade* é o que não deixamos morrer, para que não morramos.

## 136.

ESTAS MEMÓRIAS PODEM NÃO SER o melhor de nós, mas são o que de melhor fixamos. Muitas imagens nos fogem e a vida toda pode não se sustentar num poema. Não importa. Escrevo ao futuro, como diante da alfândega. E tenho dois queijos da Serra da Estrela nas mãos. A propósito, lembro-me da última vez que fui a Portugal, em novembro de 2009, quando, inocentemente, comprei dois queijos da Serra da Estrela — de minha especial predileção. Isso me marcou tanto que estou repetindo.

Coloquei-os numa das malas (se pela mão os trouxesse ficariam intocados) e viajei tranquilamente. Como um guri antegozando a vindoura gulodice.

Chegado ao aeroporto Galeão, do Rio, que tem o nome de melodioso e inventivo músico, estranhei, como os demais passageiros, o fato de a bagagem demorar mais de hora, o que aliás, está se tornando habitual. E, subitamente, apareceu um solene fiscal com uma de minhas malas, entre outras, como se fora alvejada caça. Ao abri-la, fui impelido a entregar os dois queijos ao imperioso fiscal. E soube que há uma lei de 1936, se não me engano, mais velha do que eu, do tempo do "onça", para não dizer da plena ditadura getulista, que veda a entrada de produtos estrangeiros no país; lei bastante arbitrária, sombria como o tempo que a gerou, e que persiste sendo um instrumento contundente contra os viajantes. E se D. João VI já abriu os portos do Brasil aos navios que nele aportam, continuam fechados para os pequenos barcos de nossos sapatos. E olha que não levamos dinheiro na cueca, nem o mínimo panetone junto aos solitários pés.

E, leitores, não tive dúvida, sob os olhos espantados do fiscal, destruí com as mãos os dois queijos, amassei-os, cortei-os, lacerei o mágico tecido e os depositei na lata de lixo. Nem minha fome foi saciada, nem a fome de mais ninguém. E este poeta, leitores, foi ameaçado e quase preso, sob as invectivas — não de um coração piedoso — mas, talvez, por excesso de imaginação vislumbrei de repente o virgiliano Cérbero espreitando-me na Alfândega. Mas não: o curso dos acontecers retornou ao normal. E se uma lei injusta me impede a entrada no meu país de dois queijos com estrela dentro, nenhuma lei me proíbe de, com fervor, destruir o que adquiri e é meu. E ouvi, atônito, do irritado fiscal a indagação:

— Se você gosta tanto dos queijos lusitanos, por que não mora lá?

"O nada" — dizia Maria Zambrano — "é o último lugar do sagrado." E maltratado o poeta por dois queijos, era o sagrado pelo nada. E lembrei um aforismo de Quintana: "Quem maltrata os animais mostra indício de mau-caráter". E o que maltrata o animal poeta?

Todavia, leitores, a mesma sensação sofro agora ao relatar estas memórias. Como se passasse diante da alfândega, penetro no futuro e vou carregar, queiram ou não, intocados, os meus dois queijos da Serra da Estrela.

## 137.

Pobre apego humano a dois queijos! De tanto em tanto vamos nos desapegando, como se morrêssemos uma vez e nas vezes que já esquecemos. Ou nos vemos tolhidos nos afetos.

Sim, aos setenta e um anos de minha idade, ou sem idade, dei-me conta — apesar de muitas vezes antes tê-lo intuitivamente pressentido — ou ter composto em textos o vislumbre da transitoriedade —, dei-me conta — enfatizo — de algo irrefutável: as funções, os cargos, até os bens que achamos estarem em nossa posse, não são nossos.

Jamais podemos ser despossuídos. Ninguém nos arranca o que não nos pertence, não há subtração sem direito de propriedade. Nem há verdadeiro direito de propriedade sem a detenção definitiva. E como não somos definitivos (nossos sonhos são muito mais do que nós), fica o que temos aos pósteros. Mesmo os livros — de repente serão dos que se apropriarem no amor por eles.

É verdade que, em determinadas coisas ou entidades, por certos requisitos legais, ou por eleição, somos postos a servir. Em tudo não passamos de simples mordomos, locadores de nadas. E como nos prendemos ou padecemos por isso que não é nosso? Talvez porque uma réstia de nós continua nas coisas. Passamos com pressa e o que julgamos nosso — com igual pressa — também toma destino.

Não somos o destino de nada, embora estejamos em nosso destino como num comboio. E não tendo nada, tudo pode ser nosso, sem o desespero do poder. Para ser pleno e livre, o poder não pode, nem deve, pesar. Porque esmaga.

O que é definitivo? Só Deus. Porque Ele permanece, quando nós passamos. Diz o Salmista: "Ó Senhor, a tua palavra é eterna; ela está firmada no céu" (Salmo, 119: 89).

## 138.

Dirão alguns que estas Memórias devaneiam, com passos exatos no pátio da língua. Mas que língua e povo tem o nosso rosto, ou que rosto, o que escreve e reflete? Luis Fernando Verissimo, mestre da crônica, outro dia citou Jorge Luis Borges, que flagrou o paradoxo de que os escritores mais representativos de cada país tinham poucas características do seu povo. E alude na Inglaterra a Shakespeare, por sinal espalhafatoso, mais italiano ou judeu no temperamento do que inglês. E o tolerante Goethe, com sua frieza, no que tange ao conceito de pátria, antipassional, nada tinha de alemão. E Victor Hugo, com seu jogo metafórico e as hipérboles, nada possui do cartesianismo francês. Muito menos o satírico Cervantes, contemporâneo da Inquisição, pouco guarda da Espanha. E para ampliar essa galeria, o nosso Machado de Assis, com sua contenção de estilo, sua mordaz ironia, filho de Sterne, parece ter mais nascido em alma na Inglaterra que no tropicalismo brasileiro. E o próprio Borges é um europeu que contrasta com a dramaticidade e melancolia argentina. Alega Luis Fernando Verissimo que isso sucede porque todo mundo, quando pensa formalmente na língua que fala, pensa em outra língua. Todavia, há que meditar noutro aspecto. O de que consiga ver melhor seu país, trabalhando o mesmo idioma, caminhando no pátio da mesma língua, sendo diferente. Como se olhasse de uma janela para dentro de sua gente. Ou de uma sacada, os passantes tão diversos ou bizarros. O que é igual tenta contemplar apenas a si mesmo, e a imagem no espelho é siderada pelo impositivo "eu". O que é diferente contempla, critica objetivamente o outro, o que mostra características que não são suas, o que sente de outra maneira, buscando compreendê-lo. E o entendimento é mais lúcido da sombra para a luz ou da luz para a sombra. São os opostos que mutuamente se afeiçoam e se discernem. E o idioma é o rio que vai de roldão pelas coisas e não preserva margem, sempre acabando por desaguar em outros. Como no amor, o pátio da língua só é visto através do pátio da alma. E uma alma se aparenta com todas as almas.

## 139.

OU SÃO AS ALMAS QUE SE APARENTAM com a nossa. Como em casas aparecem imagens que nalguma memória nos pertenceram. Ou mudamos de casas na alma? Sim, curiosamente, ao conhecer a residência de Ilha Negra, no Chile, que Pablo Neruda comprou de um capitão da marinha espanhola, no ano de meu nascimento, reparei que a dita morada tem a forma de navio. E, aqui, na Urca, Rio, deu-me Deus uma casa semelhante a um navio diante do mar. E alegro-me que esse privilégio também tenha vindo sobre mim, que, como o poeta dos *Cem sonetos de amor*, que traduzi, igualmente não perdi o jeito de criança. Teria eu algo de seu extravagante destino? E se os ditos deuses envelhecem, a poesia não. No balbucio da tempestade, minha casa treme, range como se as cordas do mastro estalassem. E o céu fica mais perto.

E Neruda, em suas memórias, relata que teve inimigos figadais e que, ao morrerem, deles sentiu falta, até certo vazio. E me lembrei de um tal de Hecker, de geração mais antiga, que chegou a mandar-me uma carta, indagando se podia fazer boa poesia em Itaqui — e era exatamente onde vivi e ali escrevera *O campeador e o vento,* livro importante para João Cabral. Cada vez que podia, espinafrava-me nas páginas de *Zero Hora*. Sim, vem-me certa saudade dele, já que se mandou para o outro mundo, onde, inquieto, há de encontrar alguém a quem atacar. E é a propósito a sentença do padre Antônio Vieira: "Não há maior delito que ser melhor. (...) Um grande delito muitas vezes achou piedade; um grande merecimento nunca lhe faltou inveja. Bem se vê hoje no mundo: os delitos com carta de seguro, os merecimentos homiziados".

## 140.

ESTAS MEMÓRIAS VOLTAM COMO AS ONDAS, pois "as idades mudam constantemente", observava Almada Negreiros. E vejam, leitores, a penúria humana. Recebi no dia 27 de maio de 2009 esta inesperada correspondência do livreiro de um sebo de Guarapari, Espírito Santo, informando que "há pouco mais de um ano tive o prazer e a felicidade de comprar os livros que o senhor havia deixado com o D., melhorando em muito, muito mesmo minha pequena livraria, que completou no último dia 16 de maio, quatro anos de vida... Hoje contamos com um acervo de mais ou menos 13 mil livros e uma clientela bastante fiel em toda essa região"(...). E eis o *e-mail* que lhe enviei: "Rio de Janeiro, 1º de junho de 2009. Prezado Livreiro C. A.: Quando saí de Guarapari, fui procurado por senhor D. S., marido de nossa professora de inglês, alegando que a Samarco estaria disposta a fundar, nessa terra, uma biblioteca com meu nome. Lembro que estava acompanhado de outra pessoa interessada. Foi como doei mais de 10 mil livros, com o único e insubstituível objetivo: a tal biblioteca. Foi-nos informado depois de nossa mudança, estranhamente, de que ainda estavam nas tratativas. E percebo por seu *e-mail* (27.5.2009), que foi a exata época, em que os livros lhe foram vendidos. Recentemente, minha mulher esteve nessa cidade e, atônita, recebeu a notícia de que os tais exemplares haviam sido doados e agora alcançou-me seu *e-mail*, pedindo mais exemplares para venda. Ora, não sou negociante de livros, apenas escritor, com nome forjado no trabalho e na limpidez. Fui simplesmente vítima de um golpe de esperteza ou penúria. Mas por parte de V.S. que me escreveu e depois telefonou, isento totalmente de culpa. Atenciosamente, C. N." Sim, fiquei indignado uma manhã. Na tarde, não permiti que a ira pousasse por mais tempo. Foi difícil. E esta mensagem mandei ao livreiro: "Depois de sua explicação telefônica e assim que passou a minha raiva, como D. e J. acharam que não me fizeram mal, deixei assim mesmo. E como não sabem o que fizeram, não me cabe imputá-los de nada, a não ser perdoar-me por dar a eles na confiança uma biblioteca. E perdoá-los por não saber o que fazer com ela. E desejar que sejam felizes e esquecer. O abraço fraterno do C. N.".

Sei que muitas bibliotecas, sem que faça nada, serão levantadas — em nome dessa que não o foi. Ao deixar Guarapari, é verdade que não chorei pelos livros de que me despojei, nem pela casa onde tantos anos vivi. Chorei, sim, pelos dois cães rottweiler — os dois bezerros — Argos e Vitório Augusto, quando me vi separado deles. Embora saiba que estejam bem, consciente de que as idades e os seres mudam constantemente. Ou mudam até por não mudarem.

### 141.

O HOMEM OU É CORROÍDO PELA RAZÃO, ou pela paixão, ou por ambas. E o silêncio nem sempre é o pai do homem. Sua grandeza é a dor, a alegria ou a vida que ultrapassa a morte. "Nossa é a miséria,/nossa é a inquietação incalculável,/nossa, a ânsia de mar e de naufrágios,/onde as nossas raízes se alimentam" — escrevi no *Livro de Silbion*. E em Pascal se encontra esta frase: "A grandeza de um homem é grande no que se considera miserável. Uma árvore não se considera miserável." Ou a grandeza se prova no êxtase ou na dor.

### 142.

ABRO O *JORNAL DO BRASIL* DE HOJE, 14 de março de 2009, e contemplo a notícia de que a Academia Brasileira de Letras, através de seu presidente, estaria candidatando Nélida Piñon ao Prêmio Nobel de Literatura. Não nego que mereça. E no mesmo nível, João Ubaldo

Ribeiro também, por exemplo, o mereceria, ou Moacyr Scliar. Quanto a mim, nem pensar. Talvez por ser eu apenas, nos meus setenta anos, "uma hora de água", na expressão feliz de Gottfried Benn e outros, horas de ouro. Gravo isso, aqui: para o porvir. Não invejo as exceções: sou a favor da regra. Ou decerto nem reparei: a planta sinuosa da imortalidade não alcançou os umbrais de minha herdade. E não convém tratar assim a obra de certos humanos, pois, se o hábito não faz o monge, pode alguém usar as vestes monacais e por dentro nada ter de monge, ou seja, nada ter do imortal burel. Ou ainda resta a hipótese, também pantagruélica, de que o cão, "o animal mais filósofo do mundo", tenha se devotado a encontrar um osso com tutano e não seja o meu osso tão proverbial a seu pereníssimo faro. E como não me louvo, há muito, pelas especulativas deduções dos assuntos terrestres, certo de que é o céu que os sustenta, há uma palavra de pé: "Como água fria para a alma cansada, a boa-nova que vem de país remoto" (Provérbios, 25: 25). E é vendo que despertamos o que não se vê. E consoante Paulo: "Deus escolheu as coisas humildes do mundo, e as desprezadas, e aquelas que não são, para reduzir a nada as que são" (Carta aos Coríntios, 1: 28-29). Sim, quero ver a cara do futuro. Ou o futuro com a cara destes olhos. E não foi por acaso que assinalei em *Memórias do porão*: "A ciência de Deus é o gozo de alma plena na plenitude extrema de ser só alma e Deus". Ao concluir essas linhas, diferentemente da ABL, a Academia Brasileira de Filosofia, credenciada pelo Comitê do Nobel, apresentou meu nome, em eleição, por unanimidade, como seu candidato. E creio é no poder do Alto e na palavra gravada no firmamento.

### 143.

E PARA O BEM DA VERDADE, o vice-presidente da República, Michel Temer, teve o gesto nobre de enviar para o comitê do Nobel sua declaração de apoio ao meu nome. E fiquei agradecido. Mais tarde, em maio de 2016, assumiu, com o *impeachment* de Dilma Rousseff, a presidência da República.

### 144.

OS POEMAS NOS SEGUEM COMO OS animais a Orfeu. Até os abandonados no estaleiro, se passamos, nos olham com sofreguidão e afeto. E como não amá-los? Alguns devem sentir-se órfãos sem o amparo dos livros. Mais os poetas e ficcionistas esquecidos, postos no porão da história, como se nunca houvessem existido. Confesso-vos, leitores, minha ternura por eles. Aos que pude, recolhi na minha *História da literatura brasileira*. E a crítica, por sempre comparar, erra nos diferentes e insólitos. E os põe no depósito de secos e molhados, quando são atuais, convincentes ou trágicos. Quando o espírito neles se alteia, inda que defuntos os autores. Por lhes permanecer reconhecível o olhar. Porque, como diz Paul Valéry, "os mortos têm apenas os vivos como recurso".

### 145.

ACHAVA QUE A EDIÇÃO, EM DOIS volumes, da minha *Poesia reunida* (I. Amizade do mundo; II. Jovem Eternidade), saída em primorosa publicação pela Novo Século, de São Paulo, não contivesse erro, já que cuidei, por meses, desesperadamente. No entanto, tive um choque: o último poema de *O campeador e o vento* saiu com a falta de dez versos. E é um dos mais belos textos que escrevi. Não entendo como não foi visto tão grave engano pela revisão da dita editora. Reproduzo os versos, como deviam estar na página 406, volume primeiro:

VII.
Quando os ventos forem caminhos,
os ventos ventos forem sementes,
quando os cavalos forem moinhos,
e a noite negra for transparente,

quando os ventos forem caminhos,
quando os barcos forem poente,
quando os cavalos forem moinhos
moendo a noite tranquilamente,

quando os ventos forem caminhos,
a vida cheia de ventos
na vida feita semente,
moendo o jugo com seus dentes,

quando os ventos forem caminhos,
seremos ventos e ninhos,
sombras esguias, ventos moinhos,
moendo a noite nos seus caminhos.


No dia seguinte, recebi o *e-mail* do revisor Franklin, confessando: "O erro na página 406, do livro *Poesia reunida*, primeira parte, no poema intitulado *O campeador e o vento*, foi meu. No arquivo anterior, a poesia VII do mesmo, fechava na página 400 e com as mudanças ele passou para a página 406 (atual). Quando fechei o arquivo para impressão, apesar de checar página por página, não reparei que houve uma retração do programa para diagramação editorial e continuei com o processo para gerar o arquivo a ser impresso. Apesar de todos os cuidados que tive e com a revisão impecável do amigo Nejar, essa falha passou despercebida pelo meu olhar crítico (não percebeu nove versos!). Não tenho o que dizer a não ser expressar a consternação que sinto por esse ocorrido e o meu honesto pedido de desculpas. Uma falha grave que me deixa com um sentimento muito ruim, pois, sou profissional e rigoroso com meu trabalho e o que posso garantir, tendo outra oportunidade de continuar a trabalhar com vocês, é que jamais se repetirá algo assim." Respondi: "Franklin, estranhei porque me mandaste na revisão a página perfeita. Foi um dano na magnífica edição, um ferimento grave no meu poema — dos mais belos que escrevi. Mas é a verdade, e assumi-la é ato de nobreza. Diante da fragilidade humana, sim, eu te desculpo! O abraço do C. N." E agradeceu: "Obrigado, meu caro e prezado amigo Nejar, obrigado por aceitar minhas desculpas, honestas desculpas. Sinto-me confortado, apesar de não saber lidar bem com meus erros, sempre busco o caminho da verdade. Franklin." O fato é que em cada livro ao meu dispor, estou colando o trecho faltante. E persistirei colando, até que se grave para sempre. Poupei o revisor, para que não perdesse o emprego. Dirão que o meu livro publicado é primoroso, graficamente. Todavia, há de se notar que a edição teve apoio do Bradesco. No final, sei que dessa tribulação, coisas espantosas no universo se cumularão a meu favor. Um desequilíbrio, aqui, é uma grande compensação de equilíbrio, além. E como, leitores, a Novo Século não quis adiantar-me parcela dos direitos autorais, querendo "pescar sem molhar os pés" na minha *História da literatura brasileira*, revisada e atualizada, com mais de 1.500 páginas digitadas, resolvi amigavelmente, em 20 de agosto de 2009, acabar com todos os contratos. *Pax coronat justitiam* (A paz coroa a justiça). Assinei com a Leya, que se apressou a dar-me o adiantamento digno e a esmerada publicação da obra.

## 146.

"Cresci uma sílaba desde alguns dias" — escreveu o dramaturgo alemão Schiller. Tendo eu igual sensação ao chegar a mais de setenta anos de infância. Não por ter ficado mais velho, mas por haver começado a ficar mais criança, para não dizer sem idade. E não é em vão poder crescer setenta sílabas, embora sejam apenas algumas palavras. E nelas se resuma a existência inteira.

Parece que a pele se enrijeceu, em vez de se tornar macilenta; os olhos ficaram menos duros e um tanto surpresos, o corpo se adornou de tempo, os cabelos mais brancos ou enternecidos.

Cresci uma sílaba na inteligência, não sei se tal se deu na fala com a vida, talvez bastando que, sim, ela persista falando comigo. Não observei se cresci no instinto, por já haver crescido demasiado nas coisas. Amigos, inimigos, cresci algumas horas na maneira de olhar o mundo. Ou no silêncio que exige tantas vezes o complementar vocábulo. Ou no humor que cada manhã nos renova. Cresci metros de sonho. E aqui da Urca, diante do oceano, abismado, cresci palmos de água nos olhos. E eles não guardam musgo nem pedra.

E mais ainda cresci, sem que saiba em que bairro da infância. E sem mágoa, continuarei crescendo.

## 147.

Em *A vida secreta dos gabirus*, o pensador e protagonista Longinus prescreveu: "O perigo da imortalidade é nos esquecermos que vivemos." Mas vale também o que ele próprio afiançou em seu *Livro de vidências*: "Quando os sonhos se atropelam, os profetas se confundem." Ou são os profetas que atropelam os sonhos. Ou os sonhos começam a ter medo do que está vivo.

## 148.

Todo homem é estrangeiro embora talvez não o saiba. Até que seja cidadão, de tanto ser estrangeiro.

## 149.

Observava Montaigne: "Quero que a morte me encontre a plantar as minhas couves, despreocupado com ela, e ainda mais com a minha horta imperfeita". E mais prevejo: quando eu morrer vai chover muito, a eternidade toda vai chover. E estarei livre, livre, mais livre que minhas palavras.

E se fui um ser "atormentado pela ambição de pôr todo um livro numa página, uma página numa frase e a frase numa palavra", como confessava Joubert, quando me for, as palavras saltarão das páginas de um a outro livro, os livros hão de saltar para uma só frase. Então também minhas palavras ficarão mais livres. Ao readquirir sua própria e voluptuosa identidade.

E estas Memórias terão o sopro inaugural com que vim ao mundo.

## 150.

— Pegue uma lanterna! — Falou-lhe a amiga. A noite está cerrada.

— Não preciso de lanterna — respondeu-lhe o cego.

— Sim, você precisa: os transeuntes poderão se chocar com você.

— Tem razão — murmurou o cego, que pegou a lanterna e se foi. E de repente um homem deu-lhe um encontrão.

— Poderia ficar mais atento — resmungou o cego. Não viu a lanterna? — Não — disse o homem. Está apagada!

Se a lanterna de muitos está apagada, vou deixar acesa a minha. Porque a luz tem coisas acabadas, a escuridão é intérmina. E a propósito, veio-me à lembrança um admirável contista, Felisberto Hernández. Possuía a singularidade curiosa de não deixar suas histórias terminarem, ou não saber arrematá-las. A ponto de seu livro intitular-se *Narrações incompletas*. E o motivo da lembrança: a sua melhor narrativa se denomina *Ninguém acende as lâmpadas*. Ora, leitores, os que desejam ficar na escuridão, que fiquem! Eu vou acender a lanterna, ainda que seja pequena. Não importa o medo em torno, ou a violência. Ademais preocupo-me com os cegos. E se "o medo inventa novos nomes para distrair-se", como queria Elias Canetti, com a lanterna não será necessário inventar nomes. A luz tem todos os nomes e nenhum. A luz que reconhecemos com nossa lanterna acesa também nos reconhece. A escuridão é ambígua, a luz, não. E recuso toda a forma que não seja luz.

## 151.

AO POETA NÃO BASTA LEVAR UMA LANTERNA, carece de que ela tenha luz. O poema é um cego que caminha na palavra e a palavra é guia, tem pupilas muito abertas. Vai puxando o poema para onde é seu destino, mesmo que não o queira. O poema anda nos olhos das palavras. A lanterna é a imaginação e não pode nunca se apagar. Na noite, as palavras se armam de lanternas. Para que não haja tropeços entre elas. E a imaginação também não se clareia sem as palavras que sabem o que o poema não sabe. E o poema aprende apenas ao sair. Porém, não chega sozinho: necessita das palavras. Às vezes nem pressente quando elas se escondem atrás de si mesmas, ou inventam sombras. Por não quererem ser vistas, ao verem demais. E o poema não é o que as palavras desejam ser, mas o que ele faz com as palavras. E a prova de que a imaginação endoideceu é quando deixa a lanterna acesa durante o dia. E não há poema que resista tanta luz! Nem luz que resista tamanha realidade! 1. O poema é cego de nascença. Mas recupera a visão, ao sentir-se amado; 2. As palavras não são tão soberbas a ponto de menosprezar a lanterna da imaginação; 3.O mais acabado poema é o que está posto em alma: isto é, quando já ressuscitou no leitor; 4. E o mais definitivo, glorioso poema dorme em Deus.

## 152.

SIM, EM DEUS DORMEM TODAS as proezas, todos os projetos do homem, ou as coisas que já estão sendo ou que serão.

Na madrugada de 11 de setembro de 2009, sonhei que estava na companhia de um Amigo muito querido, e à vontade com Ele. Havia muitas tendas e estávamos numa delas. E soube que havia sido escolhido para o Prêmio Nobel de Literatura, chorava de alegria e glorificava ao Altíssimo por isso. O Amigo, ao lado, falava-me: — Prepara-te! Tens que atender os jornalistas lá fora, e são muitos!

Registro e afirmo: um sonho só é profético quando se cumpre. Se havia quilates de sentir, ouro puro nesse devanear, era como se eu houvesse molhado as mãos no azul azul da água. E "água dá felicidade quando senta", não é Longinus? Também no sono. Humanamente, é um tiro na luz. Elza dizia ser minha utopia, igual a de outros que desejam morar nos Estados Unidos. Mas em março, no ano de 2017, ela sonhou que eu recebia uma premiação no estrangeiro. E minha vida é um tiro nas estrelas. Mesmo que a inveja me rodeie, como a de um falso amigo que me telefonou cinco minutos depois de ter saído o Nobel para uma escritora alemã, talvez para ver se eu continuava sorrindo e continuava. Continuarei. Mas anoto para o futuro: tive dois sonhos com o Nobel. Um em 2011. Residia na Urca. Entrava numa câmara de tortura e havia um Anjo na porta sorrindo e afirmava: — Será o preço do Nobel, e persistia sorrindo. E ouço, lá fora, a noite com o cochicho de cavalos, mastigando, entre as ervas, luz.

## 153.

TENHO PEDIDO A DEUS MINHA JUSTIÇA. Ainda não chegou nem pouco, nem muito. E fico com calos de vento na cabeça, calos no coração. Pois sem justiça a esperança adoece. Os lobos e os grilos vão engolindo o céu. Tenho fome de justiça. E nisso não gaguejo. Sento em cima dessa fome e sou nada, nada de nada. Só Deus sabe o que sou. E o que me compraz é a amizade Dele. Vivo de cara branca, transparente. E não se pode mais viver assim? Estou até com calos na esperança. Um vento, um vento forte, um vento talvez me possa tirar dessa dor. Não dessa fome maior do que eu, maior do que os tempos e o universo vai aumentando, sem que impeça. O céu já é dor. Subtraíram-me guardados ocultos na biblioteca. Sobre a suspeita, eu me calo por causa da Comunidade que presido. Tiraram-me de um tubo nas costas de adormecidos livros. Coisa de polícia. E eu calado. Até quando? No mundo reconheço autoridade mas a chefia e o senhorio é de Deus. A justiça se não vem, me rói. Pelos ossos. Resisto com o mais vivo de mim, o mais saudável, arejado. Minha fé cochilou na esperança? Careço de justiça e não rasa, seca, parva. Careço de temporais, vulcões de água, paz, equilíbrio. Tanto desamor me desequilibrou e há que continuar resistindo. E glorifico, exalto ao meu Deus — de uma idade à outra —, alegro-me assim mesmo na Sua bondade, entre os claros, escuros, as frestas do enternecido fôlego. Até que Ele, sim, não mais me resista. E não resistiu de amor. Em 11 de dezembro de 2009, pelas 18 horas, no Palácio Negrinho do Pastoreio, em Porto Alegre, recebi, com os acadêmicos, Cícero Sandroni e Moacyr Scliar, das mãos da governadora Yeda Crusius, a mais alta comenda do Rio Grande do Sul, a de Ponche Verde.

"E fiquei comendador./Talvez sem o merecer./Talvez ao comer a dor,/ ou dar a dor de comer." Retornei ao pampa. E mais. Outra terra, que estimo, como minha, Minas Gerais, deu-me, das mãos de seu nobre governador, dr. Antônio Anastasia, em 21 de abril de 2010, a Grande Medalha da Inconfidência, na histórica Ouro Preto, em ritual cívico, de beleza nunca vista, sob o olímpico pano de fundo dos poemas de Cecília Meireles: "Por aqui passava um homem/e como o povo se ria! — que reformava este mundo/de cima da montaria".

### 154.

NA CAPA DO *JORNAL DE LETRAS*, de Lisboa, de 21 de outubro de 2009, lê-se "José Saramago — o peso de Deus!" E Deus não é peso para quem o conhece ou aceita. Ao contrário, leva sobre si todo o nosso peso, infortúnio, enfermidade. E é quem nos liberta e restaura. E digo isso por experiência própria. Não é a soberba humana, ou a petulância que o tocam. Está acima dos conceitos. Acima da luciferina inteligência. E Saramago não deixa de ser um predicador às avessas. E por mais que vocifere ou raciocine, não mudará Deus num til. Porque é de ninguém, só de Deus a última palavra.

### 155.

RELATÓRIO DE VIAGEM A LISBOA — de 7 a 12 de maio (2009), representando a Casa de Machado:

> Escrevo este Relatório
> da viagem a Lisboa,
> enquanto pousam in-fólio,

gaivotas, gaivotas voam
sobre o Tejo. E o que podem
as gaivotas senão trazer
sol no bico? Sem espólio,
estribo, salvo-conduto,
deixei o tempo na mão,
e este rumor escuto
de navios na cerração,
tal em árvore seus frutos.
Fui à feira e entre livros,
como melões imprevistos,
lancei o meu pouco-muito
e era Quasi a editora
da Enciclopédia da Noite,
que achei ser pequena, monte
de volumes junto à hora
também de uma quase-noite.
Ao redor de poetas, fico,
ao redor das letras, signos,
dedicatórias se escoam,
semelhando a espumas, ondas
que não se repetem. Boa
esta alegria de estar
na avenida Liberdade
e em liberdade vagar
num céu de tantas idades,
como se idades do céu
caminhassem sob a praça
das estantes e comparsas,
estes leitores fiéis.
Ou daqueles que por réis

de mel, sonhos nos entendem,
ou apenas bebem sem medo
em mais límpido regato.
E mais tarde, ali no Teatro
São Luís, pleno de convivas,
conferenciei. E era Inês,
não de Castro, mas Pedrosa,
de rosas, pedras de vez,
pedras de larvas palavras,
que a nós todos mediava.
E falei: éramos três —
sobre a música no texto
e como a dor é pretexto
de ser poesia. Depois
referi quanto no verso
sabe a música a universo,
sabe, sabe e é a mesma voz.
E pensei na Academia
E Machado, mestre excelso,
com a *Colóquio-Letras* quando
a direção tem aberto
suas portas. Sem excesso,
com discernimento alado,
trato das coisas. Não nego
minha paixão a esta Casa,
que de longe é inda mais vasta
e dá vistas ao "eu" cego
nesta glória que não passa
e no consolo carrego.
Também sairão do Tejo,
um bando de Caravelas,

        autores, todos a bordo,
        rumo ao Brasil. Pois a escrita
        sob a portuguesa língua,
        sem a espera de algum soldo,
        é aventura, não pátria —
        que me perdoe o Pessoa,
        velho amigo! O que coroa
        a língua é amor, não pauta
        de compromissos sem data.
        O que coroa esta língua,
        é a aurora que, sem míngua,
        por sobre nós se desata.

## 156.

(Visão de Nova York, em setembro de 2011.)

    Estive outro dia em Nova York e é a terceira vez. Primeiro como rapaz, com a ousadia de dirigir um carro, passando entre caminhões e ônibus naquela megalópolis, com medo da velocidade e do abalroamento, chegando a passar perto da Quinta Avenida. Só Deus para poupar-me. Visitei a grande metrópole, de novo em 1999, um tanto chocado com seus portentosos edifícios e desumanidade. E agora, convidado para palestra e recital de poemas na Universidade de Nova York, situada no bairro dos artistas, Greenwich Village, cheguei feliz, com a fraterna recepção dos professores, a crítica militante, que é Marta Peixoto e seu assessor, o mestre catalão, Melcion Mateu, com alunos ou doutorandos falando a língua de Camões e acolhendo com entusiasmo a poesia e a nossa literatura. E escreveu o autor de *Os Lusíadas*: "Como poderá cantar/quem em choro banha o peito?" Mas ali cantamos.

Tirante a minha experiência na referida universidade, vi uma cidade ainda abalada com os acontecimentos de 11 de setembro de 2001. Nada mais reparei de sua soberba e opulência, ou da superioridade com que olhava os demais povos. E "uma cidade fala muito de nossas respostas ou nossas perguntas" — escreveu Italo Calvino. Ou as respostas às nossas perguntas. Ou apenas à curiosidade de estrangeiro diante de tantas perplexidades. Vi os americanos, corteses, hospitaleiros, e emigrados latinos, querendo esconder sua identidade, fugindo da língua natal e cavoucando um inglês falsete e bárbaro. Ou a Broadway como um formigueiro, com seus espetáculos, como o famoso *O fantasma da ópera*, com sua música eletrizante, ou *O rei leão*, ou *O cavalo de guerra*, entre outros. Ou os restaurantes que transbordam, com uma comida que paira entre o omelete, as batatas fritas ou o frango. O que nos dá inefável saudade do nosso feijão com arroz e carne moída e farofa. O filé-mignon é matéria de luxo. E me lembrei da fartura carnívora do pampa. Mas desfrutei do comércio barato de roupas e remédios. Ou da biblioteca centenária da Quinta Avenida, com tantos livros de escritores brasileiros.

Ouvi de um e outro cidadão americano que o prestígio de Obama decresceu, sendo mais um habilidoso e retórico político, sem o dom de administrador. E senti a falência econômica advinda do gasto furioso com as guerras. Nova York é, contudo, uma multidão de raças, diferente de outras cidades que são tipicamente americanas, seja Washington, San Francisco, Nova Jersey, seja Orlando. Mas o gigantismo enlouqueceu, com certo mito que parece aposentar-se, ou seu "pesadelo refrigerado", com o incessante barulho das sirenes sufocando o clamor de uma nova liberdade.

E vi, aterrorizado, o Marco Zero com o buraco imenso (também na alma do mundo) e o pungente monumento aos mortos no ataque às Torres Gêmeas. E me recordei do poeta Allen Ginsberg, com "clavicórdios em seus sótãos", e do *Uivo*, onde diz: "América, eu te dei tudo e agora não sou nada (...) América não aguento mais minha própria mente./América, quando acabaremos com a guerra humana?"

## 157.

ESCREVE-SE POR NÃO TER VIVIDO o suficiente? Ou se escreve por se querer sonhar o que podia ser vivido? Ou não foi sonhado suficientemente para viver? Escreve-se porque é preciso esgotar o sonho para começar a realidade. Ou porque o sonho carece de palavras para se alimentar. Ou para que as palavras não fiquem sozinhas e voem além das penúrias. E são tantas as histórias que nos precedem e pedem existência, que é preciso enviá-las adiante, com vontade contenciosa de entendê-las. Ou porque as histórias são maiores do que nós e nos arrastam no rio pesaroso dos sonhos. E os sonhos também vão no repuxo das palavras.

Escreve-se para compreender o que se viveu, ou talvez viver é que entende tudo, além de nós. Escreve-se diante da ferocidade do mundo, ao não nos conformarmos.

Ou escreve-se para nunca mais saber o que se escreveu, por já se haver escrito antes no que adivinhamos.

E ao contrário do que aventou o escritor francês Georges Perec, ninguém apenas "deita por escrito", pois quando dorme, todas as suas palavras levantam. E eu estou descoberto por um verbo em flor, estou inventado. Não tenho mais como saltar para fora da amplidão.

## 158.

RECEBI O *E-MAIL* DE MINHA NETA, de dez anos, madura bem mais que sua idade, Giovanna, que mora em Porto Alegre. E tenho a impressão de discutir com o futuro. "Querido e prezado vô Carlos... Eu adoro pensar no futuro, na minha vida, no amanhã. Que às vezes até esqueço o dia de hoje. O que plantamos hoje são os frutos que nós colhemos amanhã, e é preciso viver o seu tempo na vida, é preciso valorizar a vida: deitar todo o dia e pensar: 'mais um dia na terra'. Porque vai chegar o dia que não vamos mais ter essa oportunidade de chegar com vida em casa, ou seja lá onde for que estivermos (...) E nós pensamos mais uma vez: 'eu não quero apodrecer, ficar velho(a)'"... E respondi. "Querida Giovanna: Eu também te mando saúde e tudo de bom. O que plantamos hoje, colhemos amanhã, como escreveste. Ou depois de amanhã. Mas não sabemos do tempo que a semente com a mão na terra vai brotar. Porque é Deus que faz brotar a semente. E não podes esquecer o dia que vives hoje, que é maravilhoso. É agora que lembro os dias de minha infância, quando garoto não sabia que lembrava. Mas é preciso ser criança para esquecer. E cada dia na terra é dia de ser semente. E não se apodrece ficando velho, nós apodrecemos — entendes? — por não cantar com os pássaros e não aceitar a velhice, que é passageira febre. Ela vem com as estações, mesmo que hoje pareçam não ter mais ordem alguma. E só o velho é que pode brotar novamente. Beijo com muito carinho a tua grande imaginação — o avô que está ficando também criança, quando fala contigo". Leitores, se minha neta adora pensar no futuro, eu nesse porvir que ela tanto proclama, já me sinto dentro de Deus. Embora dê inteira razão para Longinus, quando afirma que "a infância tem memória de elefante". Quando voltamos ao menino, começamos a ter apenas um elefante puxando a memória. Ou a memória que tende a puxar o peso de um elefante.

### 159.

### CONSUMO

Hás de fazer, Senhor, neste consumo,
Antes que a dor, aos poucos, contivesse
O instante que fosse escuso fumo
E no fumo, eu provasse o amor celeste.

Amor que tão humano se reveste
E tão terreno se esqueceu do rumo.
Querendo ser eterno pelo prumo
E transitório quanto mais terrestre.

Com limo nos olhos e suspeito
De ser mais peregrino do que o vento,
Senhor, farás algo maior que eu

Com a suave palavra, onde me inclino,
Por estar vivo, quando me confino
E de estar morto, quando tenho o céu.

## 160.

Poeta é o que continua a escrever, ainda que tudo se apague. E o poeta existe apenas para provar que a Eternidade existe.

## 161.

Outros têm poderes políticos, sociais, econômicos. Outros se fundam ora no prestígio, ora nas amizades, o que é humano, convincente. Uns e outros utilizam com presteza a lei e a barganha, o que é transitório, já que a lei muda de dono e a barganha, de bolso. Outros têm vassalos e poucos são verdadeiramente senhores. E tenho tudo, ainda que aparente nada. Deus é tudo.

## 162.

AO NASCERMOS, LEITORES, ganhamos palmos de esperança. Crescemos e ela nos aparece, já nas calças curtas, nos sapatos de menino, sob a cama, e depois se alavanca com a juventude do amor. E é leve, insondável como a vida. Porque nada é mais esperançoso que o rosto da amada.

Frequentamos a escola, a universidade, adquirimos conhecimentos, a ciência das coisas ou as coisas inumeráveis da ciência e a esperança entra pelos livros, vai à frente como indício do futuro, ou penetra na ambição ou nos sonhos. Demora-se nas bibliotecas. E é onde jamais termina a esperança. Ou começa um manancial.

Depois se torna rastro do que vamos fazer, mistura-se ao nosso caminho e começa a ser bem maior do que nós, mostrando-se até inalcançável.

E nos cercamos de pequenas circunstâncias, não de grandes, porque as grandes quase nunca sobrevêm.

Envelhecemos de esperança e quando surge um ano novo, ela nos visita ainda mais encarecidamente. Porque parece que tudo vai mudar, tudo sentirá um inefável sopro de vitória. E a esperança não é a última que nasce, é sempre a mais fértil e primeira.

Até que um dia sejamos cobertos, felizes, imponderáveis, com a completa esperança. A esperança de corpo e alma. Com Deus. E não, não faltará mais por ser perpétua.

## 163.

EM JANEIRO DE 2011, na Casa do Vento, alcançou-me a alegria, junto aos setenta e dois anos, de dois importantes livros de minha criação, a 3ª edição de *Os viventes*, "autêntico painel poético da humanidade" (Pedro Lyra), trabalho de mais de trinta anos, e a *História da literatura brasileira*, empresa ciclópica, com mais de 1.400 páginas, ambos em primorosa publicação, pela editora Leya, de São Paulo. Com a boa-nova de haver concluído no ano findo, os inéditos *Poemas a João Árvore* e *Plenária Espanha*, tocado por Salamanca, sob o estímulo fraterno e hospitaleiro do poeta Alfredo Alencart. Também escrevi *República da infância*, que formará com o anterior, *Espuma do fogo*, dois cantos, duas vozes, duas constelações, a serem reunidos sob o título geral: *Um homem do pampa*. Não sei como cheguei até aqui. Mas cheguei. E eu que tanto sonhei e fui sonhado, comovo-me ao me dar conta de que sou também um sonho de Deus.

## 164.

Escreveu com justeza René Char: "Aquilo que vem ao mundo para nada perturbar não merece respeito, nem paciência". E é curioso, que um dos mais eminentes romancistas da Áustria, Thomas Bernhard, tenha um livro chamado *Perturbação*, salientando, lapidarmente: "os poetas utilizam a verdade que os filósofos não podem utilizar". Anotei esse preâmbulo a propósito de minha *História da literatura brasileira*, editada recentemente pela Leya e que caminha para a 2ª edição. Por haver constatado que certa crítica autoritária, em área bem localizada, tende a manejar, preconceituosamente, o fato de eu ser um poeta (por falta de argumento diante do conhecimento e erudição de minha obra), pondo o poeta nas nuvens (tirante a minha Letícia, que é Nuvem e não tem nada com isso), dizem que o meu livro tem uma visão pessoalíssima da literatura, o que não é novidade, diferentemente de algumas que são rascunhos de outras, ou tem o mérito de tratar dos contemporâneos, mas o ponto é este: poeta não pode nem deve ser crítico, por não estar equipado teórica e metodologicamente. Nenhuma doutoria de letras concede o bem-aventurado saber da intuição e do discernimento. Alguns dos maiores ensaístas, como Augusto Meyer ou Paul Valéry, foram autodidatas e poetas. Um monte de métodos ou teorias não descobrem a verdade do texto, por ser o texto que descobre o verdadeiro crítico. O que sucede é que a minha *História* está perturbando os que pretendem o monopólio da crítica literária entre nós. Modesta ou imodestamente, nas 1.200 páginas, realizei (em mais de dez anos) o que os ditos senhores especialistas não ousaram realizar, sendo "o exército de um homem só" (Moacyr Scliar). E, acima das objetividades (Nelson Rodrigues inventou a expressão "o idiota da objetividade"), toda criação é autobiográfica, afirmação assentada num dos geniais ensaístas, Montaigne. E é dele esta frase, cabível aos "príncipes" de certa crítica autoritária ou perturbada: "Os príncipes dão-me muito se não tirarem nada e fazem-me muito bem quando não me fazem mal. É tudo o que peço deles".

## 165.

COMOVEU-ME A CARTA DO ex-presidente da República e presidente do Senado, acadêmico José Sarney, datada de 21 de março de 2011:

"Meu caro Nejar, foi com imensa satisfação que recebi a *História da literatura brasileira*, trabalho excepcional que você realizou, graças a seu talento, a sua cultura e a sua inteligência, sempre a serviço das letras brasileiras. Não quero falar só do grande poeta cuja obra se encontra inserida na literatura brasileira entre os maiores, mas do grande intelectual. Cumpri a sua determinação e entreguei à minha presidente Dilma o exemplar que você lhe remeteu por meu intermédio. Quero dizer-lhe que li também a *Folha de S.Paulo* de sábado, com a justiça da divulgação desse seu trabalho, que passa a ser livro de referência e consulta para todos os que desejam conhecer as letras. A definição mais simples e, contudo, a que acho mais verdadeira da literatura é ser a arte de escrever com arte. Você conseguiu exercer essa fundamental tarefa no seu livro, pela linguagem despojada e clara, o que torna a leitura um prazer. Uma vez mais desejo sucesso ao livro, que estará presente a partir de agora em todas as escolas, universidades e bibliotecas, em mãos dos que desejam aprender, como você ensina, sobre a obra de alguns dos nossos escritores. Estou muito agradecido no que se refere ao *Norte das águas*, que você tão generosamente inclui no trabalho. Tenho a honra de ter sido motivo de sua meditação e análise. Uma vez mais quero mandar-lhe um afetuoso abraço e dizer que a presidente Dilma me afirmou conhecê-lo e que iria ler o seu livro, que passaria a ser para ela, a partir de agora, fonte de consulta.

Um abraço afetuoso, José Sarney".

E assim foi minha resposta, em 24 de março do mesmo ano.

"Estimado Sarney: Deixou-me feliz sua carta de 21 do corrente, não só pelo gesto fraterno, mas também pelo acolhimento que deu, com sua alta inteligência e sensibilidade, à minha *História da literatura brasileira*. Só por isso já valeu escrevê-la, com todo o esforço despendido de amor, palavra, febre e sonho. Filio-me também à sua definição da verdadeira literatura, com 'a arte de escrever com arte'. E honrado fiquei pela entrega do meu livro à presidente Dilma Rousseff, tornando-se a minha *História*, sua fonte de consulta, sendo distribuída para as escolas, universidades e bibliotecas. Desde o instante que entrei — e sei que com seu voto — na Casa de Machado — tornei-me para sempre tocado por sua amizade e lúcida admiração pela obra que criou com grandeza humana e estética. E isso gravado ficou na minha *História*, para que em bronze cintilasse, certo do que disse, com razão, o padre

Antônio Vieira: 'as palavras que são escritas, permanecem e as que são ditas, vão-se com o vento'.

O afeto do Carlos Nejar".

## 166.

COM CERTO RECONHECIMENTO PÚBLICO da minha *História da literatura brasileira*, ou de meus *Viventes*, em 3ª edição, trabalho de trinta anos, em versão definitiva, ambos publicados pela Leya, com a bela entrevista de página inteira que saiu (um milagre!) no jornal *O Globo*, no suplemento "Prosa e Verso", (12.3.2011), ou com igual formato da *Folha de S.Paulo*, ou no *Programa do Jô*, na tevê, bastou para que alguma aleivosa maresia soprasse. E sempre gostei das maresias. Mas não pensei, leitores, que este escriba, que merecia ao menos um abono por seu inveterado amor à literatura brasileira, sofresse investida furiosa e inominada (não designarei o orador, ficará no lodoso esquecimento). E como jamais se viu alguém chutar um cão morto, tive a certeza então de que a minha *História da literatura* era livro poderoso, paradigmático. Ou que *Os viventes* ocasionassem o clamor quase em murmúrio, quase em soluço de terror e medo, catedraticamente borbulhante. Ficando na irosa turbulência, a ensaiar bolhas de sabão, tão frias que não obtinham sequer colorir nossa imaginação. E me lembrei de Cassiano Ricardo que salientou ser "o terrorista, aterrorizado". E de uma palavra à outra, esgueirou-se, ali, na espaçosa sala, sinuoso, desamparado. E o ódio é carência de amor, o combate da carne contra o espírito. E me lembrei do que escreveu, certa vez, Paul Valéry: "A história é o mais perigoso produto jamais preparado pela química do intelecto. Provoca sonhos, inebria as nações. Sobrecarrega-as de falsas reminiscências". Ou também das mais estranhas reações. Mostrando quanto Longinus está certo em seu *Livro de vidências*: "A inveja dorme acordada". E apesar disso, a exultante alegria, em três meses "minha *História*" esgotou, está saindo agora com nova roupa. E mais: corrigida.

## 167.

FALEI DE CERTA REAÇÃO ADVERSA e de imensa reação favorável. E dessa dinâmica que se faz a reputação. E eis que me adveio a lição, que pretendo, a partir de agora, seguir, de Truman Capote, autor de um livro de ficção admirável, *A harpa de ervas*, ao afirmar: "Nunca se rebaixe respondendo a um crítico, nunca". Pensei nisso quando o exegeta sem nome, quase fantasmal, atirou indiretas que passaram raspando pela minha silhueta um tanto opulenta, quando fraternalmente me assentara para escutar seu palavrio.

A inveja e a soberba intelectual não são apanágio apenas desta época e temos, infelizmente, que conviver com elas. E mesmo aqueles que nos colocavam nos cornos da lua, podem depois nos jogar nos cornos da escuridão conforme os interesses. Sim, as reações humanas são inesperadas e nelas entram a desafortunada volúpia do poder ou as manifestações de alguns aposentados latifúndios, para não dizer, sinecuras verbais do preconceito.

Todavia, se os nossos livros não forem capazes de defender-se e arrostar as diferenças, nada adianta que nós os defendamos. Por sua vez, se tiverem força e vida suficientes para resistir aos ataques adversos, também de nada servirá defendê-los.

Há que acreditar no que criamos. Ao escrever, desafiamos a infância do futuro, as intempéries do tempo, a roedura das traças, o amor e desamor das gerações. Como observou certa vez William Faulkner, "gosto de pensar que o mundo que inventei é uma espécie de pedra angular do universo; que, por menor que seja essa pedra angular, se ela um dia for removida, o próprio universo desmoronaria". Talvez o dos outros, talvez o nosso. É o prodigioso risco de existir. Ou sobreviver.

## 168.

O SUCESSO NO BRASIL PARA ALGUNS é motivo de raiva e cria desafetos. Alguém disse isso antes de mim, acho que foi o maestro Antonio Carlos Jobim. Não importa, é o que sucede. Curiosamente, as nossas ideias geram amigos e inimigos. Mas as ideias não têm nada com isso. Porque vou odiar alguém, porque pensa o contrário? Há que ter maior senso de humor e senso do ridículo. O ser humano é mais amplo, mais abrangente do que os seus eventuais pensamentos.

E se os outros e nós próprios não soubermos rir um pouco do que fazemos ou sonhamos, rir, sim, de nossos desacertos, erros, voluntariedades, ambições desabridas, desejos ou tolices, estaremos inventando fronteiras inexistentes de convívio com os semelhantes ou dessemelhantes.

As diferenças são importantes, desafiadoras, e há que tolerá-las. Por que todos têm que cogitar a mesma coisa? A variação é que engendra a riqueza e desvenda o imaginário.

Se nos levarmos menos a sério, teremos a percepção do ridículo ou até da estupidez. E infelizmente, entre nós, essa reação das ideias contra as pessoas que as defendem, sectariamente, se dá nas mais altas esferas ou academias.

Como se ainda tivéssemos que responder a uma outra Inquisição, numa outra Idade Média da alma, salvo se as inquisições forem entidades repetidas em nossa época que parece tão humanista. Mas a Carta Magna não refere que ninguém pode ser condenado por suas crenças ou pensamentos?

Teremos que reaprender com esses fantasmas do arbítrio, esses arcanos da ignorância e da ditadura, para que nos amemos, verdadeiramente, uns aos outros, também pelas diferenças. "Nada é pequeno demais — observou Samuel Johnson — para uma criatura tão pequena quanto o homem".

## 169.

QUANDO CERTO CONFRADE, com vocação de missivista, chamou-me de "antiacadêmico", no auge de sua neurastenia, tive que rir, quase infinitamente, já que me sucede o que afirmava o conselheiro Tristão de Athayde: "Entrei na Academia, nas não deixei a Academia entrar na minha vida".

E me lembrei de quantos bilhetes e cartas recebi, cada dia, através do motorista deste aludido confrade; não contei, mas foram mais de cinquenta, com a pergunta metafísica e insistente: "Onde matei a metáfora?"

Ora, não lhe sabia explicar, confesso, leitores, porque metáfora não se mata. Borges a considera "uma forma de eternidade". Não se mata a eternidade. E nem me cabe matar a loucura. Um dia, muni-me de parcimônia. E numa sessão da Casa de Machado, assegurei diante de todos ao referido colega, que matar metáfora é um crime impossível. Foi quando ele me acreditou. Coisas da imortalidade!

E esse é da mesma matéria sibilante de outro, que, ao candidatar-me ao sodalício, asseverou que eu era "um provinciano". E dei-lhe a resposta alvissareira no dia da posse e da vitória: "Sou provinciano? O mar é provinciano, o céu também. E não se pode ser outra coisa, a Leste, Oeste da luz, no sítio provinciano das estações."

Deixem-me ser o que sou "contra a corrente na poesia", sou contra a corrente no romance, no conto, na crônica, na história da literatura.

Nasci assim. Perdoem-me os que pensam em contrário! Neste nosso mundo, a única mansarda que nos preserva é a da consciência. Prefiro seguir os versos do *Cântico negro*, de José Régio: "Só vou por onde me mandam meus próprios passos".

### 170.

NA SESSÃO DA ACADEMIA BRASILEIRA DE LETRAS, de 4 de agosto de 2011, à tarde, ouvimos a leitura de um pequeno ensaio de Eduardo Portella sobre Jorge Amado, lembrando os dez anos de sua morte. E um antecedente. Na reunião de 28 de julho, Lêdo Ivo, na juventude dos seus 87 anos, lera um primoroso estudo sobre Gonçalves Magalhães, o introdutor do romantismo, autor de *Suspiros poéticos e saudades*, a pedido da diretoria, e fora incomodado pelos risos e sussurros do seu desafeto, o acadêmico Portella, numa fila de cadeiras antes da sua, com outra pessoa ao lado. E esse desrespeito, Lêdo não engoliu. Todos viram quando pediu a palavra na posterior sessão e descreveu sua indignação pelo fato de o presidente Vilaça ter assistido e aceito, sem atitude ou réplica, àqueles "ruídos e gemidos" (a expressão é dele!), durante o seu trabalho. Confessando mais não fazer por misericórdia, pois, se envelhecemos, devíamos envelhecer com decência, sem a bengala da cavilação ou a pintura nos cabelos. O presidente disse que não deixou gravar tal manifestação, havendo discussão entre ambos.

Portella empalideceu e nada disse. Ao terminar a sessão, passando por Eduardo, quis cumprimentá-lo pela análise da obra jorgeana. No fundo, me aborreci com a agressividade de Lêdo e me aproximei por íntima solidariedade. Fui agredido. Desvairadamente, com os músculos do rosto crescidos, os olhos esbugalhados, ele falou:

— Estamos separados!

Indaguei por quê. E ele repetiu:

— Estamos separados pela técnica, pela técnica!

Falei que a diferença de ideias não torna dois confrades, inimigos. E senti que era ainda a reação pela minha *História da literatura brasileira*. Nunca pensei que pudesse ser ela tão importante, a ponto de tirá-lo da razão. Aliás, o ex-presidente da Biblioteca Nacional, professor Muniz Sodré, me afirmou que ele tentou impedir o apoio daquela instituição ao meu livro. Recordei o ensinamento do genial Guimarães Rosa: "Se um crítico gasta tempo lendo e depois comentando (ainda que atacando) uma obra, esta pode ser gigantesca em qualidade. De alguma forma, impressionou-o. Se fosse medíocre, ninguém perderia tempo e trabalho com ela." E o inesperado, leitores, foi a infeliz cobrança:

— Fui eu que te ajudei a chegar a esta Casa!

— Sim — eu respondi. — Mas cheguei com minha obra. Aliás, tu me disseste que ela era mais valiosa que a Academia, o que não acredito!

Então concordou, sim, que eu merecia. Esqueceu-se de que não foi ele só que me apoiou, foram mais dezenove membros, como o próprio Lêdo e Rachel de Queiroz, que lutou a meu favor como uma leoa. Não se contentou com o que afirmou:

— A técnica, a técnica nos separa! Não se escreve com o coração.

Recordo-me de Saint-Exupéry, que anotou: "Vê bem, quem vê com o coração!" Ele mesmo, Eduardo, elogiou seu amigo Jorge Amado com o coração. E me lembrei de Guimarães Rosa: "O homem não é composto apenas de cérebro. (...) A lógica é a prudência convertida em ciência; por isso não serve para nada". Vi que os olhos de Portella avultaram de ódio, com os crescidos músculos da face, e gritou:

— Vou escrever! Você não conhece literatura!

Não quis lhe contestar com a frase que me veio: Estás parado no tempo! O que fiz, gostarias de fazer e não fizeste! Disse-lhe apenas isto:

— O tempo nos julgará!

E o confrade Domício Proença Filho, fraternalmente, me pegou pelo braço e aconselhou-me:

— És homem de paz, afasta-te!

E me afastei dali. Saí de novo da maldade. Ou da loucura que é a nova inteligência de não compreender. Não sem me vir à tona o Quincas Borba machadiano, gritando, na demência: "A técnica! A técnica! Ou viva o elixir miraculoso do Humanitas!" E não era em vão que eu estava na misteriosa Casa do Gênio do Cosme Velho. E Eduardo Portella disse bem: já estávamos há muito separados. Tem ele a bizarra vocação de eminência parda. Asseverou-me certa vez: — Eu mando na Academia! Com o vazar do tempo, certifiquei-me disso. Também por uma advertência posterior: "Quiseste tirar o pó dos móveis da Academia, o que foi um erro. O pó deve subsistir." Soube de pormenores. As reuniões do pequeno grupo sedicioso, no ano de 2000, que armaram minha saída, ocorriam em almoços na Biblioteca Nacional, sob a liderança de Portella. Desde quando enviei o seu desafeto Lêdo Ivo a Recife, como o mais antigo poeta, para representar a Casa de Machado. O sucesso do alagoano o feriu. Aos poucos percebo que o ensaísta baiano mostrava-se mais igual do que os outros. Não aceito outra eminência senão o fantasma imperativo de Machado de Assis. Mas no incidente entre mim e o ex-ministro, vale a sentença de Paul Valéry: "Quem não pode atacar o pensamento, ataca o pensador". Mas é preciso um pouco mais de humor diante desse meu impossível fiador da imortalidade. E há que segurar o bem que as pessoas cometeram e o mal vai ao fundo da desmemória. E é duro amar os que se mostram inimigos, mas é preciso. Mais por nós, do que por eles. E se nada escondo, é para evitar a hipocrisia e o engano: o juízo não é meu. Convicto de que o amor suplanta todas as cargas e desapreços. Tem luz dentro. Porque o espírito não se repete. E nunca deixei de estimá-lo. Isso pensava, eis senão quando, no dia 8 de setembro de 2011, Eduardo Portella chega-se a mim, indagando:

— É o autor de *O poço do calabouço*?

Respondi:

— Sim. E do *Chapéu das estações*.

Inesperadamente me estendeu a mão e nos abraçamos. Cito isso, reconhecendo o seu gesto de grandeza e de habilidade. Um mês depois, após a sessão da Academia, rimos juntos, não sabemos de quê. Rimos porque a vida, às vezes, se faz demasiado séria, trágica ou ridícula. Como a morte. Ou rimos ambos desabaladamente como se caíssemos de infância. Por não sabermos quão inumeráveis são todas as infâncias. E não há novas estrelas, porque se pode rir. E falei antes, repito: o amor precisa suplantar todas as cargas. Sem amor, não conseguimos viver, nem respirar. Não quero para mim a animosidade que arreda Eduardo Portella e Lêdo Ivo, e os afasta pela eternidade. E sobre o episódio comigo naquele dia fatídico, Eduardo, numa conversa na biblioteca, pediu desculpas. Aceitei. Só que o dano que me pode ter feito no ouvido de alguns não reparou. Disse que eu era íntegro, honrado e inocente. Mas não teve nenhuma atitude pública de reconhecimento, diante dos demais. Sou muito lúcido a respeito da incongruência humana, como pela conveniência de certos gestos políticos. Embora mantenha o menino dentro de mim intacto. Noutra oportunidade, Portella, estranhamente, me afirmou, na sala do chá, que o que nos afastava era um acidente de percurso (seu nome, Lêdo Ivo). Hoje percebo. Mas não posso crer, nem aceitar esse travo. Ou talvez seja apenas ilusório e o tempo o negue. Sem me referir a isso, num sentido mais amplo, observo certo autoritarismo no meio intelectual brasileiro, ao achar que o ser não é relevante, e sim o pensamento sobre o ser. Mas trouxe controvérsia na Casa de Machado, o libelo terrível de Lêdo Ivo, sem nomear o acusado. Desde já recuso qualquer movimento de ódio e nem entro dentro do seu furioso mérito. Apenas cito.

Senhor presidente, senhoras acadêmicas, senhores acadêmicos.

Nesta Academia, como em todas as corporações que se regem pelas normas da civilização, da boa educação, da polidez e da conviviabilidade, o silêncio do auditório, durante a fala de um dos seus integrantes, é um princípio pétreo. Esse princípio, Sr. presidente, foi vulnerado quinta-feira última, quando eu estava falando sobre Gonçalves de Magalhães. Durante 25 minutos, este auditório ouviu, ininterruptamente, ganidos, gemidos, vagidos, coaxos, grasnidos, uivos, ladridos, miados, pipilos e arrulhos intoleráveis, senão obscenos, de um macilento boquirroto ostensivamente deliberado a tisnar e perturbar a minha exposição. Momentos antes, Sr. presidente, Vossa Excelência exarava o seu zelo por esta Casa versando sobre a quilometragem exorbitante de um dos táxis que servem aos acadêmicos do plenário e que, em seu alto juízo, golpeava as burras fartas desta Academia, a mais rica do mundo. Esse zelo, que é louvável, ou extremamente louvável, se cingiu na sessão de quinta-feira última a um inquietante item monetário, e não voltou a florescer quando um dos mais antigos integrantes desta Casa discorria sobre Gonçalves de Magalhães. Entendo que era dever inarredável de Vossa Excelência impor então ao auditório o silêncio de praxe, exercendo plenamente a sua presidência. Esse entendimento, aliás, não é só meu — mas ainda o de outros companheiros que, finda a sessão, e ao longo da semana, estranharam a omissão, leniência ou tolerância. Houve até companheiros que me externaram a opinião de que eu deveria ter suspendido a minha palestra, já que ela fluía num ambiente toldado pela enxurrada de grasnidos a que já aludi. E não posso e nem devo esconder que outros confrades, apreciadores das soluções surpreendentes ou belicosas que quebram a monotonia da vida e das instituições, me interpelaram, surpresos, desejosos de saber onde estava a minha alagoanidade, que não se manifestava. A todos esses companheiros fiéis à tradição de urbanidade e conviviabilidade desta Academia, onde estou há 25 anos, expliquei o ter lido o meu texto até o fim. Deus, em sua infinita generosidade, assegurou-me, aos 87 anos, o timbre de voz de minha juventude. Não pertenço à raça dos velhos trôpegos que, com voz de falsete, emitem arrulhos indecorosos em ocasiões em que a decência reclama o ritual do silêncio. Mas a razão decisiva que me levou a não suspender a minha palestra é outra. Além de ter mantido em a voz de minha juventude, Deus me aquinhoou com o sentimento da misericórdia — que é a compaixão suscitada pela miséria alheia — e da piedade, que é dó e comiseração. Confesso, senhor presidente, que me confrange o coração assistir ao penso espetáculo dos que, alcançada a velhice, ostentam em seu trajeto os sinais indeléveis e quase póstumos da decadência física, mental e moral aceleradas, e mesmo amparados por bengalas astutas rastejam nos salões, corredores e auditórios tão lastimosamente, com os olhos mortiços fixados no chão, como se temessem resvalar em uma cova aberta. Há velhos que não sabem envelhecer e desprovidos da alegria e do amor à vida, e do emblema do convívio, destilam ódio, inveja e despeito, porejam calúnias e intrigas, bebem o fel do ostracismo e da obscuridade. Há velhos que procuram enganar-se a si mesmos, pintando os cabelos, embora as florejantes e fartas cabeleiras antigas já tenham sido devastadas pela sabedoria ou impiedade do tempo, que as converte em insidiosas relíquias capilares. Esses velhos enganosos e enganados, o padre Manuel Bernardes os estampilha de "tintureiros de si mesmo". Mas, tintureiro de si mesmo e boquirroto, esse personagem bizarro merece e reclama de nossa parte, não um ato agressivo ou belicoso, ou alagoano, mas a muda expressão dessa piedade e dessa misericórdia que devem habitar sempre os nossos corações. Encerro esta palestra com um verso de Lucrécio: "É doce envelhecer de alma honesta". Deus guarde Vossa Excelência, senhor presidente e os demais integrantes desta Casa. Tenho dito."

Cuidava de ter amigos na Casa de Machado, não sei se nos longos anos consegui alguns — que o digam! Agora cuido mais de ter Deus, a inestimável Elza e mais, a cachorra da velhice, igual a esta outra aqui fora, Letícia, que me acompanha e fareja, fidelíssima. E decente. Cerrarei os olhos nesta idade, conhecendo todas as memórias nos ossos, satisfeito do que vivi, amei, sonhei, esvaziado, por não querer levar viventes ao túmulo, mas ficando todos os meus viventes na terra. E é para onde caminho, com a invencível fé que só a luz concede. E uma alegria maior do que a glória e a morte. Adverte William Faulkner — e deve ter suas razões — que "o artista está num patamar acima do crítico, porque o artista está escrevendo uma coisa que vai mexer com o crítico". Com a frase de Nietzsche: "É preciso honrar no amigo o inimigo".

Na festa da ABL, quando Eduardo Portella completou oitenta anos, em entrevista à *Folha de S.Paulo*, afirmou que "lutava contra as suas certezas". Felizmente, ou não, minhas certezas é que lutam contra mim.

E numa conversa com o autor de *Dimensões*, posteriormente ao episódio já narrado, ele confessou-me não ter lido a minha *História da literatura*. Não tive o que dizer. Ao falar sobre ela, sem ler, o que me cabe?

## 171.

No dia 30 de agosto de 2011 fui a Porto Alegre, escolhido pela RBS, a maior rede de comunicação do Sul, entre dez personalidades gaúchas, na Expointer, de Esteio, com a presença do governador Tarso Genro e outras autoridades, para receber o Troféu Guri, de cultura. Fiquei comovido com o hino que dá nome à cerimônia e com a festa belíssima. Havia no teto uma fotografia grande, com o fardão acadêmico, e outra, ao lado, do menino que fui. Era como se dessem as mãos. Disse, na ocasião, o que reitero agora: "Não há palavra que possa representar esse sentimento de terra, de amor ao Rio Grande que carrego comigo. Hoje é como se eu voltasse a uma nova infância, porque meninos somos todos. Meninos que vão amadurecendo, mas somos, sobretudo, o rosto de nossa terra".

## 172.

OUTRA SURPRESA, POR DETERMINAÇÃO do governador do pampa, Tarso Genro, que denominei de "governador dos minuanos". No dia 11 de setembro do mesmo ano, na cidade de Piratini, deu-se a comemoração do Dia Farroupilha. E ali, com a orquestra sinfônica de Porto Alegre, na voz de dois atores, foi recitado o meu poema à Liberdade, que consta do livro *República da infância*. Eis alguns versos:

"Quantos calaram contigo,
quantos se ergueram, sozinhos.
Quantos foram ao jazigo
e quantos são redimidos.
Liberdade, liberdade,
não me perguntes os nomes —
se valentes ou felizes —
dos que na bruma se somem
e os que se apagam na aurora.
Em ti bradam tempestades,
reboam vulcões e mares.
Mas poder nenhum devora
o teu amor, liberdade".

## 173.

FAUSTO EXISTIU, OU É LENDA MEDIEVAL. Ou adveio da imaginação de tantos que o descobriram em si, ou no mundo, desde Marlowe, Goethe, Valéry ou Fernando Pessoa. Eu próprio, modesta ou imodestamente, inventei o meu Fausto, na *Árvore do mundo*, e mais tarde nos *Poemas dramáticos*. No instante em que me dei conta de que a vida sempre é maior do que a morte.

Nossa inconstante memória é igual à cinza na confusão das brasas e os seres viventes fluem como um rio até o sítio sem margens. E o que sabemos, seja da ciência, seja da literatura, senão o mais prolongado estudo, a decepção do que não se alcançou, a humildade do que não esgotou a razão, a loucura do que nos ultrapassou.

Por isso não creio na soberba ou na onipotência dos pobres especialistas, ou de outros que incansavelmente buscam o fio das coisas. Creio no miraculoso elixir do tempo, que é metamorfose e julgamento, o mais é empáfia, ou pose. Se a violência não tem bondade, repreendo com vigor o ódio, e não quero nenhuma gota de veneno nas veias. Só gotas de fulgor ou misericórdia. E sou por demais feliz para investir com a desamparada bengala do furor.

Se alguém, casualmente, me chamasse de antiacadêmico, penso que riria do ridículo. Para almejar um dia ser criativamente acadêmico, é preciso ser ferozmente antiacadêmico. E o que sabemos? Com humildade, depois de sessenta e um anos, entre universidades, bibliotecas, pesquisas, sofrimentos, maturidades, sucessos e abalos, noites de vigília ou esplendor, com textos de poemas, contos, romances, ensaios, crônicas, sonhos, desejos, ambições, agruras, inspirações, honras e alegrias, de fato, diante do que quis apurar e atingir, não sei inefavelmente nada. Continuarei vivendo e continuarei não sabendo nada. Mas valeu o esforço, a dedicação, a perseverança, o prazer de criar e de ler, entendendo e desentendendo, aprendendo ou ensinando, ou desaprendendo, valeu cada ponto, vírgula, interrogação, espanto, ou transitória esperança. E ao chegar a esta idade, colhida no chão de trabalhos e fadigas, percebendo as marés da alma humana, que descem e sobem com as estações, sei que ninguém sabe nada e mesmo os mais fecundos inventores ou os renomados sábios confessam a precariedade dos altos propósitos.

Cada vez sabemos mais, sabendo menos. Até que a eternidade nos assuma, com sua nuvem de terra e dádiva, ou sua misteriosa nuvem de flores e frutos. O que sobra, é que amei e sou amado e não tenho medo algum de um dia estar diante de Deus. Cumpri, terei cumprido este transe terrestre. Fraternalmente. Se possuo algum dom, é o da fé, aliado ao fluir do amor, que nunca é demasiado. Quem deseja verificar o despojamento que ocorreu na minha existência, ou seja, a forma como Deus operou da cara para a alma, esvaziando as coisas do velho homem, basta examinar a fotografia que tirei na época de *Árvore do mundo* (1976), com cabelo negro e farto, a barba longa, cerrada e negra, à Whitman ou Leon Tolstói. E a foto de hoje, sem máscara ou disfarce, rosto limpo, alegre, cada vez mais depurado. Na anterior os olhos pareciam escuros, hoje, são verdes com brotos. Olhos isentos, olhos de Deus em mim. Os mesmo que um dia verão, face a face, o Rei. Mas é sem saber que aprendi o melhor. Neste júbilo existir e ver, ver muito a transbordante beleza do universo e ser parte dele. E o que possuímos de Fausto, na sede do absoluto e na fome de conhecimento, ao tentar abarcar tudo, ditosa ou inditosamente, nada sabe de nós. Talvez seja esse o único desígnio da imortalidade.

174.

Imortalidade? Leitor, jamais a receita de fazer poesia gera a verdadeira poesia. Ela nasce exatamente do fato de se perder a receita, viver o que não pode ser dito, para depois poder dizer.

Uma aventura, sim, entre fabulação e encantamento. Alquimia que veio. No meu caso, do pampa, onde existir é sem complacência, como um dia após o outro. A verdade é só o que se revela. Ou o que se distingue de tanto ver. Técnica é o que já existe, o que não existe apenas brota do que se viveu. Pegando o que paira no ar. E vagou de alguma perdida infância.

## 175.

A GLÓRIA INICIAL É A REPARAÇÃO DA LEMBRANÇA. Temos dois olhos. Machado de Assis se refere aos olhos de fora, quando afirma que "nasceram para contemplar as estrelas". E os de dentro são para reaprender a memória.

Sobre tudo e todos devo: ao Príncipe da Paz, o Senhor e Amigo, o que chama os astros e cometas pelo nome. Depois aos pais que já partiram. Minha mãe antes, sem que tenha podido acompanhar seus instantes finais: residia em Lisboa. E a Elza que me acompanha, cada dia e repito: sem ela, fico sem mim.

Cheguei à Academia Brasileira de Letras no primeiro pleito. Com o apoio dos nomes de Rachel de Queiroz, guerreira poderosa como sua personagem Maria Moura; Eduardo Portella, que me saudou num discurso e surpreendeu ao chamar-me "o poeta da revelação do Deus vivo"; José Guilherme Merquior que cometeu o generoso exagero de mandar-me dois votos (um se extraviou); João Cabral (tão seco no elogio, ao dedicar-me a obra completa, alcunhou-me de "poeta maior", o que, advindo de sua secura, é alta honra), Adonias Filho, Cyro dos Anjos, Lêdo Ivo... Austregésilo de Athayde, grande figura, que me fulminou, de início:

"Se não te candidatares, eu te candidato à força", e tantos outros. Não veio a vitória só por meus eventuais méritos, o Altíssimo lutou por mim.

Também relembro a forma com que entrei na Academia Brasileira de Filosofia, sob a palavra do pensador, dos mais argutos, que foi o professor João Ricardo Moderno, de saudosa lembrança. Sendo o primeiro a tomar posse na Casa do Marechal Osório. Curiosamente, dei o parecer favorável, quando no Conselho Nacional de Política Cultural, para que os restos do Patrono da Cavalaria repousassem na cidade com seu nome, e é como se ele, de volta, me oferecesse sua opulenta moradia.

Recordo o então ministro da Educação, hoje governador do Rio Grande, Tarso Genro, ao nomear-me para o Conselho Nacional de Educação. "Ali é preciso um poeta!" — me disse. E a Nelly Novaes Coelho, com o primeiro livro sobre minha criação, editado em 1971, pela Saraiva. Ou Ernani Reichmann e Temístocles Linhares, na análise que veio depois, pela Universidade de Curitiba. E os volumes de Guillermo de La Cruz Coronado, sobre "o espessamento poético", e de Giovanni Pontiero, da Universidade de Manchester, Inglaterra, traduzido para o português e editado em Porto Alegre, *Poeta e pensador*. E dois mais recentes, na altura dos meus setenta anos: *Carlos Nejar, poeta da condição humana*, organizado por João Ricardo Moderno, e *Dicionário de citações na ficção de Carlos Nejar*, do pesquisador Paulo Roberto do Carmo.

Antônio Houaiss, o genial enciclopedista, é um caso à parte. Entrei em seu escritório com os originais de *Danações* e tive a ousadia de falar-lhe: "Se não gostar do livro, ponha-o no lixo; se gostar, peço-lhe o prefácio!" E assim fez, longamente. Deixando-me perplexo diante de sua invenção linguística, quase joyceana e emocionado pelo reconhecimento. Anos mais tarde, na publicação de *O selo da agonia, ou livro dos cavalos*, escreveu que este escriba, em "criação tão intensa, tão passional (da condição humana), como *homo sapiens*, busca atingir os ápices da solidariedade humana." O que tentarei ainda atingir. "Quando amo quem me ama, pago o que devo", anotou o padre Antônio Vieira. Ou talvez ainda pague, de tanto não poder pagar.

## 176.

Falei antes no "Imperador da língua portuguesa" que afirmava que o "não" é igual ao "non" latino, a negativa vem no verso e no reverso. Depois de participar do programa de Jô Soares, na Globo, e do programa de Edney Silvestre, na GloboNews, recebi um rotundo e cordialíssimo "não" do programa de Marília Gabriela.

Eis o *e-mail* que me veio de Maria Helena Amaral, nobre diretora:

"Apesar de seu currículo especial e da recomendação do seu amigo Jô Soares, a direção do canal GNT, no Rio de Janeiro, não aceitou nossa sugestão de convidá-lo para ser entrevistado no Marília Gabriela, por estar agora mais pautado em cima de cantores e atores pop. Ao contrário do que possa parecer, nem a Gabi, nem eu temos autonomia para decidir os convidados. Aceite nossas desculpas".

Rio, 14.10.2011.

Respondi no mesmo dia:

"Agradeço a pronta resposta. O abraço fraterno do Carlos Nejar".

Depois assisti, no mesmo programa, a um escritor-dicionarista, e com ele não funcionou o argumento usado comigo. Assim é. Observa Georg Lichtenberg, num de seus aforismos: "Primeiro devemos crer; depois cremos". Todavia, nada como um dia depois do outro.

Em 20 de outubro de 2011, na *Folha de S.Paulo*, foi publicada uma crônica de Carlos Heitor Cony, denominada "Uma pausa necessária". E assim se refere ao meu livro: "A *História da literatura brasileira*, do poeta Carlos Nejar, é uma pequena enciclopédia que trata da Carta de Caminha à contemporaneidade. Extensa no tempo, é intensa na penetração dos autores que formaram a nossa cultura, não apenas a cultura literária em si, mas o patrimônio espiritual que nos liga como nação, cujos valores humanísticos Nejar focaliza com a autoridade que conquistou em sua já longa caminhada literária". André Seffrin, por sua vez, na *Revista Brasileira*, n. 68, põe a minha *História*, como último livro, que é o primeiro na sua referência do ano literário de 2011, "com certeza entre as mais fortes e intensamente vividas". Discordo dele, na comparação com o relógio, que é a frase de Samuel Johnson. O relógio de pulso, de parede ou algibeira busca a exatidão das horas, e a história, por ser relógio de palavras, busca a amplidão da alma humana, que jamais será exata.

## 177.

CARTA ENVIADA EM 4 DE DEZEMBRO de 2011 para a revista *Colóquio/ Letras*, de Lisboa, em que um estudo sobre meu livro foi simplesmente censurado:

"Escritora Ana Gastão:

Antes de minha viagem pela Academia Brasileira de Letras, ao Chile, na madrugada, examinei bem suas razões para a censura do texto crítico do professor universitário da Bahia, José Foureaux, sobre *Odysseus, o velho*. E não aceito. Dizes que sou um homem justo, e a censura que foi feita por essa revista não é justa, é abominável. Aliás, nenhum censura é bem-vinda, seja do Estado, seja de uma revista que sempre foi democrática. E ao ser censurado o crítico, também o foi o poeta, com recensão impedida de ser lida. Quando foste tu que convidaste o dito crítico, protelando a publicação indefinidamente. E logo comigo, que mais tenho feito por tantos autores portugueses em antologias sem nada esperar, nem o reles reconhecimento dado a tantos. Inclusive pela autora da censura, que admiro como poeta, e pelo diretor da revista, outro beneficiado. Isso entrará nas minhas memórias. Não há argumentos que encubram uma patrulha ideológica. Ou censura. Vocês fizeram isso com o padre Vieira, fizeram isso com José Saramago, prêmio Nobel, que foi morar na Espanha, numa ilha, o mais distante possível. Eu não careço mudar de lugar. Perguntou M. Logevin a Einstein: — Como medir estas coisas? E a resposta do genial cientista foi — Estas coisas não se medem! Meu amor a Portugal se recolherá, até que estes tempos bicudos e burros desapareçam.

Cordialmente, Carlos Nejar".

## 178.

No dia 5 de novembro de 2011, recebi, surpreso, uma carta do advogado do proprietário da casa onde moro, dando-me o direito de compra pelo exorbitante preço de R$ 6.000.000,00 (seis milhões de reais). Não tenho condições e me mudarei no dia 14 de dezembro do mencionado ano, voltando inicialmente para o meu Paiol da Aurora, de Guarapari, Espírito Santo. Ali tentarei vender o imóvel e depois retornarei ao Rio. Tenho um mistério velado com essa cidade. E se a Comunidade Evangélica do Deus Vivo for obra do Altíssimo, apenas provisoriamente fechará as suas portas. Jonas ficou três dias no ventre do grande peixe e Cristo, no mesmo tempo, saiu jubiloso do sepulcro. Fui para um apartamento, na rua Osório de Almeida, 38, primeiro andar, apartamento 101, na Urca. Aqui me sinto mais livre, com o nome: Morada do Vento. E continua a ventar, aqui, com mais fúria ainda. Só dois problemas: não há lugar para hóspedes, salvo a biblioteca e o quarto de dormir, que é pequeno.

## 179.

Sucedeu algo que julgo ser de Deus: a Academia Brasileira de Filosofia foi agraciada pela Academia Sueca, para a indicação do Nobel de Literatura de 2012 e a escolha recaiu, por unanimidade, no meu nome.

O presidente João Ricardo Moderno e o tradutor para o inglês, generosamente, encaminharam o pedido para o comitê no dia 17 de janeiro do mesmo ano. Tive a manifestação do nobre governador do Rio Grande do Sul, favorável ao meu nome, com a alteza do povo gaúcho. Nada esperava da Academia Brasileira de Letras, que jamais escolheria o meu nome, estando eu, na atual diretoria, entre os menos iguais. Aceitei essa honra, e não foi em vão que coloquei, por mais esse gesto, o diploma que recebi daquela Casa, que era do Marechal Osório, na entrada de minha nova biblioteca, aqui, na Morada do Vento, graças ao apurado gosto de Elza, nesse apartamento confortável, para onde viemos em 27 de novembro. Creio no previsto em Provérbios, 25: 25. O que significa: mais espero na palavra de Deus, que no mover dos homens.

## 180.

Pelo ofício n. 318/2011/GG/RS, aos membros do Comitê Nobel, sobre a indicação do poeta Carlos Nejar ao referido prêmio, em 28 de dezembro de 2011, assim se manifestou, generosamente, o governador do Rio Grande, Tarso Genro:

"Senhores membros do Comitê:

1. Ao cumprimentá-los cordialmente, este documento tem por objetivo apoiar a indicação de Carlos Nejar ao Prêmio Nobel, que, dentre os grandes poetas da latinidade, e mais, dentre os grandes poetas universais contemporâneos, este brasileiro, sul-rio-grandense, ocupa um lugar de primeiro plano. Sua imensa e premiada obra, para além de refletir o imaginário de seu povo, enriquecendo-o com sua criação literária, serve como motivo de reflexão sobre a condição humana e suas inesgotáveis circunstâncias.

2. Poeta consagrado e traduzido em vários idiomas, Carlos Nejar pratica também outros gêneros, como o conto, o romance, o teatro, a literatura infantojuvenil. Mais recentemente, publicou sua monumental *História da literatura brasileira*, obra de referência, que já se institui como o maior e melhor documento no assunto.

3. Como aval de seu mérito, a Academia Brasileira de Filosofia agora o apresenta justamente como candidato ao Nobel, a ele, que também pertence à Academia Brasileira de Letras, fundada por Machado de Assis, ao Pen Clube do Brasil e à Academia Portuguesa de Cultura, de Lisboa. Nas Academias, Nejar tem assumido papel de grande destaque, contribuindo de maneira exemplar para o maior conhecimento da alma brasileira e latino-americana. Por outro lado, não bastassem seus inúmeros prêmios literários e reconhecimentos culturais, o crítico suíço Gustav Siebenmann incluiu-o entre os 37 escritores-chave do século XX no período compreendido entre 1890-1990.

4. Assim, segue a indicação do poeta Carlos Nejar ao Prêmio Nobel, e a ampará-lo estão os fatos acima referidos, de valor absoluto, mas também por reconhecê-lo como um poeta do pampa brasileiro, situado no estado do Rio Grande do Sul, que tenho a honra de governar. Respeitosamente,

Tarso Genro, governador do estado".

Grande e inesquecível gesto do governador dos minuanos, que é poeta e tem a nobreza do nosso imenso rincão.

## 181.

TERMINADA A MUDANÇA PARA O apartamento da Urca, Elza e eu viajamos para Guarapari, no Espírito Santo, na tentativa de vender o nosso Paiol da Aurora, que lá estava há mais de quatro anos, nas mãos de conhecido que tomava conta. Chegamos e a casa parecia um fantasma, sem o teto interno e com algumas paredes sujas. Em cinco dias, no meu aniversário (e recordei que foi no meu aniversário, há anos, que a adquiri), consegui um comprador idôneo e no mesmo dia concluímos a negociação, com preço justo, o que foi um milagre, dada a concorrência de moradias à venda na vizinhança. Voltamos na sexta-feira ao Rio, para não sair mais (assim pensamos, Deus é que sabe). Elza e eu não tencionamos amealhar mais nenhum bem imóvel. E há que levar nossos dias na alegria das viagens, até que os corpos resistam, sobretudo, na alegria de respirar e amar. Pois tudo é tão transitório que só persiste uma memória: a da imaginação.

## 182.

Antigamente minha mãe dizia: "Para de ficar vesgo, menino! Pode bater um vento e vais ficar assim para sempre!" Essa frase apareceu na internet e na minha infância. E daí deduzo que o vento me perseguia, desde antes. Como se tivéssemos a mesma natureza, vindos de mesmo pai, sob a direção das mesmas estrelas.

Hoje o vento persiste me visitando nos momentos mais incríveis de minha vida e não cheguei a entortar de rosto e de alma. Ao contrário, quando o vento me bate, entro em germinação com o universo e não me sinto mais sozinho no cosmos inumerável. Tal se com ele existisse, desde o princípio do mundo ou das constelações, e soprasse junto, inevitavelmente. Como no pampa, entre as árvores, quando os montes se escondem atrás das nuvens.

Confesso-vos, leitor, um grande segredo: também aprendi a ser vento, carregando-o na leveza e na velocidade, deslizando pelo imponderável das coisas ou pela soberania da alma. E vou falar algo que nunca falei antes: o vento e eu nascemos e crescemos juntos.

Talvez minha mãe tivesse dito aquilo na infância, com medo de que eu descobrisse a verdade. A de que o vento me soprou e eu existi. E não consigo mais que nada nos separe, porque nos fortalecemos na esperança de um e de outro, nos congraçamos na comum energia, nos elevamos ou descemos em igual vertigem. E vamos nos transformando, na medida em que se desencadeia a ventania e nenhuma tempestade nos segura, nenhuma rede nos capta, nenhum pensamento logra interferir no alado viajar das asas. E atravessamos as esferas do espaço, nos debruçamos no balanço da potestade. Dormimos e acordamos no aflante rio dos sonhos. E nos reconhecemos advindos do mesmo ventre de gerações.

O que a minha mãe dizia antigamente, percebo que era o pavor de saber-me vento, com o desejo de reter-me em casa, quando minha sina era correr nos pés das estações e do mundo.

A cada descoberta, era vento. No amor, o vento. Ao traçarmos a terra, é vento. Nos esconderijos da matéria ou do espírito, vento. Até na depuração do fogo, o vento.

Mas não insisto. O amor não se argumenta. Depois que o revelei, e o faço a poucos, continuarei mantendo esse segredo no cofre das palavras. Com chave na infância. Pois tudo começou quando a infância se entreabria entre as tulipas. E é de infância, tudo o que escrevemos, até o vento nos levar com ele, para sempre.

## 183.

Deixo gravado nestas Memórias, o que, como a maioria dos cidadãos, eu ignorava. O trabalho anônimo, perseverante e heroico das Forças Armadas, na defesa das fronteiras geográficas e do espaço aéreo. E mais, os centros de controle do gerenciamento do tráfego dos aviões. E foi para todos uma experiência nova, de um Brasil diferente, escondido, desafiador, solitário e injustiçado, onde o esforço de nossos militares mal chega ao conhecimento do povo, na política demagógica de alguns que tentam solapá-los. E isso começou, entre nós, na lúcida visão de Vera

Lúcia Borges, em seu livro *A batalha eleitoral de 1910*, a partir da luta civilista de Rui Barbosa (que perdeu a eleição à presidência) contra o Marechal Hermes da Fonseca. Na época, assim escreveu contra o candidato pseudocivilista, o escritor Carlos de Laet: "Francamente porém, mais espero do soldado honesto e sincero que da velha raposa, ultrapreparada para os assaltos ao galinheiro político, e que no dizer do seu próprio panegirista, senhor Medeiros de Albuquerque, costuma ter por ano trezentas e sessenta e cinco opiniões, todas retoricamente fundamentadas (...)". Sem entrar no barco das paixões eleitorais, sim, foi com a visão de soldados honestos, íntegros e sinceros, dedicados ao dever, na obediência à hierarquia, longe do raposismo político que permeia abominável corrupção, que reativei em mim o sentimento de pátria, tão relegado, como coisa ancestral, quando é o princípio de nacionalidade.

Foram três dias de viagem dessa comitiva cultural pelas cidades de Brasília, Sinop, Porto Velho, Roraima, São Gabriel da Cachoeira, Yauaretê, Manaus, Cachimbo e Brasília. O roteiro foi organizado sabiamente pelo brigadeiro Bournier, atual comandante-geral da Aeronáutica e a comitiva foi dirigida pelo brigadeiro Baptista e o coronel Araken, do Clube da Aeronáutica.

O momento mais emotivo: o da formatura, em Yauaretê, dos indígenas que compõem o batalhão especial de fronteira, defensor da floresta. Não só com a bela "Oração à Selva", como pela apresentação magnífica, o desfile em que os indígenas marcharam, camuflados para a guerra, como se dançassem, num espetáculo harmonioso e inesquecível.

Impressionou-me a solidão vivida por esses que vigiam o nosso território contra tantos inimigos, preservando o meio ambiente e guardando perpetuamente as divisas desta República, em lugares tão distantes, inóspitos, longe das cidades, em que a construção de prédios ou de aeroportos se tornam penosos, pelo difícil deslocamento do material, salvo pelo rio Negro ou o rio Amazonas, com cachoeiras e constante variação climática.

Outro aspecto foi a visita ao centro dos controladores de voo, além do cortejo dos vários tipos de aviões e helicópteros, ou a demonstração de exercícios utilizados na selva, com descida ou subida em cordas. Percebemos, contrariamente a algumas afirmações isoladas da imprensa, que não há mais pontos cegos no céu de nossa pátria, onde a rota das naves não é só delimitada por convencionais auxílios de solo, mas orientada por satélites, num sistema global de navegação, com radares espalhados pelo país, havendo, inclusive, o centro de busca e salvamento, em casos de pessoas em perigo real ou iminente. E esse serviço é realizado por maioria militar, altamente treinada tecnicamente. E alguns civis.

Ao ver esse Brasil ignorado e o cotidiano empenho das Forças Armadas, tantas vezes sem razão vilipendiadas, protegendo com denodo os limites desta nação, que é continente, ou resguardando dos interesses estrangeiros a nossa Amazônia, lembro-me das palavras de Churchill, o estadista inglês: "Nunca tantos deveram tanto a tão poucos".

## 184.

Aconteceu-me um fato sem explicação no pampa. É de conhecimento de muitos que Moacyr Scliar foi saudado por mim na sua posse na Casa de Machado e que atualmente sou, ali, o único gaúcho. Mas isso foi esquecido, talvez por ato falho, o que é humano. E é como se estivesse dentro de entorpecida bolha e de repente a furassem, sem saber com precisão de onde veio a agulha. E o espanto de quem é subitamente invadido. Sim, ao criar o governo do Rio Grande o "Prêmio Moacyr Scliar", no ano de 2012, para poesia, seu organizador não me escolheu como jurado. O pretexto. Puseram dois livros meus concorrendo, à minha revelia (da biblioteca de alguém, por não estarem nas livrarias de Porto Alegre), forma esperta de me deixarem fora do júri, sendo eu evidente empecilho aos planos da entidade (IEL). E a quem escolheram? Curiosamente, antes do concurso, já "cantara a pedra" para o assessor do secretário de cultura sobre o dito vencedor. Para quem conhece como funcionam tais prêmios, não chegou a ser profecia. Saiu uma página inteira na *Zero Hora* de críticas ferrenhas sobre a concessão do prêmio. E mostra quanto Nelson Rodrigues tinha razão ao afirmar que "a admiração corrompe", preferindo os inimigos. Mas também depura. Convidaram-me para falar no evento. É lógico que, comovidamente, agradeci a alegada honra, mas havia outro compromisso assumido antes em Vitória, para a mesma data: tenho um problema sério na prótese, e o dentista, que é o melhor do Espírito Santo, doutor Lucas Zanon, com dificuldade me marcou a sexta e o sábado, 30 e 31 de março de 2012. Assim se manifestou um poeta concorrente, Eduardo Sterzi, em ofício dirigido ao diretor do IEL:

"Dado que o festival de promiscuidades que envolveu esta primeira edição do Prêmio Moacyr Scliar parece não ter fim, com o absurdo de a cerimônia de entrega ser transferida para o Rio de Janeiro e o coquetel contar com o patrocínio da editora agraciada em 30 mil reais (parece ser mais, 50 mil reais), peço que meu nome seja retirado da lista dos ganhadores de menção honrosa. Não bastou o absurdo de premiar um livro que contava com introdução assinada por um dos membros do júri?"

Apesar de todos os dissabores, ou circunstâncias, que o tempo delimitará, deve continuar, como um gesto definitivo, o Prêmio Moacyr Scliar, vigorando, acima de tudo, o interesse do Rio Grande. Foi o que referi na sessão da ABL, de 4 de abril de 2012. E está a sair, é a boa-nova, a edição de um livro, com duas partes: 1. *Espuma do fogo* e 2. *República da infância*, sob o título geral de *Um homem do pampa*, que o nobre governador, Tarso Genro, achou por bem publicar em seu governo. E a ironia zomba da ironia: está sendo feito um documentário sobre minha vida, pelo escritor e cineasta, Wander Lourenço, que se chama casualmente de *Dom Quixote dos Pampas*.

Depois de escrever essas linhas, encontrei-me no aeroporto Santos Dumont com o secretário de cultura do pampa. E nos abraçamos, sentamos a uma mesa e lhe disse que estava grato. — Por quê? — indagou-me. Por me haver poupado de não ser da comissão julgadora do tal prêmio, naquele ano. Mas para 2013, no julgamento do conto, sendo outras as circunstâncias, honrosamente aceitei. E o então premiado Ferreira Gullar, anos mais tarde, entrou na Casa de Machado, com meu voto, e muito prezei sua lucidez e agradável convívio. Reconhecendo no campo sua grandeza de poeta. Infelizmente, a morte o levou num dos últimos meses de 2016.

## 185.

HÁ QUE TER, MESMO PERSEGUIDOS, sofrendo as parvas conspirações, algum senso de riso, que é o depósito de nossa invencível sanidade. E devemos tanto a muitos, até não dever mais nada e nunca. "De caminhar se faz o caminho" — escreveu o poeta espanhol Antonio Machado. E esse verso me acompanha, como diria Drummond, "no fatal lado esquerdo". E de viver muito, é que os olhos se abrem.

Leitores, desliguei-me da Igreja Cristã Maranata, por opção: não fui desligado, saí límpido. Nunca, no entanto, desliguei-me de sua doutrina, a mais fiel aos ensinamentos bíblicos que conheci até hoje. Único ministério em regra, não pago e que não vive das ofertas dos crentes. Cada pastor tem sua profissão civil. Nunca assisti ao espetáculo que assisto, diariamente, na tevê, com incessantes pedidos de dinheiro, por este ou aquele motivo. Ali conheci homens de Deus, com caráter irretocável, como o falecido pastor Edward Dodd, entre outros. Citei-o, por acaso, como exemplo, tendo presenciado inúmeros pastores, alguns anônimos, sob o mesmo molde espiritual. Mas não me fixo nos homens quando "a palavra é lâmpada para os pés". E, de viver muito, os olhos se abrem.

Desliguei-me, mas ao perceber que, por um grupo restrito, a Igreja Maranata é injustamente atacada, focando o desvio de conduta de alguns, já demitidos dos cargos que exercem e afastados da referida denominação, respondendo, inclusive, a processos, admito, de público, a presença de Deus, ali. Recordo-me da afirmação serena do profeta Jeremias (6: 29-30): "quando o fole do Vento do Espírito não está furado e opera tenazmente, a prata (ou alegria da salvação) não escurece *e os maus são arrancados do meio do povo*".

Essa triagem vem do Alto, e é sadia, e a verdade nos liberta, não envergonha nem confunde, nem desagrega, "nem cora, nem engana". E quem salva não é determinada Igreja, mas Cristo, única "porta das ovelhas".

Entendo, claramente, que nada ficou encoberto e as medidas adequadas foram tomadas, com mão forte. O que basta.

E agora, quando é agredida essa Igreja, que se estendeu pelo mundo, não por seus defeitos, mas pelas virtudes, sou o primeiro a querer retornar, caso me aceitem. E a resposta veio pronta no *site* da Igreja: "Sê bem-vindo, dr. Nejar!". Com a mesma alegria com que seu povo me abrigou, Deus "alargará as minhas tendas". Não sei como. Desde o fim de janeiro de 2012, quando fui acolhido e visitei com Elza, o Manaim, em Domingos Martins, até hoje, 14 de maio do mesmo ano, continuo com o Ministério no pó e na espera, sem ser usado, com a extinção jurídica da comunidade. E "olho para os montes, donde me vem o socorro". Não me aflijo. Vem a justiça vem, vem o riso de alegria, o tempo está sendo encurtado a meu favor. Farejo a luz chegando.

Sim, devo registrar por justiça, no tempo de convívio na Obra de Deus, com vários pastores e irmãos. Hoje o também embaixador Alexandre Gueiros e a generosa figura de coordenador, Walter Babo. Da Igreja de Portugal, lembro a feliz convivência com Sérgio Matos, sua esposa Margarida que nos hospedou, Toni, Maria João, Carlos José e Ester, que também nos acolheu. Ou no Brasil, mais antigos — Ademar

Hugo, Sérgio Novo, José Nivaldo, entre outros. Com todos aprendi a bondade que não vem do esquecimento. E reescrevo: os afins se soman e os extremos se cruzam.

## 186.

TENHO TIDO UMA EXISTÊNCIA PERCORRIDA, até hoje, pelas setenta e três varas de meu corpo, vez e outra desamparada, nunca com medo de existir, ou de ir adiante, mudando de estações o espírito.

Parei num olhar, quando em Vitória, Espírito Santo. Olhar que atravessou de mansidão as horas, e veio o amor inesperado de madureza, o que se orla da infância de um para a de outro. Porque o que dura entre dois, além de Deus, é a descoberta da intacta criança que se deita no peito dos que amam. E ela resiste, porque o amor resiste.

Foi o olhar de Elza. Não sabia que eu era poeta e não a conquistei pelo mágico e devastador mundo da poesia. Foi um ser humano que encontrou outro. Ao ancorar em Vitória, ancorava então no meu destino. Não somos nós que o escolhemos, é ele que nos escolhe. E não me anunciei como escritor. Disse alguém que "se escreve porque ninguém escuta". Elza me escutou, sem que eu necessitasse escrever. Permaneci oculto. Quem me descobriu mais tarde foi o saudoso poeta Roberto Almada, que me reconheceu na rua e escreveu uma admirável crônica sobre *Memórias do porão*. E foi importante. Elza me amou pelo que sou, não pelo brilho, a fascinação da palavra escrita. Amou-me como eu a ela. Desde o entrelaçar das almas, que aprendem a pousar. Casamos em um mês. Sonhei com ela um ano antes de conhecê-la — e não duvidei. Sonhou comigo dois anos antes. Ao nos encontrarmos, vimos os nossos sonhos, ou eles nos viram. Sabe o que penso, intuo o que ela sabe, não erra os horários de minhas chegadas nas viagens, toca-me com a mão de vento nas coisas, mostrando que duas dobras são mais difíceis de romper. E as da aurora que levamos, inquebrantáveis. Em fim de outubro do corrente, completamos 25 anos e é como ontem, e o tempo corre com tal velocidade, que parece que ficamos imóveis. Ou a imobilidade é o efeito de andar tão veloz como a vida. Atingimos a cumplicidade também do silêncio. E o silêncio sem idade, até das palavras. E as palavras na solidária eternidade. E o que obtemos, é o sortilégio de que aludiu Paul Valéry, sendo "necessário mais inteligência para prescindir de uma palavra, do que para adotá-la". Não representamos o amor, é o amor que nos representa. Com a indagação ou a perplexidade:

> Em que o Planeta desliza,
> Sem ignorar no seu jogo
> Os dados. E quem os ouve?
>
> Ó roda que já não gira,
> Ou tempo que não se move.
> E nos dissolve no fogo.

## 187.

MAS, LEITORES, NÃO POSSO NUNCA DEIXAR de soletrar minha terra, cuja língua se grudou em mim, como segunda e terceira naturezas. Quanto mais envelheço, mais em aproximo da terra, e mesmo que esteja longe, o que sonho vem dela, como de seu povo. E disso não quero, nem posso defender-me. Nem caberia fazê-lo. Jamais nos defendemos do fogo que nos eleva e nos concede asas. E como dizia Luís Vaz de Camões: "Atado ao remo tenho a paciência."

E com ela vivo neste Rio de Janeiro, junto à Urca, que se assemelha a uma aldeia selada, com a severa impressão de andar de passagem, locatário de uma casa que não é minha.

E a verdadeira casa talvez se instale nalguma peregrina estrela, de tanto que vaguei na vida.

Não escolhi ser pampiano, como não escolhi esta pátria nem este lábaro de aragens e jardins, ainda que não haja desperdício na esperança.

Também não existe falta de sentido, no que já teve significado de alma. Ainda mais na primavera a derramar os pólens do dia.

E confesso quanto me apraz o Espírito Santo, onde morei mais de vinte anos e sempre retorno, tal um sítio da infância, onde fomos plantados e aos poucos nos reinventamos com inevitáveis palavras.

Nem esqueço as paisagens de Vitória, nem os amigos (mesmo que não os veja), a impecável moqueca e o inebriante mel da Ilha, com sua enseada do coração. E somos nossas ambições e insônias.

Sim, viver é ir soletrando a eternidade, embora nosso alfabeto humano se vá desgastando com o tempo e o tempo roendo o alfabeto. Soletramos o que não sabemos de tanto existir ou amar. Porque há um segredo que não se balbucia ao acaso, o de reagir diante do medo ou do infortúnio.

É quando não sou eu mais, "cuidando em quanto quiser o pensamento".

E o mundo é o pampa e o pampa, o mundo. E o que parece ser do universo passa a nos pertencer. Porque viver é soletrar a eternidade.

E ao soprar, infatigavelmente, o minuano se reconhece no Vento do Espírito Santo, com a aberta mão do horizonte. E ao apertá-la, não há palavras suficientes para o ritual da terra e sua exigência materna.

Nem temos saída: viver é soletrar a eternidade.

## 188.

Estou feliz. Não sei quantas teclas brancas ou negras faltam para completar a música do destino. Mas nem mesmo a palavra já me prende.

## 189.

Pensava não conseguir escrever um romance no Rio de Janeiro. Por não ter o bucolismo que eu possuía em Guarapari, no Espírito Santo. Mas veio "de forma quase convulsiva, depois de ordenar-se em mim, um tempo antes", como anotei no colofão. Brotou em abril e findou em novembro de 2012, *Matusalém de Flores*. Nada tem com o homônimo bíblico, salvo o fôlego de existir. E mais do que ele, existir para sempre. Advertiu Rilke e concordo com o poeta alemão: "A paciência é tudo". Até se inventar tudo na paciência. Tudo, inclusive a morte.

## 190.

De: Fabricio Carpinejar [mailto:carpinejar@terra.com.br]
Enviada em: terça-feira, 18 de dezembro de 2012 08:09
Para: nejarim
Assunto: crônica de hoje em *Zero Hora*:

Casaco é meu paizinho

Não tenho sequer um objeto de meu pai.
Nenhum cebolão antigo. Nenhum canivete suíço. Nenhum cachimbo. Nenhum cachecol. Nenhuma caneta especial.
Ele não me repassou talismã para lembrar sua importância. Não me chamou para o escritório em separado a fim de antecipar a mínima partilha. Não redigiu uma carta explicando o que era ser homem.
Mas herdei de meu pai o que sou.
Quando pequeno, eu o imitava. Hoje, ele me influencia.
Tenho dele a risada larga, bonachona, uma gaita que impulsiona o rosto para trás e me pede para fechar docemente as pálpebras.

Nosso pulmão é carregado de sotaque, o pulmão é o nosso CTG.

Tenho dele o jeito de cortar tomates na tábua, horizontal, absurdamente errado e divertido.

Tenho dele a mesma compulsão pelo atraso: sempre acreditando que posso fazer mais alguma coisinha antes de sair.

Tenho dele as mesmas distrações e desculpas furadas, as mesmas canetas explodindo nos bolsos.

Tenho dele o mesmo ímpeto de curar a raiva com uma caminhada pelo bairro.

Tenho dele a barba da juventude, as brotoejas do pescoço e a tendência de levantar as golas das camisas.

Tenho dele a adoração por sentar em balcões e experimentar pastéis em cidades estranhas.

Tenho dele as pernas tortas e os olhos puros de medo.

Tenho dele a vontade de cheirar o cangote dos filhos.

Tenho dele a mania por esculturas de cavalos e Dom Quixote.

Tenho dele a compulsão por riscar livros e escrever diários por códigos.

Tenho dele o dom de perder dinheiro e juntar amores.

Tenho dele o costume desagradável de gemer diante de um prato favorito.

Tenho dele igual fé em Deus e oro quando vejo o mar ou o pampa.

Meu pai está espalhado pelo meu caráter. Não preciso nada dele. Nem uma vírgula emprestada. O que é uma lembrança para quem tem todo o seu passado?

Cada gesto que vim a aprender ao longo da vida é o esforço arredondado de copiar sua letra e repassar seu temperamento ao papel vegetal da literatura.

Ele está escondido em meus dias. Invisível e forte como o vento.

No momento em que viajo de avião, acabo me protegendo do frio transformando o paletó em cobertor. O casaco fica invertido, de frente para mim, com as mangas cruzadas nas minhas costas.

Aquele casaco é também meu pai me abraçando.

## 191.

NO DIA 23 DE DEZEMBRO DE 2012, faleceu o poeta Lêdo Ivo, em Sevilha, Espanha. E foi este pronunciamento que apresentei na hora da saudade, da Academia Brasileira de Letras, Rio de Janeiro, em 10 de janeiro de 2013:

"Recebi um telefonema de Lisboa, do escritor Antônio Osório, e me disse muito triste quanto Lêdo Ivo foi um grande poeta. Direi mais. O menino de Alagoas, contemplando os navios no cais dos poemas permaneceu intacto. Com seu riso ruidoso, seu ânimo polêmico, sua vitalidade. Era um dos acadêmicos mais lúcidos e afeiçoados à Casa de Machado. Na mesa do chá encantava com suas histórias divertidas, ou o entusiasmo com que defendia as ideias, visitado por prodigiosa memória e ardente erudição. Ou as brasas de um imaginar que não traziam cinzas. Tinha, o que é raro, a longevidade da infância e a infância da longevidade.

E se havia um convívio era o com os filhos no sítio, ou com Gonçalo Ivo em Paris. Quando falava deles, seu rosto brilhava de orgulho. E não era pai apenas, mas filho de seus filhos.

Não mencionarei seus livros que já pertencem à história da literatura ocupando definitivo espaço, nem sua preciosa versão do iluminado Rimbaud que me embalou na juventude, nem o justo reconhecimento que lhe adveio na América Latina e na Europa. Nem a paixão que colocou nos estudos sobre Graciliano Ramos, Zé Lins do Rego e Raul

Pompeia, paixão essa que tão loquaz a morte não conhece. E ele soube entender a 'noite misteriosa', quando ela agora que o entende.

Mas um poeta não morre — acreditem! Apenas lhe adormecem suas palavras, para acordarem, mais jovens, no dia seguinte".

E tendo sido eleita na sua vaga, a acadêmica Rosiska Darcy, soube com surpresa que seria saudada no dia 14 de junho do mesmo ano, pelo professor Eduardo Portella. E escrevi esta carta para a presidente da Academia, num registro que não poderia calar:

"Vitória, 27 de maio de 2013.
Eminente presidente — Escritora Ana Maria Machado:

Um dia seu nome foi lembrado por mim e lhe telefonei para falar sobre a importância de sua entrada na Casa de Machado, fui presidente da comissão que lhe outorgou o prêmio do mesmo nome. Mais tarde, quando em Guarapari, recebi a visita de Vossa Excelência, em que também votei e hoje dirige a nossa Academia, confirmando minha confiança e admiração antiga. Mas estou decepcionado com um fato que fere o mais comezinho princípio: a escolha do acadêmico Eduardo Portella, inimigo figadal de Lêdo Ivo, para saudar a nova e nobre acadêmica, exatamente na vaga deixada pelo saudoso autor de *Réquiem*. E as manifestações de fora têm me alcançado, com o mesmo sentimento de repúdio, que não condiz com nossas tradições. O ódio que entreteceu o vivo e o ora morto durante a existência de ambos continuará até depois da morte? Porque Lêdo Ivo, se pudesse, revirava-se na tumba. Creio que, se é penoso o ódio passar pela vida, não pode permanecer depois da morte. E essa escolha é incômoda e sei que não foi de Vossa Excelência, não está à altura da Casa de Machado, nem da memória do grande poeta. Fica o meu registro. Cordialmente, Carlos Nejar, Cadeira nº 4."

Esta foi a resposta da presidente da ABL:

"Rio de Janeiro, 27 de maio de 2013.
Prezado acadêmico Carlos Nejar,

Chegando hoje à tarde à nossa ABL, encontrei o dia muito cheio e com sucessivas reuniões e compromissos, deixei para responder sua carta de casa, com mais calma, o que faço agora.

Acolho com compreensão o registro de seu protesto contra a escolha de Eduardo Portella para fazer a saudação a Rosiska na posse da nova acadêmica. Como você mesmo entendeu e manifestou em sua correspondência, a indicação não foi minha. Foi uma escolha da própria Rosiska. Tentei sugerir outros nomes, ela insistiu nesse. E achei que tinha todo o direito de escolher por quem desejava ser saudada — como todos nós tivemos, na nossa vez de tomar posse. Sinceramente, eu detestaria entrar para a história da Academia como alguém que vetou ou censurou o nome de um confrade para desempenhar esse papel. Portanto, assumo total responsabilidade por ter endossado a escolha feita pela nova acadêmica. Mais que isso, levei em conta também outro aspecto, justamente a existência desse ódio tão forte entre Lêdo Ivo e Eduardo Portella que você menciona em sua carta. Talvez essa circunstância fosse desconhecida pela nova acadêmica. Não achei que me coubesse revelá-la. Pelo contrário, é mais do que tempo de começar a atenuar esse clima de permanente animosidade e confronto entre dois confrades. Não há razão para levá-lo adiante, frente à Indesejada das Gentes, que nivela todos nós. Vamos virar esta página e conviver bem, em harmonia, sem essas heranças odiosas e odientas.

Além do mais, quem deve fazer o elogio dos antecessores e patronos, e a homenagem ao antecessor direto, é o acadêmico que está sendo empossado. Não quem o recebe, encarregado de fazer a saudação do novo confrade. Ou seja, a homenagem ao Lêdo ficará por conta da Rosiska. E procurei orientá-la para que isso seja feito como se deve.

No mais, repito, recuso-me a fazer vetos e censuras, ainda mais envolvendo confrades. Mas entendo perfeitamente que essa pode não ser a opinião de todos e que alguém, nesse caso, pode preferir não participar da cerimônia. Lamentável, mas só nos resta respeitar. Esperando contar com sua compreensão, envio meu abraço cordial,
Ana Maria Machado."

E estes foram os termos de minha réplica à carta da presidente:

"Vitória, 30 de maio de 2013
Eminente presidente da Academia Brasileira de Letras,
Escritora Ana Maria Machado. Rio.

Prezada presidente:
Infelizmente a carta de V. Exa. não me convenceu, e como gostaria ser convencido! E a vossa obstinação em manter o desastroso espetáculo mostrou que não adiantou em nada minha mensagem anterior.

Não creio que a acadêmica empossante nada soubesse do ódio entre Eduardo Portella e Lêdo Ivo, por quase vinte anos, alimentado na imprensa brasileira e nas reuniões da Academia, jornalista informada como é. Ao contrário, seria admitir que um membro eleito da Academia fosse completamente alienado em relação aos acontecimentos da cultura brasileira e seus principais personagens.

O que me impressiona é a forma como tal ódio avança *post mortem*, através de um porta-voz, com cariz autoritário, querendo manter sua vontade: único *orador já de quatro posses sucessivas*, quiçá o único desta Casa. Isso vai ao encontro do que tenho escutado: ele arma diretorias, dirige os melhores prêmios, defere ou indefere homenagens, dá conferências de abertura do ano com indiretas contra os que lhe são diferentes. Não aceito, não posso acreditar, como não posso ver, a visível ocorrência "dos iguais e os *mais iguais*". E a única "eminência parda" aceitável é o fantasma de Machado de Assis, como todos sabemos.

V. Exa., ao não acatar a censura para os vivos, como diz, *censura um morto* e um grande poeta, que não tem sequer direito de defesa. Cordialmente,

Carlos Nejar — Cadeira nº 4".

Ana Maria Machado manteve o inimigo em vida de Lêdo Ivo como orador, saudando a nova acadêmica em sua vaga *posse*.

Depois do meu protesto pela descabida escolha como orador na vaga de seu desafeto, o acadêmico Eduardo Portella passou a não me cumprimentar. Fui justo, mas devia talvez cercar de um eito de bondade o episódio, o que não fiz. E eu, sem embalar o rancor, não o querendo jamais para mim, fiquei indiferente. Mantive-me indiferente enquanto ele viveu. O que fiz, faria de novo. Dizia Getúlio Vargas: "Quem não aguenta o trote, não monta o burro". Afirmo, em relação a Eduardo, ser contraditório, pois me apoiou e saudou à entrada da Casa de Machado e tudo fez "por detrás do poncho", para retirar-me da secretaria-geral, no ano de 2000, por desagradá-lo ao não ser "vaca de presépio"; vale o que escreveu Sartre sobre Camus: "Muitas coisas nos juntavam, poucas nos separavam. Mas ainda essas poucas eram demasiadas." No dia 27 de março de 2014, na sessão da Academia, quando comecei a falar sobre Menotti del Picchia, a pedido da diretoria, Eduardo Portella saiu da sala, ostensivamente. Não pensei que fosse assim tão importante. Talvez não seja por mim, mas pelo que trago comigo. E, curiosamente, vejo sempre os mesmos na comissão do Prêmio Machado de Assis (três menos antigos do que eu e "mais iguais"). Assevera o romancista lusitano Valter Hugo Mãe: "Quem não sabe perdoar só sabe coisas pequenas".

Aguardo o tempo de abrir a boca e ninguém mais a calará. Quanto à dita "eminência parda", que infelizmente não é o fantasma do "gênio do Cosme Velho", diz a Bíblia: "Como dois andarão juntos, se não estiverem de acordo?" É melhor ser hostilizado ou desprezado, do que ser temido. Mas fica o registro, para justiça, Rosiska mereceu por seu valor chegar à casa de Machado e seu desempenho é modelar. Cada dia mais a admiramos, também pela visão e inteligência.

## 192.

Eis o artigo que publiquei sobre Portella, na minha coluna de *A Tribuna*, de Vitória, em 15 de junho de 2014:

### AS DIMENSÕES DO HUMANO

Eduardo Portella, crítico de "primeira água" e de última água, ou da derradeira margem do rio da invenção crítica, mestre da cultura, ex-ministro da Educação, notável presidente da Biblioteca Nacional, comemorou oitenta anos, o que é o inteiriço tempo de quem é para nós um dos importantes ensaístas da língua portuguesa, abrangente nos temas e entusiasmo da inteligência: buscando o universal. No sentido em que "não fratura a estrutura das épocas" e percebe a literatura como fenômeno mais do que social, da imaginação, que se eleva, na medida em que se faz compreendida. Advertindo que "a imagem gera a realidade, é a realidade".

Discípulo de Cervantes, companheiro de Miguel de Unamuno não apenas no sentimento trágico da vida, mas numa existência capaz de constatar que "o uso estrito da razão alucina a razão", vislumbrando ser o progresso, tão proclamado, nada mais do que um civilizatório engodo.

Seu pensar tem a vocação e o fluxo de inventariante, jamais retórico, deste "tempo de menos". Com a consciência terrível de que atingimos a baixa Modernidade, sem passar pela Modernidade. Crê que os poetas trabalham uma consciência que também se desvela na forma, que é poema e atinge, o que nem sempre sucede, poesia. Mas não a desvincula do real mais intenso, nem de um entendimento que nunca foi simplista ou esquemático, por se conscientizar que é a linguagem que decide a sorte do criador. Depositário vital da complexidade, preservada pelo silêncio, tão apurada em Jorge Luis Borges, não deixa de nela mergulhar, como passageiro na Galáxia de Guttemberg, ou na Galáxia da lucidez crítica, que o aproxima de Valéry, insubmisso, astucioso e de pioneira linhagem. Mostrando que não é a erudição que o sustenta, embora a domine, nem é um contemplativo a mais, ao buscar um juízo que se aprimorou em ética de ver mais rente aos objetos, utilizando a isenta matéria, que se mescla ao sonho, tão asséptica no prumo do pensamento, que já é "paixão", para Chesterton, que "torna importante cada pormenor". Valendo a recomendação aos leitores de seu magnífico *Dimensões IV — O livro e a perspectiva* (Editora Tempo Brasileiro, 2012). E nesse livro, entre outras, a exemplar análise do romancista americano Faulkner. E verão os leitores como alcança "a sustentável leveza" de uma língua que pertence, em sua comunitária solidão, a um projeto de liberdade. "Eu sou o outro do outro e o outro de mim mesmo, e o que é o outro, para mim senão eu próprio?" (p. 22). Ao considerar o ensaio correlato da poesia, admoesta que são "os poetas feitos para o exercício cotidiano da temeridade". Não esqueço o que nos meus começos escreveu e como sempre estamos começando. Apesar de nossas oposições e diferenças, há que respeitá-las, sem esgotar amor, posso ser ou não amigo de Plauto, mas o que importa é ser amigo da verdade. E estamos numa "história que não terminou", não terminará enquanto houver palavra. Já disse que não quero jamais o ódio para mim e nem entro dentro desse círculo vicioso. Observou Tertuliano: "Você quer ser feliz por um instante? Vingue-se! Você quer ser feliz para sempre? Perdoa".

## 193.

TENHO SIDO — FALOU O FABRÍCIO, ao visitar-me em Vitória — que eu devia verificar melhor a importância (segundo ele) da obra que escrevi e perdoar infinitamente. Frisou — e acho agora que possui razão num ponto, o de haver criado uma agenda com o que foi malfeito comigo. Com essa consciência, rasgo a agenda a partir de agora e o que surgir, escapou de minha vigilância. Somos nada e temos que perdoar infindavelmente. E a parte que não sabe deve perdoar a que sabe. Escreveu Marie Curie: "Nada na vida deve ser temido. Deve ser apenas compreendido".

## 194.

TÁCITO, O GRANDE HISTORIADOR ROMANO, sabia que as almas não morrem com o corpo, sendo privilégio de todos. E a linguagem tem alma e não deixa de ser uma espécie de imortalidade das palavras. Lembrando Tomás de Aquino, que observou: "A mente espontaneamente deseja ser eterna, ser para sempre". Mas a mente é eterna? Não, a alma que rege a mente é eterna.

Contam que Sócrates, antes de beber da cicuta, queria apenas discutir com os amigos e não almejava nada que fosse patético. Até um amigo foi expulso, porque chorava. Queria somente continuar conversando, até que a morte o alcançasse. Para então poder discutir com a morte. Por se curar de vida. Mas não se cura de vida, cura-se de morte. Porque há coisas no homem que não se extinguem. Por isso existe a palavra, para dizer que, ali, onde ela sopra, não se apaga. O que respeitávamos na sombra, passamos a respeitar na luz. Porque até a matéria é luz. Mas a sombra das palavras pesa mais do que as palavras.

## 195.

COMO AS MEMÓRIAS CRIAM O SEU TEMPO, que não é cronológico, conto o que sucedeu, na sala da diretoria da Casa de Machado, depois da justa homenagem à secretária Carmen de Oliveira, pelos cinquenta anos dedicados à Academia, em 19 de abril de 2016, à tarde. Perto estava o conferencista Vamireh Chacon, quando encontrei Eduardo Portella. Cumprimentei-o e estendi a mão. Ele me estendeu a mão e disse de minha admiração e nos abraçamos fortemente. Falou-me — "estava sentindo a tua falta, Nejar!" E eu também. "Vamos seguir juntos no caminho." — Concordei, e estávamos comovidos os dois. Eu nunca deixei de ser grato a ele, quando lutou por mim como pioneiro na análise de minha poesia e quando candidato à Academia, como sempre o estimei apesar dos percalços. A isso referi no documentário *Carlos Nejar, o Dom Quixote dos Pampas*, organizado pelo professor Wander Lourenço. E repito.

## 196.

NO FIM DA EXISTÊNCIA, O BOXEADOR Joe Louis disse: "Fiz o melhor que pude com aquilo que tinha". Digo o mesmo. E basta. Confesso, leitores, que no episódio relatado sobre Eduardo Portella e a vaga de Lêdo Ivo, fui quixotesco, não tinha nada de meter-me no assunto. Pois o finado acadêmico não me havia dado procuração para tanto. Mas não tenho a ver com ódios e ressentimentos. Minha independência não tem janelas. Sempre é um problema nalgumas eleições da Casa, que não se acompanhe no voto certos grupos. Ninguém é dono da eleição, e há que manter a serenidade, pensando mais na Academia, do que nos cúmplices interesses.

## 197.

VERDADEIROS ESTES FRAGMENTOS DO POEMA de meu filho, Fabrício Carpinejar, mostrando sua busca de pegadas na leitura dos livros: "Folheava os textos,/contornando as pedras/de tuas anotações.//Retraído,/como um arquipélago/nas fronteiras azuis.//Desnorteado/como um cão/entre velocidade//e os carros./Descia o barranco úmido/de tua letra,//premeditando/os tropeços./Sublinhavas de caneta,//visceral,/impaciente com o orvalho,/a fúria em devorar as ideias,//cortar as linhas em estacas de cruz,/marcá-las com a estada./Tua pontuação delgada,//um oceano/na fruta branca./Pretendias impressionar//o futuro com a precocidade.//... Cheguei tarde para a ceia./... Lia o que lias,/lia o que a mãe lia./Era o último a sair da luz."

## 198.

NO DIA 5 DE FEVEREIRO DE 2013, nos mudamos do Rio para Vitória, no Espírito Santo. Confirmando o sonho que Deus concedeu a uma serva, que nada sabia: viu que nos transferíamos à referida cidade, para ali morar. E vários sinais se sucederam: a) saímos, apenas pagando o mês de fevereiro, num contrato draconiano, que nos dava a multa de três aluguéis; b) encontramos um amplo apartamento, na melhor área da cidade, a Praia do Canto, na rua Joaquim Lírio, sem exigência de fiança; c) consegui a carteira de habilitação em poucos dias, sem maior dificuldade; d) um numerário que considerava perdido, numa aplicação que fiz no Rio Grande, retornou à minha conta.

Eis o soneto, que denominei "A última pedra", com que concluí meu livro *O inquilino da Urca*: "Urca me fui com ar definitivo,/Como se a lousa não tivesse nome./E não sumisse nada do que é vivo/e nem sob a inscrição sumisse o homem.//E de nadas se vive, sendo ativo/O nosso patrimônio de pronomes/ou verbos de enganos possessivos,/ com sopro que nos veste e nos consome.//E já me fui bem antes na certeza/Que nada fica, salvo esta passagem,/ou talvez devastada fantasia.//Se vou para onde o tempo não se adia,/Caminho preso ao vento, sem fereza:/Que amor não envelhece na coragem." (*De Vitória ao Rio*, em 21.2.2013.)

## 199.

No FIM DO MÊS DE JANEIRO DESTE 2013, perdi um amigo exemplar. Perdi, portanto, a metade da alma numa semana. Seu filho Emílio me avisou: o pai fora subitamente hospitalizado com câncer no pâncreas. E logo soube de sua morte. Um relâmpago é a vida do homem sobre a terra. O que permanece é Deus.

Ivan Teixeira era natural de São Paulo e ali faleceu. Era um dos mais importantes ensaístas do Brasil. Doutor em literatura pela USP, livre-docente, professor durante um ano na Universidade do Texas, escreveu obras-primas, entre elas *Mecenato pombalino e poesia neoclássica*, *O altar e o trono*, que mereceu o prêmio Ermírio de Moraes da ABL, prefaciou e organizou *O Uraguai*, de Basílio da Gama, *Os multiclássicos* e *Música do Parnaso*, de Manuel Botelho de Oliveira.

Há mais de dez anos fez admirável crítica na *Folha de S.Paulo*, sobre o meu *Teatro em versos* (que teve sua derradeira edição pela Funarte). Nos (re)conhecemos em Tiradentes, anos depois, num encontro sobre Basílio da Gama, patrono da cadeira que ocupo na Casa de Machado. E se firmou nossa amizade. Devo a ele a publicação de *Espuma do fogo* (autor da nota de aba) e dos dois volumes, em convênio com a Biblioteca Nacional, reunindo minhas poesias *A idade da noite* e *A idade da aurora*, pela Ateliê Editorial, da capital paulista. E mais recentemente, *A fúria azul*, com primoroso projeto gráfico de seu filho, Emílio Teixeira.

Nós nos telefonávamos frequentemente, Ivan e eu. Um dia veio à minha residência, a então Casa do Vento, na Urca, onde redescobriu *O campeador e o vento* (1966). Elza achou em seu rosto a cor esverdeada, a mesma que vislumbrei em Merquior, antes da viagem definitiva. Elza não se enganara. Tem cor verde a morte?

Quando Ivan desembarcava no Rio, almoçávamos sempre no sapiente restaurante Mosteiro. Seu habitual cardápio, o linguado com alcaparras. Eu gostava de escutar seu tom sereno, mais de perguntas do que de respostas, sua alegria e superior inteligência que não negava fogo nas minúcias ou nas amplidões da literatura, na qual cristalizou sua paixão. Foi generoso com os meus *Viventes*, em matéria que publicou em "Metáfora 2". E nem deixei de comentar com ele, em nossas conversas, as experiências com o Poderoso de Jacó. O que na razão o espantava. Sedento, queria saber mais. Porque o espírito nada tem a ver com a razão. Talvez me julgasse um tanto louco. Mas a loucura é a razão de Deus. E a morte não tem razão. E como assegura Jorge Luis Borges, agora "já não ficam imagens da lembrança, só ficam as palavras". E suas últimas frases ditas ao telefone, desde o leito do hospital, ainda tocam, mais por sua grandeza: "Você é poeta e ficcionista de meu apreço. Mas o que estimo, especialmente, é o homem bom". Bom é o Altíssimo! — pensei. E isso me perturbou: pela distância que tenho que andar para chegar a ser bom. Foi nossa despedida, como se já falasse de além-túmulo.

### 200.

Gabriel García Márquez tem um romance chamado *Crônica de uma morte anunciada*. Descreve minuciosamente os momentos do personagem em direção à Grande Visitadora. Que é pungente, mas se torna pequena diante da soberania da fé. Conheci Frank Estévez Guerra nas

Canárias. Ali havia um seminário internacional de literatura, reunindo escritores da Europa, Ásia, América e Rússia. Numa conversa com alguns criadores das Ilhas, distinguia-se pela originalidade dos poemas e pela severa figura humana. Mantivemos correspondência. Verteu alguns poemas meus para o espanhol. Fluente em inglês, francês, italiano, árabe e grego.

Veio a Vitória e foi meu hóspede no então Paiol da Aurora, em Guarapari. Visitou o Manaim, de Domingos Martins, onde, entusiasmado, aprendeu a modelar a doutrina da Igreja Cristã Maranata, sendo das pessoas mais exigentes que conheci, formado em teologia e ávido de saber.

Voltando a Madri, passou a lecionar linguística em famosa universidade, destacando-se como um dos principais poetas daquele país, pastoreando várias igrejas, numa denominação metodista, na capital e no interior da terra de Cervantes.

Nos reencontramos numa viagem a Madri, e mais tarde, em Salamanca, no mês de outubro de 2011, a convite da prefeitura local. Sorridente, loquaz e erudito nas intervenções.

Há um mês, Frank me escreveu, alegando ter câncer em processo de metástase, restando-lhe, segundo o médico, meses de vida. Parecia estar transbordando de vida, quando transbordava de morte. E nem notávamos, Elza e eu, em sua vitalidade e apetite, quando nos acompanhou nos bares do centro madrilenho.

Depois recebi seu *e-mail* noticiando que estava fazendo quimioterapia e o câncer atingira o fígado, portanto, seu tempo se abreviara. Porque a enfermidade avançava com velocidade.

O que me impressionou foi o ânimo de Frank Guerra, preparando sua eternidade. Nós nos apegamos tanto, somos cercados de trastes e desastres e a nossa humanidade pesa.

Disse-me que se dedicara a ordenar coisas e versos. Como se fossem capítulos a preencher, antes de partir. Deixou um livro a ser traduzido e publicado no Brasil.

Compreendi quanto se depura cada vez mais na palavra, convicto de estar encerrando a carreira e completando o percurso da fé. Nem interrogou a causa do infortúnio. Lúcido e despojado, acabou de ter seu encontro com Deus.

## 201.

O QUE VEM DO SONHO É DEVANEIO, ou é poesia? Vários cientistas, inclusive Einstein, tiveram experiência com fórmulas que vieram do sonho. O livro de Jó, (33: 14-18), fala que, em sonho ou visão da noite, quando os homens dormem, Deus fala e dita sua vontade. E muitos de nós vivemos isso.

Quero, no entanto, referir-me ao processo da criação. E já me sucedeu, quando escrevia *A idade da aurora*, nesta terra, não sabendo o que viria depois de concluir a primeira parte do texto, fiquei alguns dias meditando a respeito, e nada brotava, como se uma porta se fechasse diante de mim. E, inesperadamente, veio num sonho o título de um livro e se chamava *Futuro*. Assim nasceu o segundo capítulo e o nome do personagem.

Manuel Bandeira, em *Itinerário de Pasárgada*, conta de como um soneto lhe surgiu do sonho. E eu, recentemente, mantidas as distâncias, madruguei com este soneto. Fui simplesmente escrevendo sem raciocinar, e o poema se foi impondo e, de súbito, as rimas se completavam, o sentido se foi abrindo e me deparei, na estranheza, com o que agora transcrevo para o conhecimento do leitor. Nós, poetas, não inventamos nenhuma teoria — e por que inventar, se apenas as coisas nos descobrem, sendo já existentes no ar? De outro lado, nem a teoria nos inventa, mas, como diz Goethe, verdes são as teorias e cinzenta e a madura árvore da vida. E se alguém disser que "o poema é onde, provavelmente, a Nuvem que levamos se esconde", responderei que isso não passa de intriga da oposição, porque Nuvem jamais depende do poema para existir.

Eis o dito soneto:

### DO AMOR DESPREVENIDO

Que sirva ao meu amor desprevenido,
o tanto andar ao sol, que não prevejo
em luz de ver, a luz deste sentido
e no meu desvairar, o ardor do beijo.

E assim, de tanto amor serei contido
e de tanto vagar, com tal desejo,
que não sei se ao viver, terei vivido
no empenho de ser ave, homem, seixo.

Porém, hei de voar sem extravio,
de procurar o amor no desapego,
ou mergulhar no fundo deste rio.

Ou emergir do íntimo, fraterno.
Que muito pode, o que no tempo cego,
move-se n'alma todo, sendo eterno.

### 202.

CONTINUO PAMPIANO, AONDE FOR. Como diz Yourcenar: "Roma não está mais em Roma, ela está onde estou". E vim atrás de minha infância. Foi-me dito que ela vivia na aldeia de Arco Verde, ao sul dos Brancos Trovões. Viajei muito desde Assombro e não me doeram em vãos léguas e pernas. Queria achá-la porque continuava bela, ou então tomá-la de volta. E não deixei a esperança devorar-me, o que é a mais grave enfermidade do espírito. René Chateaubriand observava que "romper com as coisas reais não é nada, mas o coração se quebra quando rompe com a lembrança". Por isso é que repercutem em nós as separações. E de tanto nos separarmos, reatamos a inicial identidade. Como o mar recupera o espaço das rochas. Vim atrás de minha infância e no trote do cavalo o sono quis me atropelar. Subi muitos vales e encostas. E o bom alazão conhece mais de mim, do que eu próprio. Quem souber, que me diga onde se encontra minha infância, quanto antes. E é o motivo de haver eu caminhado na palavra, até aqui. Vim atrás da infância, onde se esconde minha eternidade. Porque luto também pela infância do paraíso.

### 203.

O QUE NOS SALVA DO ABISMO? O abismo. E vi o mundo com os olhos de um menino. Mas disse Deus para Jó, quando te conheceres, eu te conhecerei.

### 204.

## O COLO DA LETRA
Fabrício Carpinejar

Na infância, desprezava a assinatura.

A vida vinha anônima, abundante. Não precisava ser alguém para ser feliz. Nem colocava autoria no desenho, em nenhum lugar. Aquilo que era mundo era meu.

Mas, aos doze anos, minha mãe chegou com a tarefa que estragou o paraíso da impunidade.

— Treina sua assinatura que amanhã faremos sua carteira de identidade.

— Como assim?

— Deve assinar seu nome e depois não pode mais mudar.

Minha história pode ser dividida antes do RG e depois do RG. É como se fosse vítima de abrupta redução da maioridade penal.

A missão me paralisou. Como assinar e não mais mudar? Como oferecer uma forma para sempre?

Foi uma condenação assustadora. Eu me vi preenchendo cadernos de caligrafias diariamente até os oitenta anos.

De uma hora para outra, restava-me criar uma personalidade. Um risco autoral. Assumir uma responsabilidade infinita.

Nem tinha noção por onde começar.

Lembrei a profissão de meu pai — escritor — e que ele autografava seus livros para os leitores. Tinha traquejo, experiência, jorrava seu nome com extrema facilidade e sem variação.

Tomei sua assinatura emendada e passei a imitar com o apoio de um papel vegetal.

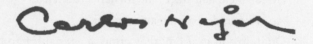

A grafia paterna se movimentava como um desenho. Um ideograma.

Seu "c" era uma pista de skate. Seu "a" era igual ao "o", só que vinha na contramão, da direita para esquerda. Seu "l" era uma árvore desfolhada. Seu "j" levantava um sol no acento. E o "r" se derramava como um escorregador.

Já não se assemelhava a uma assinatura, mas ao Parque Marinha do Brasil.

Por um breve momento, eu esqueci a tarefa e me divertia na praça de suas letras. Ficava na fila indiana com os colegas para descer nos brinquedos.

*Memórias de outra idade*

Inventava cenas e diálogos em meio ao sol da página em branco. Meu pai me empurrava no balanço. Meu pai disputava corrida da escada à lixeira laranja. Meu pai cuidava de mim com sua boina, seu casaco de couro e sua gargalhada alta e amiga.

Descobri que letra é feita para sonhar.

Assim que criei minha assinatura. Espantada. Grande. Estranha. Absoluto espelho do meu pai.

Exercitei ao longo da madrugada meu nome como se fosse uma continuação do nome do meu pai. Uma extensão de nossas pernas caminhando juntos. Inventei uma centopéia de tinta — minhas botas ortopédicas prosseguindo seus sapatos pretos de bico fino.

Não há nada mais íntimo do que ser um copista e segurar — com a imaginação — a mão de quem a gente admira.

Ao falsificar seu traço, me tornei verdadeiro.

Ao assinar, dou a mão ao meu pai.

Quando autografo minhas obras, a assinatura do meu pai está por baixo. É a minha sombra. É o meu apoio. É o meu fundo.

Ele vive me oferecendo colo por toda a eternidade das palavras.

### 205.

ANTÔNIO HOUAISS ESCREVEU QUE EU possuo um tanto de santidade e um tanto de loucura. O que não encontro em mim. Talvez um bocado da segunda. Em 2017, com a coragem de mudar-me de Vitória (ali fiquei quatro anos — de fevereiro a fevereiro) para o Rio de Janeiro, onde agora moro na Praia do Flamengo, perto de onde residia o grande João Cabral, com a vista das árvores, da Urca e do mar, cercado de vento, apenas guardo os meus setenta e oito anos de infância. E como vocês, leitores, podem observar, estas Memórias vão contra a vontade constante de esquecer.

## 206.

Vitória, ES, 2 de maio de 2014
Querida Vilma Guimarães Rosa

Voltei, no dia 30 de abril, da Academia Brasileira de Letras muito triste. O pequeno livro que me foi sugerido, e que fiz *com muito amor, pois amo a obra de seu pai,* apesar da autorização que me enviou, precisava ainda do preenchimento de formulários anexos, pois a Casa de Machado passou a editar em convênio, com editora de São Paulo, para vender os livros nas universidades e escolas.

Senti que *foi desnaturado o objetivo primordial*, que era de apenas para divulgação, em caráter interno. Ora, por lealdade — e o acadêmico nada recebe pelo trabalho, só recebem os de fora —, tendo sido mudada a finalidade da edição, ao meu ver, desisti então de editá-lo. Envio o texto para seu conhecimento, em CD. E os tais formulários.

O afeto e o agradecimento pela confiança — Carlos Nejar.

## 207.

Fernando Pessoa dizia que sua pátria era a língua portuguesa. Achei mais tarde que a pátria é bem mais — é a nossa aventura. Hoje considero minha pátria o que levo comigo e pode-se exprimir em qualquer língua. E se há diversos nomes para as mesmas coisas, há diversas coisas para os mesmos nomes. Tudo é questão de faro ou instinto. E esses não erram.

## 208.

Em 30 de abril de 2019, fui receber, em Porto Alegre, o primeiro prêmio literário que me concedeu o pampa, através da Secretaria de Cultura do Município, pela minha obra *Os açorianos*. A estatueta foi-me entregre pelo meu filho, Fabrício.

E em 13 de maio do mesmo ano, às 18 horas, no Instituto Italiano de Design, na Urca, recebi o Grover Chapman de Cidadania, pelo meu livro de sonetos *Esconderijo da nuvem*, dedicado a esse condado mágico, com recital de doze sonetos, ditos por artistas como Ana Maria Murtinho, da Globo. O prêmio teve então sombra generosa de Ricardo Albin. Foi minha despedida da Urca, onde morei. Mudei-me para a cobertura, da rua Marquês de Abrantes, no Flamengo, sábado, dia 18 de maio do referido ano. Empreitada difícil. Tormentosa.

Após a tribulação de quase quatro anos, desde a quebra da vértebra de Elza, mais seis tombos e o enfarto, penso que novo tempo se avizinha. Pois, como observou Miguel de Cervantes Saavedra: "Não é possível que o mal nem o bem sejam duráveis, e de aqui se segue que tendo durado muito o mal, o bem esteja já perto". E tão perto, que já vejo.

## 209.

Sempre expressei o meu amor ao condado mágico da Urca. Quando morava ainda no Paiol da Aurora, em Guarapari, neste Espírito Santo, no ano de 2000 fui eleito para a função de secretário-geral, da

Academia Brasileira de Letras, e residi na rua do grande médico francês, dr. Pasteur, onde passei um ano, tendo sido também presidente em exercício da Casa de Machado. Depois de retornar ao Paiol, no ano de 2007, tornei-me de novo "inquilino da Urca", ocupando a Casa do Vento, casa que tinha forma de navio, na avenida João Luiz Alves, 150, diante do mar. Três anos depois, mudei-me para um apartamento na rua Osório, não distante dali. Fiquei dois anos e viajei para Vitória. A seguir, em fevereiro de 2018, passei a residir na mesma rua de antes, João Luiz Alves, 268. Ali vivi um ano e três meses, na casa que chamei de Esconderijo da Nuvem. Entre uma morada e outra, escrevi *O inquilino da Urca* e *Esconderijo da nuvem*.

O primeiro foi publicado pelas edições Galo Branco e o outro, em Porto Alegre, pela editora Class.

Duas grandes figuras, jamais esquecerei naquele território mágico: Ricardo Moderno e seu pai, Darcy, que hoje estão na eternidade.

Mas tive que despedir-me. Também porque Elza, desde que quebrou a vértebra e teve o enfarto, não podia nem subir nem descer escadas, e era urgente morar num prédio com elevador.

Na semana em que recebi o Prêmio Grover Chapman de Cidadania, que me tocou profundamente, mudei-me para o Flamengo, para uma cobertura, de onde, leitores, continuo contemplando a Urca e seus barcos. Mudei de lugar, mas não mudei de alma. Com o mesmo segredo de amor que não pesa no mundo. Por não poder alugar o mar, nem as estações. E reitero o que gravei no verso:

"O que, pela memória se enternece,
tem o prenúncio de captar o vento".

## 210.

## O SOBRESSIMBOLISMO DE CARLOS NEJAR
### Linhas sobre a superfície

*Oscar Gama Filho*

QUAL MÚSICA ECOA DE LINHAS SOBRE a superfície? Não de linhas complexas, linhas simples, como as das letras.

Que quadro compõe estas linhas desunidas, que apenas se tocam nos seus vértices? Pontos em que se interseccionam, mas não se penetram.

Toda escrita é formada de linhas sobre a superfície. As linhas podem ser cordas suspensas, como a língua inca. Ou gravadas na areia da praia.

Quem se dedica a descobrir o ritmo e a musicalidade dessas linhas sobre a superfície é. Música sem harmonia nem arranjos além da escansão greco-latina ocidental.

Quem se dedica a transformar letras em tintas espalhadas na tela branca da página e a compor cenas em quadros sem perspectiva, mas dotadas de plasticidade é.

É *sobressimbolista*.

Este estilo de época apresenta Carlos Nejar como seu autor clássico, no sentido de modelo a ser estudado em classes de aula. O único 100% sobressimbolista.

### Características do Sobressimbolismo

*Leitmotiv:* Toda escrita envolve linhas sobre uma superfície.

Presente em artistas contemporâneos em que o hibridismo dos gêneros fez com que se tornassem posteriores a fronteiras.

A *obra híbrida e desmontável* é típica do sobressimbolismo.

Insatisfação com o cientificismo, com o neoliberalismo e com a destruição dos valores humanos e culturais pela globalização.

Emprego do *Método do delírio da razão criadora*, que leva a técnica a esgotar os mínimos detalhes dos caminhos estéticos, por ele bifurcados até o cruzamento inumerável de cada possibilidade.

Interesse pelo aspecto plástico, visual e musical da literatura. Sem abandonar a letra e a palavra.

Criação da literatura mítica, não figurativa, mas comprometida com a mensagem e dotada de uma cosmogonia própria.

Propõe uma épica do futuro, em que a ação pertence a um mundo que está sendo inventado e criado por ele.

Visionário e profético, sua criação o santifica enquanto luta contra o mal. Quer eliminá-lo com a arte, pois a sua existência conspurca a dele. O mal o adoece, seja ele de origem física, psíquica, espiritual ou estética. Por isso se lança contra o adversário, contra o feio, contra a dor, contra a injustiça e contra a angústia.

Assim, enxerga o homem como responsável pela mudança da história para melhor.

O ritmo e as imagens de Nejar falam por si sós, alcançando uma musicalidade que não chega à música e uma plasticidade que não chega às artes plásticas.

O ritmo é sua maior preocupação, esteja ele no papel de poeta, de romancista, de dramaturgo ou de crítico.

Poeta, romancista, dramaturgo e crítico em mesmas dosagens.

Para ele, escrever é falar imagens. Faz falar as imagens mesmo dentro da prosa. Não abomina a história, mas sua épica de imagens é que vai desenvolver o enredo até o mito se tornar história.

Psicologismo: foco na visão do indivíduo, no mundo interior do artista ou no dos seus personagens.

Interesse por símbolos, em que o sentido deve ser descoberto, não revelado de pronto. Trabalha com metáforas arquetípicas do inconsciente, como é o caso de *Memórias do porão* e de *O túnel perfeito*.

Sua obra é uma enciclopédia que reúne os mais variados recursos usados por escritores desde Homero: suas metáforas, aliterações, assonâncias, paronomásias, metonímias, comparações, rimas internas, coliterações, antíteses e inúmeras outras tocam o barroco sem deixar o sobressimbolismo.

Culto da forma sem se preocupar com a clareza, mas sim com a claridade, de que é sedento.

Hibridismo dos gêneros e das artes. As fronteiras entre gêneros e artes são anuladas: qualquer coisa é a mesma coisa e deságua na literatura. Romance = poema = conto = novela = teatro = música = artes plásticas.

Paixão pelo mistério, pela noite, pela origem e pelo fim de todas as coisas.

A liberdade só é possível no sonho, na imaginação e na fantasia. Inventor de palavras, brinca com elas feito criança, divertindo-se enquanto cria.

Sua preocupação com a essência o tornou um especialista em aforismos capazes de explicar o impossível.

Temperamento utópico e crítico.

Misticismo agnóstico: volta ao espiritualismo cristão medieval.

Preocupação com o cultural propriamente dito e com o cultural no natural e na natureza.

Subjetividade contra a sociedade objetiva.

Preocupação com o inconsciente e com o psicológico.

Nefelibata recluso, anda nas nuvens e se aprisiona em torres de cristal de que suas palavras o libertam.

Na narrativa, o enredo e ação ficam em segundo plano. Contar uma história é importante, mas o conteúdo e a forma são muito mais.

Afastamento e crítica da sociedade burguesa.

Idealismo arte pura crença nos espíritos da razão e da escrita.

Tom literário, mesmo na prosa, não o banal.

Temas elevados ou elevação de temas vulgares até a altura em que se acha o estético.

Arte pela arte, sem interesse comercial.

Prevenção contra rimas fáceis e adjetivos que chegam com facilidade, mas são ladrões que mendigam em busca de sua luz própria. Com gentileza ele os afasta da soleira da porta em que reside sua arte.

Não procura rimas. As rimas o procuram. Devem ser dosadas, em entretons, pelo espírito suave que rege a assonância das rimas toantes.

Emprega adjetivos proparoxítonos tentando substantivar o texto. O verbo fornece a ação e o substantivo a coisa, a matéria. O adjetivo é um tempero raro que deve ser usado para colorir o texto sem empanar os outros ingredientes.

O núcleo da sua criação é resistente. Seguindo o conselho de Pound, ele testa as suas palavras e lança mão apenas das que funcionam. Escolhe as que lhe apresentam a garantia de que funcionarão pela eternidade.

*Casamar, 4 de maio de 2014*

(Oscar Gama Filho é poeta, ficcionista e crítico capixaba.)

### 211.

DIÁRIO DO ESCRITOR — FABRÍCIO CARPINEJAR — Invenções reais, fatos reais, crônicas, poemas, fragmentos, máximas e imprevistos Fabrício Carpinejar 1º 5.2014 6h00

Herdei do pai a necessidade de ler. Sem ler, estou morto. Meu pai lê dois livros por dia. Ou seja, é bem mais vivo do que eu. Ele compra livros que já adquiriu pela esperança que os livros mudem. Não porque esquece os títulos, é pela fé que aquela nova edição poderá desenrolar a anterior. Não existem livros ruins para meu pai, existem livros inacabados. Ele transforma sua cama em escrivaninha, transforma sua rede em escrivaninha, transforma qualquer superfície em mesa de trabalho.

Carrega lápis e canetas no bolso. Como um pintor e seus inseparáveis pincéis. Dorme, come, toma banho com seus instrumentos. Anota trechos mais significativos em cadernos, sublinha passagens que mais gosta com cruzes (numa escala de um a cinco), separa palavras que poderá usar em poemas e romances num caderninho de fiado. Eu carrego esta fome familiar insaciável. Levo vários livros na bolsa. De diferentes gêneros e atmosferas. Nunca prevejo o que pode me acalmar.

Na ausência de meus volumes, eu me agarro em revistas, palavras cruzadas e panfletos.

Sou um narcotizado pela leitura. Quando bebo, leio as linhas miúdas do rótulo das garrafas.

Quando adoeço, leio as informações das bulas. Não posso passar dois dias sem ler, que fico altamente agressivo. E tem que ser em papel. Não vale celular e *tablets*. Leio mais com o tato e os ouvidos do que com os olhos. Talvez minha dificuldade de alfabetização tenha acentuado a gana. Lembro o desespero paterno quando descansamos um final de semana em cabanas na serra gaúcha. Ele deixou sua maleta de leitura em casa. Estávamos isolados do mundo, incomunicáveis.

A mãe planejou um final de semana longe da televisão, do rádio e dos incômodos externos. Mal antevia que estava criando um filme de terror.

O pai não conseguia conversar, manter a atenção, divertir-se com nada.

Aparentava um drogado, gaguejava, perambulava de um lado para o outro da varanda, à procura de paz.

Mexia no lixo à cata de algo para ler. Mexia nos armários à caça de um pergaminho abandonado por algum hóspede. Somente se aquietou quando viu uma garrafa de vinho embrulhada em jornal.

Desprezou o vinho. Pegou aquela folha *standard*, desamassou e começou a gargalhar.

Era uma edição do mês passado de O Globo. Tal náufrago, economizou as notícias das quatro páginas. Dividiu as manchetes pelas horas dos dois dias para não sofrer abstinência.

Nunca vi meu pai tão feliz. Ou aliviado. O alívio é a felicidade dos viciados.

### 212.

Tocaram-me estes versos de *Aurora*, de Lêdo Ivo:

*Nada existe no mundo sem significado.*
*E este é o nosso tormento.*

### 213.

## AVENTUROSA LELÉ

Perdemos, Elza e eu, uma pessoa de nossa família: Lelé, a cachorra aventurosa. Tinha catorze anos. Morreu no dia 31 agosto, de madrugada, de câncer no pulmão, em 2014. Não suportávamos o seu sofrimento, e se foi com a primeira brisa, com o primeiro orvalho nas ervas. Viajamos para Goiás e soubemos pela veterinária que Lelé teve uma crise e estava mal. Voltamos correndo. Quantas vezes a apertei entre os braços. Já estava idosa, com dificuldade no andar. Tinha que colocá-la e descê-la da cama. Quando eu tossia, ela vinha na minha direção e me lambia o rosto, preocupada. Nossa vida diminuiu. Pois éramos juntos, desde Guarapari, o Paiol da Aurora; fomos ao Rio, retornamos. O cão se apega aos donos, não à casa. Nós ficamos a continuação de sua vida. Quantas vezes a contemplava e tinha um olhar profundo, misterioso, distante. Como se estivesse se despedindo. Elza e eu não sabemos onde pôr nossas lágrimas e elas não são pássaros, antes fossem e voassem. É verdade que ficou perto Letícia, a Nuvem, e nos consolou. E disse: "Tudo morre e a hora de Lelé chegou." Faleceu cercada de amor, que foi o que vos deu desde sempre. Assenti com a cabeça, com o coração não, jamais.

E me lembrei de quando chegávamos e ela corria em círculos no pátio do Paiol, com alegria, e nos lambia a mão e se assentava ao lado. Porque Lelé tinha alma e alma não se apaga. Manuel Bandeira inventou o céu dos passarinhos. Deve haver um paraíso de cães pela fidelidade, esse sentir tão raro entre humanos.

Apenas, leitores, Elza e eu ficamos com a família menor. Mas Deus sabe mais do que nós. Devo agradecer ao céu o tempo que tivemos juntos com esta companheira. Quando lia na rede, estava ao pé.

Ao me acostar no banco da varanda do apartamento, vinha ao meu lado. E a morte não sabe nada, nem do que faz. Temos de continuar vivendo. Às vezes não percebo porque voltei à Vitória, porque nada, nesse ano que passou, aconteceu, nada mudou, salvo escrever e enfrentar lutas, algumas iguais e a perda de Lelé. Mas as coisas que não entendo, deixo que apenas Deus entenda.

Tive nesta dor o rosto do meu velho hóspede, o bem-te-vi. Parecia saber desta tristeza que se atrasa nos olhos. A visita dos que filiei, Elton e Daniel. Mais a Nuvem que não me abandona. O mais é ter perdido um amor. Ninguém sabe o seu lado inteiro, se não teve nunca o íntegro, sincero, imenso afeto de um cão. A propósito, escrevi sobre ela um livro — *Candeia de uma fábula* — *Lelé e eu*. É dos textos mais comovidos que escrevi. E escrevi chorando.

## 214.

PERDOAI-ME, LEITORES, falar sobre minha obra. Mas é o de que mais conheço. A Nuvem sorriu. E era um sorriso indizível como o da *Mona Lisa*, de Da Vinci. Ainda que defenda a tese de que o sorriso não se imita, imita-se o grito. Mas ao tratar de mim, trato de um Outro (dizem que seria a própria Nuvem — o que pode ser possível, ainda que seja uma pessoa, com vida independente, advinda das regiões sidéreas). Mas falarei, sim, de livros de poesia e ficção, que escrevi. Afirma um excelente crítico, Oscar Gama Filho, que é um novo estilo, *o sobressimbolismo*. E tal como ele afirma, não está apenas na metametamorfose, também está na invenção particular de novas figuras de linguagem e de estruturas do texto, além do caso de sinestesia complementar da subdivisão "prismática da ideia" ou no próprio romance de complementaridade, em *Os degraus do arco-íris*. Mas não se escreve para inovar, escreve-se porque "ninguém nos escuta", ou porque as palavras se encantam em mim e não sei expressar diferentemente do que faço. E exprimo às vezes o que não quero, mas se impõe. Há casos de metametamorfose em *O campeador e o vento* (1966), pois da morte do lavrador surge o campeador e vai executar o novo tempo (tese, antítese e síntese), nos *Viventes* (agora em 3ª edição), a poesia se transforma em ficção, e esta, em poema. Ou na construção ficcional, desde *Riopampa — O moinho das tribulações* (2000), *A negra labareda alegria*, o mais recente *A vida secreta dos gabirus*, editado pela Record, e o volume no prelo, *O feroz círculo do homem*, até os dois inéditos, *O cavalo humano* e *Os degraus do arco-íris*. Nesses dois últimos aprofundei a metametamorfose. De maneira nova, ainda que tenha a tradição de Ovídio, que passa por Swift, Kafka, Bruno Schulz, James Joyce, Guimarães Rosa (Riobaldo: rio cansado; Diadorim: dia-do-fim, homem guerreiro que esconde uma bela mulher, revelada na morte). Repito. Minha visão é diferente. Kafka e Schulz transformaram um ser humano em inseto, e não há volta.

Criei a possível volta pela palavra, de uma natureza à outra e até o retorno. Vou atrás, dentro de meus limites, das pegadas que se inventam — não do caos, mas do abismo. E vi que Letícia fitava longe, mais longe. Porque o humano é interminável. E a metametamorfose é das palavras que se movem em outras e outras, até virarem seres vivos. E tão vivos, por mudarem para outras formas de existência. O que gera tal processo é do corpo por dentro da alma. Apenas conto o que as palavras me contaram. E a Nuvem é um tudo indestrutível. (De *Senhora nuvem*.)

### 215.

Tenho devoção fraterna à instituição do Ministério Público gaúcho. Foi onde me forjei na luta e na pesquisa, desde o interior do pampa, nas comarcas onde passei, até a capital. Ali assessorei o procurador-geral, trabalhei nos Registros Públicos, junto às câmaras civis e criminais, como procurador de Justiça. Foi um tempo, em que o estado não nos dava moradia, como hoje, e o conforto era a nossa sala, onde recebíamos os acidentados e outros viventes, com uma máquina de escrever (que depois foi elétrica), sem computador, sem ajudadores. De manhã, era o atendimento ao público, e à tarde, audiências. A denúncia tinha que ser precisa, específica, com veementes indícios de crime e a exatidão de flecha ao alvo. Sem palavras a mais, sem retórica ou lacunas, descrevendo o fato. Tive a boa sorte de jamais ter uma denúncia inepta. Isso levei para o poema, que não perde texto na estrada, como miolo de pão aos passarinhos. Há de ser conciso como um código, onde vírgulas ou pontos podem criar ou desfazer direitos. E a poesia mostra seu luminoso rosto.

Nunca fui tão solitário e tão coletivo. Aprendi a examinar a prova nos júris, para evitar o exagero e desamparo de acusar com elementos frágeis. No caso, adiantava-me e pedia justiça, que significava absolvição do réu. O que não estava nos autos, não estava no mundo. E valeu a independência, que marca esta instituição, no exercício da função, que não se dobrava a nenhum poder. Certa vez, dei andamento a um inquérito, coletando provas contra o proprietário de um cartório que cobrava custas fora da lei. Era figura eminente na política, secretário de economia do governo estadual. Veio à minha casa, tentando ameaçar-me. Três dias depois, fui chamado para falar com o chefe do Ministério Público, em Porto Alegre. Lembro que viajei de trem uma noite inteira, morava no fundo do Rio Grande do Sul. Chegando lá, fui inquirido sobre o assunto do tal secretário. E eu disse: — Se o senhor quiser, pode designar um outro promotor para o caso. E o procurador--geral, com firmeza, me respondeu: Você tem independência e o caso está bem em suas mãos! Acabou o tal secretário sendo denunciado por um procurador, respondendo processo no Tribunal de Justiça. Nunca soube o resultado, nem me importa: fiz o que devia.

Um dia, João Cabral, o autor de *Morte e vida severina*, me indagou como é que, sendo poeta, podia ser promotor? Repliquei na hora: João, o promotor para mim é um cavaleiro andante de justiça, e, quando a justiça realmente se realiza, é o mais belo poema. E o poema há de brilhar como certeira justiça de palavras.

## 216.

A VANTAGEM DE NÃO TER NADA é também a de não poder perder nada. Quantas vezes desejei determinada função, e anos se passaram, e ela é como um cimo que vai subindo, na medida em que se sobe ou, o que é concedido facilmente a muitos mais iguais do que outros, a nós não é dada. Talvez pelo fato de sermos menos iguais. E se percebe a inutilidade da ambição, por mais nobre que seja. E se outros dons tive, os que impediram darão conta um dia.

Entretanto, ao não querermos ser nada, não sofremos, não sentimos o peso do preconceito e até nos rimos dele, da sua burrice ou mediocridade, com seus pequenos crimes cotidianos, ou mesmo da omissão política e do desamparo dos que achamos amigos.

No momento em que resolvemos ser nada, absolutamente nada, ficamos ao nível de nossa pequenez ou humildade, bastando ser o escritor que somos, com a certeza de que o que fica da glória, do renome, são os ossos.

E se pode então dormir sem precisão de futuro, porque o futuro é invenção da realidade, não sabendo nós do minuto seguinte. E ao querer nada, as coisas perdem o sentido. Não mais há cimo a escalar, nem montanhas a ascender. Com o mais do que o suficiente para viver, olhamos o mundo, os cargos, as organizações com outros olhos, sem desejo, sem possível concorrência, porque o nada não ousa nada, nem sonha nada, não idealiza nada. Porque o poder não nos subjuga, o sonho não nos arrasta, a esperança é o chão, onde se pode ser plantado como semente. João da Cruz, poeta altíssimo, citado por T.S. Eliot: "O que possuis é o que não possuis".

E o que não possuímos, ninguém há de arrancar-nos.

Nem a inveja nos alcança, nem a cobiça nos usurpa, nem o furto nos subtrai nada. Não devemos nada. E o amor que obtemos é o amor que damos. E a vida toma sua exata medida. Mesmo que o nada não contenha medida alguma.

## 217.

DEIXOU-ME FELIZ O INTERESSE DA Editora Bertrand, do Rio, pelo meu livro de poemas *Os invisíveis* (Tragédias brasileiras), que trata da água (Monumento ao Rio Doce), do fogo (Martírio do Museu Nacional), da lama (Brumadinho: tocata de barro e amor maior) e a lâmina ou ganância (A Amazônia dos Awás).

Fabrício Carpinejar, meu filho, tanto insistiu comigo de que precisava escrever sobre a Amazônia e inseri-lo na obra acima, que, inesperadamente para mim, que sou escritor, veio-me o texto inteiro, que depurei e passou a existir a tal "Amazônia dos Awás", tribo de índios invisíveis e sobreviventes no interior do Pará. Considero também invisíveis os mortos e desaparecidos no barro, já que ninguém faz nada por eles e nem são vistos, por serem demais evidentes. A publicação, eu a devo à Renata Pettengill, editora de aguda lucidez e visão. O volume sairá na Feira, em Porto Alegre, no início de novembro de 2019. E simultaneamente, demarcando os meus oitenta anos, outros livros: *O esconderijo da nuvem* (sonetos dedicados à Urca), pela Class; *Os degraus do arco-íris*, pela CEPE, de Recife; *O humano cavalo*, pela editora da Universidade de São Paulo (só saiu em 2022); e ainda, *Candeia de uma fábula: Lelé e eu,* o primeiro e o último na capital do pampa. Somando a eleição à Academia de Ciências e Letras, de Lisboa, a homenagem da ABL, no fim de agosto, e em outubro a homenagem do Ministério Público. Com a experiência, creio piamente que nossos contemporâneos são os que nos descobrem.

## 218.

### VEIO-ME NO MEIO DE UM SONHO

O que tem raízes sabe perdurar.
O que não tem, nos desampara.
Ser pássaro é ter raízes de voar.

## 219.

No ano de 2015 foram-me preparadas algumas ditosas surpresas. Saiu pela editora Unisul, a terceira edição da *História da literatura brasileira,* ampliada. Em agosto, estavam previstos a maioria dos meus livros de poesia, que estavam esgotados, formando catorze volumes de livros de bolso. Alguns deles contêm mais do que um título, na coleção denominada "O chapéu das estações", da Unisul em parceria com a Editora Escrituras. Com o editor e escritor Deonísio da Silva. Já em Madri, ocorreu o estudo sobre a minha criação na Residência de Estudantes, onde estiveram Lorca e Ramón Jiménez, com a exegese de minha poesia através de Ascensión Rivas, Alfredo Alencart, de Salamanca, e Antonio Maura, da capital, nos dias 12 a 15 de outubro. No dia 16 viajamos para Bilbao, onde houve leitura de poemas e entrevista concedida a excelente público, do Centro de Cultura da mencionada cidade. E vai um sonho, leitores, que me visitou em julho: "Estava num salão imenso, sentado na última cadeira, com muitos participantes, e de súbito tocou o telefone, e escutei — 'Você acaba de ficar milionário!'" Sim, sou milionário de sonhos.

## 220.

Cada vez mais milionário de realidade. No dia 18 de agosto, domingo, depois de um tombo na cozinha, Elza fraturou uma vértebra e ficou acamada, com muita dor. Cada gemido me corta a alma. Ainda que a dor não tenha alma, só dor. Não sei até quando vai esta provação. Sofreu a seguir mais quatro tombos. Em abril de 2016 conto nove meses. E Elza continua caminhando com dificuldade. Coloquei Margareth, a enfermeira, para ajudá-la. Isso talvez seja porque Deus me prepara ainda o que nunca me deu antes. Sim, com dificuldade fui ao lançamento no Petit Trianon, da ABL, de meu novo romance, editado pela Letra Selvagem, de Taubaté, *O terrível círculo do homem*. Já havia feito o primeiro lançamento na Casa das Rosas, São Paulo, em 17 de julho, com alegria pelo número de pessoas que compareceram. Muitas que revi.

Cuido da palavra. Alguns a julgam tão preciosa que a preservam para si, não a exibem em público, guardam os originais como fantasmas. Ou têm medo de serem criticados. E os fragmentos são maiores do que suas obras.

### 221.

### PRA NÃO DIZER QUE NÃO FALEI DE LIVROS
*José Paulo Cavalcanti*

CALMA, SENHORES MEUS, QUE VOU falar é de nosso Brasil. Mas não como fazem jornais e revistas. De um lado, endeusando gestores públicos (quando pagam anúncios). De outro, só vaticinando catástrofes. Vou falar no Brasil a partir da frase de um livro, "A mágica que enferruja deixou bem antes de ser mágica". Essa frase é de Carlos Nejar, da Academia Brasileira de Letras — enorme poeta e, para muitos, maior romancista do Brasil de hoje. Seu romance anterior, *Matusalém de Flores*, é uma obra-prima. Como se o personagem fosse um Dom Quixote dos dias atuais. Agora é *O feroz círculo do homem*.

Diferente no estilo, este se parece mais com o *Livro do desassossego* — um gênero que poderia ser definido como *romance sem enredo*. No tanto em que o novo livro de Nejar pode se ler abrindo em qualquer página. Há nele sempre ideias fantásticas. O nível não se altera. É sempre superior. E Pontal de Orvalho, implausível cidade onde tudo se passa, de alguma forma lembra nosso país.

Na frase acima citada, o que vemos é um diagnóstico de nossa realidade. A "mágica", bem-visto, é só reflexo de uma conjuntura econômica mundial que beneficiou indistintamente (quase) todos os países. Não soubemos aproveitar, é pena. E ela enferrujou. "Deixou de ser mágica". A realidade se apequenou. Que o diga o governo.

Adiante, vem outra frase que podemos ler da maneira que quisermos: "As mudanças no poder são provisórias, como se apenas mudasse a casca e a visão, não a pele, nem a alma". Pois foi o que aconteceu, senhores meus. Mudou a casca, somente. O que havia de velho disfarçado de novo e com bons propósitos envelheceu de vez. Todos podem ver. Nada mudou. Nem mesmo esse lastimável modelo de barganha política em que se troca o apoio no Congresso por delícias na Petrobras e tantas outras instâncias provedoras de dinheiro muito.

Nosso herói do livro, Tibúrcio Dalmar, anda sempre com seu cão Arauto. Num círculo que vai se dissolvendo, como o país que hoje sentimos despedaçado. No livro de Nejar, o "círculo" se desfaz. No Brasil, e a menos que encontremos a luz, está se dissolvendo. Razão pela qual bem poderíamos aproveitar os versos finais de "Mensagem", de Fernando Pessoa: "Tudo é disperso, nada é inteiro./Ó Portugal [Brasil, claro], hoje és nevoeiro".

FRASES. São frases memoráveis. Lembro algumas em que o leitor amigo poderá reconhecer o país ou sua própria circunstância. A ver, citadas na ordem em que aparecem no livro de Nejar: "Resistir é devorar furiosamente o que nos devora. Deus tem saudade da infância, tem saudade de si mesmo. Cinzas, cinzas, cinzas, é onde irei sobreviver. Sou maior do que o silêncio. A realidade existe por causa da imaginação. A alma é o corpo de minha sombra. Amar é um susto terrestre e não se volta atrás. Perigoso não é viver, mas a morte ir avançando burocraticamente na vida, até não poder andar mais sozinha. Não há ódio além da morte, só amor. A bainha não torna a espada boa nem ruim. Não negocio alma, cuido de que a grandeza não se extinga e alma é como infância que não termina. O poder é como um tigre que não se sustenta com ração de gato. A saudade é um vento virado para dentro, dentro de Deus. A memória se escreve para dentro. Desconfio que a alma cheirava a feijão no paraíso. A morte fica no intervalo entre o ser e o não ser. Cachorro velho não late em vão. Perigoso é o silêncio. Talvez a grande arte seja matar o que já está morto. O rosto muda o espelho. Sou todos, sendo um só. O tempo não resiste ao tempo. E se o sonho terminar?/Termina a infância./E se acabar a infância?/Acaba o mundo./E voltamos a sonhar com o começo."

## 222.

Não sei se é o idioma que tem silêncio ou é o silêncio que fabrica seu idioma. Ou sai o mel da pedra.

## 223.

Recordo minha mãe Mafalda, filha de italiano (Verzoni) e francesa (Delvaux). Não era letrada a não ser no amor. Cuidava dos sete filhos e da casa e eu era o mais velho. Bela, terna e inteligente. Seu *hobby*: os tais de discos voadores. Sabia tudo a respeito. Jamais pensou ter um filho poeta, que talvez tenha nascido de sua prodigiosa imaginação. Morreu em Porto Alegre, e eu estava em Lisboa. Soube depois e não cabia na lágrima. E não a separo da infância, que é a terra da fábula. À medida que se envelhece, fica-se sem tempo e se começa a voltar à infância. E mãe é a infância, onde bebemos o leite materno da palavra. Só conhecemos a felicidade quando ela nos reconhece. Não existe limite, mesmo que exista. Órfão de mãe na madureza, hoje sou órfão de eternidade. A velhice ignora quanto permanecemos jovens. E sou jovem em Deus, leitores, e não há sombra de árvore mais aprazível. Porque o coração apenas se acostuma de amor. E ele se estende a quem nos afeiçoamos. E a amizade é dessa soberana estirpe. Começando com a de Deus. Mãe, portanto, é a Palavra, mãe e pai, o universo. O que sobrevive às calamidades. Ou o que vem no primeiro sopro da aurora.

Um homem pode ter extinta a memória, mas não o rosto de sua mãe. Esquecer a origem é esquecer a si mesmo. E mãe é prova da benevolência celeste, que nos sondou desde o ventre e deu sinal ao nascer. É amor que não cicatriza.

Passados tantos anos, recordo minha mãe Mafalda, sua suavidade no ver e falar, os loiros cabelos, olhos claros. E mãe perde a idade por a levarmos conosco. Não morre: encanta-se com as coisas eternas, que são as estrelas e as manhãs. Pois no inesperado que a vida apronta, mãe é uma certeza, a semente que nela se abrigou, vingando em nós. Quando a semente brota, vem cheia de sol. Por isso mãe é um dia e todos os dias.

Ao lembrá-la, me torno de novo criança. E todos devem ser de novo crianças para entrar no céu da infância.

## 224.

### BRAÇO DIREITO (fragmentos)

Escrito por Fabrício Carpinejar (ninguém melhor do que meu filho relata o que passei de agosto a setembro de 2015):

Jamais o vi confiar tanto em alguém como em Elza. Tanto que a chama de "Elza dos pássaros". É sua migração, é seu voo, é seu ninho.

Em seus livros, todos os seus livros, há sempre um poema ou uma referência a ela. Vive criando dedicatórias para compensar a dedicação. (...)

Não se largam. O pai tem uma cadeira vaga para a Elza em seus olhos verdes. Cadeira de praia. Já seus cílios são o guarda-sol.

Na íris paterna, no fundo mesmo, sua esposa está lá cantando *chansons d'amour* rivalizando as ondas do mar.

Quando Elza adoeceu, ele enlouqueceu de aflição.

Para complicar, ao mesmo tempo, ficou com uma dor tremenda no seu braço direito, que usa para escrever.

Não tinha como escrever uma frase que doía (meu pai escreve à mão em seus caderninhos e somente depois passa a limpo no computador).

Por mais que tentasse, a letra não se levantava da cama das linhas. O pulso ardia, fisgava, não permitia movimentos mais longos entre os dedos.

A caneta não obedecia ao raciocínio, logo escorregava para o gemido.

A inspiração havia sido levada pelo mau humor do osso e indisposição dos nervos.

Mas ele nem se deu conta de que sua lesão foi uma coincidência clarividente. Seu braço parou porque Elza é seu verdadeiro braço direito.

(Revista *Vida Breve*)

## 225.

VIVER É TER O ESFORÇO DE SÍSIFO, que levava a pedra ao cimo do monte e ela caía, e ele novamente a transportava. Essa obstinação é o que nos impele. Até que um dia não seja mais a pedra que tomba, mas nós em lugar dela.

Às vezes não sei como cheguei até a minha idade, com 55 anos de literatura, ou se foram os anos que me levaram de roldão, como a corrente de um grande rio. Nem sei até que ponto aprendi a viver, ou se fui aprendendo a morrer. Consta que filosofar é aprender a morrer. Mas de tantos solavancos, doenças, chuvas, ventos, primaveras e invernos, foi um milagre ter resistido. O que devo a esta marca que me honra, a do Altíssimo. E a honra que me toca, a de estar vivo; a alegria que não cessa, a de criar, com o mesmo afinco de quando comecei e mais experiente. Se amei, tenho a graça de ser amado. No que errei, não perdi a humildade de reconhecer. Ou cuidar de não desperdiçar a gratidão, que não envelhece. E se resvalei entre as coisas, as coisas nem sempre me descobriram. Mas inventá-las, fazê-las sonhar é mais precioso.

Não sei se tenho dormido o suficiente, ainda que frequentemente deite cedo. Mas a criação não tem a misericórdia do sono e o invisível é mais rico e frutuoso do que o visível. Se a pessoas ajudei com os versos ou com a palavra, se alcançam o que não reparo, cabendo sempre tê-los à mão na semente, ignoro quanto ajudei a mim mesmo em clarividência, paciência e esperança. Mesmo que às vezes ela esteja enferma de tanto esperar na promessa, de tanto ver as coisas se alongarem do alvo, de tanto perceber o avanço da mediocridade, com a escura erva da inveja, ou o preconceito, este apodrecimento da sensatez que é falta de amor. Ou a organizada burrice. E se a burrice nos dá um coice, vamos dar um coice na burrice? E apesar disso, há que manter a fé. Não somos nós que temos grandeza, é ela que nos dá grandeza e abre a porta da eternidade. Porque a razão limita: gaveta. A fé é horizonte, e nasce cada dia mais amplo, aberto. É preciso crer no impossível, porque é o possível que adormeceu. E Deus faz o impossível. Quem é capaz de raciocinar a fé?

E desconheço se deslizo no mundo com leveza, sei que minha leveza é a imaginação e o peso é de pousar. Relendo Montaigne, cita ele dois personagens. Plínio, o Velho, que dizia: "Só uma coisa é certa: que nada é certo. E nada é mais desprezível e arrogante que o homem". E Sófocles: "Não há vida mais bela que a de um homem despreocupado." Defendendo a tese de que a despreocupação é indolor. Concordo com a primeira citação, mas a segunda não consigo equilibrar. Desde a juventude me acostumei com o trabalho, o esforço, o dever a ser bem-feito, a busca de objetivos. Tudo isso demanda preocupação, já que estamos sob o jugo do relógio. Mas pedimos ao Alto, sim, mais prazer em servir, menos senso de julgar, ver e perdoar, compreender a luz, que nos destina a compreender a si mesmo. Ainda que só a morte seja a compreensão absoluta.

## 226.

QUANDO EU MORRER, HAVERÁ muito vento e chuva como sinal de que estarei com o Altíssimo. Mas não tenho a linguagem do destino. Nem quero nestas Memórias mostrar-me ditoso ou com qualidades inefáveis. Sou o que sou: contraditório, apaixonado, cândido, sincero. E sei que o homem se perde nas cores da aurora. E como diz Longinus: "Não somos nós que deciframos os mitos, são eles que nos deciframem".

## 227.

NUNCA PENSEI, LEITORES, ser vítima de roubo de livros dentro de transportadora. Explico. Quinhentas caixas da coleção "O chapéu das estações", com catorze volumes, em livros de bolso, dos meus poemas, esgotados, quando chegavam da editora Unisul, de Santa Catarina, para a avenida Paulista, em São Paulo, foram substraídas com a carga do caminhão, num ato de violência.

Ainda bem que restam mais de duas centenas de caixas para a distribuição nas livrarias, e será feita nova edição, em face dos danos. E o que foi roubado continuará existindo no que for produzido. Em verdade, são vinte e seis livros, nessas caixas, alguns em quinta, sexta ou sétima edição.

No início, o acontecido me entristeceu. Depois me dei conta do miraculoso. Como tais ladrões teriam interesse por poesia, coisa rara. E ainda mais a minha criação de pampiano radicado nesta terra do Espírito Santo. Não fiquei mais pobre, fiquei mais opulento, de um orgulho sem mácula. Ou, talvez, seja famoso sem saber.

Estava no aeroporto de Barcelona e ali, inesperadamente, um meliante aproveitou a distração deste escriba e levou minha pequena maleta. Dentro não havia dólares (tive o instinto de os retirar antes), mas um livro de um poeta espanhol e a Bíblia. Mesmo que em português, pode ter alcançado a alma do larápio, que vi, como se levasse ouro dentro, correu para um carro estacionado e voou. Pode um dia, quem sabe, por isso, ainda chegar ao paraíso. Porque, leitores, a palavra tem tal poder, que atinge o coração do homem. Às vezes até pelo canto da vista. Ou pela fresta de sonho. Com pontaria do espírito.

Mas tal roubo, que é furto com uso de força, fica pairando no meu pensamento, como no verso de Rimbaud, iguais a falcões escarlates. Jamais imaginei que assaltassem a minha poesia, tão despojada e tão cheia de solidão. Algum sentimento os empurrou em tal empreitada. E a poesia pode açular seus olhos, pode ajudá-los a uma nova consciência do mundo. Pois o senso de escrever é o de ajudar a viver, ou despertar de realidade, o que carregamos nas sombras. E a penúria dos ladrões tende a misturar-se com a curiosidade. E versos hão de saltar como pássaros, ou versos os alvejarão de tal amor, que nem saberão o que fazer de si mesmos, ou o remorso advirá, ou a lástima de haverem furtado de um poeta, cuja riqueza é de vocábulos ao repuxo dos poemas.

Nunca descobrirei a sensação que terão os tais meliantes, ao abrirem as caixas, ou ao acompanharem as letras que são relâmpagos. E o que pressentiam de valor em dinheiro, tem peso de rima e ritmo, música e universo. O que não viram, é o que os vê. O que não sabem é o que sabe deles demasiadamente. Que a condição humana não se desampara mais de amor. E estarão tais "ladrões de flores" tão tomados e invadidos de poesia, que serão transportados ao êxtase, ao delírio. Inefavelmente.

## 228.

MARIO QUINTANA DIZ NUM SONETO: "Cada vez que me mataram/ Foram levando qualquer coisa minha". O francês Apollinaire sublinha: "Assassinemos o poeta!" O americano Henry Miller fala em precioso livro sobre Rimbaud e esse assunto. Dirão os leitores que, nós, poetas, estamos com mania de perseguição? O que sucede, hoje, é que com a grave crise econômica, a primeira a sofrer é a cultura, com o fechamento de livrarias e editoras.

No meu caso particular, já recebi um choque quando assaltaram o caminhão de uma transportadora a caminho de São Paulo e me subtraíram quinhentas caixas de livros de bolso de poesia, o que me deixou impressionado com o amor que alguns larápios têm pela beleza — o que é muitas vezes refutado.

Agora, leitores, fui tomado de outra terrível surpresa, quando estava no exterior, as quinhentas caixas que já tinham sido produzidas na gráfica da editora de Blumenau, Unisul, com belíssima capa, foram apreendidas pelos credores da tal transportadora roubada, e que, pelos danos, faliu. "E falir é tudo o que existe", já escrevi certa vez num dos poemas. Parece que previa tal acontecimento. A poesia é sempre profética, mesmo que poucos acreditem nela.

E me indago — mais ainda aos meus botões —, o que servirá essa edição de poesia aos tais credores? Venderão as caixas nalgum lugar, mais ou menos arredio, talvez em sebos? O que lhes renderá?

O que raros entendem, é o sentido coletivo da poesia. Pois o criador não é apenas "uma antena da raça", como acentuava Ezra Pound, é o barômetro de como está o país.

Esses que apreenderam os livros já feitos não entendem nada, salvo o recolhimento de alguns tostões. Provavelmente nem entenderão para que serve a poesia, já que tantos de erudição qualificada também não sabem. Mas há uma coisa de que tenho convicção: a poesia ajuda a viver.

É verdade que a tal edição não será impedida de estar nas livrarias, possuía caixas desses volumes da primeira edição e já chegaram ao distribuidor: Escrituras, da capital bandeirante. Mas como verei retornar os livros feitos que apreenderam na gráfica e tinha direito como indenização pelo roubo na transportadora? Só em nova produção. Ou por milagre. Mas disso já me habituei. Meu Deus é o do impossível. E a poesia é o impossível que apenas adormece na palavra.

Diz Drummond, com razão: "O tempo pobre, o poeta pobre". Mas como não vou olhar para o alto, se a fé é palavra que se encaixa nas estrelas? Também estou certo de que esses livros terão muitas edições. Porque o que nasce veio para ser árvore. E crer no futuro é tê-lo nas mãos. Ou saber que tudo tem sentido, mesmo que não o alcancemos.

## 229.

Ninguém chega a parte alguma em literatura. Chega-se. O talento ajuda para onde se quer. O gênio leva para onde não se sabe. O triunfo não é o estilo, é o tamanho do sonho. O que é grande não se ocupa da grandeza, deixa que ela se ocupe de si. E não se pertence mais.

## 230.

Não sei de como nasci e minha mãe na eternidade não pode mais dizer-me. Mas não me equivoco se afirmo que nasci de palavra, de muita palavra caindo como gotas no coração.

Sei também que elas me entendem como as entendo e nem preciso murmurar seus nomes, para que me murmurem como as fontes nos costados da montanha.

Muitos têm palavra mas não a reconhecem, usam-na como engano e não a cumprem, servem-se dela para encobrir outros desígnios não revelados. Mas é a palavra que nos descobre e nos decifra. Zumbe e adivinhamos quanto nos alcança.

É tão bela, poderosa, que não a posso colocar como quero no meu texto. Foge às vezes, esconde-se outras, quer ficar sozinha sem ser molestada.

Muda as ideias quando troca de lugar; muda os lugares quanto se manifesta fulgurante e eterna. Mas não muda nunca de pele como as serpentes, porque jamais muda de alma.

Os poderes se exibem, ou se mascaram, ou se petrificam, ou vão tendo a aparência da sombra que vai e vem. Mas a palavra é real no princípio ou fim.

No expressar de Heráclito, como o real, a palavra não está na saída nem na chegada; ela se dispõe para a gente é na travessia. Porque a palavra é a grande travessia, a do inefável e irrevogável mistério. Ou, quando deve, nos atravessa de luz, porque é de luz que nela nos nutrimos. Não nos apercebemos do sol que está raiando dentro.

A palavra é tão antiga que se mistura aos velhos mitos e tão nova que esplende com o primeiro orvalho nas manhãs. Mas a palavra não é orvalho, como o orvalho é fábula da palavra. Ou a palavra da fábula de infância. Mas consegue a infância segurar o rio da palavra?

Tenho apetite voraz de palavra, talvez seja, leitores, vestígio da presença materna, ou seja uma herança de eternidade que não abandono, nem me abandona.

Sou transitório mas não possuo nada, ando sobre o nada e a vegetação do mundo é o nada. Quando contemplo as estrelas sobre a minha cabeça, cintilantes, moverem-se no firmamento como se fossem de palavra, e são, desde a nascença. Até o fecho. E uma só palavra é suficiente para se encher toda de beleza.

Mas aprendi, leitores, não apenas no idioma, nos sonhos, nos livros, no universo criado, nas células da noite ou do poente, ser de palavra. Tão arraigadamente como a árvore é da semente. E a semente é de Deus.

## 231.

### AUTORRETRATO DE UMA NUVEM

TODOS ME JULGAM UMA NUVEM, mas sou um ser humano. Com olhos grandes verdes, testa com marcas como mínima caverna de bisontes, testa sem cabelos, posta entre brancuras, e alva tez. O nariz levantino, lábios generosos, com rapidez de andar, pés flexuosos, de severa administração, educação sensível em público, certa deseducação em casa, com deveres sempre em dia, roupa arrumada horas antes, ser apaixonado, eloquente, com bondade às vezes extravagante, afeto com animais, sobretudo os cães, irritado com preconceitos ou injustiça. Teve glorioso apetite, capaz de devorar feijoada antes do sono e dormir bem, hoje apetite módico, contido, incansável na biblioteca, desvairado entre os livros, cordial com as mulheres e de fidelidade invencível, corajoso contra os prepotentes e soberbos. Todos me veem como uma Nuvem, porque consigo voar entre os obstáculos, superá-los numa fé que alguns julgam louca, mas é apenas a loucura de Deus. Cortês com os mais humildes, cuidadoso. Com o medo de feri-los. Ou tão discreto nas coisas, colecionador de águias, cavalos, elefantes, leões ou barcos.

Um ser cansado de ver os desacertos do poder, a desordem buliçosa dos perversos, inspetor de silêncios e finitudes, persistente, com capacidade de atravessar o dia, e obsessivo a ponto de não abandonar um texto, sem que seja por ele abandonado.

Resplandecente quando escreve, obscuro quando no lar, autoritário com o vento, o mar, o sol, zeloso com poentes e madrugadas. Ousado quando sonha, audacioso quando crê, teimoso quando descobre. Sem ódio aos inimigos, por não o querer armazenar, prejudicial ao movimento do céu.

Tímido na rede da varanda ou nas salas da mídia, cercado de pássaros, como se fora um deles. Intrometido de imaginação, com suposições de fazer chover na luz. Mas a luz que lhe chove, quando se admira e se espanta ao assistir os relâmpagos. É ser muito amigo dos amigos, pronto a ajudá-los, quando pode. Aprendeu direito, ciências, voluptuosos mistérios do firmamento, ou história que se repete nos infortúnios, a diligente erudição das brisas ou das artes e a linguagem de atinado abismo. De tanto aprender, foi esquecendo diante das perícias do amor. Ser perpetuamente brasileiro, sem desistir de o ser, ainda que Nuvem, apesar das intempéries, já que outro país se forma: continente precioso entre nações, que há de ser reconhecido, queiram ou não. Leva a poesia por vocação de eternidade, não se desliga dela como se o ar fosse de seu pensamento. Melancólico, sim, como previu Aristóteles, com instinto de entender a tristeza da constelada noite ou a explosão das tempestades. Afinal, um ser que as palavras amam, por ter por antecedência as amado. E se me consideram uma Nuvem, que igualmente me considerem terrivelmente humana. E quanto à imortalidade, ninguém sabe se restam vestígios dela numa Nuvem.

## 232.

HÁ DOIS LIVROS PRONTOS A SURGIR NO cenário brasileiro, *A morte é ariana*, romance que trará polêmica por descrever a invasão dos nazistas como ratos em Riopampa. E outro volume, de poesia, *A vida de um rio morto: Monumento ao Rio Doce*, poema único, tendo como motivo o rio

Doce, que corre de Minas ao Espírito Santo, e foi vítima do derruir de uma barragem, sepultando cidades, pessoas, matando peixes e outros animais, deixando os ribeirinhos sem pesca, sem trabalho, com o turismo prejudicado. E mais: o barro invade o rio Doce, e na corrupção inveterada, o Brasil. É um retrato coletivo. O admirável crítico Oscar Gama Filho, que caracterizou minha linguagem como sobressimbolista, pioneiramente, deu-me a ponderação valiosa, que foi seguida, de transformar os quartetos que criei na primeira versão do tal volume, de dois em dois versos ou dísticos. O que tem raros antecedentes na literatura brasileira. E me recordei do que salientou Hegel sobre os monumentos antigos, que singularizam o épico. Ou os dísticos de Homero. E para meu espanto, verifiquei que os versos nasceram para serem dísticos. E assim ficaram.

> O que em mármore é carpido
> De feitos e amores, vige.
> Com vaso de letras, signos,
> Tem de pedra friso e vínculo
> O que se esculpe, é que fica.

## 233.

### A VIDA DE UM RIO MORTO

*Ely Vieitez Lisboa**

SEMPRE QUE SE COMEÇA A LEITURA de um livro de Carlos Nejar é um susto. A obra complexa, vocabulário riquíssimo, emprego de procedimentos literários vários e inesperados. Depois a alma se aquieta e em seguida somos tomados por um encantamento.

Ao começar a ler *A vida de um rio morto: Monumento ao Rio Doce*, da Editora Ibis Libris, Rio de Janeiro, 2016, aconteceu de novo o fenômeno, ratificando a assertiva. O projeto gráfico, *design* de capa e miolo de Romildo Castro Gomes, traz a imagem da capa e do miolo com ilustrações de Picasso. Edição cuidadosa, até as nuances da triste cor cinza, ora claras, ora escuras, tudo sugere luto, a seriedade do tema.

As várias dedicatórias são finalizadas por um verso belo e significativo, que resume o livro: "... este hino de água". Seguem-se epígrafes notáveis, como a de Ferreira Gullar: "A poesia existe porque a vida não basta".

A tragédia Samarco-Mariana e as mortes sob a lama do rio Doce, de Minas até o Espírito Santo, onde hoje vive Nejar, foi muito explorada na mídia televisiva e escrita, como o mais funesto desastre ecológico do Brasil. Seguiram-se as costumeiras falcatruas, promessas não cumpridas, a justiça arrastando-se sem nenhum resultado concreto. Este é o tema central do livro.

*A vida de um rio morto*, de Carlos Nejar, não é apenas um monumento ao rio Doce, é um grito, uma voz que clama. Uma epopeia escrita em dísticos fortes e perturbadores, pela destruição de um Patrimônio da Humanidade. Ousadamente, o poeta aborda também um tema universal, canta o Homem, questões filosóficas e metafísicas. Foge às vezes para o subjetivismo, ora alteia-se ao destino maior do Universo; cita a situação política brasileira, com a ousadia até de mencionar onomásticas figuras em destaque da Lava Jato: "Mas há os que não se curvam": alusão evidente a figuras de realce contra a corrupção.

Há muitos procedimentos que impressionam pela abrangência das temáticas, citando desde problemas brasileiros específicos, denunciando a omissão da Mineradora Samarco, e, de repente, insere um poema de tema universal:

> A vida tem muitas voltas
> E apenas uma chegada
> Mas certa pompa disfarça
> O nada que vai na bolsa.

Os dísticos trazem subtítulos à esquerda, orientando o leitor nas temáticas variadas. É um jogo fascinante, encontrar esses poemas completos, inseridos na grande epopeia maior da morte do rio, como o dístico da página 91: "Ainda não há vacina/Contra a morte. Nem estribo". Citem-se ainda, na riqueza dos procedimentos literários, as várias alusões a obras famosas da literatura brasileira, ou universal, que usa muito a figura da personificação, dando vida e voz ao rio, e a estilística da repetição deliberada, assim como uns *enjambements* expressivos.

É preciso, de novo, enfatizar o vocabulário forte e riquíssimo, a variedade de temáticas dentro do tema maior e o grande amor sacro pela palavra: "É a palavra que nos salva/A palavra da palavra". Em vários dísticos Nejar confessa seu amor ao rio Doce, faz jogos semânticos com adjetivos pátrios e símbolos nacionais; na página 43 permite-se até uma alusão familiar, citando o filho.

Enfim, o livro é uma obra-prima poética, de riqueza e originalidade. O mundo literário de Carlos Nejar não cabe dentro dele e então o Poeta transborda em poesia e prosa, sempre de maneira surpreendente. Resta mencionar, nesse comentário pela rama, que o colofão, que desde a Idade Média, vinha no final das obras, nesse Monumento ao Rio Doce, deveria vir no começo, fornecendo referências ao leitor sobre a grandeza da obra de Carlos Nejar.

Só assim, o Poeta, Servo da Palavra (belo epíteto!), poderia ser nosso Virgílio, guiando-nos como fez a Dante, até as portas do Céu, para não nos perdermos nesse rio de beleza do seu livro.

*Ely Vieitez Lisboa é escritora.

## 234.

O QUE É SOFRIMENTO, SEI. O que é milagre, sei. Mas frequentemente o milagre está no sofrimento. Ou no júbilo de receber o dadivoso afeto. Pois, no mês de maio, de 2016, no dia 17, à noite, fui convidado pela Faculdade Luterana do Rio Grande, em Canoas, numa cidade universitária com mais de 30 mil alunos, a falar sobre "Literatura e Direito" no salão nobre da ULBRA. A plateia repleta, com professores e alunos, alguns de pé. Fui saudado pelo pastor, reverendo Gerhard Grasel, mencionando Paulo, o Apóstolo dos Gentios, e sustentando, com agudeza, a existência de três juízos, o da sociedade, o da consciência e o de Deus, terminando por oferecer-me uma Bíblia. Depois, o procurador na inativa, mestre de direito em várias universidades europeias, psicólogo Jorge Trindade, apresentou-me, generoso, ao falar de meus livros, e enaltecendo a tarefa da professora Maria Aparecida Cardoso da Silveira, que dirige o curso. Sim, tal evento pode ter sido uma homenagem a um integrante da Academia Brasileira de Letras, a mais importante entidade cultural da América Latina, com a presença do único representante do pampa, depois do falecimento de Moacyr Scliar, ou apenas ato de grandeza com o escriba que vos relata.

Foi contagiante o entusiasmo com que acolheram o que lhes disse. E na gratidão concederam meu nome para as futuras pesquisas sobre o assunto, dando-me conta de que nunca havia sido galardoado com tal honra. Tenho nome de rua em Gravataí, ao lado de Drummond e Bandeira, talvez por me julgarem morto. A rua em que morei, longamente, em Guarapari, segundo os vereadores da cidade, não ganhou esse privilégio sob o pretexto de que eu estava vivo, não crendo eles, tanto como eu, na dita imortalidade da Casa de Machado de Assis. Pois julgo que a verdadeira imortalidade é a do povo e da palavra. Nem defendo a tese de Mario Quintana de que ela seja comprida, porque ignoro seu tamanho. Levo comigo a observação comovida de um aluno, de que eu era simples, quando alguns, sem me escutarem, já me acham complicado. Mas simples mesmo é Deus. Um dia antes, convidado, compareci a uma cerimônia no Palácio Piratini, assistindo à conferência de meu amigo ministro Luiz Fux, do Supremo Tribunal Federal, sobre o *Novo Código de Processo Civil*. Contente, chamou-me para ser fotografado ao lado dele. Depois, o governador Ivo Sartori me abraçou, efusivamente. Trabalhara no magistério em Caxias do Sul, onde fui promotor. A alegria, e grande, era a de estar junto de minha amada filha Carla, promotora e assessora do procurador-geral. Ou antigos amigos como o dembargador Jorge Engler e Cláudio Brito. A cerimônia girou, a seguir, em torno da filosofia, que não tem rosto, salvo o de Aristóteles, Platão ou Descartes, ou Ricardo Valerius, de Assombro. Buscando a filosofia a inefável essência das coisas, ainda que "as coisas não tenham sentido nenhum", para Alberto Caeiro, heterônimo genial de Fernando Pessoa. Mas o amor sempre terá rosto. Ou, semelhante ao que sucede aos profetas (terei sido alguma vez?), não houve reconhecimento na própria terra, quando o protocolo ignorou a Nuvem Letícia, com raiva, possivelmente, de ela desatender a empáfia dos protocolos. Apesar de conduzir a terra no coração. Sim, ela continua com esplêndidas palmeiras. Mas (estarei surdo?) não escutei nenhum canto de sabiás. Por exílio dos pássaros? Ou por ter emudecido a voz dos seus poetas? Mas inesperadamente, a Nuvem ficou feliz de não ter sido anunciada: quanto mais anônima, mais eterna.

### 235.

DESDE A JUVENTUDE CONHECI O AMOR, a amizade fraterna e a inveja e o ciúme. A esses dois últimos sentimentos denomino adversidade. Basta que alguém cresça, seja na comunidade seja na literatura, para que surjam oponentes não dos defeitos, mas de nossas virtudes. É marca do talento ou do gênio a hostilidade de alguns medíocres, que temem que lhes tomem o lugar. Porque a mediocridade se acomoda com mais mediocridade e abomina a inteligência, crendo que é proprietária do caminho ou do espírito.

Diz o Eclesiastes que "homem algum tem domínio sobre o espírito". Ninguém tem domínio sobre a vida e nem se sabe sequer, como salientou Jorge Luis Borges, o dia de nossa morte. Ou seguimos a canção popular: "Deixa a vida me levar/Vida leva eu".

O poeta de língua alemã, Rilke, em *Sonetos a Orfeu*, adverte: "Tudo paira em repouso:/escuridão e claridade,/livro e flor". Criar é tirar do repouso, é arrancar com luz a escuridão, vindo o livro da dor e do plantar a semente, a flor. Esse movimento de energia e força tem sempre o ímpeto contrário. Como o bem contraria o mal.

Outro dia, lendo *Meus fantasmas*, do argentino Ernesto Sábato, achei esta sábia observação: "Você não se lembra do que Lope de Vega sustentava ser *Dom Quixote* o pior livro que já havia lido?" E Lope era um gênio. Não se deveria levar em conta o que ele disse? Para ser sincero, podemos pensar que no julgamento de Lope entravam a rivalidade, o ressentimento e a proximidade. Da inevitável subjetividade do homem.

Goethe conheceu seu contemporâneo na poesia, Hölderlin, igualmente genial, e não o considerou. A justiça que veio, foi a do tempo. Como Sainte-Beuve não reconheceu Stendhal, nem Balzac. A miopia transporta vários fatores e às vezes a pose faz mais do que a simplicidade, a empáfia ou soberba superam a modéstia no áspero convívio das letras. Lygia Fagundes Telles confessou, numa entrevista, que o escritor precisa ser ator. Penso que não. Precisa ser somente o que é. Kafka não careceu de inventar nada, passou toda a existência sendo Kafka. E era tal o rigor que possuía, que quis queimar seus livros. E, graças a um admirador e amigo, não foi obedecido.

Não é a mídia, em regra, que impõe os valores, por ter visão superficial e fugidia da literatura. Emergindo mais a influência de editoras ou de certa imprensa, do que a real e inimitável originalidade. Um novo operário da palavra pode encher uma página inteira e um velho, nenhuma. Refere, com acerto, o autor de *Ficções*, de que o verdadeiro antologista é o tempo. E só ele mede a grandeza. E os nossos contemporâneos podem estar muito adiante. O que sabe do que somos: é o horizonte. Nem ele, só Deus. E o que se cria, para ser grande, tem que ser maior do que nós. Senão é pequeno.

## 236.

Morei muitos anos na Urca, numa rua diante do oceano, com as barcas indo e vindo. E ali conheci Darcy, com autoridade patriarcal no Condado. E era pai de um amigo raro, o filósofo, presidente da Academia Brasileira de Filosofia, João Ricardo Moderno, pensador pioneiro com sua teoria do "delírio da razão criadora". E foi Ricardo Valerius, de Assombro, meu personagem em vários romances. A amizade não pode desaparecer do abraço, ou ser invisível, ou fugir do diálogo. Ou se esconder no silêncio como numa caverna. Ricardo era um ser presente e também seu pai, Darcy, militar aposentado, homem íntegro, humilde, respeitado por todos. E na metade do mês de janeiro do corrente, faleceu nos seus noventa e três anos de infância, na mesa do jantar.

E sucedeu, leitores, ter sido encontrado, depois do jantar, com *O Jornal da Urca* na mão, lendo os poemas do tal de Carlos Nejar, que ora subscreve. Na fotografia aparece a página com os versos, e acima, os óculos, testemunhas exatas e inertes. Que os poemas na página tenham falado com ele nos últimos instantes, me comove. Pelo privilégio que tiveram e não tive. Todavia, o sortilégio maior foi se Deus povoava os poemas. Pois Darcy, ao ser também lido pelas palavras e no ato de as palavras o amarem, já o encontrou, acima do que criou tais poemas, este pobre vivente de alma. Porquanto os poemas se engendram em nós, bem antes de nós os engendrarmos. O sopro é que move a boca, mais do que a boca que move o sopro. E o Sopro o tocou.

Vejam, leitores, Darcy foi surpreendido pela morte na poesia, e é quando a morte ataca e não vê nada. E se não viu, desatenta, Darcy se escondeu na própria morte, como quem se esconde atrás de alguma nuvem ou nas bordas de um rochedo, que, de tão distraído, não se apercebe. Porque Darcy na memória não morreu, não morrerá, ainda que todos afirmem e chorem seu passamento. E a Urca, seu território predileto, sentirá mais do que nunca essa ausência. Por até sofrerem as coisas, sem repararmos.

E a memória é saudade que não envelhece. Não se petrifica nem recua. Quando a palavra é mais forte do que a morte, mais forte do que a dor e as gerações, mais forte do que as calamidades. E diz Chesterton, com razão, que as palavras na poesia dizem o que não dizem. E a eternidade escuta.

## 237.

JEAN COCTEAU, O RENOMADO POETA francês, escreveu que "o poeta canta na sua árvore genealógica", árvore onde se acha o ninho, com seus filhotes-poemas.

Cada pássaro pode ser diferente de outro, ou por suas características, ou pela plumagem, ou pelas cores, ou pela singularidade do canto. Como nenhuma folha da natureza é igual à outra.

Assim, cada poeta se distingue não apenas pelo porte, fôlego de viagem ou pela melodia do canto. E há vozes claras, matemáticas ou estranhas, bizarras, algumas até herméticas. Ainda que sejam herméticos os olhos que não leem as notas da alma ou os ouvidos que não são experimentados em escutar, o que é novo.

É de verificar também que as aves fazem os ninhos de materiais variados. Ou é o caso do joão-de-barro, que faz a casa de argila, ou o caso de outros, como os beija-flores, que fazem o ninho com teias de aranhas, outros o constroem com palha ou folhas. Ou no tronco das árvores.

A riqueza do universo é a capacidade de fabricar diferenças. Pois será tedioso que tudo seja igual.

O poeta, porém, edifica o seu ninho de palavras. Devem ser escolhidas, sobretudo pela funcionalidade. Porque certos vocábulos excessivamente pesados não servem, considerando a leveza ou a duração. A palavra há de ser sólida e simultaneamente leve, mesclada de imaginação, memória e sonho. Ali caberá o filhote, poema. Protegido da fúria da natureza, das calamidades do clima, da mudança das estações, das astúcias do vento ou da tempestade, com seus troantes trovões que amedrontavam nossa infância, como amedrontam a infância dos versos.

O ninho precisa abrigar os poemas, aquecê-los. Cuidar, para que não voejem fora de tempo, cuidar para que não fujam pela sede do desconhecido, ou estejam aterrorizados no ar, enquanto os pais-poetas não voltam, demorando-se nas altezas dos símbolos ou mitos.

E a árvore genealógica diz respeito aos ancestrais do criador, a sua ligação de sangue, as afinidades que a linguagem cria entre gerações. Nessa corrente, sobrepairam os avós — de Dante a Shakespeare, de Camões a Fernando Pessoa, de Rimbaud a Paul Claudel, entre outros.

Assim como as aves revolucionam o espaço quando planam nas etéreas alturas, adiantando-se às nuvens, os poetas, só de existirem, engendram uma revolução, mesmo que não seja muito perceptível, ao desvendarem um mundo ignoto ao lado do mundo conhecido. E não são eles que inventam o voo, o voo que os vai inventando. Mas se "a poesia for feita por todos", como queria Lautréamont, então o ninho será o coração do homem.

# 238.

A MEMÓRIA SOFRE DE LAPSOS, lentidões, desassossegos e os curtos-circuitos do esquecimento. E recordo Ferdinando Berredo de Menezes. Eu o conheci no ano de 1993, quando morava no Paiol da Aurora, de Guarapari. Ao lançar *Meus estimados vivos*, com papel reciclado, o apoio da prefeitura municipal de Vitória, com editoria e gravuras de Jorge Solé, encontrei-o na fila dos autógrafos. A partir daí, ficamos amigos. Nos reuníamos todas as sexta-feiras, com um grupo de intelectuais, na Churrascaria Gramado.

Berredo de Menezes havia sido um dos mais operosos prefeitos da capital do Espírito Santo, onde também exerceu o cargo de vereador. A par dessa missão política, era reconhecido como notável causídico, com júris marcantes na história da cidade. Pertenceu à Academia Espiritosantense de Letras e ao Instituto Histórico e Geográfico. Maranhense de berço e capixaba por eleição. Aluno de François Malraux, na Sorbonne, companheiro de Ferreira Gullar e José Sarney.

Mas é em sua figura fraterna que o rememoro. Vinculado à poesia e ao conto. Publiquei, prefaciando *A surdez dos clarões* (1993), em que se mescla o estranho profetismo de Blake, povoado de anjos e tigres, e o esplendor da luz.

Evitei vê-lo morto, de tanto que convivi com ele, vivo, alegre, lúcido, inventivo. Era perito em moqueca de peixe e camarão.

Quantas vezes nos visitou e fez questão de ordenar o almoço, banhando de azeite o prato (exagerava), temperos e a sabedoria ancestral de quem conhece o mistério da terra e do oceano. Discutíamos literatura e parecia estar em constante êxtase poético. Recitando os versos, tal como menino correndo atrás das palavras como pandorgas. Gostando de juntá-las com efeitos e sabores inesperados. Aí vai, leitores, o soneto que dedicou ao Paiol da Aurora e a este escriba, datado de seu Parque de Hortênsias (8.1.1994):

"Se eu pudesse ser sol, só por um dia,
com direito a escolher o tempo e a hora,
iria dormir cedo e acordaria
para me ver nascer ao som da aurora.

Teria o meu paiol para sonhar,
sob árvores que cantam, como o vento,
e escolheria meu irmão, Nejar,
pra companheiro de deslumbramento,

E iríamos os dois, calmos, silentes,
ouvir a brisa em que a maré se escoa
como nuvem de pássaros plangentes.

E quando a tarde e o pôr do sol chegassem,
faríamos do vento uma canoa
onde Deus e o silêncio nos levassem".

## 239.

AINDA BEM QUE NÃO SOMOS o que nos chamam. Somos o que Deus nos reconhece e os homens teimam em ignorar. Já me chamaram de louco (mas, quem me chamou, não gostaria de ser assim chamado, e seria uma desconsideração), não me chamou por mal, tenho certeza, talvez pela ousadia com que vejo as coisas. João Cabral, um dos poetas mais importantes deste país, na dedicatória me apôs (era rigoroso) "poeta maior". Igualmente me chamaram sonhador, ou ativista das palavras. O último usou o "brilhante" para me arredar de uma palestra já confirmada no Tribunal de Justiça de Goiás, ao descobrir minha crença, e a perseguição religiosa é um fato. Pediu escusas ao colocar, "por engano" (sic), outro em meu lugar, mais barato (sei que não é ato do insigne Tribunal, que está mal servido por um burocrata sectário, nem a bela terra de Goiás, que já me cobriu de cortesia). Passa-se por tudo.

Quando adolescente, chamavam-me de "alemão", porque parecia ser de estirpe germânica, era loiro. Outro dia me denominaram de "aquele estrangeiro, acho que italiano", por guardar sotaque do pampa? Talvez só na eternidade, descobrirei, leitores, o meu verdadeiro nome. Levo comigo este que meus pais me legaram. William Faulkner, o notável romancista americano, alegava que seus personagens tinham o nome de seu destino. Guimarães Rosa, com Riobaldo, designou o São Francisco ou rio cansado. Mas, leitores, difícil é chegar ao próprio nome como destino. Mas quem me conhece, sabe quanto sou sério nos compromissos, centrado na existência. No entanto, jamais desejei ser fácil. Certamente os que me julgam hermético, é que são herméticos, ao confundirem o lugar-comum e a invenção na literatura contemporânea. E os que se habituaram com minha escrita, sabem que sou simples mas não banal. E vós, leitores, tendes me acolhido com afeto. Pois, como anotava Luís de Camões, "na medida do amor que tiverdes/tereis o entendimento dos meus versos."

## 240.

ENTENDIMENTO É AMOR. Hoje, dia 24 de janeiro de 2017, mais de um ano e meio de sofrimento de Elza, com a quebra da vértebra. Fui levantado pastor pela Igreja Maranata, em setembro do ano passado (era pastor pela Assembleia de Deus e reconhecido pelo povo), quase nada mudou, e ainda me senti hostilizado por invejosos, não tendo mais nenhum apoio de quem nos ajudava antes. Esse é o período mais desolador. Estou me mudando de Vitória para o Rio de Janeiro, em 3 de março deste ano, para a Praia do Flamengo. Deus é que sabe de mim.

E sem Ele, nada posso. Será que ainda não me acostumei a viver? Ou viver não se acostumou de mim.

### 241.

Eu te amo como o caracol,
retorcendo nas ondas
o teu nome. Amor é profundeza.

### 242.

NÃO SOU CONDENADO A ESCREVER, não é como água e pão. É parecido ao ato de respirar. Só que se respira para dentro. De repente não sabemos se somos nós que respiramos ou são nossas palavras. Não importa. A fome é de viver e de durar. A escrita vem depois.

Até que reparamos que a palavra é gustativa. Aprecia comer com nossa boca. E o fato de eu ser do universo, não quer dizer que o universo seja meu. Nada é meu, tudo passa. O peixe não discute com a água, nada. O pássaro não discute com o ar, voa. Não me complico em existir. Quanto mais simples se é, mais permanente. Quem nos complica são os outros, porque eles é que são herméticos. Curioso, nos culpam por serem absurdamente herméticos, para não dizer obtusos. A falta de percepção é distração da burrice e a burrice pode ser genial.

Não dramatizo a criação, a criação é que me dramatiza. Quando, por exemplo, o agudo crítico e capixaba, Oscar Gama Filho, escreve que sou sobressimbolista, não é porque pertenço a uma escola ou defendo preceitos. Tento apenas ser eu mesmo.

A língua é minha alma e aventura. E depende do corpo.

Não, não escrevo para que gostem de mim. É lógico que há sempre amor dos leitores, que às vezes nos alcança. Escrevo para atinar com o mundo e as coisas. Porque as palavras veem.

O romance pode ser dos ensaístas, o ensaio, dos romancistas. E o poema, dos que só sabem falar imagens. E se alguém acha que as palavras é que acham no texto seu lugar, engana-se. É preciso que, primeiro, as palavras achem o lugar em nós.

O livro é um espelho? Sim, um espelho convexo. Porque o espelho é mais o fundo, do que a superfície. Entramos dentro do espelho. E ao penetrarmos, não conseguimos mais sair.

O que é por debaixo da sombra — não é da luz — é da sombra.

## 243.

Quando morava na Urca, rua João Alves, junto ao mar, no ano de 2011, sonhei que estava ao lado de Deus no paraíso e ouvia estas palavras — "Este é meu escolhido!" Consultei confirmando: Deuteronômio, 7: 13.

Em 8 de abril de 2017, agora residindo na Praia do Flamengo, sonhei que falava com Elza e dizia: "Estarei junto de Deus". Confirmei: Salmo, 91: 1. Nada mais quero.

## 244.

A dor não tem palavras. Eduardo Portella, ex-ministro de estado da Cultura, defensor da anistia, ex-diretor da Unesco, em Paris, foi um amigo principal, desses que o tempo não apaga, mesmo que tempo sejamos, no dizer de Jorge Luis Borges. Nos conhecíamos antes de chegar à Academia Brasileira de Letras. Foi quem me saudou quando de minha entrada. E foi com aguda percepção. Sentindo-me, eu, pequeno. E Eduardo via grande e generosamente.

Independente, íntegro nos cargos em que atuou, lutou pela educação e a liberdade em tempo obscuro. Era um homem bom. Devo muito a Eduardo em conselho, apoio. E a gratidão não desaprende, nem a amizade. De mais de quarenta anos, vencendo o afeto na travessia, entre encontros e desencontros e a intransigente admiração. Foi dos maiores críticos da língua portuguesa, sendo difícil abarcar suas dimensões. Seja na visão amorosa do texto, seja na síntese, seja na iluminação, seja na terceira margem do rio da linguagem. E como assevera Roberto DaMatta, possuía o sorriso de Mona Lisa baiano, capaz de juntar fio de linha de costura com cabo de amarrar navio, consciente de quanto era penoso atar inteligência, política e literatura.

Presidente prodigioso da Fundação Biblioteca Nacional, administrador hábil e venturoso na cultura, mestre de muitas gerações, acadêmico, amando a Casa de Machado, não faltando às sessões e palestras. Na última quinta-feira de abril, sentou — o que não costumava — à mesa do chá ao meu lado e de Bacha, depois de Lucchesi, e foi nossa despedida.

Seu senso de humor estava a par com a superior inteligência, em que se aliava o humanista, e o amor a este país. Seu riso ecoava na luz, riso de menino que escondia o sábio. Já sentimos sua falta, sobrevivente da cordialidade.

E o espaço de sua ausência na Academia Brasileira de Letras é irrevogável. Tão alerta aos aconteceres, atuante, o ser político era nele imperioso. Todavia, o crítico sabia distrair o político e o político, tão forte, tornava mais agudo o crítico, com rigor e respeito à palavra, que o singularizavam. Assim, seu legado é imperecível e será usufruído no futuro.

Conhecedor profundo das coisas de Espanha e de Cervantes, motivo de uma de suas magníficas conferências, era cidadão do mundo e agora é cidadão da eternidade. E eu o dedico neste momento tão penoso, à Célia Portella, nobre companheira, e à sua dileta filha e escritora, Mariana, estes versos, em fragmento: "E tudo o que se deve não oprime,/inda que a inteligência então consiga/rir de si mesma e no clarão resida.//E a grandeza não sabe, nem se exime./Quanto se deve mais ao céu se atinge:/o que ao menino prende é o impossível. (Eduardo Portella, ou Dom Quixote).

### 245.

Recebi a ligação de Glória, a admirável companheira de Marcus Accioly: — Nejar, teu amigo morreu!

A emoção me tomou e pouco consegui falar. Saiu da vida para a obra. Naquela manhã de 21 de outubro do ano de 2017, percebi que havia um desequilíbrio no universo, não me sentia bem e era a perda do imenso poeta, meu irmão de geração, com tanta vocação de grandeza que não coube mais na existência. Épico, revitalizador de velhos mitos, sabia-se reinventar camoneamente e era muitos. O fôlego de *Nordestinados*, *Sísifo*, *Narciso*, *Íxion*, *Latinoamérica*, *Os daguerreótipos*. Cintilante e insaciado fulgor metafórico, maravilhosa invenção. Era Homero, Pound e Neruda, Cummings, Apollinaire, Auden, Jorge de Lima, João Cabral. E nenhum deles. Pessoalíssimo. Antigo e contemporâneo.

Recordo. Íamos os dois, seja em Goiás, onde nos (re)conhecemos, seja em São Paulo, Porto Alegre, seja na Universidade de Clermont-Ferrand, na França, a recitar poemas. Ele era o Nordeste e eu, o pampa. Generoso, erudito, comunicante, de largo espectro verbal e imagético, tinha gênio — o que é pouco aceito nesta era de palpável mediocridade, em que o espetacular dos pés ou da voz e o visual, em regra, dominam sobre a palavra. Tentou a Casa de Machado e a merecia, como raros. Deixou na gaveta vários livros inéditos, sofria o encolhimento das editoras e livrarias. Mas era grande num tempo pequeno, grande, surpreendente, apagando, como ele próprio o diz numa crônica, o incêndio com fogo.

Mas a morte de um bardo-profeta, como Marcus Accioly, é como se queimasse uma floresta. Salientava Chesterton que "há quem queira colocar o mundo na cabeça, ou quem queira colocar a cabeça no mundo". Marcus Accioly, ao criar o círculo na fábula do abismo, vaticinou a memória de uma nova imaginação. E pôs a cabeça no mundo. Morava diante do mar, em Pernambuco, e era o mar.

## 246.

Possuo tantos livros inéditos, ou fantasmas, que não sei o que fazer deles. Nem eles sabem o que fazer de mim. O território editorial está deserto, o campo da cultura mais ainda. A crítica se encolheu e a lucidez vai sumindo do mercado.

Há uma frase de Alfonso Reyes que me entretece: "Publicamos para não passarmos a vida corrigindo os rascunhos". E de tanto corrigir, cortamos às vezes o que está vivo.

Ao editar meus livros, liberto-me. Com crítica elogiosa ou não, com louvor ou desamor, os livros ganham liberdade, voos, e, se resistirem, defender-se-ão. E se não, pouco adianta evitá-los.

Existe um destino no que nasce, mesmo que não se entenda, ou no crescimento do tempo no que brota. Toda a semente tende a se tornar árvore, e a árvore abatida, largará semente e se prolongará nas estações. Cada coisa tem um motivo para o qual se ergue.

Enquanto o livro não sai a lume, nos arrosta, incomoda, desperta do sono, porque se move como um fantasma. Por ser vivo e querer fugir da infância. Depois moram na infância da linguagem.

Recordo meu tempo de Ministério Público no interior do pampa. Não permitia que os processos se amontoassem na sala, para também não ser visitado por seus fantasmas, e todos tinham que seguir, sem criar musgo. Era assunto de consciência.

Agora pareço ter novos olhos. E para mim, que não sou Dante nem Virgílio, é a palavra que me conduz à porta do paraíso. Ou é saber que os sonhos não terminam, adiados sempre pela mais jovem imaginação. E o que citamos não deixa de ser continuação de nosso pensamento. Ou quando achamos o nosso eu no outro-dileto, afim. Proust chamava a leitura de amizade. E eu a vejo como leitura da alma dentro de um rio sem margem.

E possuo a convicção, leitores, de que o que envelhece em nós é passageiro e o que rejuvenesce, eterno.

## 247.

É A QUARTA VEZ QUE SOU INDICADO para ao Nobel de Literatura. Foi iniciativa da Academia Brasileira de Filosofia e do Pen Clube do Brasil. Em 2017, de novo, a filosofia designou meu nome.

E o escritor José Carlos Gentilli deu-me posse na capital federal como sócio correspondente da Academia de Letras de Brasília, em 31 de agosto, em cerimônia grandiosa, no salão do consulado de Lisboa. Gentilli, pampiano como eu, lutou a favor de minha candidatura ao Nobel, e o curioso é que estou mais de vinte e tantos anos na Academia Brasileira de Letras e nunca me indicaram. Debaixo do poncho, devem ter suscitado um nome, mas ninguém fala nada, e o fantasma de Machado de Assis nada tem a ver. O ato de eu ganhar ou não, lego ao tempo e a Deus.

## 248.

"Ninguém é profeta na própria terra", disse Jesus no Evangelho. Porque a terra não gosta de se reconhecer no espelho das palavras ou na verdade irrecorrível do espelho. E é uma experiência dolorosa de amor não correspondido. Ou de exílio do coração. Nem, frequentemente, o profeta é reconhecido em terra alheia, que se habituou a evitá-lo, ou arredá-lo, por cheiro ou instinto. E é um dos sinais do verdadeiro profeta. Traz temor, inveja, iminência de perigo. Já que certas pessoas ou instituições não os suportam. Menos ainda, em regra, os que as conduzem. Todavia, há os que o acolhem, esses prosperam.

O que resta ao profeta neste tempo de penúria, senão penúria? O que lhe resta no mundo cego, surdo e mudo senão hostilidade? Até dos mais próximos, por ver demasiado. E o fazem com ares de benevolência.

Aliás, poucos profetas do Velho e do Novo Testamento escaparam com vida, conhecendo a prepotência e a prisão. Porque a singularidade é um estigma, no qual a grandeza escasseia.

Hoje, enterram os profetas no silêncio chamado democrático. Ou é democrática a agonia em que este país respira. Ou é democrático o medo de alguns, do dia seguinte com a delação na justiça e a injustiça do saqueado povo. Tivemos uma lei do ventre livre para a liberdade e agora é a lei do bolso livre para o juízo.

Onde pode o profeta se esconder, senão em Deus e em si mesmo? Ou na palavra, mesmo se não for honrada?

Ou talvez caiba a ele apenas o futuro, quando alcançar seus legítimos contemporâneos. Assim mesmo, se realmente grande e fiel, será discutido. Bastando-lhe uma réstia de terra para viver, uma côdea de afeição, o sorriso generoso do companheiro. Porque ninguém escolhe ser profeta, nem é volúpia de quem se deseja mostrar, ser profeta é destino. E há de cumpri-lo, queira ou não. Como a chuva depois das nuvens.

## 249.

## RETRATO ESCRITO DE MEU PAI

*Fabrício Carpinejar*

O pai que a gente ama é o pai que precisamos, não o que queremos.

Meu pai é um outro pai. Não o que projeto de mim nele.

Meu pai não é somente o que fala comigo. É um medo indestrutível e seus longos silêncios. Em algum momento de seu entardecer, ele e Deus se olham como plumas e espuma, como lume e azeite, como quem toca um vento em pelo, sem rédeas. É ele e seu passado imprevisível. Esse pai que luta contra si mesmo é o meu pai.

Meu pai não é apenas o que herdei dele. Apresento o seu nariz, o seu jeito de gemer perante a comida, a sua gargalhada bonachona, as suas pernas finas, a sua vocação para a calvície. Tenho do meu pai também o que não tenho dele: o que nem sei, o que acabei sendo para contrariá-lo. Quantas características surgiram em mim do combate ao meu pai? Também são, no fim das contas, traços de meu pai.

Meu pai já foi vários homens, nunca deixando de ser meu pai. Experimentou cabelo comprido e barba. Morou em Portugal, na Alemanha, em três estados brasileiros (Rio de Janeiro, Rio Grande do Sul e Espírito Santo). Morou fora e dentro de si. Agora, envelhecido, está com um rosto de criança, esverdeado. Sua testa não tem rugas, mas marcas de passaporte e carimbos e restos de caligrafia.

Meu pai já guardou pente nos bolsos da calça. Já sofreu por amor. Já se desesperou por mulher. Já perdeu dinheiro. Já bateu o carro. Já se esqueceu de voo. Já foi roubado. Já se reconstruiu. Já começou a carreira várias vezes. Ele é humano, como eu, e dói a sua humanidade porque ele não tem nenhum pai vivo para achar que nada vai acontecer de ruim. É um pai órfão, um pai à mercê dos acasos.

Meu pai talvez tenha montado pipa, tentado tocar violão, jogado bolita. Não há fotos de seu início, memórias fiéis, registros de suas brincadeiras.

Eu me pergunto se seria amigo de meu pai em sua infância, assim como ele se esforçou para me entender em minha infância. Era tímido ou expansivo? Era solitário ou espalhafatoso?

Eu já vi ele se barbear e se cortar com o retorno abrupto das mãos. O homem que se corta é meu pai. O homem que sangra conhece a sua dor pelo nome. Ele cicatriza, rápido, como eu.

Meu pai não sabe conversar longe. Ele me puxa para perto do rosto. Ele conversa com as mãos em meus ombros. Cheira as minhas bochechas antes de me beijar. Mata primeiro a saudade da pele para depois cuidar do afeto.

Meu pai ostenta 1,80 m e coloca boinas para aumentar de tamanho, como quem recebe pássaros em sua cabeça.

Não está nem aí para as modas. Meu pai gosta de suspensórios sem necessidade.

Não chorei na frente dele em nenhum momento, mas beijei suas pupilas quando chorava. Minha boca já foi sua pálpebra. Cuidei de meu pai como meu primogênito.

Meu pai dorme de óculos. Meu pai foi gordo, magro, mais ou menos. Nunca o vi jogar futebol, mas me levou uma tarde para o estádio na torcida errada. Ele colocou seu corpo em volta do meu. Não assisti o jogo, e sim seus braços para me proteger.

Meu pai não sabe contar piada, sabe contar estórias. Não bebe vinho e álcool. Lê com voracidade, com os livros espalhados na cama. Perde as coisas com facilidade. Encontra as coisas quando não mais precisa delas. É passional na cumplicidade. Acredita que o mundo está com ele ou contra ele. Não há meio-termo. Um amigo pode virar inimigo em um minuto. Um inimigo pode virar amigo no próximo minuto. Não se muda temperamento, unicamente se ajeita. Conserva mania por cartas. Um dia sem carteiro é um dia que ainda não aconteceu.

Meu pai folheia jornal e revista sublinhando. Sublinhar é lembrar.

Ele mora diante do mar sonhando com o pampa. No calor, suspira pelo frio. No frio, chama o sol.

Sozinho, longe de todos, escuta música clássica. Música que não apresente letra. Ele é a letra.

Esse que eu descrevo ainda não é meu pai. Mas é um caminho até ele. O único caminho que conheço.

## 250.

No fim de outubro, com retorno em novembro de 2017, estive com Elza em Portugal. Fomos até Martinho da Anta, terra e casa de Miguel Torga, que um dia escreveu-me pequena carta, com sua letra miúda, dizendo que não podia esquecer estes versos: "Nenhuma ciência é maior do que estar vivo". Com o casal amigo — Dina e Carlos José Gonçalves Nunes —, visitamos o Douro, suas exuberantes margens. Convivemos com o empresário e velho conhecido, Jerônimo Espírito Santo. No dia 30 de outubro, em Sintra, comemoramos os trinta anos de feliz união. Ao voltar ao Brasil, em 12 de novembro, Elza estava contente e já caminhava bem, quando na terça-feira da semana seguinte, começou a sofrer terríveis dores e a levei ao Hospital Samaritano. Teve início de enfarte e a operaram na hora, colocando-lhe um *stent*. Ficou ali sete dias, entre exames e cuidados. Em casa, mal conseguia levantar-se, e aceitou — o que antes rejeitava — uma cadeira de rodas. Sendo alcançada por forte depressão. Tem cuidadoras e eu próprio também me especializei na tarefa de sofrer junto. Dos seus familiares, apareceu sua querida irmã Tânia, que mora na Bahia. Mas sou sozinho de todos os seus parentes. O amor se paga com amor. Quanto antes Elza me apoiou, residimos invernos e verões no Paiol da Aurora, diante do mar de Santa Mônica, Guarapari. Recordo a praia deserta. Mas foi um tempo completo.

E ontem, na ceia da Igreja, tive a visão do Filho do Homem ensanguentado numa cruz. Vi e não tive medo, nem horror. Abracei-o, entrei na dor até o cabo, o caule. E o amor era tanto que transbordava. E percebi que, ao arrostar a dor, ela foge de nós. Ali, como agora, quero o sofrimento, até o fim. Até o começo de Deus.

### 251.

VEIO A LUME, LEITORES, ATRAVÉS da equipe do poeta Luiz Coronel, a sua Editora Mecenas e o apoio do Grupo Záffari, no Rio Grande do Sul, *O dicionário Carlos Nejar: Um homem do pampa*. Emocionei-me quando o tive às mãos. Com fotos, gravuras primorosas, páginas escritas sobre mim e os verbetes que editei nos meus livros.

Um volume mágico. Tendo o privilégio de ser um dos dois autores vivos — Luiz Fernando Verissimo e eu. Os outros, Guimarães Rosa, Carlos Drummond, Fernando Pessoa, Erico Verissimo, Mario Quintana, Clarice Lispector, Miguel de Cervantes Saavedra, García Márquez... Com um CD muito bem composto, com recital dos verbetes por artistas. Será lançado na Casa de Machado, em março de 2018.

E assim que saiu a notícia no Boletim da Academia Brasileira de Letras, despertou inveja e fui afrontado no salão, pelo novo presidente, como relato adiante, ao chamar-me de "Promotor Nejar". E tenho honra de havê-lo sido. Mas foi como escritor que assumi a Cadeira nº 4 do sodalício. E essa graça me basta.

### 252.

É CONSABIDO QUE A MAGISTRATURA é a justiça sentada e o Ministério Público, a justiça de pé. Por possuir a Magistratura os caracteres de um poder que se assenta na lei e o Ministério Público a independência e o intuito de caminhar nas lindes do direito, mover a ação penal, desencadear o juízo na República. Tais funções não se diminuem, somam-se ou se completam.

Recordo que um dia escrevi: "Quantas vezes me perguntaram como, sendo promotor de Justiça, podia ser poeta. Minha resposta sempre foi a mesma: o poema atinge a plenitude da beleza na justiça e esta busca é o promotor seu cavaleiro andante. Então ambos de repente se confundem. Shelley escreveu que o 'poeta é o verdadeiro legislador do universo'. O promotor é o aplicador dessas leis. Não é o acusador sistemático que alguns pensam. Pede absolvição do réu ou apenas justiça, quando o processo o exige pela falta ou insuficiência de provas. É defensor da vida que foi suprimida, dos acidentados, dos menores, dos ausentes, da sociedade abalada pelo crime. Um servidor do povo. E o que é o poeta senão isso?" E reitero.

Escutei do novo presidente, em seu discurso de posse, na Academia Brasileira de Letras, surpreso e honrado: "Promotor Nejar", ou seja, servidor do povo. Afirmando que, "hoje, é preciso ser mais defensor do que promotor". Numa manifestação mais política, do que literária. Mas é inútil cortar a água com espada: a água persiste correndo com chuva pelas calhas. Persistirá. Queria ouvir o que faria em sua gestão, ouvi bem pouco. E eu modestamente quero lembrar que se existisse defesa somente, sem o promotor, não haveria o contraditório nem processo judicial. E mais. Ao não existir oposição, não vige situação democrática: uma é equilíbrio da outra. Daí ser salutar, nas verdadeiras democracias, a concorrência de partidos, contra a falta de transparência da chapa única, imposta por grupo com permanência no poder, de cima para baixo, ou dos iguais para os menos iguais.

Quanto a mim, de promotor de Justiça, servo do povo, transformei-me em apenas servo da Palavra. E poeta continuo, continuarei. Que fazer se dependo da Palavra? (Rio, 15 de dezembro de 2017.)

## 253.

LI O BELO VOLUME DAS ENTREVISTAS do grande poeta russo, naturalizado americano, Joseph Brodsky, *A musa em exílio*, com organização de Cynthia L. Haven, Editora Âyiné, de Belo Horizonte, presente de meu filho, Fabrício Carpinejar. E ali encontrei o justo pensamento de que "apenas o conteúdo (do poema) deve ser inovador e que a inovação formal só pode ocorrer dentro dos limites da forma". E citou Heráclito, no que tange à contenção do texto, alegando ser "a secura sábia".

Constatei também quanto este poeta sofreu, condenado a trabalhos forçados em Leningrado, ou a limpar estábulos, esterco. Vivendo depois nos Estados Unidos, comutada a sua pena, por "ter visão do mundo prejudicial ao Estado". Participou como residente de várias universidades da América, recebeu *honoris causa* em Yale e tantas honrarias, vertido para várias línguas, contava a anedota que viera de um conhecido, o sueco Tomas Tranströmer: "Primeiro, você confia (no tradutor) e ele mata você. Na segunda vez, você não confia nele e ele mata você do mesmo jeito... Ou você diz: 'Me mate, me mate, me mate... E ele mat'". E afirma ser discreta anedota sueca. Com os botões, não posso falar isso dos tradutores, defendendo a tese de que eles entram em casa mal-assombrada com os mistérios do autor.

E achei, na entrevista, um momento em que surgiu a pergunta sobre como os poetas russos contemporâneos recriam suas próprias obras, em estilo declamatório, à maneira de Maiakóvski. Brodsky respondeu que o tal estilo declamatório faz parte da história russa, mencionando a literatura litúrgica: os cânticos, os recitais, os salmos. E me lembrei do privilégio que tive, no Congresso Internacional do Pen Clube, no Rio de Janeiro, em 1997, quando Joseph Brodsky recitou para o auditório um poema em russo — com alta sonoridade — como em ondas de "um mar sempre recomeçado" — no dizer de Valéry, e este, que ora subscreve, vivente de versos, declamou "A doma e sua danação".

"Animal doméstico,/animal de festa e guerra, homem./Preso a si mesmo pela cauda ridícula,/preso aos outros pelo movimento das patas"...

Brodsky fora galardeado com o Nobel de Literatura em 1987, criador absolutamente único — para a crítica. Agora conheci sua palavra, leitores, e o tempo voltou de novo para mim.

## 254.

ESTRANHEI O FATO DE MARCO LUCCHESI me saudar como "promotor", quando foi como poeta que entrei na Casa de Machado. E mais ainda, pois escreveu sobre mim o magnífico posfácio de *Riopampa*, ou *O moinho das tribulações*, no qual me destaca como criador e um dos raros músicos de nossa literatura. Eu o considerava fraterno, apoiei com meu voto sua entrada na Academia Brasileira de Letras, e ali, em circunstâncias um tanto enviesadas de seu discurso, entre tantas loas à administração anterior e a outros confrades, lembrou-se, ferozmente, de que eu fora um promotor de Justiça. Não entendi. Desculpou-se comigo depois. E o "atributo" veio de público. Mas passou e afinal já teve tantos gestos afetuosos comigo. Com acerto, observava Clarice Lispector, minha saudosa amiga: "O perdão é atributo da matéria viva". E no dia 8 de novembro de 2019, inesperadamente, o Ministério Público gaúcho presta "Tributo a Carlos Nejar", no Memorial da Instituição, sob a presidência do procurador Luciano Brasil, e a outros companheiros, como os procuradores aposentados, historiador Frederico Espírito Santo, e o cronista Mário Cavalheiro. Na verdade, Lucchesi, sem que eu entendesse na época, profetizou. E mais, em 9 de novembro, no salão nobre da Feira do Livro de Porto Alegre, recebi a Ordem do Jacarandá, com homenagem do poeta Luiz Coronel, Jorge Trindade, mediador, e o crítico Antônio Hohfeldt a minha obra, sob o título: "Poesia, nômade instante da eternidade". A alegria foi completa.

## 255.

NA MINHA EPÍGRAFE TUMULAR DESEJO, repito, apenas que seja gravado, como derradeira vontade:

*Carlos Nejar, poeta e amigo de Deus.*

## 256.

(Ao encontrar velhas fotografias, minhas e de Elza, num arquivo)

Vi fotos e palavras:
como doem!
De tamanho viver,
morri. O cortejo
de imagens
não tem flor.
Ao me perder,
de tanto amor
por ti.

## 257.

VOLTO, EM FEVEREIRO DE 2018, a morar na Urca, ter novamente o privilégio de ser seu inquilino, na Morada do Vento, junto ao mar, na mesma rua onde residi, rua João Luiz Alves, nº 268, Rio de Janeiro. Volto também com a benevolência e o vento de Deus.

E recordo o que escreveu García Márquez: "nada é mais perigoso que a memória escrita"; todavia, há que se escrever — e foi ele que registrou —

enquanto ainda nos lembramos. Sem deixar de observar que mais perigoso ainda é esquecer o que se viveu. A memória do coração é clarividente.

Mas, em 14 de maio de 2019, considerando as escadas (e Elza anda na cadeira de rodas, após o enfarto) e as infiltrações pela casa, inclusive goteira no quarto de dormir, mudei-me para a rua Marquês de Abrantes, no Flamengo. Uma cobertura, onde o vento que bate em coro é o pampa.

E continua do alto a visão do mar da Urca.

## 258.

Dia 8 de agosto de 2019. Sessão da ABL.

HOMENAGEM AOS OITENTA ANOS NA ABL:

Mark Twain dizia que não se espantava com ninguém no mundo, porque ele havia nascido no Mississipi. E se não me espanto é porque nasci do pampa e estou nesta Casa de Machado.

Não me espanta a vossa generosidade para comigo. E um poeta está no começo de uma loucura, em que o menino sempre volta. E nos oitenta, principio nova juventude e enquanto houver água, enquanto houver palavra, este rio corre.

Franz Kafka assegura que o que tem a faculdade de ver a beleza não envelhece. Mas esperamos que isso aconteça até não envelhecermos mais. Se atingirmos, viventes, a infância da memória.

Nem faço "o elogio da loucura", que para Erasmo nos defende da velhice inoportuna, nem "o elogio da serenidade", que Bobbio considera utopia. Prefiro o reconhecimento que João da Cruz assinalou, "o de ficar abaixo de nossa altura". Porque a primeira gratidão é ao Deus Vivo, "o amigo de Abrahão", depois, a Elza, com seu amor, que me acompanha e ajuda a viver. Depois, a muitos a quem devo. Como as palavras de Arnaldo Niskier, irmão no tempo, cuja generosidade me comoveu e carregarei comigo na memória. Como a manifestação de Ana Maria Machado, Cândido Mendes e Cícero Sandroni. Aqui estou há trinta anos. Dando-me conta, mais do que nunca, da importância fundamental da Academia na minha vida. Onde tive o inesquecível privilégio de ser secretário-geral e presidente em exercício, no ano de 2000. E já vai tempo.

Agradeço a Carmen e a Lúcia Deppe, ambas cativantes na eficiência e na generosidade, e a todos os funcionários.

Sim, o momento é de agradecer, cogitando com Paul Valéry se não somos feitos das coisas que nos ignoram, ou ignoramos. E por isso me ponho diante deste quase desconhecido da alma humana, a ternura fraterna, a magnanimidade.

E termino com um fragmento da carta do cineasta Akira Kurosawa a Ingmar Bergman, citada pelo confrade Cacá Diegues, em *O Globo* (8.7.2019), "A vida começa aos oitenta":

"Creio que um ser humano é capaz de produzir obras puras, sem restrição alguma, nos dias de sua segunda infância.

Agora tenho 77 anos de idade e estou convencido de que meu verdadeiro trabalho está apenas começando".

E transporto este momento puro da Casa que amo. E, confesso-vos, que comecei há muito o trabalho de criar e continuarei aos oitenta começando de tanto começar.

## 259.

### AS MÃOS DE MEU PAI
*Fabrício Carpinejar*

DUAS MÃOS JUNTAS, A ESQUERDA DO FILHO e a direita do pai. Como se fossem de um só corpo. Como se fossem do mesmo corpo. Dois homens se amando sem covardia, sem o receio de demonstrar o sentimento em público.

Conheço de cor a temperatura da pele, o peso dos ossos, a força do cumprimento.

As doces mãos de meu pai e as suas manchas comoventes (Deus também borra a sua letra na ânsia da inspiração, e tinge poemas em nossa carne).

As calejadas mãos de meu pai: um pássaro pousando, mexendo com as árvores em torno de nós.

As suas mãos de meu pai: um pergaminho onde enrolo os meus dedos.

As experientes mãos de meu pai: vejo com nitidez o mapa hidrográfico das veias, os rios de seu sangue desembocando em meu toque.

A mão soberana de meu pai que aperta a minha mão em qualquer lugar, em qualquer idade, para afastar os perigos: eu ainda sou a sua criança atravessando a rua.

## 260.

PERCEBI, EM NOVEMBRO DE 2019, certa solidão. Pois outros tiveram filhos próximos, netos. Salvo Fabrício que vejo vez e outra, os demais são distantes. É verdade que vi e possuí o afeto de uma família, no crescer dos filhos. Depois fui errante, morando em Vitória, Guarapari, Rio de Janeiro. Essa parte me faz falta, mesmo tendo tido o amor de Elza. E pesa como uma pedra sobre o coração. Mas a errância não tem cura.

## 261.

A MATÉRIA ENVELHECE POR DETERIORAÇÃO. O poder envelhece mais do que a velhice, por espanto, inépcia ou esquecido fastio. E a poesia não tem nada que ver com o poder, salvo o de criar e tentar mudar as coisas pela palavra. Quando são as coisas que nos tentam mudar.

Minha civilidade é com a realidade dos sonhos e o espírito cívico é mais forte do que o autoritarismo e entre nós, a democracia e a liberdade são mais convincentes do que todos os ismos e ideologias, que são formas de poder, de um ou de outro lado. Ao se combaterem, se desmancham. O que não devemos perder é a seiva preciosa de nossa comum humanidade.

O tempo sabe mais do que os homens e a história sabe mais do que os atos. Quando a poesia é invenção da liberdade.

Pois os poetas carregam memória e a memória carrega os poetas. E a liberdade de invenção no espírito não depende de regras, muito menos do Estado.

Octavio Paz, o admirável ensaísta, diz que "os poetas desejam ser lidos no futuro e de maneira mais funda e generosa que em seu tempo". Talvez porque sejam tão visíveis, que os que os conhecem ou com eles convivem, os julgam invisíveis.

O valioso se impõe, no movimento das marés, sobre a ondeante mediocridade, como o óleo sobre a água.

Dizem que o público de poesia é disperso. Mas a poesia, quando autêntica, cria seus leitores, que a buscam onde podem. Mesmo nas catacumbas. E sendo a poesia, rigor, é oxigênio da alma, descoberta de nova dimensão do mundo. E só se entrega, ainda bem, aos escolhidos.

Com matéria que não envelhece.

## 262.

Minha amada Elza foi hospitalizada no Hospital Pró-Cardíaco, no dia 13 de março de 2020, exatamente no começo do coronavírus, que atacou o planeta inteiro. Desmaiou de manhã e foi levada com médicos e enfermeiros numa ambulância. Fez cirurgia para retirar o câncer do intestino grosso e, graças ao bom Deus, foi exitosa. Recupera--se na sala intensiva do hospital. Eu a tenho visitado e também a sua ajudadora Rani. Tenho que tomar cuidado, em face do vírus e da minha condição de idoso, com asma e diabetes. Há um vazio enorme no apartamento, sem Elza. Apesar de estar sempre acamada nos últimos anos, a presença dela tomava conta da alma da casa, era a alma da casa. Escrevo em 8 de abril de 2010. Daqui a pouco, irei visitá-la. Penoso é o instante. Mas há que superá-lo neste tempo de distanciamento coletivo. Por ser o instante valioso e veloz. E devemos tentar ocupá-lo na leitura de livros, da Bíblia, na meditação, intensidade na intimidade com Deus. Ou assistir a filmes que valham a pena, ouvir música (e a de Mozart me acompanha). E se o tempo passa, Deus é definitivo.

O vírus findará com o terminar da tempestade, e precisamos sobreviver, criar, mudar as coisas, continuar amando e sonhando, apesar dos percalços, porque respiramos e vivemos. E sabemos que a palavra não é um utensílio mas o acontecer do mundo.

E olho ao meu lado, deitada, Aicha, minha cachorra, de olhos cintilantes e negros, descansando sua fidelidade, afeto. E da sacada contemplo os barcos, a Urca, de longe espreitando.

E outro instante vem, com o ar, como se firmasse flores nos dedos. O instante passa e não o seguramos. Como rosto ou máscara, passa.

E se o momento dói de estarmos sozinhos, há que tirar vantagem do que nos sofre, como do que nos alegra. Recordo, a respeito, um verso do francês Saint-John Perse, por nos descobrirmos "sob o arrulho da tormenta".

E depois disso, desta peste, sem perder a referência, não seremos mais os mesmos, começa nova civilização, talvez mais humana, mais comunitária, mais fraterna e imperiosa.

E sem dúvida, o país mais pobre economicamente, todos mais pobres, mas com o ânimo invencível de haver sobrevivido.

## 263.

NO MÊS DE MARÇO DE 2020, sexta-feira, 13 (dia do internamento de Elza para ser operada de câncer no intestino grosso e, por graça de Deus, um sucesso) foi também o período da explosão da peste: o coronavírus; e o mundo todo — não só o Brasil — foi internado no que chamei de "Túnel", com o confinamento que se estendeu a abril e não se sabe a quanto mais, que o Ministério da Saúde denominou de "distanciamento coletivo". E os Estados e nações, novos Leviatãs, agora generosos protetores da vida, beneficentes, ordenaram o cárcere privado dos cidadãos. E estes, para sobreviverem à peste, obedeceram, com o perigo, àqueles de mais de sessenta anos. O comércio, os restaurantes, templos, as academias, os aeroportos fecharam e os mortos se amontoaram. E, segundo consta, nem velório tiveram ou espaço para isso, sendo incinerados, já que os defuntos não podiam ocupar o lugar dos vivos. Ou sobreviventes. Com o medo que que se alongava pelo incessante noticiário de jornais e televisões.

Nunca assisti a nada igual a esse macabro espetáculo, espécie de loucura que assomou o planeta, com inimigo invisível, tenaz e fecundante. O que é o tocar da terceira trombeta do Apocalipse, previsto no capítulo 9, que fala da queda de uma estrela, cujo nome é absinto, ou veneno.

Nesse tempo difícil, depressivo, lutei para sobreviver, mais ainda porque tinha de visitar, algumas vezes na semana, Elza, no hospital

Pró-Cardíaco, do Rio. E sobreviverei, porque há um Deus vivo que me sustenta e Nele tenho fé inabalável. Aproveitei o período, para escrever a complementação do "Memorial da Liberdade", que existia como um longo poema ou hino, e criei a segunda parte de *Meus estimados vivos*, onde havia o *Primeiro túnel*, já editado, e agora registrei *O segundo túnel*. Muito mais feroz e impiedoso do que o primeiro.

Saliento, igualmente, de como Deus se fez presente comigo, dando-me o texto do fim do cativeiro de Jó, do que tomo posse.

## 264.

TUDO O QUE É MECÂNICO NÃO precisa de alma. Como o boneco de cordas da infância. Dava nome, mas eu que o fazia funcionar. A sociedade se mecanizou e se perdeu como objeto de si mesma. A razão humana pela filosofia, ou pela ciência, ou metafísica se entorpeceu na técnica, que não deixa de possuir o teor mágico: mas ela não vai sozinha. Há um momento que carece do homem. Ou todo o tempo. Como o Espírito não pode se mecanizar, porque se anoita. Ou, sendo água corrente, se torna água parada. Aliás, o Espírito não bate com violência, não força, não é arbitrário, autoritário. Ninguém é dono de nada. Somos inquilinos, e ainda bem. Há uma sabedoria nisso. Porque, se o mando é humano, não age no poder, age na força, com polícia, soldados. É o que possui. De fora para dentro. E "ouve mais os áulicos na corte, que um guerreiro no campo de batalha", como escreveu o "imperador da língua portuguesa" que era Antônio Vieira. "O poder pertence a Deus!", diz a Palavra. E "é uma voz doce e delicada!" E não há outra posição nesta hora difícil do mundo, em que os seres estão desolados, ilhados, sem a possibilidade do abraço fraterno, que até ele é perigoso. A misericórdia não possui perigo. Mas a manipulação, intriga, censura sempre são perigosas, por não terem defesa, feitas na moita. Na minha idade, depois do que passei, não padeço de dependência de homem algum. Só do Deus. E se o mundo anda enfermo, precisa da cura da Palavra, sim, que muda a sorte, muda a escuridão, muda o sonho do homem.

## 265.

ALGUNS DEFENDEM SUPERLATIVAMENTE a influência social da poesia. Com a força da palavra capaz de transformar a história, ou ser história na vida de um povo. O social pode existir, mas na porta dos fundos. Porque a Vida existe antes, os sonhos vivem de palavra e ela, com os sonhos. Pois tudo pesa no universo, mesmo que não se veja. Ou o que se vê, tem a virtude de pesar, por ser leve. Ou o finito pesa de infinito. Como a luz que não se pega.

A poesia pode ter influência social, mas basta que tenha influência estética e humana. Apesar de a economia, às vezes ser o pesadelo de um povo, gerando o desequilíbrio cada vez maior entre os muito ricos e os muito pobres, a poesia pode ser econômica, no sentido de que a economia passa necessariamente pela cultura. Ainda que não pense como Georges Pompidou, presidente francês, que afirmava que "a maneira mais segura de chegar ao desastre é consultar um economista".

O fato é que, hoje, os economistas substituem os profetas. Querem ver o futuro nos números, que é inabalável experiência de trabalhar com a neblina. O que nos faz lembrar o personagem preso dentro da neblina de um filme do genial Fellini. Ou a neblina não deixa de ser a explosão de nuvens no dia.

E, a propósito, vem-me o verso famoso de T.S. Eliot, de que "a poesia rebenta a realidade". Mas a economia não. A poesia explode de dentro para fora, fazendo do bicho-da-seda sair a borboleta e a economia é a borboleta que tenta voltar ao bicho-da-seda.

Certeira é a palavra do ensaísta Octavio Paz: "A poesia não procura a imortalidade e sim a ressurreição".

Mas acaso não existe ressurreição na imortalidade?

## 266.

Sou um poeta de amor no que escrevo, mas evito trazer a vida no amor. É um túnel mais fundo, mais íntimo, mais preservado. Deixo na crônica este registro. Casei há trinta e quatro anos com a capixaba Elza Mansidão ou dos Pássaros. E escrevi sobre ela, em 1990: "Que pássaros, Amada,/em ti são voos calmos/e plácidos compassos?//E o teu olhar é um barco, um barco um oceano/um arco de guitarra./E o fio dos teus cabelos." Ou "são pios os teus olhos/nos meus chilreantes sonhos". "Ou chove, chove/meu amor por ti." Sou grato a Deus por haver encontrado Elza em Vitória, onde moramos, depois no Paiol da Aurora, de Guarapari, por vinte anos, hoje no Rio de Janeiro, na Morada do Vento, Flamengo.

Li, comovido — com o que me identifiquei —, a entrevista do poeta espanhol Luis Garcia Montero, diretor do Instituto Cervantes, que afirmou: "Poder cuidar da pessoa que você ama é o mais importante da vida". E me lembrei do privilégio que tenho de cuidar de Elza. Era a criatura mais dinâmica. Há cinco anos, quebrou a vértebra, conseguiu andar e viajamos para Portugal, subia, descia escadas. Na volta, teve enfarto e ficou imóvel, apesar da fisioterapia. Depois, foi operada de câncer, e felizmente está aqui comigo, forte, generosa, alegre, valente, sem nenhum lamento. Com amor. A dor me acostumou, e é a constante alegria de estarmos juntos: ficamos sem idade. (Rio, 17.2.2022.)

## 267.

Segundo. Primavera branca,
OU última carta ao pampa

É UMA CARTA, PAMPA. Com canoas e remos empurrando. Ou talvez o planar de uma gaivota. E pampa não é para fora, vai, vai muito para dentro. Onde o horizonte pede socorro de não parar. Escrevi no vivo, sem carecer de préstimo aos mortos. Sim, fui por seu rio e o agarrei na perna. Era veloz como um peixe. Dou nome para não acobertar destino. E o nome passarinha atrás das sebes, atrás dos farelos da escuridão. E o que dói, não especula Deus. Escrevo certo de que o que puxa o mundo, não se desconcerta. E o que puxa pampa, mergulha num poço que não sabe se acabar, com pedras redondas de tão polidas. O que se gasta não é de Deus.

E se ouvi bastante o chorar do tempo, que adianta chorar? Escrevo esta carta ao pampa, desde julho de 1987, quando morei em Vitória e no "Paiol da Aurora", de Guarapari. E ainda que a terra contenha a erosão das esferas e esteja qual raposa que meteu a cabeça no casaco de abelhas, decerto a carta vai voando, voando. E se reviro a chama da vegetação alada, não se mexe, inerte. O que se gasta, não espia. E nas rachaduras da idade o vento vai zunindo invertebrado como um animal. Vai zunindo — eu ouço! Vai zunindo a voz dos que perdi no pampa. E a morte tem dor tão sonsa, raivosa, mordendo os dentes. Uns caem de amor, outros caem de agonia ou de soluço. Ia zunindo o vento. E não percebia como os meus mortos navegaram. E os navios ali são iguais e alguns podem ir mais longe. A terra se esconde muito, até de si mesma. Não há bobice na luz. E ao ficar defunto Sady, meu irmão, não quis olhar sua cara incontrolável. O vulto atordoado de gemidos no dedal das ervas — Deus não se espalha, nem se alarga. Porém está doendo em mim, sempre acordado. E dois tios diletos zunem na ventania. Waldir, o que morreu ainda jovem, no sul, carregado de asma e Ruy, idoso, em Santos se foi com a mesma morte de meu pai. E se é certo o que sustenta o inglês Thomas De Quincey, de que "os meninos veem com olhar mais penetrante que os adultos, todos os sentimentos elementares do homem", com o desaparecimento de ambos, minha infância teima em os reviver. Um era magro, nariz pontudo, olhos silenciosos, com a tosse, a tosse sobre as mãos amarelas, folhosas. O outro, também de mediana altura, opulento de passos e barriga, compridas palavras, pestanas, nariz e olhos longos de falcão em voo. Os dois soletram no afeto certo sussurro do destino. Ou resmungo pomposo de um impossível esquecimento. Numa língua que não se entende mais. E à sobrancelha da morte ninguém disse quanto era de vento. E tem riso de idiota a morte. Não se corrige de bruteza ou maldade. Uma tesoura. E todos os meus filhos, pampa, não quiseram sair de ti, como saí. E permitiste que a surdeira provinciana me cobrisse. Deixaste, pampa, tendo eu tua história na palma, com vocábulos que são teus e que cruzei no sangue. Assim não fizeram alguns, antes de mim, com os maiores? Não me contento com a arte, contento-me com tudo. Meu dogma é a realidade e o que os sonhos hibernam ou arrastam de um a outro lado, até serem convocados. E se este tempo não basta para nos compreender, criaremos outro. Ou nos criará.

Sumiram — é o termo — quase todos os que conheci e foram amigos em Porto Alegre, capital do pampa. Ou são estátuas na praça, nome de auditório, de avenida ou entidades públicas. Mesmo a rua da Praia tomou o nome de ilustre cidadão da monarquia. E o prédio da rua Corte Real, 208, que fora a casa de minha verde adolescência, é um imperturbável edifício. E outro, o 183, da esquina azul da D. Eugênia, que me conheceu na maturidade, já nem sei. Ou são as coisas que não nos acodem mais e vão desaparecendo sob o dilúvio da modernidade. E de repente falo aos meus botões: por que buscar memória, onde não há? Talvez ainda existam, únicos rastros de passagem, meus versos de

*Assentada* no pórtico da sede campestre da Associação do Ministério Público gaúcho, ou n'alguma placa, entre os pioneiros, antigos procuradores de Justiça. Ou nos textos de *O campeador e o vento*, *Canga*, *Miguel Pampa*, a *Espuma do fogo* e *Riopampa*, ou o *Moinho das tribulações*. O que em mim foi inventando poemas, romances (alguns ainda na gaveta), o que foi sendo inventado de tanto inventar, estando sob a água-furtada das estações, enquanto a carta ruflando avoava.

Assim, a amoreira, onde o guri, que fui, se assentou, ou a amoreira que se assenta dentro do velho, é agora a árvore, pampa, de teu rio tão grande. E dizem que dele surgem constelações e nunca vi. Ou que não gosta de terminar viagem. E o que afirmar-te? Acomodo as tardes, igual ao menino no ramo da mesma árvore, como por ela vai subindo o anoitecer. E vem um cheiro de folhas verdes que não pegavam fogo. E o cheiro de amor que provinha da infância. E eu permanecia, ali, intacto e nada então me abalava.

Já viram uma concha coberta de areia? É o amor. Ou é um ruído que não cessa de perguntar. Pai, ao nos despedir-nos, vi tuas mãos abertas. Tentavam me ler. Como posso entender tão pouco das sombras? Sou lido por um vagaroso esquecimento. E há um barômetro comigo que se cansou de enlouquecer. E se então obedecesse à minha memória ou ficasse contemplando as rabugices da morte, a memória pararia com a carroça na ladeira, com seu lamurioso burro. E quando um burro se põe diante do homem, o homem não sabe o que fazer com o burro — fora e dentro dele. Ou o asno de dentro amedronta o de fora.

Lembro que perto da rua onde morei (era Assombro? Riopampa? Pedra das Flores?) alteava-se um bosque de terra tão dura por albergar na inchada barriga muitos mortos. Como se eles próprios tecessem sua barreira de segurança. Pois se os vivos não querem ser importunados pelos mortos, os mortos querem ser tolerados civilizadoramente pelos vivos. Só a picareta rompe a crosta. E na voragem letal, todas as mortes somem. Ou porque a terra é mais vasta, ou porque suas entranhas têm a cara fechada da noite.

E não sei onde o erro começa na nossa vida ou definha. Sei que de início todos os erros se parecem e ao crescerem se diferenciam, imitando os pesadelos. E o pior de tudo é que nós os reconhecemos e eles não nos identificam. Por trazerem a genealogia da família humana. Mas não importa quanto errei. Os acertos e erros nos definem. E na água-furtada e crescida dos símbolos, sob o telhado das cambaleantes estrelas, aprendi que a loucura tem andaimes de grandeza. E como resmungam os mitos, por não se satisfazerem com a imaginação dos homens.

E a alma não me estorvava, eu que estorvava a alma. E ela vai para onde só existem almas. Num canto apalermadas: umas com as outras. E ali sobrepairava uma gravidade que arrastava para cima até as pedras. Embora em mim o tempo acompanhasse perpetuamente esse círculo. E eu fosse um círculo de memória em outra.

Quantas vezes me excitei, assustando sabiás no bosque e eles me divertiam, ou eu, a eles. Ou o bosque de minha rua (seja em Assombro, ou Riopampa) era um pardal grande gorjeando sob o céu. E me divertia com o céu por não saber voar. E tudo é céu ao toque da mão de uma só palavra. Porque vou dizendo e as coisas vão-se levantando na luz. Ou é a luz que levanta as palavras, ou as palavras que levantam a luz.

E a energia do silêncio é mais explosiva do que os átomos. A energia de Deus é mais explosiva do que o silêncio. E a casa dos vivos preserva os nomes dos que resistem, ainda que um momento a mais, ainda que. Não, não há diálogo sequer entre vivos e mortos, nem é possível conversar sobre as úmidas lajes, ou no limo sibilante dos milênios.

O bosque é um pardal grande assentado na árvore do céu. E a carta que escrevi carrega árvore e bosque, por sinal mais habitáveis do que as casas. Porque os pássaros rejubilam dentro de nós, revoastes. Explodiu a luz, depois a palavra explodiu e eu vi Deus, vi toda a eternidade correndo atrás de Deus.

E a bengala de um rio andava na mão das margens, descalças de água. Por que tanta noite no amor, se as nascentes mantêm as pestanas altas? E os desejos se molham de fogo. Dois corpos só respiram juntos. E o que se molha de alma é o dia.

E principiei a escrever para o pampa, como se gritasse: *voltarei quando for palavra, quando a palavra não descer mais ao coração. Voltarei quando o coração dormir com o vento. E se a infância não é refém da morte, voltarei com grãos de orvalho nos olhos. E todos os olhos verão, quando estiver chegando.*

Escrevi, entre tempestades, escrevi tempestades, como se a gota de oceano no copo, século fosse. Escrevi de século em século e por não atinar como continuo tão vivo, depois de morrerem todas as palavras. E quando a dor ficou desperta, é que raciocinei. E desraciocinar é mudar a vida.

Escrevi por não entender porque continuo tão cheio de silêncio, quando persistem vivas as palavras. Ou quando a imaginação for enchente de Deus. Ou solas grossas do sapato de Deus, seja o amanhecer. E quem disparava tiros com ponta de prata, o Espírito. Disparava, sim, com muito vento no gatilho. Disparava o gatilho dos riachos até varar o céu. E o céu se enfiava pelo cano mirável dos poentes. Puxei a luz pelo gatilho. Puxei o gatilho pela luz.

E o pampa é bem mandado. Ordeno e vem como um bezerro mamando a teta das estrelas. O pampa berra de engolir o monte. E quem fiscaliza os sonhos, fiscaliza o homem. E dou à luz a uma palavra invencível. Parimos alma do tamanho de uma caverna. Até não haver mais alma, só caverna. Ou se descobrir que a caverna é toda anoitada de almas. E quem conseguir pegar alguma, ao acaso, num desvão se tornará eterno. E quem começa alma, nunca termina.

E o fundo de minha perna está cansado de tanto ir atrás de alma. Querendo que mesmo o tamarindo dê flor de alguma sombra para alma espiar.

E quem não ficou magro de ir buscando sombra, ao invés de alma? Consinto em me enfurnar pela lua adentro, para que sozinha não envelheça. Como se um ovo fosse posto no vento, agarro alma na aba. E alma se assusta de todos os passarinhos que se engolfam em sua água. E quem adivinha quanta água tem a alma?

Mesmo que eu enlouqueça, minha fantasia nunca vai enlouquecer. As ideias enlouquecem, a alma não. E só dá divisa para alma, o que está vivo.

Atravesso as coisas, porque elas também me atravessam. E o dia tem os olhos para fora. Nos olhos de dentro é que se cristalizam os escuros.

E como se vende alma, se não podemos vender ou comprar o que está na água do rio? E quem vê água de alma, senão na luz? E vi que não, não se pode matar a luz. Como não se mata alma nunca.

E é saudade quando alma promete não envelhar. Porque o que envelhece mesmo é a morte.

Mas a infância sabe o que lhe falta para enverdecer. Isso é saudade. E os astros se enchem de céu e a terra, com orelhas de trigo. Saudade é muito trigo na boca de uma só semente. Ou a semente inteira capaz de dar alma. Deus não se encolhe.

Escrevo com as sementes. E a saudade tem curtas aragens na árvore. Ou é quando dois pássaros cantam juntos. E não há mais medo entre as estrelas. Deus é saudade que amadureceu. E ficou completa.

Ademais, não sei se fui ou não patriota. Éramos em nossa rua amáveis, comunitários. E não tínhamos nenhuma doença coletiva, mais ou menos bizarra. E o meu cavalo Guilherme, que não havia entrado na história, era um legítimo patriota. Punha as patas entusiastas e bem torneadas no pavilhão da República, enxotando o bando de pombos, igualmente patrióticos, pousados no olímpico estandarte. Vezes sem conta fui baluarte da pátria e esqueci. Ou quantas pátrias guardava no bolso de meu sobretudo? Não digo. E o pampa não era pátria, mas suave odor de terrenal santidade. E, amor, não se perde nada, não se pode perder. Nem se perderá.

Sim, com Deus tudo muda. E estremeço no milagre vindo, estremeço por não ter o céu nenhum fim no céu. Deus está onde ninguém pode estar e onde nem acham que esteja. Não se defende: existe antes da inocência. Na amizade do que ainda não existe.

E a cem braças de nada, volta a luz tão de repente. Porque o amor não tem buraco na sombra. O amor não carece de sombra para tomar tanta luz. Apertei Deus em mim, apertei o que não pode mais morrer, apertei forte porque o amor é um descuido de alma caindo. E amor não troveja, sabe.

Escrevo. O pampa é a santidade do que não vai morrer. A santidade do que vai viver de viver de viver. E já é palavra.

E isso é uma carta ao pampa, não nego. Pode gastar anos de ir chegando, levar carretéis de tempo. Ser o espinhel jogado. Mas chega sem gaguez, com avental de muitas almas rebentando.

E amor que gastou desvios, letras, telégrafos, avios, terá reparos de formosura. Que amar se afeiçoa de amor e quando vem, está pronto, faceiro. Nas labaredas de Deus.

A palavra não tem bois para criar e se é de justiça, apressa. E todos me verão voltando de terno limpo na manhã. Como se nunca de ti, pampa, houvesse partido. Ou nunca houvesse um rio de olhos compridos, meu companheiro e igual, incapaz de amarrotar esperança. E as locomotivas da brisa dizem amém. Tardosa, sim, chegou a carta. Chegou. Até o último juízo. Ou o rosto de Deus. Pressentindo a verdade gravada na frase do padre Antônio Vieira: "Sem sair da terra ninguém pode ser grande". E ninguém, mesmo pequeno, pode deixar de a ela retornar.

OU CARPINTARIAS E APORIAS,
SECRETO ARRABALDE DA LINGUAGEM

## 1.

ESCREVO SEMPRE À MÃO, o poema precisa que apalpemos ou seguremos as palavras para não escaparem de nós, por serem infinitamente rebeldes. Escrevo a poesia, como se fosse escrito e houvesse a interdição de vento nas palavras, ou elas fossem como pandorgas presas à linha da navegação.

Tanto no poema, como na ficção, vou amontoando páginas, preferindo não ver o que está sendo escrito, só depois na segunda fase, a de passar para a digitação do computador. Então tudo se vai compondo e é aperfeiçoado.

Recordo, certa vez, o que se deu com *Carta aos loucos*, fui ajuntando tantos montes de papel que de repente saíram do lugar por movimento do vento ou das mãos. Foi grande dificuldade — lembro — achar o fio da meada ou a meada do fio.

O que escrevo continua, tanto no livro, que tem grande unidade, quanto no romance, até o instante que nada mais nasce, como o jogo de armar da infância, em que as pedras ocupavam cada uma o seu espaço, a ser preenchido.

Muitas vezes escrevo na madrugada, quando me fica alguma ideia incomodando na cabeça ou algum verso que não pousou, acendendo uma lanterna para não acordar Elza. E não preciso raciocinar, o texto me raciocina e de manhã está ele quase perfeito. Pode ser que corrija algum detalhe.

Nunca sei o que vou escrever, mas tenho a fé do que vai ser escrito e brota. Como se algo invisível na minha imaginação solicitasse pousada. Num livro de poemas ou em ficção, jamais sei o começo, o meio e o fim. Tudo se vai estabelecendo na escrita, desde o enredo, os personagens, os versos.

Por isso a minha experiência é a de que não invento, as palavras que se inventam em mim. E não há gêneros, salvo o do nosso salutar gênero humano.

O épico pode ser lírico, o poema pode acolher viventes, o ensaio pode entrar no romance, como a poesia no mistério. Limite é só o que nos reconhece que não existe.

Minha poesia, por exemplo, tem a singularidade de ser épica, por ser uma narrativa, jamais lógica, pois o inconsciente se move como as pedras atiradas num lago. E o épico deve ser mágico para subsistir e às vezes lírico, para os ouvidos do coração. O tempo é o personagem. Em *A idade da aurora*, por exemplo, criei Futuro, que nasceu num sonho, quando não sabia como continuar o livro. E o importante é que o livro saiba como continuar sozinho. E o que filhamos de palavra deve ser suficiente forte, que não careça de nós para permanecer. Por isso, prefiro que o que o criei fale de mim, com suas palavras, não as preciso defender.

## 2.

NÃO SE ESCREVE PARA ESTAR de acordo consigo mesmo, escreve-se para estar de acordo com a palavra. E o estilo é o da palavra que se move. E só se sabe dele mais soberanamente depois que morrer o autor.

Picasso assim pensava na arte e é a arte que agora que sobre ele pensa. O verdadeiro criador não se preocupa tanto em errar, está acima dos erros. E é tão autobiográfico, que jamais o será. O técnico e o didata têm o medo de não serem criadores, sendo autobiográficos. E se esquecem de criar, "caindo no gelo". A luz não aceita a injúria da objetividade. E na criação também o morno será vomitado fora. Não se domina a arte, é ela que nos domina. Se a dominarmos excessivamente, acaba por morrer. Por inanição do abismo. E é o abismo que sabe. Só se discute com o abismo para vencê-lo ou transcender. Não há medo de criar, há medo de não criar por falta de sonho ou chama. A carpintaria da escrita, além das astúcias borgeanas que ajudam a prender ou desprender o leitor, é o toque carinhoso da mão no lombo do cavalo. Esse toque é o mistério. Sem ele inexiste astúcia que baste, nem mistério que floresça. E nós próprios florescemos tocando no universo. Ascese? Não. Sobrevivência. O escuro apenas nos consola com luz dentro. E essa luz é necessariamente extraível da escuridão. Dessas camadas que James Joyce dizia trabalhar e que com verdade nos trabalham. E trabalhamos tateando como ursos e gemendo como pombas. É quando as palavras que por misericórdia nos procuram. É por que insistimos? É que estamos vivos. Há uma razão nisso? Não, um milagre.

## 3.

Diz Heráclito que é necessário atenuar a desmesura, mais que um incêndio. Apenas cabe perguntar como, se a desmesura já é incêndio. E ordenar os graus do fogo tende a apagar o incêndio. Porque lidamos com forças elementares que não gostam de se fixar. Nem temos o privilégio de secar a água do fogo, água que será sempre avassalante, quanto mais se tornar luz. A luz que vem do universo para nós é inextinguível, imoderável. Essa luz veio para perturbar. Ou se acata o aforismo de

Blake de que "a exuberância é beleza", ou se aceita que a beleza é uma perda da chama para as brasas, ou as cinzas. Bertolt Brecht indaga: "por que os poetas se calaram?" Calaram por terem sido tomados de pânico contra o incêndio, perdendo gradativamente a voz. Já que não há fogo nenhum no silêncio. E sem incêndio não há luz. Os poetas calaram também por amarem tanto a palavra, que se revoltam por haver sido ela esvaziada ou sufocada neste tempo de espessa escuridão. A palavra não possui mais nenhum crédito, quando seu abuso serve para o jogo da corrupção ou do engodo. Os homens não conseguem mais que sua palavra cintile, porque eles são palavras que se desvirtuaram. Os grandes homens de um novo tempo serão seres de justa e honesta palavra que jamais servirá a falsos estadistas com sua tropa de ladrões. E os poetas somente voltarão a cantar quando cada palavra tiver o poder de um raio. E não vivemos, Char, dentro de um clarão, vivemos dentro do raio.

## 4.

HÁ UM PROVÉRBIO JAPONÊS que afirma que cada lagarta tem seu gosto; algumas preferem as urtigas. Quando se vê o exílio da melhor música erudita, ou a rasa qualidade de certos textos literários para vender mais, dou-me conta de que muitos, neste país de paradoxos, preferem as urtigas. E são lagartas que nunca chegarão a borboletas. E tal sucede por responsabilidade de uma mídia pueril que não sabe o que faz. Nem mede o mal que faz. Essa corruptora ignorância rói as sementes do mais puro trigo. E quando uma nação não dá mais valor aos escritores e pensadores e aos verdadeiros poetas, é porque estamos próximos de um não pequeno precipício. Para não dizer, desastre. As urtigas são urtigas são urtigas, jamais pérolas. Que cada coisa ganhe o seu nome real. E às urtigas nem os burros comem (sim, este nobre e tão depreciado animal). E os brutos não amam, por nem saberem o que comem. E não contentes, dão de comer aos outros. Ainda é verdade, resta à palavra o tramar da consciência. E um grito que seja contra isso. Menos: um balbucio contra esta cultura organizada para banalização do povo, já um início de esperança. É a primeira que nasce. Sou utópico? Os que esperam no limite da noite sabem que a luz se encontra do outro lado. Basta atravessar.

## 5.

Que luz é essa? Pensamos, hoje, muito pouco. Deixamos de realizar o que Michel de Montaigne designou como "pintar a passagem", por carecermos de tinta ou de ar ou de cores. Pensar é uma luz. E já não se pensa no ensaio, caindo em estatísticas, ou arte de querer numerar a vida. Não se pensa na ficção, quando temos sede de água falante, a pura narrativa. Não se pensa na poesia, por falta de mundividência, sendo um mero exercício a pé sobre o nada. A palavra, às vezes, não vai para a frente. Não sabemos empurrá-la e nem aproveitamos quando ela nos empurra. A palavra anda para trás. O que é o mesmo. Porque o percurso é do tempo presente e é ela que nos revela o tempo futuro. Nossa memória está ficando trôpega, quando não, doente. Muitas vezes cega. Tenta ouvir, o que só é de contemplar. Há um defeito de nascença na memória. O defeito é o horror de olhar para a infância. E ao rejeitarmos a nossa infância, rejeitamos a do povo e da terra. Apenas pela poesia a recuperamos. Envelhecemos, portanto, para fora, em vez de envelhecer para dentro de nossa própria história. Envelhecemos às avessas, por viver às avessas, por sonhar às avessas ou não viver. De tanto pararmos, esquecemos do caminho. E caminho é pensar. E pensar, sobrevivência. Há que atravessar a fronteira e nem sempre logramos. Atravessar é deixar que o espírito nos leve a nado, de uma à outra margem. O rio é fundo, a linguagem é funda, Deus é fundo. E há que, por qualquer custo, atravessar.

## 6.

A LEITURA DE UM TEXTO, mais que pelos olhos, é pelo corpo no espírito. Os sentidos leem e não param de ruminar. E o que se rumina, entra de alma. E o que vai de alma, se reinventa. Mobiliza-se num organismo de cultura. Lê-se por dentro, o que está fora. Porque de tanto ler, vive-se. E de olhar, imagina-se pensando. E tudo o que nos pensa, se pensamos: é universo. Há os que leem na pressa de nada conter. E há os que se deixam ler. E há ainda os que lendo no vagar se descobrem. E desencadeiam o mundo.

Ler é estado de plenitude. Alguns leem até por imagens, outros por pensamentos. Lê-se, tendo (flores) sendo. Não se é apenas semente, mas a terra inteira.

## 7.

FAULKNER AFIRMA QUE "Romancista é o escritor que não conseguiu ser contista, e contista é o escritor que não conseguiu ser poeta". Discordo. Porque o poeta se alarga por todos os gêneros e todos eles se resumem em proeza da linguagem. E a poesia é aventurosa por não gostar dos limites. Cortázar diz que o romance é uma luta que se pode ganhar por pontos e o conto se vence por nocaute. Prefiro achar o romance, uma imaginação que não respeita as lindes da memória e o conto, uma memória que contém num muro, a imaginação. A história é maior do que a forma e a imaginação, sempre maior do que a história.

## 8.

OUTRO DIA DEPAREI-ME COM A sentença de André Malraux: "o mundo começou a ficar parecido com os meus livros". E curiosamente, mantidas as diferenças (por ser a diferença identidade), vejo assim suceder com meus livros e o mundo. Quando usei como moeda, a permuta ou escambo, tanto na *Carta aos loucos*, como em *Riopampa*, jamais esperava que tão cedo certas regiões da Argentina e da França passassem a utilizá-la.

Sinto que o mundo contemporâneo já começa a padecer a luta pela água prevista em *Riopampa*. Ou a enfermidade das aves, atingindo os humanos (a gripe das aves), preconizada no referido romance, já se estende a muitos países. Antes do advento da "Fome Zero", meu livro *A engenhosa Letícia do Pontal*, já a anteviu através do *Decreto da fome*, baixado pelo prefeito de Pontal de Orvalho. Seríamos profetas de um tempo que chega, sem sabermos. Ou é o próprio tempo que sobre nós vaticina? Escreveu Malraux: "O mundo começou um dia a ficar parecido com meus livros". O mundo ficou parecido. Para jamais desaparecer.

## 9.

E A POLÍTICA? É A ARTE DE TENTAR MUDAR, não mudando. Ou "deixar os cavalos passarem" (Getúlio Vargas). Max Weber respeitava o homem maduro que, em certa circunstância, decide: "não posso fazer de outro modo" e assume a responsabilidade. E isso ele considerava "genuinamente humano e comovente". E observa Fernando Henrique Cardoso: "O verdadeiro político, mesmo que não alcance aquilo a que se propôs, e que todos se voltem contra ele, encontrará forças para dizer que 'apesar de tudo, fez o que pôde'". E o que é o que se pode, quando a força de governar se alonga ao que não se pode?

Hoje assistimos o espetáculo da decadência dos políticos, pela ausência de ética. Não há grande homem — todos são demasiadamente pequenos. E mesmo o grande, poderoso — "pelo erro que o faz revelar-se" —, admitiu Paul Valéry. Nem apenas falta a madureza, há falta de visão, falta de honrar a palavra. Em lugar da antiga eloquência (que será nova e adaptada a esta época), existe a bulhenta esperteza dos negociadores de interesses que nem sempre são os do povo. Ou a ambição contaminadora por baixo de todas as solenidades. Ainda que a corrupção não seja solene.

Não cabe somente examinar ou perceber as estruturas do poder, é importante que se descubra em que linha ele não fere a dignidade do homem. As estruturas agem pelas pessoas, mas as pessoas não devem submergir, esmagadas pelas estruturas. Elas são instrumento, não o fim. E o veredicto sobre alguns políticos não dorme com os mortos. Esses já têm sua política com os vermes e a sofreguidão da terra. A história é a dos vivos. E o veredicto final é dado pelos que sobrevivem, apesar das catástrofes, e tomam posse salutar de seu tempo. E é do tempo a posse da legítima justiça.

### 10.

Não sei ao certo onde li que "a poesia é a música da matemática: os números cantando". Acredito que a poesia é a matemática da música, com palavras que gorjeiam. Ou súbito não é mais matemática alguma quando a linguagem se torna êxtase. "Momento você é tão belo: consinto em morrer" — exclama Goethe, em seu *Fausto*. A poesia é a matemática que passou a sonhar. Ou o silêncio que pode ser ensurdecedor.

# 11.

NÉLIDA PIÑON, COMO DIZIA GUIMARÃES ROSA, "não morreu, se encantou", no dia 17 de dezembro de 2022, em Lisboa. Era minha amiga mais antiga na Casa de Machado, primeira mulher a presidi-la, sendo duas vezes secretária-geral. Dediquei a ela meu livro, *Lelé e eu*, frisando que "o que não conhece o amor dos cães, não conhece o amor". Era como Miguel Torga, Cony e eu, enamorada dos animais, a ponto de as cinzas de Gravetinho a acompanharem no caixão. Escritora, inovou a ficção. Era narradora poderosa, com sopro inventivo e civilizatório, ao lado da figura humana de alta fidalguia, com raiz galega, persistente na alegria de criar. Uma de nosssas autoras mais traduzidas no exterior.

Nós todos sentimos a dor de sua perda, o espinho e o fogo dessa separação, quando não sabe o tempo e o tempo, moroso ou veloz, é que sabe de nós. E onde, no dizer de Claudel, só "a água reconhece o espírito". Começamos praticamente juntos, ela com *O guia mapa de Gabriel Arcanjo* e eu, com *Sélesis*, em 1960. Nossa afinidade eletiva se ligou em afeto e livros. Ela, na ficção e eu, na poesia. Quando Nélida publicou *A casa da paixão*, editei, no Rio Grande do Sul, *A casa dos arreios*; ela publicou *Fundador* e eu, *A idade da aurora*. Quando veio a lume sua obra-prima, *A república dos sonhos*, publiquei *A república do pampa* (reunião dos livros de poemas sobre a minha terra). Não nos imitamos, espelhamos uma narrativa de nossa industriosa ou pungente condição humana. Antes sempre editei poesia, até que, aos quarenta, tive necessidade de lidar com o romance, em *Carta aos loucos*, espécie de memória do esquecimento. Ela continuou na prosa telúrica e universal.

Entrou na Academia Brasileira de Letras, em 1989, com meu voto. Foi visionária, amava, se devotando à vida acadêmica, de rara inteligência, possuindo obstinada, prodigiosa imaginação e a vocação do abismo, como raros.

## 12.

Marco Lucchesi, ao citar-me com o título de promotor de Justiça, em público, no seu discurso de posse, como presidente da Casa de Machado, honrou-me. Por isso não entendi suas escusas, depois, em particular. Fui promotor de Justiça no pampa andei por muitas comarcas, conheci minha terra e servi ao povo. E aprendi o que refere o apóstolo Paulo: "O amor é o complemento da lei". O que se acendeu na poesia, em sonho: mais tarde em pesadelo, na ficção. Tive nobre antecessor no cargo de promotor, e ele também viria a ocupar uma cadeira na Casa de Machado de Assis: Getúlio Vargas.

    Consta que é velho hábito judaico colocar um tijolo torto num edifício em construção como símbolo da imperfeição humana. E nessa imperfeição, devo registrar o soturno ataque do vírus que fechou a ABL por dois anos e meio (o que jamais imaginei por ser a Casa dos Imortais!), suprimiu inefavelmente os *jetons* aos acadêmicos, executou na crise a demissão de servidores ou funcionários, com sorridente indiferença, como no caso de Luiz Antônio, antigo e dedicado bibliotecário da Casa, que, na tristeza acabou morrendo de covid-19. E a Academia é toda na confiança, que o vírus não tirou, com o legado de palavra. Mas é sabido que tal vírus é importante, não atende telefone, por invisível, bajulou com paciência, para que o suportemos no ar, trata com soberba no poder. Porém, todos sabemos que contra o vírus, medicinal é a vacina, que se renova com as estações. E consoante o mestre Machado de Assis: "A verdade pode ser às vezes inverossímil".

## 13.

Muito se tem desvendado num livro de ensaios ou de história, por suas notas. E elas podem valer mais do que a matéria principal:

pelos pormenores que são elucidados. Walter Benjamin, com picardia, anotava que as notas de rodapé são como dinheiro em meia. Não chego a tanto. Para mim se assemelham ao orvalho, ou à erudita geada, por força da primavera.

## 14.

"Nenhum sistema pode impedir um homem que quer viver" — escreveu o grande Franz Kafka. E ele criou em *A metamorfose* um homem que tomou a forma de inseto e que expirou inexoravelmente inseto. O que sucede com a ação de algumas estruturas políticas e religiosas, na verdade mais políticas do que religiosas, tornando o homem, inseto.

Porque a Obra de Deus é a da revelação da Palavra que conduz a um caminho de experiência com o Espírito Santo e ao amor, primeiro ao Altíssimo, depois ao próximo, onde se alarga até aos inimigos. Como o Vento, de que fala João, que não se sabe donde vem e para aonde vai. Nos transporta.

O sistema é razão, inda que a negue, ou domínio político, jamais amor ou beatitude. E muitas vezes a paternidade que nos gera ou nos faz volver, em regra é a mesma que pode nos oprimir, nos dando em nome do principal, o acessório e contra a qual, dostoievskianamente temos que "inventar o próprio pai", para sobreviver, superando.

E se a fé nos guarda, sim, a fé no Deus do impossível, também nos consola e transforma.

Mas há um poder, que é de fora para dentro, como condado fechado, com benesses e interesses de determinado grupo sobre a coletividade, sob pretexto de visão universal, que não pretende servir, mas subjugar, com o martelo batendo constantemente no prego. Sobretudo se não prescreve o preconceito. Como se fossem e talvez sejam de raça superior. Havendo neles centralização cada vez de mais poder, sufocando a respiração.

E os profetas morrem no desterro. Por não precisarem de profetas, sendo eles próprios, a ouvirem a si mesmos.

Todavia, diz Paulo que "a profecia é sinal para os fiéis". Ou o aviso de que "sem profecia o povo se corrompe". E a Obra de Deus é de "prodígios e sinais". Não vige, fora, mas num corpo vivo, onde o "sangue é Espírito". E sabemos que o mar se abriu para o povo de Israel, que nele passou a pé.

Ademais, há que ressaltar que o templo de Salomão não careceu de martelo na sua edificação. As pedras ocupavam seu espaço sem violência do homem. E postas pelo Mestre de Obras que as escolheu. Sendo Cristo, a pedra singular.

Se "a misericórdia é o complemento da lei" — para o Apóstolo dos Gentios, não podemos aceitar que nenhuma estrutura nos esmague. Nem a insana mistura do sagrado com o profano.

Ou melhor, a brutalidade constante, que não respeita, nem ama o ser humano, vendo os que pensam contrário como inimigos e criando servidores de segunda classe, não tem nível civilizatório. No dizer de Henri Michaux, "uma vez bárbaro, bárbaro sempre".

E se a civilização é magnética, a burrice não tem mais nenhuma civilização. Mas o sistema há de respeitar na liberdade, a civilização da infância. E a idade da profecia e avivamento na nova civilização da Eternidade. Que se avizinha.

## 15.

SE HÁ UM MESTRE DE PENSAMENTO que me agrada é Montaigne, que jamais prescinde da experiência. E o que escreve sem ela, é como alguém que vagueia em leito de rio seco, entre seixos. Nosso Planeta é de água, nosso pensamento é de uma água que se destila, ao escorrer. Pedreiro de flores, às vezes e mergulhador de funduras sempre. Nalgum lugar se encontra o céu. Quando tem a profundeza dos oceanos. Não me preocupa como daqui a mil anos nos verão, preocupa-me mais como conseguiremos ver melhor os mil anos das civilizações que nos antecederam e quanto aprendemos de suas vitórias e ruínas. Porque daqui a mil anos nos verão, como soubemos antecipá-los em grandeza. E a civilização não nasceu ao descobrir a semente, nasceu ao descobrir o que fazer com a terra. E nós continuamos tentamos de outras maneiras, o que os nossos irmãos primitivos realizaram, sonhando ou não. E mais ambiciosos, queremos saber, hoje, o que fazer do ar ou dos espaços. Somos nômades e estrangeiros, com a visão de que estamos apenas de passagem. É verdade que nos angustiamos com o tempo, quando é o tempo que se deve angustiar por nós. O tempo se acelera para viver e se apressa, fenecendo. Como nós. E só rompemos a cadeia da morte fabulando. E paramos de falar, apenas quando alcançamos parar a aurora.

### 16.

Ventos de todas as almas,
Almas de todos os ventos,
Quando eu partir de repente
Sei que ireis todos comigo.
Como uma só vertente
De um grande rio de silêncio.
Até, tu, minha palavra,
Não me deixarás sozinho.
Nem amei o mundo, ó Rei,
Mais do que amei Teu reino.

Quando morrer de repente
Estaremos todos juntos
E todos os meus viventes
Chegarão num mesmo vulto.
Ventos de todas as almas,
Almas de todos os ventos,
Sendo fiel, fui a terra
E ela não me deu quanto
trouxe dela no meu canto.
Não importa. Estamos quites.
Pois não me importam limites
Quando o amor sabe de tudo.
Não é de porções que vivo.
Vivo, sim, de haver morrido.
Ventos de todos os ventos,
Ventos de todas as almas,
Vireis comigo, cantando,
Remidos, desembocando
Para a foz do paraíso.
E não sabereis quando
E quanto somos felizes.
Ventos de todas as almas,
Sabereis como estou vivo.

("Canção do Paraíso", pertencente às *Canções*,
escrito em Guarapari, no dia 20.9.2005.)

Este livro, composto na fonte Minion,
foi impresso em papel Pólen Natural 80g/m², na gráfica Rotaplan.
Rio de Janeiro, novembro de 2023.